宋代研究丛书

北宋诗学

张海鸥 著

河南大学出版社

图书在版编目(CIP)数据

北宋诗学/张海鸥著. ——开封：河南大学出版社，2007.6
　(宋代研究丛书)
　ISBN 978-7-81091-356-0

　Ⅰ.北... Ⅱ.张... Ⅲ.古典诗歌-文学理论-中国-宋代 Ⅳ.I207.22

中国版本图书馆 CIP 数据核字(2005)第 075694 号

责任编辑	薛建立
封面设计	马　龙

出版发行　河南大学出版社
　　　　　地址：河南省开封市明伦街 85 号　邮编：475001
　　　　　电话：0378 - 2825001(营销部)　网址：www.hupress.com
排　版　河南第二新华印刷厂
印　刷　河南第二新华印刷厂
版　次　2007 年 6 月第 1 版　　印　次　2007 年 6 月第 1 次印刷
开　本　890mm×1240mm　1/32　印　张　14
字　数　364 千字　　　　　　　　印　数　1—2 000 册
定　价：38.00 元

(本书如有印装质量问题请与河南大学出版社营销部联系调换)

出版说明

宋代是我国封建社会内部一个巨大的变革时期。尽管从国力上看，它缺乏汉唐王朝那种强盛开拓的气派，而以守内虚外的贫弱国势为世人另眼相看，但是，认真研究之后，人们不难发现它具有深厚而丰富的社会内涵，其文化成就在中国历史乃至人类文明史上均占有重要的地位，给后世以很大的影响。

在宋代社会变革前进的过程中，都城开封可以说是一个舞台中心，开封与宋史就这样结下了不解之缘。而地处开封的河南大学，长期以来产生出一种责任感，自然地把宋史作为自己的一个研究方向，以适应社会各方面的需要。为此，我社计划分批出版这套《宋代研究丛书》。

本丛书运用历史唯物主义和辩证唯物主义原理，在对宋代社会进行全面考察的基础上，突出对政治制度、经济形态、文化结构、社会风俗、民族关系等方面的研究，着重总结其社会变革的动因、特点和后果，力图做到选题新颖、内容充实、立论稳妥，以期对宋代社会研究的深入和发展有所推动。

序

海鸥君的这部《北宋诗学》，是继其《两宋雅韵》、《宋代文化与文学研究》之后的又一部学术专著，标志着他在宋代文史领域中不断探索的行进脚步。我为他取得这一新的成果感到十分欣慰。

整整10年前，他负笈北赴复旦大学从我攻读唐宋文学的博士学位，除集中精力撰写博士论文外，另有两件事给我留下深刻印象：一是他选修日语为第一外语，从掌握字母起步，在短短一两年内竟然"斩将过关"，达到基本掌握；并翻译了日本学者宇野直人的《柳永词论稿》，由上海古籍出版社出版，表现出勇于攻坚的拼搏精神。二是他学习期间，常常给我看一些他创作的诗词作品，抒情摅意，文采斐然，又表现出对辞章之学的倾心。勇于攻坚，自然应受到鼓励和赞许；倾心辞章，我当时却有些保留。研究诗词而不会写作，上堂讲诗却动手无能，这是我国古代文学研究和教学中的通病，它原来并不是痼疾，前辈学者大都学人与诗人融于一身，建国前的大学教学也是学与作互相结合的。但作为现今的研究生，首要的是把文史基础夯实，提高识见，拓展视野，辞学之章不能不处于从属的辅助地位。如果一旦深嗜笃好，沉溺其中，恐非有益。从当前的整个环境和条件而言，旧诗创作也不大可能出现再创辉煌的"中兴"局面。但海鸥离复旦后科研与创作并进的情况，打消了我的顾虑。这几年虽然粤海沪滨，睽隔甚遥，但天水相连，时通讯问,华章佳作,源源而来,特别是一些长篇歌行,远思摛藻,颇得"长庆体"或"梅村体"之神韵风调,在学术同道中颇获口碑;他在中山大学开设的诗词习作与欣赏的课程,努力把个人的创作体会和对古典诗词的一份挚爱传给学生,也得到热烈的回应,对营造充满诗意的校园文化不无帮助。

海鸥君的这部新著,更使我发现自己认识上的一些偏颇。古人论学有所谓"为人之学"与"为己之学"的区别,或可理想为奉献于社会与安顿于个人的不同,学术著作和诗词创作在目的上也大致存在相类的差异;但实际上是不能截然分开、而应该自觉追求统一的。其统一性即在于对研究对象的根本态度上。我国古代诗歌作家、作品和文学思潮、文学现象,不是纯客观的冷漠存在,而是充满魅力和活力的生命有机体,认识、解读和把握这多姿多采、丰富深邃的生命有机体,不仅需要理性的深细分析,而且需要研究者一己的生命体验的全身心的投入,以求得"尚友古人"、作异代的精神的对话,并与作品莫逆于心,也才能获得一些真切的解读,此实是治学的理想境界。这在越来越强调学术著作的规范模式和一整套科班训练程序的今天,呼唤个性化的甚或"另类"学术写作,也许不是没有意义的。

海鸥君是位有性情有才藻、优长和弱点都很容易被别人认识的年轻学人,他写作诗、词、古文,完全是因为找到了倾诉自己感情的载体,绝无功利目的,而一任笔墨流淌,乃至忘乎所以。我们常在一些同仁集会上,看到他自告奋勇登台吟诵,深知并非为了露才扬己,而是一种内心冲动,一种表达需要,化用马克思的话,也许可云:"不是他占有诗歌,而是诗歌占有他。"从事学术研究,在基本态度上也是如此。前辈所谓的"了解之同情",即是强调主体对客体的内在关注,不相信有什么和研究者无关的"零度风格"。王士博先生为海鸥君的《宋代文化与文学研究》作序说:"他研究遥远的古代文学,总是携带一份鲜活的生命关怀和文化关怀走近古人,和古人进行超越时空的心灵对话,然后再走出那个境界,把一些真切的心得转述给别人。"所言甚为确当。海鸥君的这部新著依然保持原来颇具"个性化"写作的特点,字里行间,时见作者的生命律动、思考轨迹乃至发现的喜悦,且笔锋常带感情,文字清新流畅,一如其人。书中多处论及苏轼,对这位文艺全才的诗学思想,展开了多层面、多方位的阐释,对其诗美观念的论述,处处流露出景仰之情;附论苏轼对白居易的文化受容和诗学批评,不仅澄清了一些长期模糊或误解的具体问题,而且还从文化承传的角度,对苏、白关系做出亲切而又深入的论述。

从"为己"(不是把学术当做稻粱谋的"为己")到"为人"、最后走到两者统一,不仅是很高的学术境界,而且也是一个需要琢磨、推敲的难题。学术著作本来应以"立意为宗"而非"能文为本",这是毋庸置疑的,但我们的确急需从目前"面目可憎,语言无味"的大批量产品中突围而出。海鸥君著作中的"个性化"写作的特点,使我格外感到兴趣,其源盖出于此。

刻苦攻坚精神在这部新著中有了更充分的体现:一是冥思苦索,调整学术观念,开拓考察视角;二是扩大取资范围,检索文献资料力求趋于系统和全面。胡适说过他的"思想和学问的方法",是"疑而后信,考而后信,有充分证据而后信"(《介绍我自己的思想》),这里的三个"后信",指出获得信实的科学结论,必需经过三个步骤或条件,即"疑"而"考","考"必依据"充分证据",也是对他"大胆的假设,小心的求证"的"十字诀"一个重要说明。创新是学术研究的灵魂,但求新必先具求真求实之心,而非哗众取宠,故作惊人之论。本书旨在梳理宋代诗学思想的丰富内涵和发展轨迹,一方面当然要接续学界已有的论题,不能完全另起炉灶,贵出另出手眼,旧题能出新意而更上层楼;另一方面又要开挖新的论题,努力把这个专题研究做深做透。这两方面的刻苦研究,构成本书的主要学术收获。宋初"三体"已是宋诗史上的共识,论述已甚为充分,本书却进一步追问:何谓宋初"白体"?宗尚者谁?流行于何时?为何流行?尤对宋太宗与"白体"关系有了新的探索。作者又对"晚唐体"提出"一体三义"的新界定:"一体即特指晚唐至宋末一些具有隐逸情调的精雕苦吟之诗;三义即:或指以'郊寒岛瘦'为代表的'唐之晚年诗',或指宋初一些僧、隐诗人所作类似郊、岛之诗,或指宋季'四灵'一脉学习贾、姚之诗。"这个新界定当能推进我们对"晚唐体"的观察和思考,自具一家之言。对于"西昆体",一改以往常用的从主流意识形态的社会关怀的视角,调整为从诗人的文化精神和审美趣味的方向投入,从而把握诗中所呈现的崇学尚典的文人意趣和宋代文学雅俗分流的发展趋势。欧阳修、苏轼、黄庭坚等宋代诗学大家,本书作者也努力在已有众多研究成果基础上,贡献一己的心得体会。相对而言,已往研究比较薄弱的环节,似更能激起作者的兴趣,故用力甚勤,如对范仲淹、余靖、司马光、邵雍诸家,作者提出了新问题、新观点、新材料。相信这也会得到读者的关注。他拈出"通趣"来论余靖诗学:"论诗倡通趣,作诗亦有通趣,此北宋人审美意识之要领。宋世文人为人为诗,处世审美,皆尚通达,讲意趣,余靖乃开风气者之一。"对范仲淹在以复古求革新的文化思潮中的历史定位,司马光关于诗歌功能的并非单一的复杂认定,邵雍"快乐诗学"的阐发,论说新锐,而理、据并擅,足以启人心智。

　　文献资料是研究的基础和前提,我也高兴地看到作者近几年来在这方面的长足进步。虽然得益于现代科技网络和电子文献检索功能,但并不能完全代替对纸质典籍的研发与搜讨,前者表现标志的查检线索(字头、词语),有时未能揭示材料之间的内在关系。本书附论的《从秀句到句图》,就是运用两者互补互动方法的较为成功的例证。作者依此方法,对唐代"秀句"和宋代"句图"著录的文献情况,进行全面细致的清理甄别,所得结论准确可靠。由此对秀句与句图之文体源流、文化意蕴做了深入分析,提出"唐秀"、"宋图"的界说简明、中肯:"唐秀句主要是为学习者提供文场句范,宋以后句图主要是为彰显名人佳句而作",它们既是重要的文献资料,也是一种文学传播方式,有助于文学作品的经典化。作者对"摘句"这个专题所包蕴的多方面的意义,做了详尽的抉发和阐释,加深了对这种体式的理想。这使我联想到在司空图《二十四诗品》真伪问题讨论中,他的《与李生论诗书》中一连"自列其诗之有得于文字之表者二十四韵"即二十四联的作派,放在"摘句"批评大行其道的唐宋时代,也就十分自然了。

  海鸥君正当盛年,精力充沛,然岁月不居,时不我待,希望他在时寄华章妙文的同时,再使学术著作渐入高境,实不胜翘企之至。

王水照
2005 年 4 月

目　　录

第一章　宋初三体及其诗学思想……………………………（1）

　第一节　"白体"及其诗人的诗学思想…………………………（1）
　　一、"白体"之兴及"白体"之称 ……………………………（2）
　　二、"白体"的主要诗人 ………………………………………（3）
　　三、小结 ………………………………………………………（16）
　第二节　"晚唐体"及其诗人的诗学思想 ……………………（19）
　　一、北宋人所谓"晚唐"、"晚唐诗" …………………………（19）
　　二、南宋以后的"晚唐诗"、"晚唐体" ………………………（25）
　　三、宋诗"晚唐体"之风貌 ……………………………………（31）
　　附论:对当代文学史家"晚唐"观的一点异议 ……………（37）
　第三节　"西昆体"及其诗人的诗学思想 ……………………（38）
　　一、"西昆体"之兴及"西昆体"之称 …………………………（39）
　　二、"西昆体"诗人的诗学思想 ………………………………（41）
　　三、对"西昆体"诗人及其诗学的评价 ………………………（48）

第二章　真宗、仁宗之世复古以求新变的诗学思想…………（51）

　第一节　柳开、范仲淹、石介等人以复古求新变
　　　　　的文学思想 …………………………………………（52）

一、柳开等人的复古求新之论……………………………（52）
　　二、范仲淹的复古求新之论……………………………（54）
　　三、石介的复古求新之论………………………………（56）
　第二节　宋祁、余靖等人的诗学思想……………………（59）
　　一、宋祁的诗学思想……………………………………（59）
　　二、余靖的诗学思想……………………………………（62）
　第三节　汴京、东州、洛阳年轻诗人追求新变
　　　　　的诗学思想………………………………………（72）
　第四节　梅尧臣的诗学思想………………………………（74）
　　一、恢复风雅美刺传统…………………………………（75）
　　二、倡导平淡之美………………………………………（77）
　　三、意新语工、状景含意………………………………（80）

第三章　欧阳修的诗学思想……………………………（85）

　第一节　爱李尊韩…………………………………………（86）
　第二节　穷者而后工………………………………………（92）
　第三节　对苏、梅的评赞…………………………………（96）
　第四节　其他……………………………………………（104）
　　一、关于"西昆体"及唱和诗…………………………（104）
　　二、关于创作情境………………………………………（105）
　　三、《诗经》学…………………………………………（106）

第四章　王安石、司马光的诗学思想…………………（110）

　第一节　王安石的诗学思想……………………………（110）
　　一、尊杜敬欧轻韩抑李…………………………………（110）
　　二、适用与美容…………………………………………（113）
　第二节　司马光的诗学思想及《温公续诗话》…………（117）
　　一、诗歌无用于施政治民………………………………（117）

二、多情怀酒伴，余事作诗人……………………………（119）
　　三、《温公续诗话》……………………………………（127）

第五章　苏轼的诗学思想……………………………………（134）

　第一节　苏轼的《诗经》论……………………………（135）
　第二节　苏轼的陶渊明论………………………………（138）
　第三节　苏轼的唐诗论…………………………………（149）
　　一、"有徐、庾风气"——论唐太宗诗…………………（149）
　　二、"韵高而才短"——论孟浩然诗……………………（149）
　　三、"诗中有画"——论王维诗…………………………（151）
　　四、"飘逸绝尘，而伤于易"——论李白其人其诗………（153）
　　五、"天下之能事毕矣"——论杜甫其人其诗…………（154）
　　六、"诗格之变，自退之始"——评韩愈诗……………（157）
　　七、"发纤秾于简古，寄至味于淡泊"——评柳宗元诗 …（159）
　　八、"元轻白俗，郊寒岛瘦"——评元、白、孟、贾……（162）
　第四节　苏轼对本朝诗人的评论及其诗美观念…………（165）
　　一、以清为美………………………………………（165）
　　二、有韵为美——"美在咸、酸之外"…………………（181）
　　三、古雅为美………………………………………（184）

第六章　黄庭坚的诗学思想…………………………………（188）

　第一节　诗性论…………………………………………（189）
　第二节　诗人论…………………………………………（194）
　　一、陶渊明论………………………………………（194）
　　二、杜甫论…………………………………………（197）
　　三、苏轼论…………………………………………（202）
　　四、论其他诗人……………………………………（208）
　第三节　诗美论…………………………………………（211）

一、以古为美 …………………………………………（211）
　　二、尚清反俗 …………………………………………（214）
　第四节　创作论 …………………………………………（222）
　　一、自成一家 …………………………………………（222）
　　二、多读书 ……………………………………………（224）
　　三、字句之法 …………………………………………（230）

第七章　北宋理学家的诗学思想 ……………………………（232）

　第一节　邵雍的诗学思想 ………………………………（233）
　　一、邵雍的快乐哲学 …………………………………（235）
　　二、邵雍的快乐诗学 …………………………………（238）
　　三、快乐诗学的诗意言说 ……………………………（241）
　第二节　周、张、二程的诗学思想 ……………………（250）

第八章　北宋"话"体诗学 …………………………………（261）

　第一节　概说 ……………………………………………（261）
　　一、"话"体诗学之兴 ………………………………（261）
　　二、北宋诗话文献 ……………………………………（268）
　　三、北宋诗话的文体形态 ……………………………（270）
　第二节　刘攽及其《中山诗话》………………………（282）
　第三节　苏辙《诗病五事》……………………………（294）
　第四节　陈师道的诗学思想 ……………………………（296）
　第五节　魏泰《临汉隐居诗话》………………………（307）
　第六节　惠洪《冷斋夜话》……………………………（313）
　第七节　蔡絛《西清诗话》……………………………（324）
　　一、作者、著作时间考辨 ……………………………（324）
　　二、《西清诗话》与"元祐学案" …………………（327）
　　三、《西清诗话》的诗学真相 ………………………（332）

第八节　许颉《彦周诗话》……………………………（340）

附论一　宋代诗歌概述……………………………………（351）

　　一、宋诗之规模与特质 ……………………………（351）
　　二、北宋前期——宋诗自立 ………………………（354）
　　三、北宋中后期——苏、黄时代 …………………（367）
　　四、南宋前期——中兴诸家 ………………………（371）
　　五、南宋后期——四灵与江湖诗派 ………………（375）
　　六、宋代理学诗 ……………………………………（377）

附论二　盛宋诗的雅化倾向………………………………（379）

　　一、内容文人化 ……………………………………（380）
　　二、意象抽象化 ……………………………………（383）
　　三、"以才学为诗" …………………………………（387）
　　四、高度技巧化 ……………………………………（390）

附论三　苏轼对白居易的文化受容和诗学批评…………（396）

　　一、"出处老少颇似乐天" …………………………（397）
　　二、苏轼对白居易的文化受容 ……………………（402）
　　三、苏轼对白居易诗的批评 ………………………（413）

参考文献……………………………………………………（422）

后记…………………………………………………………（431）

第一章 宋初三体及其诗学思想

宋建国后,太祖、太宗、真宗三朝,文化事业成就显著,尊文士,建秘阁,征图书,纂修四大书,兴科举,文学亦呈繁荣景象,人才辈出,作品累累。但正如李唐建国大半个世纪后"唐音"方盛,宋诗也是经过了六七十年的准备,到仁宗朝"宋调"始兴。而在宋初三朝中,诗坛风尚,大抵宗唐,或学白居易,或学贾岛,或学李商隐,此即后人所称"白体"、"晚唐体"、"西昆体"。本章分别检讨其诗学意趣。

第一节 "白体"及其诗人的诗学思想

提要:"白体"是北宋人的说法。"白体"诗流行于太宗及真宗朝,仁宗朝前期尚存余绪,随着"西昆体"兴起,"白体"遂寝。明确提倡学白诗者是李昉及其子李宗谔,助长"白体"流行最有影响力的人是宋太宗。太宗、真宗朝君臣唱和或臣僚唱和,多学白诗,因成"白体",最有代表性的"白体"诗人有宋太宗、李昉、徐铉、王禹偁、晁迥等。宋人所谓"白体"的含义主要有三:一是学元、白唱和,切磋诗艺,休闲解颐;二是效白诗浅切随意,不求典实,随意随时吟成,作起来比较轻松便捷,很适合休闲唱和,临场发挥;三是效其旷放达观、乐天知足的生活态度,以及借诗谈佛、道义理。宋太宗于此最为用心,他的一个重要目的是借此引导臣属不要把官职利禄看得太重。

宋《蔡宽夫诗话》云:"国初沿袭五代之余,士大夫皆宗白乐天诗。"①元方回《送罗寿可诗序》云:"宋划五代旧习,诗有白体、昆体、晚唐体。"②后世文学史家沿用此说,皆称宋初诗有"白体"。然则何谓"白体"?何人"宗白乐天诗"?"白体"到底流行于何时?宋初诗坛为何会流行"白体"?千年以来,诸多问题均不甚明晰,本节试辨之。

一、"白体"之兴及"白体"之称

"白体"是北宋人的说法,指宋初诗坛流行的学白居易的诗。但流行之时并无"白体"之说。最早提出"白体"或"白乐天体"概念的人是谁尚难断定。据我所知,田锡《览韩偓郑谷诗因呈太素》诗云:"顺熟合依元白体,清新堪拟郑韩吟。"③杨亿写过《读史敩白体》诗。④ 欧阳修《六一诗话》云:"仁宗朝,有数达官,以诗知名。常慕'白乐天体',故其语多得于容易。"⑤司马光《温公续诗话》称魏野"其诗效白乐天体"⑥。吴处厚《青箱杂记》(四库本)卷一云:"昉诗务浅切,效白乐天体。晚年与参政李公至为唱和友,而李公诗格亦相类,今世传《二李唱和集》是也。"又卷十云:"仁宗朝内臣孙可久,好吟咏,效白乐天格,尝为陕西驻泊,为乐天构祠堂于郡城大阜之顶,中安绘像。"由此可知"白乐天体"之称,在仁宗朝已流

---

① 郭绍虞:《宋诗话辑佚》,第 398 页,中华书局,1980 年版。
② 文渊阁四库全书本(以下简称四库本)《桐江续集》,卷三十二。
③ 四库本《咸平集》,卷十五。
④ 《全宋诗》,第 3 册,第 1367 页,北京大学出版社,1991 年版。
⑤⑥ 《历代诗话》,第 264 页,第 276 页,中华书局,1981 年版。

行。

宋初学白诗之风始于太宗朝而盛于真宗朝,至仁宗朝前期余波尚存,后来"西昆体"渐成诗坛主流,"白体"遂寝。据方回《送罗寿可诗序》所列,"白体如李文正、徐常侍昆仲、王元之、王汉谋",即李昉、徐铉、徐锴①、王禹偁、王奇。方回此说影响甚广,然而"白体"诗人实不止于此,比如宋太宗就是影响最大的"白体"诗人,仁宗朝"西昆体"诗人中,杨亿、舒雅、刁衎、张咏、晁迥、李维、李宗谔、张秉等,早年都曾学"白体"。欧阳修所谓"仁宗朝,有数达官,以诗知名。常慕'白乐天体'",就是指这些人。

那么,他们从什么意义上学白乐天诗呢?从上述言及"白体"者的话,可知北宋人所言"白体"诗的特征是"顺熟"、"容易"、"浅切"。又惠洪《冷斋夜话》(四库本)卷一亦云:"白乐天每作诗,令一老妪解之……解则录之,不解则易之。故唐末之诗近于鄙俚。"然而白诗之特点不止于此。陈寅恪曾因此辨曰:"若排律一类必为老妪所解始可笔录,则《白氏长庆集》之卷帙当大为削减矣。其谬妄又何待详论!唯世之治文学史者,犹以元白诗专以易解之故而得盛行,则不得不为辨正耳。"②那么宋初诗人学白体,是仅学其浅易呢,还是多方面学习呢?这就要具体地看一看他们的创作情况了。

二、"白体"的主要诗人

徐铉(916~997年)字鼎臣,扬州广陵(今江苏扬州)人,仕南唐三主,官至吏部尚书右仆射,机命制诰,咸出其手,文章议论与韩熙载齐名,时称"韩徐"。徐铉于宋太祖开宝八年(975年)随李煜入宋,时年六十;卒于太宗至道三年(997年)。也就是说,他晚年

---

① 徐锴,卒于南唐,并未入宋,与"白体"无涉。方回将其列入"白体"是个失误。
② 《元白诗笺证稿》,第339页,上海古籍出版社,1978年版(下同)。

为宋臣二十二载,刚好与太宗在位之二十二年相始终。太平兴国初,徐铉直学士院,与李昉(时直翰林院)并为台阁文魁。太平兴国八年,他官至右散骑常侍,后又迁左常侍。淳化二年(991年),因事贬静难行军司马。

徐铉有《骑省集》(四库本)三十卷,其中诗七卷,许多是在朝廷唱和之作。当时太宗常与群臣唱和,仿效白居易与元稹、刘禹锡唱和的方式。徐铉身为台阁文魁之一,自然是主要参与者。他又曾作诗序类文章十余篇(卷十八、卷十九),多为台阁应制而作,如《御制春雪诗序》、《北苑侍宴诗序》等。在这类诗序中,他着重强调诗歌的政治教化功能,与白居易的"新乐府"诗学观相近,但却缺乏白居易讽喻诗那种批判精神,如"感惠恩而发颂声"、"赏物华而颂王泽,览稿事而劝农功,乐清夜而宴嘉宾,感边尘而闵行役。……理必造于玄微,词必关于教化"等。大抵王朝之初,既须歌功颂德,又须文治教化,这是台阁文臣首要之责。除此之外,他在为朋友所作的各种序文中,也强调诗歌的抒情性:

> 人之所以灵者,情也;情之所以通者,言也。其或情之深,思之远,郁积乎中,不可以尽言者,则发为诗。
>
> ——《萧庶子诗序》

> 君子有志于道,无位于时,不得申于事业,乃发而为诗咏……遇事造景,则以吟咏自怡。
>
> ——《邓生诗序》

他还强调天赋才情,认为作诗更需要灵感,而不必过于追求学问:

> 嘉言丽句,音韵天成,非徒积学所能,盖有神助者也。
>
> ——《成氏诗集序》

徐铉是个才气横溢、文思敏捷的人,据说他凡属文不假沉思,援笔成章。《宋诗钞》引冯延巳语:"徐公率意而成,自造精极。"并称其诗"冶衍遒丽,具元和风律,而无洿涊纤阿之习。"《四库提要》

引晁公武《郡斋读书志》语,证其"文思敏速……执笔立就"。又引《临汉隐居诗话》(《历代诗话》本)所载徐铉《喜李少保卜邻》诗"井泉分地脉,砧杵共秋声"之句,言其"未尝不具有思致。盖其才高而学博,故振笔而成,时出名隽也"。

这种观点略与白居易浅近率性的路数相近,而与后来宋诗"以学问为诗"有别。

他还作过的《洪州新建尚书白公祠堂之记》(《骑省集》卷二十八)云:

> 大丈夫处厚居实,据德依仁,岂徒洁身,将以济世,故著于事业,发于文词,而后功绩宣焉,声名立焉。……若乃格于穷壤,渐于蛮夷,大则藏于金匮石室之书,细则诵于妇女稚孺之口,则古今以来,彰灼悠久,未有如白乐天者。……观乐天之文,主讽刺,垂教化,穷理本,达物情,后之学者服膺研精,则去圣何远?其为益也,不亦多乎?

徐铉这篇记文写于何时呢?文中提到"江南转运使张去华",《宋史》卷三百〇六《张去华传》云:"太平兴国七年为江南转运使。"《续资治通鉴长编》载,太宗雍熙元年十一月癸酉,"诏江南转运使张去华就试词艺,遣赴阙。……上曰可与一官留京师,时诏令赋诗于前以适意"。又徐铉在文末自言"今忝骑省",骑省是散骑常侍的简称,徐铉于太平兴国八年出任右散骑常侍,后迁左散骑常侍。据此可知,此文作于太平兴国八年(983年)至雍熙元年(984年)之间。据我所见,这是宋初最早推崇白居易的言论。

然而徐铉却没有明确提倡学习白诗,这大概因为他是南唐入宋之人。南唐君臣并不推重白居易。略早于徐铉的孙光宪在其《北梦琐言》(上海古籍出版社1981年11月第1版)卷一云:

> 白少傅居易,文章冠世,不跻大位。先是,刘禹锡大和中为宾客时,李太尉德裕同分司东都,禹锡谒于德裕曰:"近曾得白居易文集否?"德裕曰:"累有相示,别令收

贮,然未一披。今日为吾子览之。"及取看,盈其箱筒,没于尘坌,既启之而复卷之,谓禹锡曰:"吾于此人,不足久矣。其文章精绝,何必览焉!但恐回吾之心,所以不欲观览。"其见抑也如此。衣冠之士,并皆忌之。

又卷六载:

白太傅与元相国友善,以诗道著名,时号元白。其集内有诗挽元相云:"相看掩泪俱无语,别后伤心事岂知?想得咸阳原上树,已抽三丈白杨枝。"洎自撰墓志,云与彭城刘梦得为诗友,殊不言元相公,时人疑其隙终也。

这两条记载虽然都不是孙对白的直接态度,但至少说明晚唐之人并不推重白居易,孙光宪本人也未流露崇白之意。尤其"殊不言元相公,时人疑其隙终"之论,对白居易曲解甚多,前辈学者已辨其误。①

徐铉虽未明言学习"白体",但其入宋之后,必合于新朝风气,后人将其视为"白体"诗人,自有其合乎事理之处:一是他参与君臣唱和,仿效元白唱和;二是他强调性情灵感,取白居易浅近率性的诗路;三是他为重修白公祠作记。

李昉(925~996 年)字明远,深州饶阳(今属河北)人。后周翰林学士,入宋后历太祖、太宗两朝,备承重任,拜翰林学士、文明殿学士,官至参知政事、平章事等,曾直学士院、知贡举,主持编撰《太平御览》、《太平广记》、《文苑英华》。曾有文集五十卷,已佚。今《全宋文》②卷四十五辑得其文二卷三十一篇,《全宋诗》卷十二辑其诗二卷八十八首及散句三个。

关于诗歌,李昉没有专门的理论著述,也不曾提出什么重要的

---

① 陈寅恪:《元白诗笺证稿》附论,《白乐天与刘梦得之诗》。
② 《全宋文》,巴蜀书社,1988 年版。以下凡引《全宋文》皆依此书。

诗歌观念,但因其长居台阁文魁之位,故其诗歌趣尚,对当时诗坛的影响不可低估。

李昉的政治、文化、文学地位都高于徐铉。徐铉是南唐旧臣,在宋太祖最后一年才随李煜降宋。虽然宋室待其不薄,但他终究只是一个降宋的文士。李昉却不同,他自后周入宋,算是赵宋王室的"自家人"。作为赵宋王朝的开国文臣,他在太祖、太宗两朝四十余年间,长期担当王朝重任,政为宰辅,文为魁首,官高位尊名显。在宋初文化、文学的运作中,他实际上处于第一代文坛宗主的地位。只因为天赋和成就有限,所以在文学史上不能与后来欧阳修、苏轼那样的文坛宗主比肩。

他惟一涉及诗歌问题的文章是《二李唱和集序》①,其中谈到他和李至效白乐天、刘梦得诗歌唱和之雅事:

> 南宫师长之任,官重而身闲;内府图书之司,地清而务简。朝谒之暇,颇得自适,而篇章和答,仅无虚日,缘情遣兴,何乐如之。二卿,好古博雅之君子也,文章大手,名擅一时,眷我之情,于斯为厚,凡得一篇一咏,未尝不走家僮以示我。慵病之叟,颇蒙牵率,若抽之思强以应命,所谓策疲兵而当大敌也。日往月来,遂盈箧笥。

他将这些诗编为《二李唱和集》,也是模仿白、刘之举:

> 昔乐天、梦得有《刘白唱和集》,流布海内,为不朽之盛事。今之此诗,安知异日不为人之传写乎?

他这种"缘情遣兴",唱和取乐的观点,在其诗中也反复申说:"歌诗唱和心偏乐"(《辄歌盛美寄秘阁侍郎》);"啸月吟风意尚耽"(《自思忝幸因动吟咏》);"老去心何用? 题诗满粉墙";"老去心何用? 闲吟月正中"(《又捧新诗……》);"自喜身无事,闲吟适性情";"唱酬聊取乐,不觉又盈箱"(《自过节辰,又逢连假,既新装闲关而

---

① 《全宋文》,第2册,第18页。

不出,但倚枕以闲眠,交朋顿少见过,杯酒又难独饮,若无吟咏,何适性情?一唱一酬,亦足以解端忧而散滞思也……》);"望重官高两难酬,遇兴裁诗许唱酬"(《侍郎见遗佳什……》);"吟得新诗只相寄,心看轩冕一铢轻"(《辄歌盛美寄秘阁侍郎》)。① 总之,"缘情遣兴","闲吟适性情",是他诗歌创作的基本理念,而白居易的唱和诗,则是他效仿的主要范式。他的诗作多写台阁闲情、山水乐趣、诗酒歌舞、酬唱寄赠之事,确与其主张十分一致。

史称李昉"为文章慕白居易,尤浅近易晓"②,如"暖逼流莺藏密树,香迷舞蝶恋空枝。海棠残艳红铺地,蜀柳长条翠拂池"③之类,颇近白氏"闲适"之体。王禹偁为其作《司空相公挽歌》云:"须知文集里,全似白公诗。"④这是对李昉诗及其诗美意趣的恰当概括。

与他相与唱和的诗友李至也明言学白之意:

> 优闲之任,居常事简,得为狂吟,成恶诗十章,以"蓬阁多余暇"冠其篇而为之目,亦乐天"何处难忘酒"之类也。⑤

又云:

> 昨晚又捧五章,尽含六义,意转新而韵皆紧,才益赡而调弥高,始知元白之前贤,虚擅车斜之美誉。⑥

李昉之诗歌主张和影响还不止于此。他主编的《太平御览》,于《文部二·诗》(卷五百八十六)和《学部三·诗》(卷六百〇九)之下,选录前代典籍论诗之语共六十条,如选自《论语》、《庄子》、《毛

---

① 本段引诗均见《全宋诗》,第1册,卷十二至卷十三。
② 《宋史》,卷二百八十六本传。
③ 《全宋诗》,第1册,第173页,《依韵和残春有感》。
④ 《全宋诗》,第2册,第758页。
⑤⑥ 《全宋诗》,第1册,第562页,第558页。

诗正义》、《文心雕龙》、《诗品》、《文赋》及诸种史书者。从所选条目约略可见选家之意,除叙说诗史源流或故事以及阐述传统诗教之外,其所偏重者大略有三。

一是诗与乐之关系。其所选如《文章流别论》:"诗言志,歌咏言……不入歌谣之章,故世希为之。夫诗虽以情志为本,而以声成为节。"

又颜延之《庭诰》:"荀爽曰:'诗者,古之歌章'。然则雅颂之乐篇全矣。是以后之诗者,率以歌为名。"

又《左传·襄公十六年》:"歌诗必类。"

又《汉书·艺文志》:"诵其言谓之诗,咏其声谓之歌。"

观此所选,皆强调诗须可歌,歌诗必类。

二是诗与性情的关系。其所选如《文心雕龙·明诗》:"诗者,持也。持人性情。"

又《文赋》:"诗缘情而绮靡。"

又卜商《诗序》:"诗者,志之所之也。情动于中而形于言也。"

又刘歆《七略》:"诗以言情。情者,信之符也。"

观此所选,皆与李昉作诗主张适意任性、怡情遣兴、抒写闲情逸致的理念一致。

三是崇尚风雅。其所选如《晋书》谢道蕴事:

> 叔父安尝问毛诗何句最佳?答曰:"吉甫作颂,穆如清风。仲山甫永怀,以慰其心。"安谓其雅人深致。

宋代文人尚雅避俗之意,于此可见端倪。盖《太平御览》一书,为皇家制作,君之所好,天下从之。宋代文人之诗歌审美意趣,亦当与此有关。

总之,李昉虽非诗论家,但他对诗歌,不乏见解。他是宋初诗坛最早学白诗者之一,因其位高,故影响亦大。"士大夫皆宗白乐天诗",他应是首开风气者。

王禹偁自言,"谁怜所好还同我,韩柳文章李杜诗"①,"篇章取李杜"②,"本与乐天为后进,敢期子美是前身"③。然而后人认为他更近于白居易。林逋(比王禹偁小十三岁)将他与白居易并提:"放达有唐唯白傅,纵横吾宋是黄州。"④《蔡宽夫诗话》云:"国初……士大夫皆宗白乐天诗,故王黄州主盟一时。"从他诗歌创作的情况看,这些评价不为无据。

王禹偁效仿白居易与朋友作唱和诗,以此怡情遣兴、竞较诗艺、促进诗歌创作、提高艺术水平。白居易曾经说与元稹"为文友诗敌"⑤。元稹也说与白居易"名为次韵相酬,盖欲以难相挑耳"⑥。王禹偁对此深以为然,《酬安秘丞见赠长歌》云:"迩来游宦五六年,吴山越水供新编。还同白傅苏杭日,歌诗落笔人争传。"可见他对白居易闲逸唱和之诗的赞赏。《仲咸以予编成商于唱和集以二十韵诗相赠依韵和之》云:"诗战虽非敌,吟多偶自编。"这与元白视唱和为竞较诗艺的观点一致。

唱和诗歌的另一个用意是消解迁谪之忧愁,则与白居易后期之诗心诗意,正堪仿佛。淳化二年(991年),三十七岁的王禹偁贬商州,李昉之子李宗谔来信建议他"看书除庄、老外,乐天诗最宜枕籍"。他为此作《得昭文李学士书报以二绝》⑦诗:

谪居不敢咏江蓠,日永门闲何所为?

---

① 《赠朱严》,《全宋诗》,第2册。本文引王禹偁诗均依此书。
② 《寄题陕府南溪兼简孙何兄弟》。
③ 《自贺》。
④ 《读王黄州集》。
⑤ 《刘白唱和集解》。
⑥ 《上令狐相公诗启》。
⑦ 《小畜集》,卷八。

〉〉〉多谢昭文李学士,劝教枕籍乐天诗。

白居易中年以后常在诗中表述乐天知命、闲适放达的人生态度,这大概是李宗谔向王推荐的主要用意。王接受建议,这一年中,他写了百余篇唱和诗。他将这些唱和诗编为《商于唱和集》,比李昉的《二李唱和集》(编定于淳化四年)还早两年。

诗人们竞相唱和并编辑唱和集,在太宗朝颇成风气。就在王氏自编《商于唱和集》这一年,朝臣们也间有唱和集编成。如《续资治通鉴长编》(下简称《长编》)淳化二年十二月辛卯载:翰林学士承旨苏易简会韩丕等"观御飞白书'玉堂之署'四字并三体书诗石。上闻之,赐上尊酒,太宫设盛馔,至等各赋诗以纪其事。宰相李昉、张齐贤,参知政事贾黄中、李沆亦赋诗颂美,易简悉以奏御。"太宗遂命将这些诗编为《禁林宴会集》。可见一时风气。

蔡宽夫所谓"王黄州主盟一时"之论,为后世文学史家沿用,然究竟如何主盟,史料尚嫌欠缺。王禹偁在《前赋春居杂兴诗二首间半岁不复省视因长男嘉祐读杜工部集见语意颇有相类者咨予且意予窃之也予喜而作诗聊以自贺》诗中言及自己学白崇杜之事:

〉〉〉命屈由来道日新,诗家权柄敌陶钧。
〉〉〉任无功业调金鼎,且有篇章到古人。
〉〉〉本与乐天为后进,敢期子美是前身。
〉〉〉从今莫厌闲官职,主管风骚胜要津。

此诗以略带自嘲的口吻说自己官运不好,功业无成,但作诗还算小有成就。明言学白崇杜之诗路。只是"诗家权柄敌陶钧"、"主管风骚胜要津"二句,似不应直接理解为"主盟诗坛",古人尚自谦,必不至如此自诩。大约只是说:我为官虽不得要领,身不由己,作诗倒还对路,可以"主管"自己的诗情诗意。

《蔡宽夫诗话》有《王元之春日杂兴诗》[①]亦载此诗故事:

---

① 《宋诗话辑佚》,第 405 页。

元之本学白乐天诗,在商州尝赋《春日杂兴》云:"两株桃杏映篱斜,装点商州副使家。何事春风容不得?和莺吹折数枝花。"其子嘉祐云:"老杜尝有'恰似春风相欺得,夜来吹折数枝花'之句,语颇相近。"因请易之。王元之忻然曰:"吾诗精诣,遂能暗合子美耶?"更为诗曰:"本与乐天为后进,敢期杜甫是前身!"卒不复易。

方回提到的王汉谋,名王奇,赣县人,真宗朝官至殿中侍御史。《赣州府志》载:王奇少为县掾史,令题雁诗一联于屏风,奇密续后二句。令奇之,因激使学。后游京师,居李文靖沆客。真宗临奠,见屏间《秋兴》诗,召对称旨,特许殿试,赐第。奇作诗云:"不拜春官为座主,亲逢天子作门生。"官至殿中侍御史。他作"白体诗"的情况已不得多知。唯《宋诗纪事》(上海古籍出版社 1983 年 6 月第 1 版第 230 页)存其诗二首。

未被后人列入"白体"的田锡也值得注意。田锡(940～1003年)字表圣,嘉州洪雅(今属四川)人,太平兴国三年(978 年)进士,官至右谏议大夫,史馆修撰,有《咸平集》。其为政效唐之魏徵,尚忠义直言。苏轼《田表圣奏议叙》云:"呜呼,田公古之遗直也,其尽言不讳,盖自敌以下受之有不能堪者,而况于人主乎?"《宋史》卷四百四十六《忠义列传序》云:"真、仁之世,田锡、王禹偁、范仲淹、欧阳修、唐介诸贤,以直言谠论倡于朝,于是中外搢绅知以名节相高,廉耻相尚,尽去五季之陋矣。"《四库提要》称其"诗文乃其余事,然亦具有典型,其气体光明磊落如其为人"。

他对诗有自己的见解,如他认为诗歌最适于抒情和讽刺。《进文集表》①云:

臣闻美盛德之形容谓之颂,抒深情于讽刺莫若诗,赋

---

① 四库本《咸平集》,卷二十三。

则敷布于皇风,歌亦揄扬于王化。下情上达,《周礼》所以建采诗之官;君唱臣酬,舜典于是载《赓歌》之事。

他对诗歌讽喻教化功能的强调,与白居易"新乐府"诗学思想近似。他提倡多方面学习唐人作诗,元白李杜各有所长。《贻宋小著书》①云:

但为文、为诗、为铭、为颂、为箴、为赞、为赋、为歌,氤氲吻合,心与言会,任其或类于韩,或肖于柳,或依稀于元、白,或仿佛于李、杜,或浅缓促数,或飞动抑扬,但舒卷一意于洪濛,出入众贤之阃阈,随其所归矣!使物象不能桎梏于我性,文彩不能拘限于天真,然后绝笔而观,澄神以思,不知文有我欤?我有文欤?

又《览韩偓郑谷诗因呈太素》②诗云:

顺熟合依元白体,清新堪拟郑韩吟。

这里值得注意的是,他把"元白体"的特征确定为"顺熟","浅缓促数"。

被杨亿收入《西昆酬唱集》的诗人中,也有几位是先学"白体"的。如晁迥,太平兴国五年(980年)进士,仁宗朝官至礼部尚书,以太子少傅致仕,景祐元年卒,年八十四。《全宋诗》卷五十五录其诗五十六首,多为效白居易之作,借佛、道之理消解俗生烦恼之意,如《静深生四妙辞》之类。其中以《拟白乐天……》为题者八题九首,另外《仿归去来辞》中有"白傅曾言归去来,了知浮世非长久。独步逍遥自得场,饮酒寝兴随所偶"之言;《醒默居士歌》中有"白氏先生耽醉吟,衔杯洒翰瓷欢心。樽空才尽若为计?释闷遣怀功未深"句。其拟白诗,大抵是讲一些人生解脱之道,如"权要亦有苦,

---

① 《咸平集》,卷二。
② 《咸平集》,卷十五。

苦在当忧责。闲慢亦有乐,乐在无萦迫"、"心不择时息,书不择时观。达理意无碍,豁如天地宽"之类。晁迥之学白诗,既学其意又学其辞。他年辈略晚于李昉和王禹偁,在李、王之后力效"白体",正可说明"白体"诗经李、王一代人发扬,在真宗朝和仁宗前期,颇成诗坛时尚。

《西昆酬唱集》中还有几位曾学"白体"的诗人。舒雅(?～1009年)和刁衎(945～1013年)参与过淳化五年(994年)王禹偁等《题义门胡氏华林书院》的集体题诗活动,其诗纯似"白体"。张秉(952～1016年,常误作刘秉)曾在郑州与王禹偁联句作诗,诗为"白体"。李维(961～1031年)曾辑录白居易的遣怀之作,名曰《养恬集》①。李宗谔(965～1013年)是李昉之子,曾劝王禹偁学白居易诗。就连"西昆体"的代表诗人杨亿,也曾写过《读史敩白体》诗②云:

易牙昔日曾蒸子,翁叔当年亦杀儿。
史笔是非空自许,世情真伪复谁知?

此乃效白居易《放言》其三:

周公恐惧流言日,王莽谦恭未篡时。
向使当初身便死,一生真伪复谁知?

魏野略晚于王禹偁几岁,被方回归入"晚唐体"诗人之列,然而司马光在《温公续诗话》中曾说"其诗效白乐天体"③。他早期的五言、七言诗确有白氏平易浅熟之风,后来又转学晚唐贾岛之诗。

另有一位对"白体"诗之风行一时至关重要的诗人,方回和后

---

① 四库本晁迥:《法藏碎金录》,卷五。
② 四库本《武夷新集》,卷四。
③ 《历代诗话》,第276页,中华书局,1980年版。

人都不曾提及。这个诗人就是宋太宗。今存宋太宗诗,据《全宋诗》卷二十二所收,共五百六十余首,主要为《逍遥咏》二百首、《逍遥歌》十六首、《缘识》三百一十八首。这些诗多为发挥佛、道义理,倡导安心静处,勉励人们淡漠功名利禄之作。而白居易中年以后的许多诗,正是从臣僚的角度,阐释此类人生理念。兹引两人诗略作比较:

白《逍遥咏》:
> 亦莫恋此身,亦莫厌此身。
> 此身何足恋?万劫烦恼根。
> 此身何足厌?一聚虚空尘。
> 无恋亦无厌,始是逍遥人。

太宗《逍遥咏》:
> 逍遥心自乐,清静保长生。
> 至道归玄理,真空造化成。
> 辉华扬日彩,偃仰顺风声。
> 里外有何物?刚柔炼始精。

白《池上闲吟二首》其二:
> 非庄非宅非兰若,竹树池亭十亩余。
> 非道非僧非俗吏,褐裘乌帽闭门居。
> 梦游信意宁殊蝶,心乐身闲便是鱼。
> 虽未定知生与死,其间胜负两何如?

太宗《逍遥咏》:
> 非来非去亦非忙,所以凡为自短长。
> 专志比徒归一等,谁知礼度畏三光。
> 相传只要达真境,勿说辛勤却易伤。
> 授得道心皆语默,四时八节顺阴阳。

这样的诗,白诗中常见;宋太宗之诗,则皆为此类。不仅诗意相类,且语体、风格俱似。由是观之,宋太宗正是纯学白诗者。因其身为君王,天下效之,则"白体"之流行,势在必然矣。

三、小结

"白体"之说在唐代乃至宋初,尚未出现。宋初最早学白诗的人是李昉,助长"白体"流行最有力的人是宋太宗。"白体"流行是从太宗朝开始的。当时朝廷文臣能诗者,都参与君臣唱和或臣僚唱和,很多人都学"白体"。此风经真宗朝,至仁宗朝余波尚存。随帮唱曲之外,有些诗人自觉学习白居易的诗法和诗心,并且学有所成。太宗朝明确提倡学白诗者是李昉及其子李宗谔,学白体唱和的诗人很多,主要的代表人物是:宋太宗、李昉、徐铉、王禹偁、晁迥等。

所谓"白体"或"白乐天体",虽然是宋人提出诗学的概念,但在白居易时代,诗坛已有"元白"、"元和体"之说,《新唐书》卷一百七十四《元稹传》:"稹尤长于诗,与居易名相埒,天下传讽,号元和体,往往播乐府。"作为白居易最相知的诗友,元稹对白诗特点的阐述值得重视。元稹《白氏长庆集序》云:

> 大凡人之文各有所长,乐天之长可以为多矣。是以讽谕之诗长于激,闲适之诗长于遣,感伤之诗长于切,五字律诗百言而上长于赡,五字七字百言而下长于情。①

陈寅恪《元白诗笺证稿》附论(丁)有专论《元和体诗》,其辨"元白"、"元和体"甚详,其含义与宋人所谓"白体"有异。宋人所谓"白体",比元稹所论简单得多,其含义主要有三层:

一是学白居易作唱和诗,切磋诗艺,休闲解颐。诗歌唱和,本属文人闲情雅趣。由于其既富文化意蕴,又见才华性情,既可用于歌颂,又可怡情,且俗人不能为之,所以当国家初安,朝政多暇之

---

① 白诗见《白居易集》,第225、708页,中华书局,1979年版;太宗诗见《全宋诗》,第1册,第329、359页。

际,元、白、刘诗歌唱和之举,就很容易成为文人士大夫竞相模仿的艺术休闲范式。太宗与群臣唱和,李昉与李至唱和,王禹偁与友人唱和,皆有效元、白、刘之意。

二效白诗浅切随意,不求典实的作法。白居易的诗分类虽多,但浅近易晓确为其共同特色。这种诗随意随时吟成,不重学问典故,作来比较轻松便捷。这就很适合休闲唱和,临场发挥。

三效其旷放达观、乐天知足的生活态度,以及借诗谈佛、道义理。陈寅恪《元白诗笺证稿》附论(乙)《白乐天之思想行为与佛道之关系》云:"乐天之思想,一言以蔽之曰'知足'。'知足'之旨,由老子'知足不辱'而来。盖求'不辱',必知足而始可也。""总而言之,乐天老学者也,其趋向消极,爱好自然,享受闲适,亦与老学有关者也。"从前述李昉、李至、李宗谔、王禹偁、晁迥等人的言论和诗作中,皆可见此学白之意。宋太宗则是于此最用心者。白居易诗在晚唐五代时期未被推重,宋初却突然显赫起来,究其缘故,宋太宗对"白体"的爱好和倡导,是"白体"诗流行的主要原因。

首先,太宗尚文好诗,且喜君臣唱和,导致诗歌唱和蔚成风气,而白居易的唱和方式正堪模仿。《石林燕语》卷八载:"太宗当天下无事,留意艺文,而琴棋亦皆造极品。时从臣应制赋诗,皆用险韵,往往不能成篇,而赐两制棋势,亦多莫究所以,故不得已则相率上表乞免和,诉不晓而已。"以下录自《续资治通鉴长编》的一些资料可证太宗朝唱和之盛行。

> 卷十八:太平兴国二年春,开科考,殿试时太宗"御讲武殿,内出诗赋题复试进士"。试后"赐宴开宝寺,上自为诗二章赐之"。
>
> 卷二十:太平兴国四年五月己丑,太宗因北汉已平,"作《平晋赋》,令从臣皆赋;又作《平晋诗》二章,令从臣和"。同年六月,太宗率军北征,"作《悲陷蕃民诗》,令从

臣和"。

卷二十一：太平兴国五年二月丙申，"上作《喜春雨诗》，令群臣和"。

卷二十五：雍熙元年（984年）三月己丑，"召宰相近臣赏花于后苑。上曰：'春风暄和，万物畅茂，四方无事，朕以天下之乐为乐，宜令侍从词臣各赋诗。'赏花赋诗自此始"。数日后，"幸含芳苑宴射，宰相宋琪……与李昉等各赋诗，上为和，赐之"。

卷二十六：雍熙二年夏，太宗召宰相参知政事、枢密三司使、翰林枢密直学士、尚书省四品、两省五品以上、三馆学士，"宴近臣于后苑，赏花钓鱼，张乐赐饮，命群臣赋诗习射。自是每岁皆然"。

其次，太宗希望臣僚们知足知乐，无论在朝在野，都要心志淡泊，乐为臣民。而白居易"外虽信佛，内实奉道"①的人生哲学和演绎老子"知足不辱"哲学理念的闲适诗歌，正符合太宗借风雅诗歌以教化臣民的价值导向。前述太宗《逍遥咏》之类诗作，用意主要在此。

太宗对方外之士的礼遇和对黄老之学的提倡，也可证此意图。《长编》卷二十五载，雍熙元年冬十月："上之即位也，召华山隐士陈抟入见。冬，十月复复诣阙，上益加礼重。谓宋琪等曰：'抟独善其身，不干势利，所谓方外之士也。在华山已四十余年，度其年当百岁，自言经五代离乱，幸天下承平，故来朝觐。与之语，甚可听。'……赐抟号希夷先生，令有司增葺所止台观。上屡与属和诗什，数月，遣还。"

---

① 陈寅恪：《元白诗笺证稿》附论（乙），《白乐天之思想行为与佛道关系》。

显然,召见表彰的真实用意是鼓励其"独善其身,不干势利"。又卷三十四载,淳化四年闰十月丙午:"上曰:清静致治,黄老之深旨也。夫万务自有为,以至于无为;无为之道,朕当力行之。"

佛、道义理与风雅诗篇的结合,在太宗手里成为崇文图治的统治术。帝王如此引导,"白体"岂有不流行之理。

第二节 "晚唐体"及其诗人的诗学思想

提要:"晚唐体"之说是宋末元初出现的。两宋人对晚唐诗的说法不一,有"晚唐"、"晚唐气味"、"唐诗"、"唐人诗"、"晚唐诗"、"晚唐体"等。其所指晚唐诗人是以孟郊、贾岛、姚合为代表的一些有隐逸倾向、写清苦生活、刻意琢磨诗歌艺术技巧的诗人。至宋末元初,"晚唐体"这个诗学概念形成了一体三义。一体即特指晚唐至宋末一些具有隐逸情调的精雕苦吟之诗。三义即:或指以"郊寒岛瘦"为代表的"唐之晚年诗",或指宋初一些僧隐诗人所作类似郊、岛之诗,或指宋季"四灵"一脉学习贾、姚之诗。本节亦扼要论述了宋初、宋季"晚唐体"之风貌,并对近世流行的贬抑"晚唐体"的文学史观提出质疑。

文学史家称宋初、宋季诗坛有"晚唐体",此说始自宋末元初,后世递相沿用。然究其由来与所指及其体格风貌等,却颇多含糊之处。本文先厘清"晚唐"、"晚唐诗"、"晚唐体"诸说之来历,进而评述宋诗"晚唐体"之风貌,附论后世文学史家对"晚唐体"之批评。

一、北宋人所谓"晚唐"、"晚唐诗"

宋初虽有一些诗人学晚唐贾岛等人诗,但与学白居易诗而有"白体"之名、学李商隐诗而有"西昆体"之名不同,当时学贾岛诗者并无循体尊派之说。北宋人谈及"晚唐",首先是指一个历史时段,如宋祁《宋府君墓志铭》的"余四世祖在晚唐时……"①。

从诗学意义上明确论述"唐之晚年"诗或"晚唐"诗,始于欧阳修、苏轼。从现存文献看,最早论及"唐之晚年"诗的人是欧阳修,《六一诗话》②第十一条云:

> 唐之晚年,诗人无复李杜豪放之格,然亦务以精意相高。如周朴者,构思尤艰,每有所得,必极其雕琢。故时人称朴诗"月锻季炼,未及成篇,已播人口"。……其句有云:"风暖鸟声碎,日高花影重。"又云:"晓来山鸟闹,雨过杏花稀。"诚佳句也。

周朴(?～879年)是唐末人。③ 欧阳修所论"唐之晚年"诗人不止于此。就"务以精意相高"、"构思尤艰"、"极其雕琢"等诗性而论,欧阳修更多谈到的是孟郊、贾岛、姚合,并将雕琢锻炼苦吟的诗风与诗人之穷苦际遇并论,如《郊岛诗穷》云:

> 唐之诗人类多穷士,孟郊贾岛之徒,尤能刻篆穷苦之言以自喜。④

又《书梅圣俞稿后》云:

> 孟郊、贾岛之徒,又得其悲愁郁堙之气。

又《六一诗话》第十条云:

> 孟郊、贾岛皆以诗穷至死,而平生尤自喜为穷苦之句。

---

① 文渊阁四库全书本《宋景文集》,卷六十。
② 《六一诗话》,郑文校点,人民文学出版社,1983年版。
③ 《全唐诗》,卷六百七十三,《周朴小传》;《新唐书》卷二百二十五,《黄巢传》。
④ 《欧阳修全集》,第1050页,中国书店,1986年据世界书局1936年排印本影印。

又《六一诗话》第十八条云：

> 诗人贪求好句而理有不通，亦语病也。……如贾岛《哭僧》云："写留行道影，焚却坐禅身。"时谓烧杀活和尚。此尤可笑也。若"步随青山影，坐学白塔骨"；又"独行潭底影，数息树边身"。皆岛诗，何精粗顿异也？

《六一诗话》成于欧阳修晚年。其中许多诗学观点与梅尧臣有关。梅与欧是终身诗友，欧敬梅为诗长，自称学诗于梅，而梅对孟、贾清苦诗风很熟悉，并与欧唱和作过一些仿孟、贾体的诗。《六一诗话》第十二条最能说明梅对欧之影响：

> 圣俞尝语余曰："诗家虽率意，而造语亦难。若意新语工，得前人所未道者，斯为善也。必能状难写之景如在目前，含不尽之意见于言外，然后为至矣。贾岛云'竹笼拾山果，瓦瓶担石泉'，姚合云'马随山鹿放，鸡逐野禽栖'等是山邑荒僻，官况萧条，不如'县古槐根出，官清马骨高'为工也。"余曰："语之工者固如是。状难写之景，含不尽之意，何诗为然？"圣俞曰："……若严维'柳塘春水漫，花坞夕阳迟'，则天容时态，融和骀荡，岂不如在目前乎？又若温庭筠'鸡声茅店月，人迹板桥霜'，贾岛'怪禽啼旷野，落日恐行人'，则道路辛苦，羁愁旅思，岂不见于言外乎？"

这番话中例举的诗人贾岛、姚合、严维、温庭筠，都是唐中叶以后，即宋人所谓"唐之晚年"诗人；所举"意新语工"的诗，都是清苦生活的写照，是苦吟锻炼的成果。梅、欧或许无意为唐诗分期，但他们所论"意新语工"之诗及诗人，无疑影响了后人对晚唐苦吟诗风的认识。

最先使用"晚唐"一词评论诗歌的人是苏轼，他也是北宋最早将宋人之诗与晚唐诗进行比较的人。宋赵令畤《侯鲭录》卷七载东坡《书荆公暮年诗》云：

> 荆公暮年诗，始有合处，五字最胜，二韵小诗次之，七言诗终有晚唐气味。①

何谓"晚唐气味"？苏轼没有解释。他使用"晚唐"概念仅此一例。不过他在《读孟郊诗二首》中说孟郊诗"苦"、"寒"、"清"、"愁"，②与梅、欧对"唐之晚年"诗的看法有相同之处。此外，我们还须借助与苏轼同时或稍后的人对荆公"暮年诗"的评论来理解苏轼所谓"晚唐气味"。

黄庭坚《跋王荆公禅简》云：

> 暮年小语，雅丽精绝，脱去流俗，不可以常理待之也。③

陈师道《后山诗话》云：

> 荆公……平生文体数变，暮年诗益工，用意益苦。
>
> 鲁直谓荆公之诗，暮年方妙，然格高而体下。如云"似闻青秧底，复作龟兆坼"，乃前人所未道。又云"扶舆度阳焰，窈窕一川花"，虽前人亦未易道也。然学二谢，失于巧尔。④

叶梦得《石林诗话》卷上云：

> 王荆公晚年诗律尤精严，造语用字，间不容发，然意与言会，言随意遣，浑然天成，殆不见有牵率排比处。如"含风鸭绿鳞鳞起，弄日鹅黄袅袅垂"，读之初不觉有对偶，至"细数落花因坐久，缓寻芳草得归迟"，但见舒闲容与之态耳。而字字细考之，若经檃括权衡者，其用意亦深

---

① 《苏轼文集》，第2254页，孔凡礼整理校点本，中华书局，1986年版。
② 《苏东坡全集》，第134页，前集卷九，中国书店，1986年据世界书局1936年排印本影印。
③ 四库本《山谷集》，卷三十。
④ 《历代诗话》，第304、306页，中华书局，1981年版。

刻矣。①

蔡居厚《蔡宽夫诗话》第四十四条云：

　　王荆公晚年亦喜称义山诗，以为唐人知学老杜而得其藩篱，唯义山一人而已。每诵其"雪岭未归天外使，松州犹驻殿前军"；"永忆江湖归白发，欲回天地入扁舟"；与"池光不受月，暮气欲沉山"；"江海三年客，乾坤百战场"之类，虽老杜无以过也。②

上述诸人对荆公晚年诗的评论大意近似："雅丽精绝"，"暮年诗益工，用意益苦"，"暮年方妙，然格高而体下"，"失于巧"，"晚年诗律尤精严，造语用字，间不容发"，"晚年诗精巧"。这些意思与欧阳修说的精雕苦吟相近。

这些人中，黄庭坚、陈师道与苏轼交往密切，艺术上多有切磋；叶梦得《石林诗话》"推尊苏、黄不遗余力"③。蔡宽夫《诗话》及《诗史》亦多次论及王安石和苏轼。从他们与苏轼的关系，或可推知他们对王安石晚年诗的评论与苏轼所言"晚唐风气"应有所吻合，而苏轼所指"晚唐气味"与欧阳修所论"唐之晚年"诗所说的精雕苦吟近似。苏轼也像欧阳修一样，多次谈到孟、贾二人"穷苦"的际遇和苦吟的风格，甚至发挥欧阳修"郊岛诗穷"之说，提出对后世更具影响力的"郊寒岛瘦"④之论。

欧、苏两位前后相继的文坛宗主都以孟、贾为"晚唐诗"精雕苦吟诗风的代表，他们对这种诗风褒贬参半的态度，对时人和后人影响颇大。稍后的黄庭坚，则更多贬意了。他将"晚唐诸人诗"放在等而次之的位置上看待，如《与赵伯充帖》云：

---

① 《历代诗话》，第406页，中华书局，1981年版。
② 郭绍虞：《宋诗话辑佚》，卷下，中华书局，1980年版。
③ 郭绍虞：《宋诗话考》，第33页，中华书局，1979年版。
④ 《祭柳子玉文》，见《苏轼文集》，卷六。

学老杜诗,所谓刻鹄不成尚类鹜也。学晚唐诸人诗,所谓作法于凉,其弊犹贪,作法于贪,弊将若何?①

北宋末年的诗评家吴可、蔡居厚,对"晚唐诗"的评论颇似黄庭坚《藏海诗话》云:

唐末人诗,虽格不高而有衰陋之气,然造语成就。今人诗多造语不成。

老杜句语稳顺而奇特。至唐末人,虽稳顺而奇特处甚少,盖有衰陋之气。

晚唐诗失之太巧,只务外华而气弱格卑,流为词体耳。②

蔡居厚《蔡宽夫诗话》③第四十六条云:

诗家有假对,本非用意,盖造语适到,因以用之。……而晚唐诸人,遂立以为格。

又第六十四条云:

唐末五代,流俗以诗自名者,多好妄立格法……大抵皆宗贾岛辈,谓之贾岛格。

又《诗史》第十三条云:

晚唐人诗多小巧,无风骚气味。

又第二十二条云:

晚唐诗句尚切对,然气韵甚卑。

蔡氏的批评比较严厉,既批评贾岛,又批评"宗贾岛辈"者,把

---

① 《山谷集·外集》,卷十。
② 《历代诗话续编》,第 329、330、331 页,中华书局,1983 年版。
③ 郭绍虞:《宋诗话考》,第 136 页云:"故定《诗话》、《诗史》均出蔡居厚撰为允。……二书或即一书……《诗史》在前,《诗话》在后。"然亦有学者怀疑《诗史》另有作者。引文俱见《宋诗话辑佚》,第 441、442、448 页。

"贾岛格"的外延拉长了。

由以上梳理可知,北宋人对"晚唐诗"的态度大抵有三变:北宋初期学习之;欧、苏时期对其精雕苦吟之风臧否参半;黄庭坚之后则严厉批评,并从技巧批评扩大到文气批评。

二、南宋以后的"晚唐诗"、"晚唐体"

在南宋诗坛,"晚唐诗"成了重要话题,其内涵也发生了比较复杂的变化。陆游和杨万里对"晚唐诗"一抑一扬,最有代表性。

陆游对晚唐诗持严厉的批评态度,如《跋花间集》云:

> 唐自大中后,诗家日趋浅薄。其间杰出者,亦不复有前辈阔妙浑厚之作。久而自厌,然梏于俗尚,不能拔出。①

大中是唐宣宗(847～859年)年号,其时贾岛、姚合皆已作古。陆游用"浅薄"一词概括晚唐诗歌,贬斥之意甚明。陆游厚李、杜而薄晚唐之意常见于诗文,如《记梦》②诗先盛赞李、杜,然后说晚唐诗人"眼暗头白真徒劳",即苦吟而无所成就。在《宋督曹屡寄诗且督和答作此示之》诗中,他比较系统地阐述了自己的诗史观,论及晚唐云:

> 及观晚唐作,令人欲焚笔。
> 此风近复炽,隙穴始难窒。
> 淫哇解移人,往往丧妙质。

不仅认为"晚唐诗"乏善可陈,而且痛感"此风近复炽",对于晚唐诗风在南宋复兴也非常不满。其《追感往事》五首之四亦言此

---

① 《陆游集·渭南文集》,第2278页,卷三十,中华书局,1976年版。
② 《陆游集·剑南诗稿》,第442页,中华书局,1976年版。下引陆诗均见此书。

意：

> 文章光焰伏不起，甚者自谓宗晚唐。
> 欧曾不生二苏死，我欲痛哭天茫茫。

那么陆游心目中的晚唐诗人主要有哪些呢？从"眼暗头白真徒劳"的情形看，当是以苦吟著称的诗人。但他批评大中以后的"浅薄"，是不包括郊岛的。而当他谈论穷愁苦吟时，则与欧、苏一样，通常以孟郊、贾岛为例，如《秋晓闻禽声五韵》云：

> 世事虽万端，但可笑绝缨。
> 君看郊与岛，徒自残其生。

这是讥讽郊、岛不能通达世事，徒以愁苦自扰。这就从欧、苏以艺术批评为主，转为以文化批评为主了。

杨万里（1127～1206年）与陆游（1125～1210年）同时而且齐名，但对"晚唐诗"的态度却截然相反。他声明自己既学王安石晚年绝句，又学晚唐人的七绝，因为二者"差近之"。《诚斋荆溪诗序》①云：

> 予之诗，始学江西诸君子，既又学后山五字律，既又学半山老人七字绝句，晚乃学绝句于唐人。

《答徐子材谈绝句》（卷三十五）云：

> 受业初参王半山，终须投换晚唐间。
> 国风此去无多子，关捩挑来只等闲。

《读唐人及半山诗》（卷八）云：

> 不分唐人与半山，无端横欲割诗坛。
> 半山便遣能参透，犹有唐人是一关。

《颐庵诗集序》（卷八十四）云：

> 三百篇之后，此味绝矣。惟晚唐诸子差近之……使

---

① 四库本《诚斋集》，卷八十一。下引数条均据此书。

第一章 宋初三体及其诗学思想

晚唐诸子与半山老人见之,当一笑曰:"君处北海,吾处南海,不虞君之涉吾地也。"

《诗话》(卷一百一十五)云:

> 五、七字绝句最少而最难工,作者亦难得四句全好者。晚唐人与介甫最工于此者。

杨万里多次对"晚唐诗"予以肯定,如《黄御史集序》(卷三十)云:

> 诗至唐而盛,至晚唐而工。盖当时以此设科而取士,士皆争竭其心思而为之,故其工,后无及焉。

《周子益训蒙省题诗序》(卷八十三)云:

> 唐人未有不能诗者。能之矣,亦未有不工者。至李杜极矣,后有作者,蔑以加矣。而晚唐诸子,虽乏二子之雄浑,然"好色而不淫","怨诽而不乱",犹有《国风》、《小雅》之遗音。……周子益《训蒙》之编,属联切而不束,词气肆而不荡,婉而庄,丽而不浮,骎骎乎晚唐之味矣。

《读笠泽丛书》(卷二十七)云:

> 笠泽诗名千载香,一回一读断人肠。
> 晚唐异味同谁赏,近日诗人轻晚唐。

《跋吴箕秀才诗卷》(卷三十)云:

> 晚唐异味今谁嗜,耳孙下笔参差是。
> 一径芙蓉千万枝,唤作春风二月时。

《似剡老人正论序》(卷八十)云:

> ……无此作久矣。惟晚唐刘蜕、沈颜、皮日休、罗江东、本朝李泰伯诸贤尤工于斯,亦穷于斯者也。具此味、续此风、得此体者,不在吾与贤乎!

《三近斋余录序》(卷八十四)云:

> 如"尘心依水净,归志与山青",不减晚唐诸子。

杨万里所说的"晚唐诗",具有风格、体派、诗法等比较丰富的内涵。值得注意的是,他所谓"晚唐诸子",不再有孟郊了,这一点与欧、苏、陆不同。钱钟书说:"从杨万里起,宋诗就划分江西体和晚唐体两派。"①此论大体符合实际,只是"晚唐体"这个概念是稍后才出现的。

杨万里学晚唐诗,为晚唐诗正名分,争地位,在当时并不孤立。"永嘉四灵"年龄比杨小三四十岁,但在杨开始学"晚唐诗"的时候,"四灵"也在专力学"晚唐诗"。永嘉学派的领袖叶适对"四灵"学"唐诗"大力称许,使他们声誉大增而"唐诗"盛行。比他们略晚的南宋人王绰在《薛瓜庐墓志铭》②中列举了以"四灵"为首的"永嘉之作唐诗者"十八人,可见一时风气。不过叶适和"四灵"都没有使用"晚唐"一词,而是称"唐诗"。

那么,当时和稍后的评论者何以断定"四灵"学的是"晚唐诗"呢?"四灵"的诗风乃至生活状况都颇似贾岛、姚合,这固然是最根本的原因,而最为直接的证据,是"四灵"自己的说法。他们一起切磋诗艺,崇尚贾岛式的苦吟。徐照《宿翁卷书斋》诗说"君爱苦吟吾喜听"③。赵师秀在《徐灵晖挽词》中称徐照"名与浪仙俱",《哀山民》诗说徐照"君诗如贾岛"④。赵师秀还编选过《二妙集》,选贾岛诗八十一首,姚合诗一百二十一首。⑤ 由此可知他们反复指称的"唐人",主要是贾岛和姚合。

最先指称"四灵"学"晚唐诗"的人是戴复古。其《哭赵紫芝》⑥

---

① 《宋诗选注》,第 179 页。
② 《南宋郡贤小集·瓜庐集》,卷末。
③ 四库本《芳兰轩集》。
④ 二诗均见四库本《清苑斋诗集》。
⑤ 方回:《瀛奎律髓》,卷二十四,贾、姚诗批语。
⑥ 四库本《石屏诗集》,卷二。赵去世于 1219 年。

(赵去世于 1219 年)诗云：

> 东晋时人物，晚唐家数诗。
> 瘦因吟思苦，穷为宦情痴。

稍后，严羽提出了"晚唐体"这个诗学概念，《沧浪诗话》(约成书于 1232～1233 年)中多次出现"晚唐"一词。《诗体》云：

> 以时而论，则有……晚唐体……以人而论，则有……贾浪仙体。

又《诗辨》言及"四灵"学晚唐贾岛、姚合诗：

> 近世赵紫芝、翁灵舒辈，独喜贾岛、姚合之诗，稍稍复就清苦之风。江湖诗人多效其体，一时自谓之唐宗。

与严羽大体同时的俞文豹，则明确地用"晚唐体"这个概念来评述南宋后期诗坛。其《吹剑录》云：

> 近世诗人好为晚唐体，不知唐祚至此，气脉浸微，士生斯时，无他事业，精神伎俩，悉见于诗，局促于一题，拘挛于律切，风容色泽，轻浅纤微，无复浑涵气象。求如中叶之全盛，李、杜、元、白之瑰奇，长章大篇之雄伟，或歌或行之豪放，则无此力量矣。

又《吹剑三录》云：

> 近世诗人攻晚唐体。句语轻清而意趣深远，则谓之作家体；馈饤故事，语涩而旨近，则谓之秀才诗。①

又《吹剑录外集》云：

> 盖自叶水心喜晚唐体，世遂靡然从之。

稍后陈振孙《直斋书录解题》(卷二十)云：

> 永嘉四灵，皆为晚唐体者也。

又稍后陈著《本堂集》(卷三十八)《史景正诗集序》云：

---

① 吴文治主编：《宋诗话全编》，第 8831、8836 页，江苏古籍出版社，1998 年版。

> 今之天下皆淫于四灵,自谓晚唐体。

与俞、严同时的另一位大批评家刘克庄,则又将"晚唐"概念引入北宋前期诗坛,其《江西诗派总序》云:

> 国初诗人,如潘阆、魏野,规规晚唐格调,寸步不敢走作。①

元初文学史家方回首倡宋初"三体"之论,"晚唐体"遂成为宋初诗坛一种风格类型的代称了。其《送罗寿可诗序》②云:

> 宋划五代旧习,诗有白体、昆体、晚唐体。……晚唐体则九僧最逼真,寇莱公、鲁三交、林和靖、魏仲先父子、潘逍遥、赵清献之父,凡数十家,深涵茂育,气极势盛。

又评晁端友《甘露寺》③云:

> 人或尚晚唐诗,则盛唐且不取,亦不取宋。殊不知宋诗有数体,有九僧体,即晚唐体也。

又评黄庭坚《咏雪奉承广平公》④云:

> 元祐诗人既不为杨、刘昆体,亦不为九僧晚唐体,又不为白乐天体。

方回又将"晚唐体"概念用于南宋"四灵",并将宋初与宋季之"晚唐体"视为一类。其《跋许万松诗》云:

> 叶水心奖四灵,亦宋初九僧耳,即晚唐体也。寇莱公亦此体也。

检点两宋人的"晚唐"观,可知经历了一个从不太明晰而终归一致的过程。到宋末元初之际,"晚唐体"之说成为一体三义的诗

---

① 吴文治主编:《宋诗话全编》,第 8570 页,江苏古籍出版社,1998 年版。
② 四库本《桐江续集》,卷三十二。
③ 《瀛奎律髓》,卷一。
④ 《瀛奎律髓》,卷二十一。

学概念。就体派风格而言,主要是指乡野或方外文士精雕苦吟、描摹自然物象、抒写隐逸生活感受、寄托清苦闲适意趣的诗。就时代和作家而言,北宋人以"郊岛诗穷"或"郊寒岛瘦"为"唐之晚年诗",南宋人以贾岛、姚合为"晚唐",宋末元初人又称宋初僧隐一族、宋季"四灵"一脉为"晚唐体"。

三、宋诗"晚唐体"之风貌

方回所列宋初"晚唐体"诗人,其创作活动多在太宗朝。这些诗人不像"白体"诗人那么显贵,也不像"西昆体"诗人多属文化官员,他们多是僧、隐之士或仕途潦倒者,作诗崇尚贾岛、姚合,尚苦吟,喜为五律,善用白描,讲究锻炼推敲字句,但少用典故,多写清新自然的乡野景物,清苦幽静的隐逸生活,清高优雅的世外情怀。以下依方回所列分别检讨。

寇准(961~1023年)是"晚唐体"诗人中的另类。他是这类诗人中惟一的高官,因有社会声望和交游之便,遂成为乡野文士们诗歌唱酬的盟主。潘阆、魏野、林逋、九僧等在野名士都先后成为他的诗友,并常常以他为纽带进行诗歌唱和。由于生平阅历复杂,寇准作诗其实不只是"晚唐体"。作为力主太宗御驾征辽的宰相,其诗有"赴义忘白刃,奋节凌秋霜"(《述怀》)[①]的豪气;作为总理国家事务的宰相,他有"终期直道扶元化"(《春日抒怀》)的理想和"有时扼腕生忧端"(《感兴》)的使命感。而当仕途困厄之际,他的诗便有晚唐清苦之声了:

　　万事不关虑,孤吟役此生。风骚中旨趣,山水里心情。
　　　　　　　　　　　　　　——《书怀寄韦山人》
从中约略可见他学习晚唐乡野诗人,淡泊世虑,孤芳自赏,寄

[①] 本节引宋诗未注出处者皆见北京大学出版社出版的《全宋诗》。

情山水,刻苦吟咏的情形。今存《寇忠愍公诗集》三卷,多为此类。

"九僧"是宋初九位诗僧之总称。"九僧"之称始见于欧阳修《六一诗话》第九条:

> 国朝浮图,以诗名于世者九人,故时有集号《九僧诗》,今不复传矣。余少时闻人多称之。其一曰惠崇,余八人者,忘其名字也。余亦略记其诗,有云:"马放降来地,雕盘战后云。"又云:"春生桂岭外,人在海门西。"其佳句多类此。其集已亡,今人多不知有所谓九僧者矣。是可叹也!①

司马光《温公续诗话》补充云:
> 欧阳公云,《九僧诗集》已亡。元丰元年(1078年)秋,余游万安山玉泉寺,于进士闵交如舍得之。所谓九诗僧者:剑南希昼、金华保暹、南越文兆、天台行肇、沃州简长、贵城惟凤、淮南惠崇、江南宇昭、峨眉怀古也。直昭文馆陈充集而序之。②

现存《九僧诗集》③有陈充景德元年(1004年)所作之序。九僧不是终日参禅打坐的住持者,而是行走的诗人。他们所居非一寺,却常常交游往来,结社吟诗。"分题秋阁迥,对坐夜堂寒"(文兆:《寄行肇上人》),"几为分题客,殷勤扫石床"(希昼:《书惠崇师房》)。这是他们的自述。胡应麟《诗薮》论九僧诗云:
> 其诗律精工莹洁,一扫唐末五代鄙倍之态,几于升贾

---

① ② 《历代诗话》,第266页,第280页,中华书局,1981年版。
③ 上海医学书局,1936年影印本。

岛之堂,入周贺之室,佳句甚多。……第自五言律外,诸体一无可观,而五言绝句亦绝不能出草木虫鱼之外。①

九僧诗以描摹自然物象为主。《六一诗话》第九条载:

> 当时有进士许洞者,善为词章,俊逸之士也。因会诸诗僧分题,出一纸,约曰:"不得犯此一字"。其字乃山、水、风、云、竹、石、花、草、雪、霜、星、月、禽、鸟之类,于是诸僧皆搁笔。

潘阆在后人印象中是隐士,其实他曾得太宗召见,赐进士及第,授四门国子博士。真宗朝他隐逸江湖,四处游历,后寓居钱塘。他与寇准是诗友,有共同的诗美趣味,如《谢寇员外准见示诗卷》云:

> 一轴新诗意转深,几回看了又重寻。
> 最怜积水浮秋汉,闲望沧溟尽日吟。
> ——自注:君有"积水浮秋汉,残阳照远目"之句

他作诗推崇贾岛,如《忆贾阆仙》诗赞美贾岛并隐约有续其遗编之意:

> 风雅道何玄,高吟忆阆仙。
> ……
> 不知天地内,谁为续遗编。②

他作诗尚苦吟,如"一卷诗成二十年,昼曾忘食夜忘眠"(《书诗卷末》),颇类贾岛"二句三年得,一吟双泪流"之趣。王禹偁《潘阆咏潮图赞》云:

> 清气未尽,奇人继生,处士潘阆得之矣。处士《自序吟》诗云:"发任茎茎白,诗须字字清。"又《贫居》诗曰:"长

---

① 第303页,中华书局上海编辑所,1958年版。
② 《全宋诗》,卷五十六。

喜诗无病,不忧家更贫。"又《峡中闻猿》诗云:"何须三叫绝,已恨一声多。"又《哭高舍人畅》诗云:"生前是客曾投卷,死后何人与撰碑。"又《寄张咏》诗云:"莫嗟黑鬓从头白,终见黄河到底清。"又《临江亭》诗云:"醉卧岂能防燕雀,狂吟争不动鱼龙。"寒苦清奇,多此类也。然趣尚自远,交游不群,松无俗姿,鹤有仙格。①

赵湘是太宗朝颇有名气的青年诗人。这位江南寒士生活清苦,为人清高,作诗清美。他对诗有崇高的看法,如《南阳集》(四库本)卷四《王象支使甬上诗集序》云:

诗者,文之精气,古圣人持之摄天下邪心,非细故也。由是天惜其气,不与常人,虽在圣门中犹有偏者。故文人未必皆诗。……近代为诗者甚众,其章句为君子或鲜矣。或问之:"何为君子耶?"曰:"温而正,峭而容,淡而味,贞而润,美而不淫,刺而不怒,非君子乎!"

把诗和诗人的地位提高到文学的顶层,这在今人看来是偏颇之见,但在古代却是正常之论,反映了古人以诗为主流文学之首的观念。赵湘作诗务求清美工巧,喜为五律,多写山水清境和清人雅怀,确有类贾岛诗之处,如以下二诗②:

春禽鸣别树,夜雨入空城。
望远魂堪断,思闲梦亦清。
　　　　　　　——《寄杨坦明府》

宿禽无别语,病马立闲蹄。
夜坐闻清唱,何人钓月溪。
　　　　　　　——《赠潜溪李明府》

---

① 四部丛刊本《小畜外集》,卷十。
② 均见《全宋诗》,第 876 页。

时人颇重其诗之清美。欧阳修云:"其诗清淑粹美。"吴俦云:"其诗清澄矗洁,淡雅夷旷。"蔡戡称其继承祖德:"清芬为之不坠。"①文同《试秘书省校书郎赵君墓志铭》云:"善吟诗,其语清深险峭,不类近世作者。"②

魏野早年诗学白体,后来和寇准交往密切,转学晚唐。司马光《温公续诗话》说他"效白乐天体",就是指其早期诗。《宋史·隐逸传》云:"野为诗精苦,有唐人风格,多警策句。"《四库提要》云:"野在宋初,其诗尚仍五代旧格,未能及林逋之超诣,而胸次不俗,故究无龌龊凡鄙之气。"魏野诗近僧隐,崇尚自然。《寓兴七首》③云:"天地无他功,其妙在自然。"自然有何妙处呢?妙在自由和真实。《疑山石泉并序》云:"至清无隐物……虽浅亦兢兢。""至清无隐"是一个重要的审美命题。魏野终生隐居不仕,为人则就自然以求自由,为诗则就自然以求清真,故能于晚唐贾岛辈清苦诗风中觅得审美共鸣。他有些诗确实类似贾岛诗,如:

门冷僧长住,官清道更孤。

——《赠岐贲推度》

闲闻啄木鸟,疑是僧打门。

——《冬日书事》

砧隔寒溪捣,钟随晓风过。

——《暮秋闲望》

"梅妻鹤子"的林逋也是一位自然主义者,长期隐居西湖孤山。

---

① 以上皆见四库本《南阳集·后跋》。
② 四库本《丹渊集》,卷三十八。
③ 下引魏野诗均据《全宋诗》。

他论诗所重，唯在自然。《赠张绘秘教九题》①是他的一组论诗诗，以前无人注意。其中提出"风月骚人业"的自然诗学观，主张以"清心"写隐居之"幽事"，写自然之形神；艺术上强调"巧思出樊笼"。这是隐逸诗人通常所持的诗歌理念，与晚唐诗人正相契合。然而他在"晚唐体"诗人中亦有特色，他的诗显得更为清高，而不是清苦；他没有九僧诗的"蔬笋气"，而"梅香"浓郁。他的咏梅诗颇负盛名，"疏影横斜水清浅，暗香浮动月黄昏"（《山园小梅》），不仅是他诗的标志，而且是他精神的写照。"晚唐体"以五律为主，他的诗七言亦佳。

随着梅尧臣、欧阳修、苏轼、黄庭坚等大诗人次第出场，"晚唐体"销声匿迹一百多年。南宋中后期"晚唐体"复兴，代表诗人是"永嘉四灵"。之前的大诗人杨万里虽然学过"晚唐诗"，但后来自立规模，倡导"活法"，自成"诚斋体"，与"晚唐体"有别。"诚斋体"和"四灵体"都是对"江西诗派"的反拨。而"四灵体"实为"晚唐体"。

"四灵"针对"江西诗派"的"资书以为诗"，倡导"捐书以为诗"。他们多以乡隐为生，作诗以贾岛、姚合为榜样，崇尚苦吟，如"传来五字好，吟了半年余"（翁卷：《寄葛天民》），"枯健犹如贾岛诗"（徐玑：《梅》）。他们的诗的确作得精致小巧，诸如"黄梅时节家家雨，青草池塘处处蛙。有约不来过夜半，闲敲棋子落灯花"（赵师秀：《约客》）之类。他们以世外人自居，如"有口不须谈世事，无机唯合卧山林"（翁卷：《行药作》），"但能饱吃梅花数斗，胸次玲珑，自能作诗"（赵师秀语）。②

"四灵"的诗名在当时主要是因永嘉学派的宗师叶适褒扬而

---

① 《全宋诗》，卷一百〇五。
② 元韦居安：《梅礀诗话》卷中载，见《历代诗话续编》，第562页。

"天下莫不闻"①的。叶适曾编《四灵诗选》五百首由陈起刊行,"而唐诗由此复行矣"②。明人徐象梅的《赵师秀传》称"四灵"作诗"日锻月炼,一字不苟下……其诗清新圆美"。

除"四灵"外,永嘉地区学"晚唐体"的诗人还有一些,如韓淲《涧泉集》卷十六有标题为《晚唐体》的七绝一首:

一撮新愁懒放眉,小庭疏树晚凉低。
牵牛织女明河外,纵有诗成无处题。

释文珦《潜山集》卷九有题为《咏梅戏效晚唐体》五律一首:

古今人共爱,不独是林逋。
树老枝方怪,花开时已无。
月中香冷淡,雪后意清孤。
长忆山房外,临溪有一株。

皆以清苦之词写隐逸之趣。

当时在北方的金朝,也有人学习"晚唐体"。元好问所编《中州集》卷四收刘左司昂诗十一首,序云:"昂字之昂,兴州人,大定十九年进士……作诗得晚唐体。"

附论:对当代文学史家"晚唐"观的一点异议

当代文学史家谈及"晚唐体",无论指晚唐之郊、岛,还是宋初之僧隐,还是宋季之"四灵",多以贬抑为主,讥其境界狭小,清苦寒瘦,刻意雕琢,缺少深广的社会情怀和宏大的精神境界,总在山林寺庙中欣赏着斜阳寒水,自命清高,自甘清苦。

这种文学史观与当代主流意识形态中长期存在的社会关怀过盛而生命关怀欠缺的倾向有关。进而上溯中国数千年传统的诗教文化,也存在着弘扬君国、社会、百姓,而抵抑个性、漠视个体生命

---

① 如汝回:《薛师石〈瓜庐诗〉序》
② 叶适:《徐文渊墓志铭》。

之精神家园的倾向。

当代人对"晚唐体"的批评源于宋人,但宋代批评家对"晚唐体"精雕细刻的创作态度和清高优雅的生命态度不乏赞许,如欧阳修、梅尧臣、苏轼、杨万里、叶适等人都肯定"晚唐体"诗人严谨的艺术追求和精妙的艺术技巧。然而当代文学史家只是片面地赞同严羽、俞文豹、方回等人的严厉批评,进而形成对"晚唐体"的贬抑倾向。其中折射出特定时期庸俗社会学泛滥从而导致文学批评变形的时代特色。

"晚唐体"诗以咏叹生命为主,而不是以社会关怀为主。其中蕴含的生命关怀、价值观念和审美情趣,都是人类精神家园不可或缺的内涵。人类的生命形态是丰富多彩的,文学自然应该是多元的。古代文人隐居乡野,洁身守志,自得其乐,这是连历代帝王都认可的。他们的文学创作自然要抒写乡野的安宁清静和疏远仕宦的自由意趣。这有利于人类精神生活之健康和健全。"晚唐体"诗的主要价值在艺术而不在教化。他们精益求精的创作态度和创作成果,确能给人以艺术美感。

文学中的社会关怀和生命关怀都有其重要价值,并无道德的、艺术的、功利的高下之分。文学史家不应该用"统一"的意识形态去评判多元的、丰富多彩的文学现象。

第三节 "西昆体"及其诗人的诗学思想

提要:"西昆"之名出自杨亿所编《西昆酬唱集》。欧阳修《六一诗话》始称"西昆体",刘攽《中山诗话》也说祥符、天禧年间以杨、刘等人为代表的诗"号西昆体"。宋初诗坛从"白体"到"西昆体"的嬗变,潜含着宋诗审美意识的变化:简易泛滥则繁难兴焉。"西昆体"诗人学李商隐诗,以富丽、华美、渊博、深隐来矫正"白体"的过分浅显平易,从而透露出宋诗崇学尚典的文人意趣和宋代文学雅俗分流的发展趋势。杨亿在《西昆酬唱集·序》中提出"懿、雅、精、博"的诗美观念,并指示了写作这种诗的途径——崇学尚典。杨亿诗学思想中潜含着一种鄙视通俗质朴、偏爱华丽雍容的文化贵族倾向。这种倾向,正是凝聚了西昆诗派的精神底蕴和审美旨趣。"西昆体"诗人追求艺术表现的深隐、渊博、富丽、华美,从而为读者提供了较大的审美空间。西昆派后期代表人物晏殊,喜以气象言富贵,宣扬一种精神贵族式的高雅脱俗的艺术旨趣。晏殊诗学的艺术审美趣味与杨亿相承而略有不同:他不喜欢太多华丽的装饰,而喜欢清淡的富贵。"西昆体"崇学尚典又唯美求深的诗风,历宋元明清各朝乃至于近代,一直是文人诗的主流审美倾向。

一、"西昆体"之兴及"西昆体"之称

"西昆体"略晚于"白体",是真宗景德年间兴起的诗派。此派诗人的代表是杨亿、刘筠、钱惟演等馆阁文臣。景德二年(1005年)秋,真宗命王钦若、杨亿等人聚集于皇家藏书之秘阁,编纂大型类书《册府元龟》。修书之余,这些人以李商隐诗为榜样,互相唱和作诗,并邀一些未参与修书的文臣如刘筠、钱惟演等参与唱和,蔚为一时风雅盛事。至大中祥符元年(1008年),杨亿将这些人的唱和篇什编为诗集并作序,据《山海经》和《穆天子传》所云,昆仑之西群玉之山有先王藏书之册府的典故,简称"西昆"以喻朝廷秘阁,遂名《西昆酬唱集》。

然"西昆体"称号的出现稍晚于此。比杨亿(974~1020年)晚数十年的石介(1005~1045年)作《怪说》批评杨亿时,尚未称"西昆体"。《怪说》称"天下有杨亿之道四十年矣",可知此文大约是石介任国子监直讲(1042~1045年)期间所作。

欧阳修与石介同为天圣八年(1030年)进士,且交往密切,但欧阳修对石介之偏激一直不赞同,对杨、刘唱和之事也持比较客观的态度。其晚年所作《六一诗话》(成书于熙宁四五年间)中谈到:

> 自杨、刘唱和,《西昆集》行,后进学者争效之,风雅一变,谓"西昆体"。①

这是叙述的语气,说明"西昆体"之称是在《西昆集》行世之后形成的。自《六一诗话》之后,"西昆体"的说法就定型了。刘攽(1023~1089年)《中山诗话》云:

> 祥符、天禧中,杨大年、钱文僖、晏元献、刘子仪以文章立朝,为诗皆宗尚李义山,号"西昆体"。后进多窃义山语句。②

《蔡宽夫诗话》云:

> 祥符、天禧之间,杨文公、刘中山、钱思公专喜李义山,故昆体之作,翕然一变。
>
> 义山诗合处信有过人,若其用事深僻,语工而意不及,自是其短。世人反以为奇而效之,故昆体之弊,适重其失,义山本不至是云。③

魏泰《临汉隐居诗话》云:

> 杨亿、刘筠作诗务积故实,而语意轻浅。一时慕之,号"西昆体",识者病之。
>
> 永叔诗话称谢伯初之句,如"园林换叶梅初熟",不若"庭草无人随意绿"也,"池馆无人燕学飞"不若"空梁落燕泥"也。盖伯景句意凡近,似所谓"西昆体",而王胄、薛道衡峻洁可喜也。④

慧洪(1071~1130年)《冷斋夜话》(四库本)因"西昆体"诗人学李商隐,遂称李商隐诗为"西昆体":

> 诗到义山,谓之文章一厄,以其用事僻涩,时称西昆

---

① ② ④ 《历代诗话》,第266页,第287页,第328、334页,中华书局,1981年版。

③ 郭绍虞:《宋诗话辑佚》,第398、399页,中华书局,1980年版。

体。然荆公晚年,亦或喜之,而字字有根蒂。

此后胡仔在《苕溪渔隐丛话》前集卷二十二亦列"西昆体",辑录前人有关"西昆"的言论。严羽的《沧浪诗话·诗体》亦称:"李商隐体,即西昆体也。"又云:"西昆体,即李商隐体,然兼温庭筠及本朝杨、刘诸公而名之也。"元好问《论诗三十首》其十二以"西昆"指李商隐曰:

> 望帝春心托杜鹃,佳人锦瑟怨华年。
> 诗家总爱西昆好,独恨无人作郑笺。①

以上是"西昆体"之名称形成的过程。

二、"西昆体"诗人的诗学思想

《西昆酬唱集》共收杨亿、刘筠、钱惟演、李宗谔、陈越、李维、刘骘、丁谓、刁衎、任随、张咏、钱惟济、舒雅、晁迥、崔遵度、薛映、刘秉等十七位诗人的五言、七言律及绝共二百四十八首。其中杨亿七十五首,刘筠七十三首,钱惟演五十四首。此三人官位既高,才情亦富,诗又占总数五分之四,故被目为"西昆体"诗人之领袖和代表。

"西昆体"诗人与"白体"诗人有共同之处——多为朝廷文臣,且"西昆体"诸诗人中,如杨亿、舒雅、刁衎、张咏、晁迥、李维、李宗谔、刘秉等,早年都曾学过"白体"。然而"西昆体"与"白体"的这种联系和时间差,恰恰是台阁诗风从以"白体"为主流,嬗变为以"西昆体"为主流的一种反映。其中审美意识变化的逻辑是:简易泛滥则繁难兴焉。"西昆体"诗人学李商隐诗,以富丽、华美、渊博、深隐来矫正"白体"的过分浅显平易,从而透露出宋诗崇学尚典的文人意趣和宋代文学雅俗分流的发展趋势。

方回《瀛奎律髓》(四库本)卷十八于李虚己《建茶呈使君学士》

---

① 四库本《遗山集》,卷十一。

诗后置评曰：

> 八句皆佳。三、四句昆体也。凡昆体，必于一物之上，入故事、人名、年代及金、玉、锦、绣等以实之。

他所说的三、四句诗是："试将梁苑雪，煎动建溪茶。"普通的雪，特以汉代梁孝王建梁园（亦作梁苑、兔园）聚文士的典故来修饰，使诗句具备更多的可解释空间，牵扯进更多的历史文化意蕴。李商隐诗及"西昆体"诗，都有这种既求典实繁富，又求意象华美的欣赏效果。

其实李商隐亦属晚唐诗人，但后人特于"晚唐体"之外又称"西昆体"，可知"晚唐体"与"西昆体"有异，前者多贫寒清高之语，后者持富丽渊博之趣。

杨亿（974～1020年），字大年，建州浦城（今属福建）人。年十一，太宗召试诗赋，下笔立成，太宗深为嘉赏，授秘书省正字。十九岁赐进士及第，直集贤院。真宗即位，拜左正言，历左司谏、知制诰、翰林学士、史馆修撰等，曾参与修《太宗实录》，此书共八十卷，亿独草五十六卷。又与王钦若共同主持修撰《册府元龟》，其序次体例、群僚分撰篇序，皆亿裁定。亿天性颖悟，文思敏捷，为人耿介，喜扶掖后进。著述甚多，今存《武夷新集》二十卷。

杨亿早期诗有一些是学白居易的，后学李商隐诗。曾自述云：

> 至道中，偶得玉溪生诗百余篇，意甚爱之，而未得其深趣。咸平、景德间，因演纶之暇，遍寻前代名公诗集，观富于才调，兼极雅丽，包蕴密致，演绎平畅，味无穷而炙愈出，钻弥坚而酌不竭，曲尽万态之变，精索难言之要，使学者少窥其一斑，略得其余光，若涤肠而换骨矣。由是孜孜求访，凡得五七言长短韵、歌行、杂言共五百八十二首。唐末，浙右多得其本，故钱邓帅若水尝留意掇拾，才得四百余首。钱君举其《贾谊》两句云，"可怜夜半虚前席，不问苍生问鬼神"。钱云："其措意如此，后人何以企及？"余

闻其所云,遂爱其诗弥笃,乃专缉缀。鹿门先生唐彦谦慕玉溪,得其清峭感怆,盖圣人之一体也,然警拔之句亦多。予数年类集购求,得薛廷珪所作序,凡百八十二首。世俗见予爱慕二君诗什,夸传于书林文苑,浅学之徒,相非者甚众。噫!大声不入于俚耳,岂足论哉!①

杨亿认为李商隐诗的艺术特质是"富于才调,兼极雅丽,包蕴密致,演绎平畅,味无穷而炙愈出,钻弥坚而酌不竭,曲尽万态之变,精索难言之要"。这评价可谓切中肯綮。从杨亿自述来看,他是宋人中最先发现李商隐诗的艺术价值者,"孜孜求访",悉心体味李诗之深趣,并率先学习之。胡仔《苕溪渔隐丛话》后集卷十四引《杨文公谈苑》云:

予知制诰日,与余恕同考试……因出义山诗共读,酷爱一绝云:"珠箔轻明指玉墀,披香新殿斗腰肢。不须看尽鱼龙戏,终遣君王怒偃师。"击节称叹曰:"古人措辞寓意,如此之深妙,令人感慨不已。"

杨亿在太宗至道年间(995～997年)得到李商隐诗百余篇而爱之,其时二十多岁,正是修养诗艺的年龄,故自谦云"未得其深趣"。然其审美品味,已与当时流行学"白体"者有异。他开始知制诰是真宗咸平四年(1001年),主持考试则在次年,此时他已过而立之年,诗艺必已成熟,审美取向亦渐定型。他与余恕击节称叹的那首诗是《宫妓》,与前所称道的《贾生》诗,都属于深寓讽刺之意的作品,可见他是非常喜欢诗之"深趣"的。

在《西昆酬唱集序》中,他再次比较系统地阐述了"懿、雅、精、博"的诗美观念,并指示写作这种诗的途径——崇学尚典。其序

---

① 江少虞:《宋朝事实类苑》,卷三十四"玉溪生"条。张晶在《宋代诗风发展走向及演变动机探寻》文中,认为此条内容屡为宋人诗话笔记转引,参较各书可知原出于杨亿的《杨文公谈苑》。

云：

> 予景德中，悉佐修书之任，得接群公之游。时今紫微钱君希圣、秘阁刘君子仪，并负懿文，尤精雅道，雕章丽句，脍炙人口。予得以游其墙藩而咨其楷模。二君成人之美，不我遐弃，博约诱掖，置之同声。因以历览遗编，研味前作，挹其芳润，发于希慕，更迭唱和，互相切劘。而予以固陋之姿，参酬继之末，入兰游雾，虽获益以居多，观海学山，叹知量而中止。既恨其不至，又犯乎不韪，虽荣于托骥，亦愧乎续貂，间然于兹，颜厚何已。凡五、七言律诗二百四十七章，其属而和者计十有五人。析为二卷，取玉山策府之名，命之曰《西昆酬唱集》云尔。翰林学士户部郎中知制诰杨亿序。

中国诗歌自古以来就有抒写严肃的情志和抒写闲逸的情趣两大类型。杨亿在《序》中所强调的，似乎是唯美的、纯艺术的、闲逸博雅的诗歌情趣。然而《西昆酬唱集》中，亦有关涉政事、深含寓意之作，如杨、刘、钱唱和的《宣曲》，就有讽刺古代帝王后宫荒淫之意。此诗曾被人检举，真宗因此下诏书训诫（祥符二年）：

> 近代以来，属辞多弊，侈靡滋甚，浮艳相高，忘祖述之大猷，竞雕刻之小巧。爰从物议，俾正源流。……夫博闻强识，岂可读非圣之书；修辞立诚，安可乖作者之制。必思教化为主，典训是师，无尚空言，当遵体要。仍闻别集众制，刻镂已多，倘许攻乎异端，则是误于后学……今后属文之士，有辞涉浮华，玷于名教者，必加朝典。①

陆游《跋西昆酬唱集》更明确地说《宣曲》诗有讽刺真宗宠幸刘、杨二妃之意，因而惹来真宗怪罪。此类被认为深含讽刺的诗还有《汉武》等。又如《代意》诗云：

---

① 四库本《徂徕集》，卷十九，《记祥符诏书记》。

梦兰前事悔成占,却羡归飞拂画檐。
锦瑟惊弦愁别鹤,星机促杼怨新缣。
舞腰试罢收纨袖,博齿慵开委玉奁。
几夕离魂自无寂,楚天云断见凉蟾。

此诗表层语意是描写佳人孤寂之悲,然而在繁典丽词之后,实则涌动着才士失意的悲凉。未必是个人的情怀,但却是历史的、人类的一种普遍的生命体验,是智慧人类所特有的高级的感伤。这样的诗可以说不仅得李商隐诗之体,而且深得其诗心。

其实对"西昆体"诗人来说,重要的不在于是写严肃的情志还是写闲逸的情志,而在于艺术表现的深隐、渊博、富丽、华美,能为读者提供较大的阅读空间。真宗恼火的是其深隐讽刺,但诏书却借口"侈靡"、"浮艳"。而诗人们真正喜欢的,是侈而不靡的学问典故,艳而不浮的词藻和意象。

这种崇学尚典又唯美求深的诗风,自此之后,历宋、元、明、清各朝代以至当代,一直是文人诗的主流审美倾向。比如清代声势很大的"同光体"诗人,以及深承其趣的近世文人陈寅恪、钱钟书等,都是循此一路的。

不过,与李商隐相比,"西昆体"诗人的幽怨讽谏之心没那么多,因而作诗自然多以闲情逸致、文人雅趣为主要的抒写内容,而以艺术表现之渊深雅致、巧妙华美为主要的审美追求。杨亿在《温州聂从事云堂集序》①中说:

> 幕府无书檄之事,婉画勿用,善政已成,飘飘然其于游刃固有余地矣。于是占胜选奇,寻幽览古,名山福地,必命驾以游,美景良辰,乃登高而赋……东瓯山水之清丽,缙云谣俗之朴古,佛刹玄祠之标概,讼庭官舍之形胜,见于题咏之什矣。一郡人物之选,一时寮佐之盛,林谷高

---

① 四库本《武夷新集》,卷七。

蹈之士,吴楚薄游之贤,备于赠答之作矣。名邦风物之美,通人吏隐之适,齐盱富寿之乐,居上神明之化,形于唱和之篇矣。……今观聂君之诗,恬愉优柔,无有怨谤,吟咏性情宣导王泽,其所谓越风骚而追二雅,若西汉中和乐职之作者乎。

后来杨亿又作《温州聂从事永嘉集序》①,重申其闲逸优雅的诗学观:

> 诗者妙万物而为言也,赋颂之作,皆其绪余耳。于是收视反听,研精覃思,起居饮食之际不废歌咏,门庭藩溷之间悉施刀笔,鸟兽草木之情状,风云霜露之变态,登山临水之怨慕,游童下里之歌谣,事有万殊,悉成于心匠,体迨三变,吻合于天倪。……南山之竹可尽而雅言无穷,东郭之鵔虽疲而逸材方骋,英词满于裔壤,藻思泄于尾闾。

杨亿此二序很少受到文学史家关注,其实二序所述诗学观与其《西昆酬唱集序》大致类同,简言之,就是以雅言、英词、藻思写闲情逸兴。而所谓闲情逸兴,则主要产生于游山玩水、文墨游戏、朋友唱和赠答之间。《西昆酬唱集》就是这样以创作为娱乐的产物。

杨亿的诗学思想中潜含着一种鄙视通俗质朴、偏爱华丽雍容的文化贵族倾向。这从他人的叙述中亦可见之。田况《儒林公议》(四库本)云:

> 杨亿在两禁,变文章之体……五代以来芜鄙之气,由兹尽矣。

金王若虚《文辨》②云:

> 旧说杨大年不爱老杜诗,谓之村夫子语。

这种文化贵族倾向,正是凝聚了西昆诗派的精神底蕴和审美

---

① 四库本《武夷新集》卷七。
② 四库本《滹南集》,卷三十七。

旨趣。西昆派后期的代表人物晏殊于此曾有很具体的发挥。《苕溪渔隐丛话前集》卷二十六引诸书所载晏元献事：

《西清诗话》云："红梅清艳两绝，昔独盛于姑苏，晏元献始移植西冈第中，特称赏之。一日，贵游赂园吏，得一枝分接，由是都下有二本。公尝与客饮花下，赋诗曰：'若更迟开三二月，北人应作杏花看。'客曰：'公诗固佳，待北俗何浅也？'公笑曰：'顾伧父安得不然。'一坐绝倒。"……

《漫叟诗话》云："江为有诗'吟登萧寺旃檀阁，醉倚王家玳瑁筵'。或谓作此诗者决非贵族。或人评'轴装曲谱金书字，树记花名玉篆牌'乃乞儿口中语。"苕溪渔隐曰："《青箱杂记》亦载此事，乃元献云此诗乃乞儿相，未尝识富贵者。故公每言富贵，不及金玉锦绣，惟说气象，若'楼台侧畔杨花过，帘幕中间燕子飞'、'梨花院落溶溶月，柳絮池塘淡淡风'之类是也。公自以此句语人曰：'穷人家有此景否？'"《云斋广录》载近时人诗一联云："珠帘绣户迟迟日，柳絮梨花寂寂春。"虽用珠绣，其气象岂不富贵？不害为佳句也。《归田录》云：晏元献喜评诗，尝曰："'老觉腰金重，慵便玉枕凉'未是富贵语。不如'笙歌归院落，灯火下楼台'，此善言富贵者也。"人皆以为知言。

晏殊以气象言富贵进而论诗，宣扬一种精神贵族式的高雅脱俗的艺术旨趣。他认为同是用诗表现富贵生活，写金银珠玉则低俗，就是"穷得只剩下钱了"；写风月笙歌、鸟飞花落的闲情逸致，从中透露出人物生活之高贵典雅，是物质和精神双双富有者的境界。他不是主张穷高雅，而是讲究既富且高雅，或者说既有钱又有文化，有艺术情趣。他既鄙薄物质上的"乞儿"、"穷人"，也鄙视精神上的"伧父"。他的逻辑是：穷者固不可言高雅，富者也不一定高雅。他所标榜的"富贵"，当是富有文化艺术内涵的富有和高贵。

三、对"西昆体"诗人及其诗学的评价

晏殊诗学的文化贵族"气象"与杨亿等"西昆"前辈相通,但艺术审美趣味亦有所不同。他不喜欢太多华丽的装饰,而喜欢清淡的富贵。他这种文化贵族情结,当时也曾受到批评。《苕溪渔隐丛话前集》卷二十六引《隐居诗话》云:

> 晏元献殊作枢密使,一日,雪中退朝,客次有二客,乃欧阳学士修、陆学士经。元献喜曰:"雪中诗人见过,不可不饮也。"因置酒共赏,即席赋诗。是时西师未解,欧阳修句有:"主人与国共休戚,不惟喜乐将丰登。须怜铁甲冷彻骨,四十余万屯边兵。"元献怏然不悦。尝语人曰:"裴度也曾燕客,韩愈也会做文章,但言园林穷胜事,钟鼓乐清时,却不曾恁地作闹。"

稍后的宋人对"西昆体"诗评价不一。欧阳修基本持肯定态度,已如前述。被视为"晏元献门下士"①的宋祁,于皇祐元年为太子少师石中立作《石太傅墓志铭》云:

> 天子好文学,而虢略杨亿以雄浑奥衍革五代之弊。公与中山刘筠、颍川陈越推而肆之,故天下靡然变风。②

张方平《题杨大年集后》③云:

> 天上灵仙谪,人间秀气涵。
> 朱弦清庙瑟,美干豫章枬。
> 富艳三千牍,从容八十函。
> 典纯追古昔,雅正合《周南》。

---

① 蔡絛:《西清诗话》,见《苕溪渔隐丛话前集》引,第 178 页,人民文学出版社,1962 年版。
② 《全宋文》,第 13 册,第 122 页。
③ 四库本《乐全集》,卷二。

> 温粹琼瑶润,滋酘稼穑甘。
> 微中缄海蚌,巧处吐春蚕。
> 璀璨龙宫出,精深虎穴探。

石介是批评"西昆体"最激烈者,他曾作《怪说》上、中、下三篇,中篇专斥杨亿:

> 昔杨翰林欲以文章为宗于天下,忧天下未尽信己之道,于是盲天下人目,聋天下人耳,使天下人目盲,不见有周公、孔子、孟轲、扬雄、文中子、韩吏部之道;使天下人耳聋,不闻有周公、孔子、孟轲、扬雄、文中子、韩吏部之道。俟周公、孔子、孟轲、扬雄、文中子、韩吏部之道灭,乃发其盲,开其聋,使天下唯见己之道,唯闻己之道,莫知有他。
> ……
> 今杨亿穷妍极态,缀风月,弄花草,淫巧侈丽,浮华纂组,刓镂圣人之经,破碎圣人之言,离析圣人之意,蠹伤圣人之道,使天下不为《书》之《典》、《谟》、《禹贡》、《洪范》,《诗》之《雅》、《颂》,《春秋》之经,《易》之《繇》、《爻》、《十翼》,而为杨亿之穷妍极态,缀风月,弄花草,淫巧侈丽,浮华纂组。其为怪大矣!①

石介天圣初年举进士时,杨亿已去世两年。作此《怪说》时,称"天下有杨亿之道四十年矣"。他抨击杨亿的主要用意不独在诗,而在于指责杨亿"以淫巧浮伪之言……坏乱破碎我圣人之道"。杨亿之诗、文均是他抨击的对象。其实石介对杨亿的抨击过于偏激,无视文学的审美价值而一味强调文以载道,把文学当成政治、历史,当成教化民众的工具,而完全忽视了文学是艺术这个根本的前提。这种不分青红皂白的狂轰滥炸,在当时就没有得到人们的认同。欧阳修对石介评价很高,但谈到杨亿与"西昆体",却并无赞同

---

① 《徂徕集》卷五。

石介之意。欧阳修对杨亿颇怀敬意,称杨亿"真一代之文豪也"①。又云:"先朝杨、刘风采,耸动天下,至今使人倾想。"②《六一诗话》称杨、刘"雄文博学,笔力有余,故无施而不可,非如前世号诗人者,区区于风云草木之类"。他还特别把西昆末流与杨、刘诸公区别开来:"先生老辈谓其多用故事,语僻难晓,殊不知自是学者之弊。"对杨、刘等西昆前辈的影响也有客观评价:

> 自《西昆集》出,时人争效之,诗体一变。③

又刘攽《中山诗话》载:

> 祥符、天禧中,杨大年、钱文僖、晏元献、刘子仪以文章立朝,为诗皆宗尚李义山,号"西昆体"。后进多窃义山语句。赐宴,优人有为义山者,衣服败敝,告人曰:"吾为诸馆职挦撦至此。"闻者欢笑。④

今世文学史家常引石介、刘攽这两条材料,说明"西昆体"是空洞无物的"形式主义",在当时就不受欢迎。这实在不合史实。其实刘攽的记载也只不过是一则笑话,"西昆体"之末流确有此病,但这并非"西昆体"的主流。

"西昆体"诗的确不是写给大众看的通俗读物,其优秀之作为读者提供的解读空间富于历史内涵和文化艺术内涵,因而其读者应是有大致相同的文化修养和艺术品味的人。当然,"西昆体"诗人没有达到李商隐那样的艺术高度,这与个人天赋有关。

---

① 《归田录》。
② 四库本《后村集》,卷十八,《后村诗话》,卷下。
③ 《历代诗话》,第270页,《六一诗话》,第21条。
④ 《历代诗话》,第287页。

第二章 真宗、仁宗之世复古以求新变的诗学思想

宋初诗人学白居易,学姚合、贾岛,学李商隐,然而随着宋型文化的发育成熟,诗人们终究不甘心总是追步唐人。在崇文尚学的时代风会中,在出版印刷技术长足进步从而使阅读条件大大改善的情况下,宋代诗人的学识修养比前人有了普遍的提高,这大概是宋诗发生新变,异于唐诗而形成独特风貌的最重要基础。宋代诗人创新诗路,主要不是从形式技巧开始,而是从学识修养、生命感悟和生活意趣切入的。"西昆体"诗人实际上已经开始了这种努力,但他们主要是以作诗为娱乐,因而把诗歌引入了文化贵族、精神贵族自我消遣、自我欣赏的境地,诗路反而变窄了。宋代文化孕育了一代代关注天下苍生、以经邦济世为己任的硕学鸿儒,这些儒者中不乏优秀诗人,他们对诗学诗艺的关注、理解和创作实践,更贴近社会、民生,更具有文化人独特的生命意识,更富于渊深雅致的文化情趣,从而使宋诗逐渐形成了自己的风貌,其诗学思想也具有了更为丰富的时代内涵。

有趣的是,他们追求创新和变化的努力,常常是以"复古"为号召的:复古以求新求变,以故为新,以俗为雅,状难写之景,含不尽之意,重新理解陶渊明其人其诗,化腐朽为神奇,抑悲哀于平淡,平淡中蕴涵山高水深的文情雅趣。柳开、范仲淹、石介、苏舜钦、梅尧

臣、欧阳修、王安石、苏轼、黄庭坚……在宋代诗学的长廊中，他们的创作心得和诗学理念，前后相续，构成了一道足以媲美唐代、辉映千古的风景线。

第一节　柳开、范仲淹、石介等人以复古求新变的文学思想

一、柳开等人的复古求新之论

真宗、仁宗之世，一些年轻诗人不满于因袭晚唐五代诗风而寻求新变，然而他们的这种努力，却是以"复古"为号召的。他们所说的"古"，是指古文和儒学。

在中国古代思想史、文学史上，每求新变，常称复古。而每次复古思潮，其真实用意都不是简单地返归原古，而是不满于时尚，就以复古为名，求新变之实。中古以来复古文、兴儒道的思潮始于韩愈。他当时倡导散体古文以改变骈文一统的局面，倡导儒学以振作士气，淳正世风。苏轼称其"匹夫而为百世师，一言而为天下法……文起八代之衰，道济天下之溺，忠犯人主之怒，而勇夺三军之冠"①。宋初文坛的复古思潮出现在真宗朝而直接继承韩愈的新儒学传统。据《宋史·梁周翰传》所载，当时有复兴儒道之四君子：

　　五代以来，文体卑弱，周翰与高锡、柳开、范杲习尚淳
　古，齐名友善，当时有高、梁、柳、范之称。

四人中，柳开（948～1001年）是最有影响者。不过他不只是尚古文，而是如韩愈一样，既复古文，又兴儒道。他说：

　　吾之道，孔子、孟轲、扬雄、韩愈之道，吾之文，孔子、

---

① 《潮州韩文公庙碑》，四库本《东坡全集》，卷八十六。

孟轲、扬雄、韩愈之文。①

他以此"道"自任,认为自己是韩愈三百年后最有资格当仁不让地复儒道、兴古文的担当者。《补亡先生传》云:

"肩愈者名也,绍元者字也……亦以为轲、雄之徒也"(同上卷2《东郊野夫传》)。后来他又因自己"有包括扬、孟之心……遂易名曰开,字曰仲塗。其意将谓开古圣贤之道于时也。将开今人之耳目,使聪且明也。必欲开之为其途矣,使古今由于吾也,故以仲塗字之……每当卷叹曰:呜呼,吾以是识先师之大者也,不幸其有亡逸者哉……遂各取其亡篇以补之,凡传有义者,即据而作之;无之者,复以出辞义焉。故号曰补亡先生也"。

柳开论诗亦倡古道。《与任唐徵书》云:

辱示诗两轴,辞调颇切于古人。从何而得至于是者哉?非雄刚俊逸之材,孰能造此!

又《五峰集序》云:

残缺仅百篇……篇篇可爱重,恢然言胸臆间事,近世无比。事凡无大也,无小也,能有道,则几乎君子矣。

又《昌黎集后序》云:

观先生之文诗,皆用于世者也。

在柳开看来,韩愈的文学总是与道有关。他曾与府从事高公谈韩愈《双鸟诗》,悟得其诗乃"刺时政者",遂作《韩文公〈双鸟诗〉解》,一一索解其讽刺之旨。

柳开等人复兴古文的主张自有矫正"五代以来文体卑弱"之意,但当时所谓"文体卑弱"还不包括"西昆体"。因为"西昆体"是在柳开去世后兴起的。近世有些文学史著作说柳开反"西昆体",实乃误会。

---

① 四库本《河东集》,卷一《应责》,下引柳开文均据此书,不一一注。

这种复古思潮若断若续,在"西昆体"诗文流行之际,仍有姚铉、穆修等提倡韩、柳古文。到仁宗天圣年间,复古求新的思潮扩大到诗界。

二、范仲淹的复古求新之论

范仲淹也是这种思潮的推动者之一。他在天圣四年(1026年)所作《唐异诗序》①云:

> 嘻!诗之为意也,范围乎一气,出入乎万物,卷舒变化,其体甚大。故夫喜焉如春,悲焉如秋,徘徊如云,峥嵘如山,高乎如月星,远乎如神仙,森如武库,锵如乐府。羽翰乎教化之声,献酬乎仁义之醇。上以德于君,下以风于民。不然何以动天地而感鬼神哉?而诗家者流,厥情非一:失志之人其辞苦,得意之人其辞逸,乐天之人其辞达,觏闵之人其辞怒。如孟东野之清苦,薛许昌之英逸,白乐天之明达,罗江东之愤怒。此皆与时消息,不失其正者也。五代以还,斯文大剥,悲哀为主,风流不归。皇朝龙兴,颂声来复。大雅君子,当抗心于三代。然九州之广,庠序未振,四时之奥,讲议盖寡。其或不知而作,影响前辈,因人之尚,忘己之实。吟咏性情而不顾其分,风赋比兴而不观其时。故有非穷途而悲,非乱世而怨。华车有寒苦之述,白社为骄奢之语。学步不至,效颦则多。以至靡靡增华,悁悁相滥。仰不主乎规谏,俯不主乎劝诫。抱郑卫之奏,责夔旷之赏,游西北之流,望江海之宗者有矣。观乎处士之作也,孑然弗伦,洗然无尘,意必以淳,语必以真。乐则歌之,忧则怀之。无虚美,无苟怨,隐居求志,多优游之咏,天下有道,无愤惋之作。《骚》、《雅》之际,此无

---

① 四库本《范文正集》,卷六。

愧焉。览之者有以知诗道之艰,国风之正也。时天圣四年五月日序。

这里表达的诗学观虽然不出传统诗教言志抒情、教化感动之范围,但他对诗歌功能、性质和风格多样化的阐述,对前代诗人的品评,却反映出他通达的文化胸怀和精深的审美修养。他对诗歌的理解既深微又宽容,既准确又不拘泥。他所强调的"国风之正",显然是古诗之道。此时"西昆体"诗文尚在流行,他虽未明确批评"西昆体",但他对五代以还文学风气的批评和对众多前代诗人的肯定,以及对古老的"国风之正"的倡导,当有前承柳开,后启石介及宋诗新变的作用。此后他还有《奏上时务书》《上时相议制举书》《赋林衡鉴序》《述梦诗序》等文,都言及复古兴儒之义。

范仲淹乃振兴宋代士风的大儒,以其地位和声望,他对宋代政治、文化、文学、学术均有深远的影响。他在天圣五年执掌南京应天府学并兼管应天书院时,"四方从学者辐辏"(《范文正公年谱》)。据《宋元学案·高平学案》传授表所列,范氏周围有一个几乎囊括当时名儒的学术群:富弼、张方平、张载、石介、李觏、刘牧、吕希哲及范氏纯仁、纯佑、纯礼、纯粹等,皆出其门下;胡瑗、孙复、周敦颐是高平讲友;韩琦、欧阳修是高平同调。这是宋代思想文化自立进程中的第一个学术群体。

其后若干年,他作《尹师鲁河南集序》①,则明确表示了对西昆末流的批评和对复古文、兴儒道的支持:

> 唐贞元、元和之间,韩退之主盟于文,而古道最盛。懿、僖以降,寖及五代,其体薄弱。皇朝柳仲涂起而麾之,髦俊率从焉。仲涂门人能师经探道,有文于天下者多矣。洎杨大年以应用之才,独步当世。学者刻辞镂意,有希仿佛,未暇及古也。其间甚者,专事藻饰,破碎大雅,反谓古

---

① 《范文正集》,卷六。

道不适于用,废而弗学者久之。洛阳尹师鲁,少有高识,不逐时辈,从穆伯长游,力为古文。而师鲁深于《春秋》,故其文谨严,辞约而理精。章奏疏议,大见风采。士林方耸慕焉。遽得欧阳永叔从而大振之,由是天下之文一变,而其深有功于道欤!

三、石介的复古求新之论

石介(1005~1045年)字守道,天圣初进士。他是高平门人,与范仲淹、富弼、韩琦、欧阳修、尹洙、余靖等一批以气节相高、以才华相尚、以儒道为本、以天下为己任的文士交好。与胡瑗、孙复同被称为"宋初三先生",时人称徂徕先生。他是当时复古文、兴儒道的主要鼓吹者之一。欧阳修称其"貌厚而气完,学笃而志大,虽在畎亩,不忘天下忧,以为时无不可为,为之无不至。不在其位,则行其言。……作为文章,极陈古今治乱成败,以指切当时贤愚善恶,是是非非,无所忌讳"①。

其论诗专主功利,主要论述见于他的两篇序文。一是《宋颂九首》,序云:

《诗序》曰:"颂者,美盛德之形容,以其成功告于神明者也。"夫有盛德之大业,然后著之于文辞,有粹文俊辞,然后见之乎功业。德与辞表里,功与文相埒,然后奋为宏休,摛为英声,昭为烈光。昕昕晔晔,如日之华;铿铿訇訇,如雷之行,畅于无穷,扬于无上,江浸海流,天高地厚,不有穷尽。若周之文、武,兴起王业,公旦制作礼乐,成、康积隆太平,宣王亨起中兴,其功伟欤!汉之高祖定祸乱,文、景崇尚恭俭,孝武却攘戎狄,光武恢复汉业,其功伟欤!唐之太宗诛李密、王世充、窦建德、薛举、辅公祏;

---

① 《徂徕石先生墓志铭》,四库本《文忠集》,卷三十四。

第二章 真宗、仁宗之世复古以求新变的诗学思想

明皇除太平公主,相姚、宋,开元三十年升平;宪宗斩杨惠琳、刘辟、吴元济,复诸侯地数千里,其功伟欤!

我国家太祖武皇帝,一驾而下泽潞,再矢而定维扬,三挥而纳荆、潭,四指而收蜀、广,五征而平江南。太宗文皇帝,克绍前烈,亦既践阼,南致淮、海数十州之地。才谋顺动,北缚并元四十五年之寇。真宗章圣皇帝,暂临澶渊,匈奴丧威堕胆,迨今四十年,乐我盟好,不敢窥马而南。今皇帝在明道之初,独临轩墀,躬厥庶政,神谋睿断,如雷之动,六合莫不震焉;发号施令,如风之行,万民莫不见焉。

登仕哲艾,剪鉏奸恶,天清地明,日烛月霁。其功也如此,鸿烈景铄,乃可作为歌、诗、雅、颂,流于金石,被於管弦,报天地而奏宗朝,感昆虫而和夷貊矣。故周有《清庙》、《生民》、《臣工》、《天作》、《勺武》;汉有《中和》、《乐职》、《圣主得贤臣》;唐有《晋阳武》、《兽之穷》、《泾水黄》、《奔鲸沛》、《淮夷》、《方城》、《元和圣德》诸篇。臣介窃拟前人,辄取太祖、太宗、真宗、陛下功德之尤著见者,为《宋颂》九篇。臣虽齿发坚壮,未为衰老,自视材智甚短,施之于事,无毫发所长,虚生盛明之时,真以为愧。然文采晦昧,体格卑脞,不足以称述四圣君之耿光,亦庶乎万一有以助太平之颂声云。①

石介之为人,并非阿谀奉承之辈,然此序则大谈诗歌的歌功颂德之用,而且将宋世四帝与前代贤君相比,夸大其功德,认为"可作歌诗雅颂",传之久远。此论虽与文学史家注重文学的批判传统不谐,然究诸史实,却不违真实。自古以来,凡统治者,无不喜欢借文学艺术以歌功颂德,况且歌颂之作亦非全无价值。石介序中列举前代歌颂之篇什,以说明诗歌"美盛德之形容"的功能。其实自古

---

① 《徂徕石先生文集》,第1~2页,中华书局,1984年版。

以来，颂歌从来都是文学艺术的重要品类，其粉饰讴歌固然难免，但同时也能记录一些史实，表达人类对太平盛世的美好回忆或良好期待。石介所作的《宋颂》九篇，每篇皆因一史实而发，具有"史诗"性质。他还作过一篇《庆历圣德颂》，起因是庆历三年（1043年）四月，朝廷任用韩琦、范仲淹"并为枢密副使"，一时豪杰气节之士如蔡襄、富弼、欧阳修、余靖等云集一朝，蔚为盛事。石介乃效韩愈作《元和圣德颂》之举，作《庆历圣德颂》诗并序，"称述颂美时君功德"。此举颇招非议，《四库提要》云：

> 介……名心太重，不免流于诡激。王称《东都事略》记仁宗时罢吕夷简、夏竦，而进章得象、晏殊、贾昌朝、杜衍、范仲淹、韩琦、富弼、王素、欧阳修、余靖诸人，介时为国子直讲，因作《庆历圣德颂》，以褒贬忠佞。……贤奸黜陟，权在朝廷，非儒官所应议。且其人见在，非盖棺定论之时。迹涉嫌疑，尤不当播诸简牍，以分恩怨。厥后欧阳修、司马光朋党之祸屡兴，苏轼、黄庭坚文字之狱迭起，实介有以先导其波。①

石介写作歌功颂德之诗，有记史实、述功德、扬善励贤之意，也有讨好皇帝、谋取功名之心。这样写作往往会涉及许多是是非非，颇有风险。尤其《庆历圣德颂》，惹得许多人不高兴，一年后，韩、范失势，他也降职外任。

二是《石曼卿诗集序》②。石介在此序中较集中地阐述了自己对诗歌的见解：

> 诗之作，与人生谐者也。人函愉乐悲郁之气，必舒于

---

① 《徂徕石先生文集》，卷一，中华书局，1984年版。
② 《徂徕石先生文集》，卷十八。此序又见四库本《苏学士文集》，卷十三，误为苏舜钦作。参《苏舜钦集编年校注》之《前言》和《附录一·〈石曼卿诗集序〉》按语，巴蜀书社，1990年版。

言,能者财之传于律,故其流行无穷,可以播而交鬼神也。古之有天下者,欲知风教之感,气俗之变,乃设官采掇而监听之。由是张弛其务,以足其所思,故能以长久长久,弊乱无由而生。厥后官废诗不传,在上者不复知民志之所向,故政化烦悖,治道亡矣。呜呼!诗之于时盖亦大物,于文字尤为古尚,但作者才致鄙迫不扬,不入其奥耳。国家祥符中,民风豫而泰,操笔之士率以藻丽为胜,唯秘阁石曼卿与穆参军伯长,自任以古道,作之文必经实,不放于世。而曼卿之诗文又时震奇发秀,盖取古之所未至,托讽物象之表警时鼓众,未尝徒役。虽能文者累数十百言不能率其意,独以劲语蟠泊会而终于篇,而复气横意举,洒落章句之外,学者不可寻其屏阈而依倚之。其诗之豪者欤?曼卿资性轩豁,遇者辄咏,前后所为不可胜记……于篇前后观者,知诗之原于古至于用而已矣。

此序有四点值得注意。一是强调诗的抒情性,认为"人函愉乐悲郁之气,必舒于言"。二是把诗歌与人生、社会的关系看得很严肃,无论是气之舒于言,还是观诗以知风教气俗,诗都是一种很郑重的东西。这就很不同于"白体"和"西昆体"诗人闲逸优雅的艺术趣味。这当然不是新发明,而只是弘扬传统诗教,倡导文以载道。三是批评"以藻丽为胜"的诗文风尚,这当是针对"西昆体"而发。四是赞扬石曼卿诗,表明他崇尚古朴豪放的审美趣味。

石介作《怪说》斥杨亿,已见前章"西昆体"部分。

第二节 宋祁、余靖等人的诗学思想

一、宋祁的诗学思想

宋祁(998~1061年),字子京,天圣二年(1024年)与其兄宋庠

（996～1066年，原名郊）同举进士，时称"大小宋"。官至工部尚书、翰林学士承旨。曾与欧阳修等同修《新唐书》。谥景文。有《宋景文集》、《宋景文笔记》、《宋景文公长短句》传世。祁工诗词，善炼字，喜雕琢，语词工丽，《玉楼春》词有"红杏枝头春意闹"名句。四库全书《宋景文集》提要云："晁公武《读书志》谓祁诗文多奇字……实则所著诗文博奥典雅，具有唐以前格律。"

他晚年所著《笔记》言及仁宗前期诗坛情况：

> 天圣之初元以来，搢绅间为诗者益少。唯故丞相晏公殊、钱公惟演、翰林刘公筠数人而已。至丞相王公曙、参知政事宋公绶、翰林学士李公淑，文章外亦作诗，而不专也。其后石延年、苏舜钦、梅尧臣，皆自谓好为诗，不能自名矣。①

按宋祁享年六十四，《宋景文笔记》是其六十岁以后所作。天圣二年他中进士时，杨亿已去世，故未提及。晏殊卒于至和二年（1055年），因称"故相"。此时石、苏、梅之诗名已显。《续资治通鉴长编》皇祐三年（1051年）九月庚申载："赐国子博士梅尧臣同进士出身，仍改太常博士。……宋兴，以诗名家为世所传如尧臣者盖少。"而宋祁却说石、苏、梅"不能自名"。盖其晚年于诗文之道所悟既深，故不轻易许人。

宋祁论诗力主创新，反对模拟前人：

> （吾）年过五十被诏作唐书，精思十余年，尽见前世诸著，乃悟文章之难也。虽悟于心，又求之古人，始得其厓略。……夫文章必自名一家，然后可以传不朽。若体规画圆准方作矩，终为人之臣仆。古人讥屋下作屋，信然。陆机曰："谢朝华于已披，启夕秀于未振。"韩愈曰："唯陈言之务去。"此为文之要。五经皆不同体，孔子没后，百家

---

① 四库本《宋景文笔记》，卷上。

奋兴，类不相沿，是前人皆得此旨。呜呼！吾亦悟之晚矣。虽然，若天假吾年，犹冀老而成之。①

对于追步前人之风气，他则严加讥评。其《南阳集序》云：

南阳赵叔灵诗才十余解，清整有法度，浑然所得，不琢而美，无丹膢而采……大抵近世之诗，多祖述前人。不丐奇博于少陵、萧散于摩诘，则肖貌乐天、祖长江而摹许昌也。故陈言旧词，未读先厌。若叔灵，则不傍古不缘今，独行太虚，探出新意，其无谢一家者欤！②

他认为诗应表达真情实感，因而是一种个性化的产物："诗者，探所感于中而出之外者也。"③既是个性化的，自然就与诗人之天赋才情有关，而具有天赋才情的人，又往往穷困偃蹇。《淮海丛编集序》云：

诗为天地蕴。予常意藏混茫中，若有区所。人之才者能往取之，取多者名无穷，少者自高一世。顾力至不至耳。然造物者吝之，其取之无限，则辄（按此二字当衍一字）穷蹶其命，而怫庚所为。予略记其近者：王摩诘颠于盗，愁苦仅脱死；杜子美客巴蜀，入沅湘，饥不自存；李太白踣于贬；白乐天偃蹇不得志，五十余分司；元微之为众排迮，终身恨望；刘梦得流摈抵老弗见容。是皆章章信验也。④

此序所论天才诗人"穷蹶其命"之意，与欧阳修诗"穷而后工"之论相同（参本书欧阳修部分），余靖亦先有此论（参余靖部分）。

---

① 四库本《宋景文笔记》，卷上。
② 四库本《景文集》，卷四十五。
③ 《景文集》，卷四十八，《西洲猥稿系题》。
④ 《全宋文》，卷五百一十六。

二、余靖的诗学思想

余靖(1000～1064年),本名希古,字安道,韶州曲江(今属广东韶关)人。天圣二年(1024年)进士。初为赣县尉,又知新建县,迁秘书丞。数上书言班固《汉书》舛谬,诏与王洙并校司马迁、范晔二史,擢集贤校理。景祐三年(1036年)以上书论范仲淹谪官事,与尹洙、欧阳修同被贬逐,五月辛卯,余靖贬监筠州酒税。景祐四年十二月壬辰,改监泰州税。宝元二年(1039年)六月甲申,迁知英州(今广东英德)。庆历二年三月甲辰,"复太常博士余靖为集贤校理"。庆历三年(1043年)为右正言,三使契丹。庆历七年(1047年)七月丙申出知吉州,许居韶州。皇祐四年(1052年)诏起知潭州,七日后改广南西路安抚使,知桂州。后加集贤院学士。皇祐五年(1053年)为工部侍郎。嘉祐六年(1061年)五月乙未,"吏部侍郎、集贤院学士余靖为尚书右丞,广南东路经略安抚使,知广州"。官至工部尚书。英宗治平元年卒,年六十五,谥襄。有《武溪集》二十卷。余靖是北宋名臣,被列为广州八贤堂中八贤之一。

其诗骨骼清苍,坚炼有法。《四库提要》云:"诸作亦多斐然可观,以方驾欧、梅固为不足,要于北宋诸人之中,固亦自成一队也。"今《全宋文》收其文二十二卷,四百〇四篇。《全宋诗》收其诗一百三十二首。其论诗倡通趣,作诗亦有通趣。此宋人审美意识之要领。宋世文人为人为诗,处世审美,皆尚通达,讲意趣,余靖乃开风气者之一。然其论诗之作不多,考今存《武溪集》,唯有以下二序。

《武溪集》卷三《曾太傅临川十二诗序》云:

古今言诗者,二雅而降,骚人之作号为雄杰。仆常患灵均负才矜己,一不得用于时,则忧愁悲慼,不能自裕其意,取讥通人,才虽美而趣不足尚。久欲著于言议而莫由也。今兹得罪去朝,守土滨江,同年不疑曾兄惠然拿舟见顾,间日共言临川山水之美,因出十二诗以露其奇。其诗皆讽咏前贤遗懿,当代绝境,未尝一言及于身世,陶然有飞遁之想。通哉不疑! 不以时之用舍累其心,真吾所尚哉! 遂题其篇。

古人言通,是人生哲学,是文化修养,是生命的智慧状态,是生存的审美境界,于诗而言,则是诗中的生命意趣。《说文》云:"通,达也。"通达常合用,形容人能通晓变化之理,学问贯通古今,阅世、处世达观从容,不固执,不拘泥,善于自我调整以适应环境。《易经》首创通变哲学,《系辞上》云:"通变之谓事。""通其变,遂成天下之文。"

古人称善于通变的人为通士、通人、达才,如《荀子》、《修身》、《不苟》、《荣辱》等篇论"通"颇详。《不苟篇》云:

上则能尊君,下则能爱民,物至而应,事起而辨,若是则可谓通士矣。

《史记·田敬仲世家赞》云:

孔子晚而喜《易》,《易》之术幽明远矣,非通人达才孰能注意焉。

称晚年的孔子为通人达才,这与夫子自道亦颇一致:"五十而知天命,六十而耳顺,七十而从心所欲,不逾矩。"(《论语·为政》)

通有时指通晓学问,明达事理,机智敏捷。王充《论衡》之《别通篇》、《超奇篇》,专以学问论通人,所论甚详。《超奇篇》云:"博览古今者为通人。"《魏书·房景先传》云:"景先……夜诵经史,自是精勤,遂大通赡。"王羲之《与谢万书》云:"所谓通识,自当随事行藏,乃为远耳。"《北史·长孙俭传论》云:"俭器识明允,智谋通赡。"《南史·王僧孺传》云:"刘孝孙博学通敏。"又《南史·萧允传》云:"允少知名,风神凝远,通达有识鉴。"

通的上述含义侧重于人类智慧,而有时也指人类性情之自由洒脱、旷放不羁、不囿于名利等等。《南史·萧琛传》云:"琛性通脱,常自解灶,事毕余馂,必陶然致醉。"《南史·谢几卿传》云:"几卿累迁尚书左丞,性通脱,诣道边酒垆,停车褰幔,与车前三驺对饮。观者如堵,几卿自若。"《晋书·阮籍传》云:"籍子浑有父风,少慕通达,不饰小节。"阮籍诗云:"招彼玄通士,去来归羡游。"①

如此看来,屈原确非通士。其执著于一念,"负才矜己,一不得用于时,则忧愁恚憝,不能自裕其意",当然就"取讥通人"了。而曾太傅凭什么被余靖称为通人呢?

曾太傅即曾易占(989~1047年),字不疑,曾巩之父。天圣二年(1024年)与余靖同年进士。历太子中允、太常博士。为官守正不阿,有治绩。景祐四年(1037年)八月戊子,"太常博士曾易苦除名,配广南衙前编管"(《长编》)。此后家居十二年乃卒。据时人记载,曾乃受诬而被除名,但他并不戚戚于怀,反能通达自放,从容著述,时人颇称道于此。王安石(1021~1086年)《太常博士曾公墓志铭》②云:

> 既仕不合,即自放,为文章十余万言……不以一身之穷而遗天下之忧。以为其志不见于事,则欲发之于文,其文不施于世,则欲以传于后……公之遭诬,人以为冤;退而贫,人为之忧也。而公所为十余万言,皆天下事,古今之所以存亡治乱,至其冤且困,未尝一以为言。……好学不怠,而不以求闻于世。

李清臣(1032~1102年)《曾博士易占神道碑》云:

> 公受诬以归,十二年不仕。公曰:"吾身弗用,吾岂戚戚于是哉?唯志之所存,不可偕吾身以没也。"乃寓其志于文章。……公平居泊然无所事,而独积思于学。③

---

① 《咏怀诗》,见四库本《古诗纪》,卷二十九。
② 四库本《临川先生文集》,卷九十三。
③ 《琬琰集删存》,第266~267页,卷二,上海古籍出版社,1990年版。

陈师道(1053～1102年)《光禄曾公神道碑》①云：

公学博而守约，思深而见远，观古治乱，明习当世之务。……公以诬家居十余年，人知其冤，哀其穷，而公不自讼。方以天下为忧。……读其书……又知其怀之有言，言之有不尽。则其雄深伟奇，惊世而善俗者，犹其余也。……顾常以为志不见于仕，则发之于文，文不施于今，则必传之于后，有能行其言，则不穷矣。此公之志也，其可谓盛哉！

据此，则可知曾易占颇合古通达之谓：博学，明理，敏捷，旷达，通古今世事，怀才不遇而不戚，不能立功则立德立言，既能自放又能自立。今存曾易占诗只有《宋诗纪事》卷十一所收一首《题洪州僧寺》云：

今朝才是雪泥干，日薄云移又作寒。
家山千里何时到？溪上梅花正好看。

余靖《序》有"得罪去朝，守土滨江"语，当指景祐三年(1036年)五月为范仲淹谪官申辩而落职，贬监筠州酒税事。② 筠州滨临锦江，故称滨江。曾易占于景祐四年被除名，《序》称其"不以时之用舍累其心，真吾所尚哉"。则两位昔日之同窗，兹又同为谪黜之士。而余靖又于景祐四年十二月改监泰州税，故此序必作于是年八月至十二月间。余靖特以"通"称誉其人其诗，是同窗知己之论，遂启后人王、李、陈等盖棺之论。有宋一代，士人普遍崇尚通达，余靖当是首倡者之一。

不过宋人之通，与前代亦有不同。前人之通多得自儒、道二家，宋人则更融入释家随缘之意。凡执著之意，无论是儒家执著于事功，还是道家执著于自然与自由，皆所不取。宋人之通，进退由

---

① 四库本《后山集》，卷十六。
② 《续资治通鉴长编》，景祐三年五月辛卯。

之,坦然待之,"鸿飞那复计东西"。这是宋代文士特有的一种人文智慧。他们不赞成屈大夫那样执著于事功而忧伤于不遇,认为那是雄杰而不通,矜才而无趣。余靖对屈原的批评,在宋人中当是最早的。后来苏舜钦《沧浪静吟》也对"三闾遭逐便沉江"①的固执态度表示不赞成。司马光《醉》诗也曾说:"果使屈原知醉趣,当年不作独醒人。"②宋代士人一般也不取陶渊明式的执著于自然和自由的处世方式。

余靖《序》从通谈起,落脚于趣。以为通人方有通诗,通诗方有通趣。宋人以趣论诗,余靖当是较早者。而宋人专门的诗话著作中最早以趣论诗者,则见于司马光《温公续诗话》云:

> 魏野处士,陕人,字仲先……云:"数声离岸橹,几点别州山。"时有幕僚,本江南文士也,见之大惊,邀与相见,赠诗曰:"怪得名称野,元来性不群。"……仲先诗有:"妻喜栽花活,童夸斗草赢。"真得野人之趣。

趣是人类重要的生存理念、审美理念、诗学理念,其蕴涵十分丰富。人生之趣多多,却非人人皆可得之。因为趣的本质是美,只有富于审美修养的智慧人类才最善于在生活中体味、乃至创造出美的意趣。因为智慧人类的生命底蕴是文化,生命特质是崇尚自由和高雅。故其趣,于人生之出处进退,则有遗世独立的自由之趣;于生活,则有避俗求雅的文化之趣,如读书治学、琴棋书画、饮酒吟诗、交友谈玄等等;于自然,则有登临赏叹,诉诸笔墨的风雅之趣。总之,趣的本质乃是文化审美情趣。

宋人尚趣,未必皆倡论于诗学理论。而于诗中言趣,在余靖前后已成时尚。如王禹偁《酬仲放徵君》云:

> 千言距百韵,旨趣何绰绰。

---

① 四库本《苏学士集》,卷八。
② 四库本《传家集》,卷九。

《北楼感事》云：

　　忘机得真趣，怀古生远思。①

林逋《郊园避暑》云：

　　况有陶篱趣，归禽语夕阳。

《赠胡明府》云：

　　一琴牢落倚松窗，孤淡天君得趣长。②

苏舜钦《答梅圣俞见赠》云：

　　至于作文章，实亦少精趣。③

梅尧臣《河南王尉西斋》云：

　　种竹幽趣深。

《次韵和永叔饮余家咏枯菊》云：

　　小树婆娑嘉趣足。④

王安石《明州钱君倚众乐亭》云：

　　洗涤山川作佳趣。⑤

司马光《和明叔游白龙溪》云：

　　外野饶真趣，令人怀抱夷。⑥

苏轼《雨中过舒教授》云：

　　此生忧患中，一晌安闲处。

　　……

　　自非陶靖节，谁识此闲趣。

《书焦山纶长老壁》云：

　　此言虽鄙浅，固自有深趣。

---

① ② ⑥ 《全宋诗》，第655、675页，第1193、1223页，第6200页。
③ 付平骧等：《苏舜钦集编年校注》，第160页，巴蜀书社，1991年版。
④ 朱东润：《梅尧臣集编年校注》，第54、1126页，上海古籍出版社，1980年版。
⑤ 《临川先生文集》，第170页，卷十一，中华书局，1959年版。

《答任师中次韵》云：

　　闲里有深趣。①

苏辙《吕希道少卿松局图》云：

　　不闻人世喧，自得山中趣。

《送家定国朝奉西归》云：

　　新诗得高趣，众耳昏未听。②

秦观《春日杂兴十首》其一云：

　　参差花鸟期，蹭蹬琴觞趣。③

张耒《石楼》云：

　　平生林野趣，疏放谢鞭箠。④

晁冲之《同鲁山韩丞观女灵庙前险石》云：

　　披寻宿莽得佳趣。⑤

这些诗涉及人生各种审美意趣。人生若通于趣，则如苏轼所言："无所往而不乐。"《后汉书·蔡邕传》云："圣哲之通趣，古人之明志也。"此谓通趣属于圣哲。人活得通达、随和、从容，自然就有趣，就深、富、高、远。人通于趣，诗乃有趣。余靖认为曾不疑的诗，"不以时之用舍累其心"，"未尝一言及于身世"，故有通趣；"言临川山水之美"，吟咏"当代绝境"，则有奇趣；"讽咏前贤遗懿"，则有文趣；"陶然有飞遁之想"，则有旷放之趣。

余靖亦通人，其诗亦多通趣。如：

　　海域逍遥境，荣途淡泊心；⑥

---

① ⑤ 《全宋诗》，第 9158、9198、9257 页，第 13868 页。

② 《苏辙集》，第 134、288 页，卷七、卷十五，中华书局，1990 年版。

③ 徐培均：《淮海集笺注》，第 93 页，卷三，上海古籍出版社，1994 年版。

④ 《张耒集》，第 87 页，卷七，中华书局，1990 年版。

⑥ 下引余诗均见《全宋诗》，第 4 册。

　　　　　　　　——《寄题广州田谏议颐堂》
无为牵俗趣,碌碌利名间;
　　　　　　　　——《送薛秀才归乡》
门外车尘绝,樽前俗虑无。
　　　　　　　　——《次韵酬孙明复见寄》
此通达脱俗之趣。
　　羡师尘外去,何日濯吾缨;
　　　　　　　　——《送僧惠勤归乡》
然此高迹,世网慢纷纷;
　　　　　　　　——《送海琳游南海》
棋酒等闲忘世虑,溪山最乐是家林;
　　　　　　　　——《寄题宋职方翠楼》
那得尘虑干方寸,但觉仙踪在四围。
　　　　　　　　　　　——《静台》
此通达自由之趣。
　　出处天真在,炎凉物性殊;
　　　　　　　　——《次韵酬孙明复见寄》
泉清偏照月,松瘦不知春;
　　　　　　——《灵树喜长老属疾见寄次韵酬之》
况有江山助,无怀节物伤;
　　　　　　　　——《酬和苏梦得运使》
望岫幽人兴,观空达士情;
　　　　　　　　——《寄题宝峰山玩云亭》
酒阑风雪催行色,吟际江山助笔锋。
　　　　　　　　——《谨吟五十六字……》
此通达自然之趣。
　　不共花争艳,残莺莫傍枝;
　　　　　　　　　　　——《荔香亭》

> 气劲秋霜并,吟多夜月知;
>
> ——《送容州杜秘丞》
>
> 休羡井梧能待凤,凌霜坚守岁寒心。
>
> ——《和胡学士馆中庭树》

此通达孤傲之趣。

> 古寺远尘笼,乘闲访此中。
> 客心千里静,僧语万缘空;
>
> ——《游临江寺》
>
> 幽寻逢胜地,方外趣无垠。
>
> ——《留题龙光禅刹呈周长老》

此通达禅悟之趣。

观余诗之趣,多关乎山水。盖山水佳胜,乃古代文人寻趣之主要处所。他们离开朝廷,便与自然走得很近,不论为官还是为民。钱钟书《谈艺录》六十九〔附说十九〕专论"山水通于理趣",言"宋明理学诸儒,流连光景,玩索端倪",于"乐山乐水"之际怡情得趣而悟理。此略与余靖所倡通趣有相近之处。

又严羽以禅悟论诗,是唐而非宋,《沧浪诗话·诗辨》特申"诗有别趣"、"盛唐诸人唯在兴趣"之论。其所谓"别趣"、"兴趣",郭绍虞已辨之,非余靖所倡之通趣。

又《武溪集》卷三《孙工部诗集序》云:

> 诗之源,其远矣哉。……盖所以接神明、察风俗、导和畅、泄愤怒,不独讽咏而已。迨夫五言之兴,时更汉魏,而作者众矣。大抵哀乐之所感,情性之所发,虽丹素相攻,华实异好,其有乐高古,纵步骤,局声病,拘偶俪,为体不同,同归比兴,前哲论之详矣。……(和叔诗)有美必宣,无愤不写。虽语存声律而意深作用,固当远敌曹、刘,高揖严、谢,兼沈、宋之新律,跨李、杜之老词,其他靡曼之作,不足方也。且其取譬引类,发于胸臆,不从经史之所

牵,不为文字之所拘,如良工饰材,手习规矩,但见方圆成器,不睹斧斤之迹,于诗其深矣乎!世谓诗人必经穷愁,乃能抉造化之幽蕴,写凄辛之景象。盖以其孤愤郁结,触怀成感,其言必精,于理必诣也。

序云"某屏居岭服,比来交问殆绝。和叔继以三编见寄……凡得千余首"。余靖居韶州是在庆历七年(1047年)七月至皇祐四年(1052年)期间。孙工部(998~1051年),名抗,字和叔,天圣年间登进士甲科(晚于余靖),庆历四年(1044年)为监察御史里行,庆历六年(1046年)三月落职,知复州(今属湖北天门一带),后通判金州,知吉州(今江西吉安),又迁尚书都官员外郎、提点江南西路刑狱,皇祐初,除广西转运使,迁尚书司封员外郎,皇祐三年三月初七卒于治所。则此《序》当作于庆历末到皇祐初年之间。

此《序》先叙言诗之功能,大抵属传统诗教之论。但有两点值得注意:一是强调"有美必宣,无愤不写","取譬引类,发于胸臆,不从经史之所牵,不为文字之所拘",这显然不同于西昆诗家之论,而与范仲淹、梅尧臣、欧阳修等人复古革新的诗论一致。可知仁宗朝后期,"西昆体"已非诗坛主流。

二是认为"诗人必经穷愁,乃能抉造化之幽蕴,写凄辛之景象。盖以其孤愤郁结,触怀成感,其言必精,于理必诣也"。这也是文学史上的常谈,如司马迁云"诗三百篇,大抵圣贤发愤之所为作也。此人皆意有所郁结,不得通其道,故述往事,思来者……以舒其愤,思垂空文以自见"(《报任少卿书》),韩愈说"欢愉之辞难工;而穷苦之言易好"(《荆潭唱和集序》)。不过,在同时人中,言"人穷诗好"之意者,余靖似乎较早。其后十余年,梅尧臣去世,欧阳修序其诗集,乃申"非诗之能穷人,殆穷者而后工"之论。宋祁《淮海丛编集序》亦论及此意。王安石《次韵子履远寄之作》亦云:"穷途往往始能文。"①

第三节　汴京、东州、洛阳年轻诗人追求新变的诗学思想

仁宗朝前期,"西昆体"和"晚唐体"余绪尚存之际,汴京、东州、洛阳有三个年轻的文人群体,其寻求宋诗新变的努力也值得注意。

在首都汴京的台阁之外,穆修和苏氏舜元、舜钦兄弟"作为古歌诗杂文,时人颇共非笑之,而子美不顾也"②。他们作的古歌诗主要是五言长篇。"西昆体"诗人以作近体诗为主,而穆、苏诸人作古诗,自然与"时人"不合。其中苏舜钦名高,时人将他与梅尧臣并称"苏梅"。

苏舜钦(1008~1048年),字子美,景祐元年(1034年)进士。他是一位豪气干云之士,为仕十载,曾受到范仲淹举荐。庆历四年(1044年)新政失败后,范外放,舜钦亦因小过落职除名,闲居苏州沧浪亭,四年后去世。其诗亦雄健豪放,清新脱俗。欧阳修多次以"豪"评其诗,并把他与梅尧臣并称苏梅。清人叶燮也注意到苏舜钦诗的求新倾向,如《原诗·外篇》云:

> 开宋诗一代之面目者,始于梅尧臣、苏舜钦二人。

欧阳修等当时的诗友都推重苏诗的豪放,苏舜钦在评论他人诗作时也曾表示过对豪放风格的偏爱,如《吕公初示古诗一编因以短歌答之》③云:

> 览君古风之章句,两谢不足以下顾。

---

① 《临川先生文集》,卷二十四。
② 欧阳修:《苏氏文集序》,四部丛刊本《居士集》,卷四十一。
③ 傅平骧、胡问陶校注:《苏舜钦集编年校注》,巴蜀书社,1990年版。下引苏舜钦诗文均据此书。

第二章 真宗、仁宗之世复古以求新变的诗学思想

> 长江走浪天外来,黄鹄轩风日边去。
> 上有致君却敌之良策,下有逍遥傲世之真趣。

《答宋太祝见赠》云:

> 复贶长句诗,如留万金货。
> 恣睢莫能名,豪横不可挫。
> 怒奔时旁出,力蓍复下随。
> 使人但惊绝,欲继谁敢作?

不过,苏舜钦并非单纯追求豪放风格。他曾说,"会将趋古淡,先可镇浮嚣"(《诗僧则辉求诗》)。可见他所喜欢的豪放是豪而不浮,放而不嚣。而古淡则最能抑制浮嚣,这又与梅尧臣推重古淡同调。

苏舜钦曾有文词害道之论,如《上孙冲谏议书》云:

> 道之消,德生焉;德之薄,文生焉;文之弊,词生焉;词之削,诡辩生焉。辨之生也,害词;词之生也,害文;文之生也;害道。

又《上三司副使段公书》云:

> 言也者,必归于道义,道与义泽于物而后已,至是则斯为不朽矣。故每属文,不敢雕琢以害正。

如此一味重道轻文之论,对于诗歌当然是过于偏激,然其"不敢雕琢以害正",在讲究雕饰的"西昆体"末势犹存之际,倒也不无道理。在《答梅圣俞见赠》诗中,他也申述这种不随时髦的个性和不喜雕饰的诗美观:

> 自嗟处身拙,与世尝龃龉。
> ……
> 古贵知者稀,流俗岂足顾?

石曼卿(994~1041年),字延年,也是"西昆体"之外寻求新变的重要诗人之一。石介为其诗集作序已如前述。石曼卿性情豪

放,诗亦豪放。《宋史·文苑四》云:"山东人范讽、石延年、刘潜之徒,喜豪放剧饮,不循礼法,后生多慕之。"当时人颜太初作《东州逸党》诗描述他们的诗:"或作慨量歌,无非市井辞。或作薤露唱,发声令人悲。"①石介作《三豪诗送杜默师雄》,称杜默、石延年、欧阳修为"三豪",认为石延年豪于诗。

石曼卿四十八岁去世。苏舜钦《哭曼卿》诗回忆道:"去年春雨开百花,与君相会欢无涯。高歌长吟插花饮,醉倒不去眠君家。"可知苏与石之交甚厚且均喜豪饮高歌。欧阳修、梅尧臣等都分别作有哭悼曼卿的诗,可知石延年当时颇有诗名。

值得注意的是,苏舜钦诗和石延年诗都有"豪"名,且都不同于西昆路数。从上述史料看,他们有共同的诗美追求:用自然豪放的平民风格抵制精雕细琢的贵族情调,用清新对抗陈腐,用古朴反拨时尚。石延年《莺》诗云:"上林栖处稳,慎勿近雕梁。"透露出古朴自然的审美情趣。欧阳修评价石诗"时时出险语,意外研精粗。穷奇变云烟,搜怪蟠蛟鱼"(《哭曼卿》),这显然是说他不同时俗,有独特的审美追求。

第四节　梅尧臣的诗学思想

天圣末至景祐初年(1031～1034年),钱惟演留守西京洛阳,他的幕府中,聚集了一批文士,据欧阳修《书怀感事寄梅圣俞》②等诗篇记载,可考知者有二十二人。③ 这些人以钱惟演(977～1034年)为核心,以谢绛(994年或995～1039年)为文学主盟,形成了

---

① 《全宋诗》,第2648页。
② 《欧阳文忠公集》,卷五十二。
③ 王永照:《北宋洛阳文人集团的构成》,第138页,收入《王永照自选集》,上海教育出版社,2000年版。

一个文学群体。其中许多人后来成为文学史上重要的人物,如张先(992~1039 年)、尹洙(1001~1047 年)、梅尧臣(1002~1060 年)、欧阳修(1007~1072 年)等。不过他们此时并未批评"西昆体",而只是具体地切磋探索写诗作文的新途径。这个文学群体中最重要的诗人是梅尧臣。

梅尧臣在洛阳钱惟演幕府时,年方而立,他的诗在钱幕文学群体中被公认为第一。此后直到五十九岁去世,他以诗著称于世。《续资治通鉴长编》皇祐三年(1051 年)九月庚申载:

> 赐国子博士梅尧臣同进士出身,仍改太常博士。尧臣,询从子,工于诗,大臣屡荐尧臣宜在馆阁,召试学士院,而有是命。

其诗今存两千八百余首。在宋代诗歌走出唐诗园囿,形成自身特色的漫长过程中,梅尧臣是首开风气的重要诗人。刘克庄说:

> 本朝诗,唯宛陵为开山祖师。宛陵出,然后桑濮之淫哇稍息,风雅之气脉复续,其功不在欧、尹下。①

不过从今存文献看,梅尧臣对自己诗学理念的明确表述,主要是在离开洛阳钱幕之后,年近不惑之时(庆历间)才开始的。他的诗学思想主要有以下几方面。

一、恢复风雅美刺传统

一是与当时复古求新的思潮一致,不赞成晚唐诗风,主张恢复诗歌的风雅美刺传统。他曾再三陈说这种观点。《答裴送序意》(庆历五年)诗云:

> 我于诗言岂徒尔,因事激风成小篇。
> 辞虽浅陋颇克苦,未到二雅安忍捐!

---

① 《后村诗话·前集》,卷二。

　　　　安取唐季二三子，区区物象磨穷年。①
《寄滁州欧阳永叔》(庆历六年)诗云：
　　　　君能切体类，镜照嫫与施。
　　　　直辞鬼胆惧，微文奸魄悲。
　　　　不书儿女语，不作风月诗。
　　　　唯求先王法，好丑无使疑。
　　　　安求一时誉，当期千载知。
《答韩三子华韩五持国韩六玉汝见赠述诗》(庆历六年)云：
　　　　圣人于诗言，曾不专其中。
　　　　因事有所激，因物兴以通。
　　　　自下而磨上，是之谓《国风》。
　　　　《雅》章及《颂》篇，刺美亦道同。
　　　　不独识鸟兽，而为文字工。
　　　　屈原作《离骚》，自哀其志穷。
　　　　愤世嫉邪意，寄在草木虫。
　　　　迩来道颇丧，有作皆言空。
　　　　烟云写形象，葩卉咏青红。
　　　　人事极谀谄，引古称辨雄。
　　　　经营唯切偶，荣利因被蒙。
　　　　遂使世上人，只曰一艺充。
　　从这些诗中看出，梅尧臣明确弘扬儒家诗教传统。在诗与现实的关系上，强调学习《诗》、《骚》以还现实主义传统，"因事激风"，反映现实；在诗人与诗的关系上，主张写真情感，写"愤世嫉邪"之意；在诗的社会功用上，提倡要像"风"、"雅"那样"磨上"、"刺美"，像"仲尼作春秋"那样"微言大义"，像欧阳修那样以诗文"照美丑"、

---

① 以下所引梅尧臣诗均依朱东润：《梅尧臣集编年校注》，上海古籍出版社，1980年版。

"惊邪恶"。

二、倡导平淡之美

梅尧臣倡导平淡诗风,明确地以陶渊明为榜样,既以平淡自励,也时常以平淡鼓励他人。在宋代诗学史上,以"平淡"论诗者,最早似见于欧阳修作于明道元年(1032年)的《书梅圣俞稿后》①:他认为"凡乐达天地之和,而与人之气相接"。历代诗人们各得其道而表现为不同的风格,如"唐之时子昂李杜沈宋五维之徒或得其淳古淡泊之声"。稍后刘攽《中山诗话》又拈"平淡"之说:"张籍乐府词,清丽深婉,五言律诗亦平淡可爱。"②而梅尧臣是最早倡导陶渊明平淡诗风,并自觉追求的人。庆历五年,他在给宋中道的诗中说:"诗本道情性,不须大厥声。方闻理平淡,昏晓在渊明。"(《答中道小疾见寄》)不久,又在《寄宋次道中道》诗中称赞宋氏兄弟学渊明诗有了进步,"平淡可拟伦"。庆历六年《依韵和晏相公》云:

> 微生守贱贫,文字出肝胆。
> 一为清颖行,物象颇所览。
> 泊舟寒潭阴,野兴入秋荚。
> 因吟适性情,稍欲到平淡。

同期又有《缀前日坐末教诲之言以和》云:

> 尝记论诗语,辞卑名亦沦。
> 宁从陶令野,不取孟郊新。
> 琢砾难希宝,嘘枯强费春。
> 今将风什付,可与二《南》陈。

同期又有《途中寄上尚书晏相公二十韵》,其中言及晏殊派人送诗来,因而自己谦逊地说:"下言狂斐颇及古,陶韦比格吾不私。"

---

① 四库本《文忠集》,卷七十三。
② 《历代诗话》本,第288页,第19条。

可知晏殊在诗中夸奖梅尧臣的诗"颇及古",将其与陶渊明、韦应物并提。

皇祐五年作《林和靖诗集序》,以清、洁誉其人,以"平淡邃美"誉其诗:

> 天圣中,闻宁海西之上有林君,崭崭有声,若高峰瀑泉,望之可爱,即之逾清,挹之甘洁而不厌也。是时予因适会稽还,访于雪中。其谭道,孔孟也;其语近世之文,韩李也;其顺物玩情之为诗,则平淡邃美,读之令人忘百事也。其辞主乎静正,不主乎刺讥,然后知趣尚博远,寄适于诗尔。

嘉祐元年《读邵不疑学士诗卷杜挺之忽来因出示之且伏高致辄书一时之语以奉呈》云:"作诗无古今,唯造平淡难。"这是他多年作诗的甘苦之言,反映了他对诗歌平淡美的长期追求。宋人刘廷世《高邮孙君孚谈圃》载:

> 公昔与杜挺之、梅尧臣同舟溯汴,见圣俞吟诗,日成一篇,众莫能和。因密伺圣俞如何作诗,盖寝食游观,未尝不吟讽思索也。时时于席上忽引去,奋笔书一小纸,投算袋中。同舟窃取而观,皆诗句也,或半联,或一字,他日作诗有可用者,入之。有云"作诗无古今,唯造平淡难",乃算袋所书也。①

欧阳修《六一诗话》亦云:

> 圣俞平生苦于吟咏,以闲远古淡为意,故其构思极艰。

欧阳修在洛阳时曾向梅尧臣学诗,此后终生为挚友。他十分推重梅诗,尤其多次称誉其平淡风格。《书梅圣俞稿后》云:

---

① 朱东润:《梅尧臣集编年校注》,卷二十六,第 845 页,上海古籍出版社,1980 年版。

……盖诗者,乐之苗裔与。汉之苏、李,魏之曹、刘,得其正始;宋齐而下,得其浮淫流佚;唐之时,子昂、李、杜、沈、宋、王维之徒,或得其淳古淡泊之声,或得其舒和高畅之节;而孟郊贾岛之徒,又得其悲愁郁堙之气。由是而下,得者时有而不纯焉。今圣俞亦得之,然其体长于本人情,状风物,英华雅正,变态百出。哆兮其似春,凄兮其似秋,使人读之可以喜,可以悲,陶畅酣适,不知手足之将鼓舞也。斯固得深者邪?其感人之至,所谓与乐同其苗裔者邪!余尝问诗于圣俞,其声律之高下,文语之疵病,可以指而告余也;至其心之得者,不可以言而告也。余亦将以心得意会而未能至之者也。圣俞久在洛中,其诗亦往往人皆有之。今将告归,余因求其稿而写之,然夫前所谓心之所得者,如伯牙鼓琴,子期听之,不相语而意相知也。余今得圣俞之稿,犹伯牙之琴弦乎!

《六一诗话》云:

圣俞、子美齐名于一时,而二家诗体特异。子美笔力豪隽,以超迈横绝为奇;圣俞覃思精微,以深远闲淡为意,各极其长,虽善论者不能优劣也。

又《梅圣俞墓志铭并序》云:

……其初喜为清丽闲肆平淡,久则涵演深远,间亦琢刻以出怪巧。然气完力余,益老以劲。

"清丽闲肆平淡"的确是梅诗一大特色,他早年、中年、晚年之诗均不乏平淡之作。如:

林际隐微虹,溪中落行影;

——《岭云》

霜落熊升树,林空鹿饮溪。

人家在何许?云外一声鸡;

——《鲁山山行》

>　　河汉微分练，星晨淡布萤；
>
> 　　　　　　——《依韵和武平九月十五日夜北楼望太湖》
>
> 　　浩然起远思，欲与鱼鸟闲……时看秋空云，雨意浓淡间。
>
> 　　　　　　——《登舟》

这些诗锻炼得炉火纯青，出手又平淡自然，颇有陶渊明风致。梅尧臣所说的"平淡邃美"，不是平庸无味，而是既有丰富美好的情感意蕴，又有平和淡泊的心境，又有清淡自然的外形，不雕琢藻饰，不浓妆艳抹，而情趣深远，韵致丰腴。葛立方《韵语阳秋》卷一云：

> 　　陶潜谢朓诗皆平淡有思致，非后来诗人怵心刿目雕琢者所为也。……大抵欲造平淡，当自组丽中来，落其华芬，然后可造平淡之境。……李白云"清水出芙蓉，天然去雕饰。"平淡而到天然处，则善矣。

三、意新语工、状景含意

梅尧臣还提出过两个著名的诗学命题，即见于《六一诗话》第十二条的"意新语工"和"状难写之景如在目前，含不尽之意见于言外"。

关于"意新语工"，《六一诗话》载：

> 　　圣俞尝语余曰："诗家虽率意，而造语亦难。若意新语工，得前人所未道者，斯为善也……贾岛云：'竹笼拾山果，瓦瓶担石泉。'姚合云'马随山鹿放，鸡逐野禽栖'等是山邑荒僻，官况萧条，不如'县古槐根出，官清马骨高'为工也。"[1]

《后山诗话》亦载：

---

[1] 《历代诗话》，第267页。

第二章 真宗、仁宗之世复古以求新变的诗学思想

闽士有好诗者,不用陈语常谈。写投梅圣俞,答书曰:"子诗诚工,但未能以故为新、以俗为雅尔。"①

从这些记载来看,意新语工是指立意和造语两方面,包括"前人未道"、"以故为新,以俗为雅"等内涵。后来苏轼《题柳子厚诗二首》之二亦云:

诗须要有为而作,用事当以故为新,以俗为雅。好奇务新乃诗之病。

黄庭坚《再次韵杨明坚》诗序亦云:

试举一纲而张万目,盖以俗为雅,以故为新,百战百胜,此诗人之奇也。

可知"以故为新,以俗为雅"自梅尧臣首倡之后,渐成宋代诗学的一种时尚。"以故为新"与推陈出新近义,涉及如何利用文化遗产丰富文学创作的问题。作者首先须有"故",即拥有广博渊深的文化积累且烂熟于心,创作时才能运用自如,不露痕迹。或者说既用典故,又不显得陈旧,要将丰厚的文化故实用自己新鲜的、有创造性的语言表述出来。"以俗为雅"更具宋诗特色。人类的日常生活多数都是通俗的、大众化的。但在文化人类、智慧人类的料理中,却可能具有雅趣。宋代文人就很善于创造世俗生活的雅趣,并在文学中表现这种雅趣。比如饮酒、品茶、登山临水、散步、清谈甚至独自闲坐,都要从中品味出审美的、哲学的、文化的雅趣。把这种从真实的世俗生活中提炼出的雅趣创作成文学,就是以俗为雅。作家既有丰厚的文化底蕴,又有浓郁而且高雅的生活情趣,则其所作诗篇就容易达到意新语工的境界。

总之,意新语工,"以故为新,以俗为雅"等,都是倡导作诗不陈旧,不俗气,不平庸,既要精炼、深刻、丰富、含蓄,又须平淡、清醇、自然。从梅尧臣所举诗例看,"县古"两句显然比姚、贾的句子有新

---

① 《历代诗话》,第341页。

意。从诗的表层看,其具象的丰富和奇特超过姚、贾;从诗的深层看,其情意的深致新颖也超过姚、贾。古县老槐,瘦马清官,这表象的背后是古老荒凉、萧条贫寒、冷落寂寞的种种复杂感受,而最为精要者,当为"清""高"二字,即精神境界之清高脱俗。

梅尧臣强调新和工,正是宋诗创新的契机。宋诗处在唐诗之后,盛极难继,不创新就毫无出路。梅尧臣提出"意新语工"的审美原则并努力实践之,为宋诗的发展和创新树立了良好的风范。

在此基础上,他进一步提出"必能状难写之景如在目前,含不尽之意见于言外"①的诗美之至境,并认为这种至境是"作者得于心,览者会以意,殆难指陈以言"的美妙境界。欧阳修一定请他举例,他也说只能"略道其仿佛":

> 若严维"柳塘春水漫,花坞夕阳迟",则天容时态、融和骀荡,岂不如获至宝在目前乎?又若温庭筠"鸡声茅店月,人迹板桥霜";贾岛"怪禽啼旷野,落日恐行人",则道路辛苦,羁愁旅思,岂不见于言外乎?

这里涉及诗歌美学的两个基本问题:

一是诗之形象性。诗人要把视觉中的自然原型,经审美提炼,在诗中表现为语言意象,使之如在读者目前。"状难写之景"是个审美体验和审美表达的过程。其所以谓之"难写",当有两层含义:诗人须有较高的审美选择眼光,非常人所能及,故谓之难;诗人须有高超的表现能力,善于化具象为抽象,化视觉意象为语词意象。

二是诗之丰富性和含蓄性。"不尽之意"有说不尽和不说尽两层意思,使人既可以体会"目前"的丰富意蕴,又可以寻味"言外"的妙理神韵。

梅尧臣认为这才是美的极致。这一审美理想具有悠久深远的文化渊源,如陆机《文赋》的"笼天地于形内,挫万物于笔端"、"虽离

---

① 《六一诗话》,第12条,见《历代诗话》,第267页。

方而遁圆,期穷形而尽相",钟嵘《诗品》的"言在耳目之内,情寄八荒之表"(评阮籍),刘勰的"隐秀"论,司空图的"不著一字、尽得风流"等,皆可参照。梅尧臣此说经欧阳修记录传播,遂深得时人和后人赞许。葛立方《韵语阳秋》卷一曰:

> 梅圣俞云作诗须状难写之景于目前,含不尽之意于言外,真名言也!观其《送苏祠部通判洪州》诗云"沙鸟看来没,云山爱后移",《送张子野赴郑州》云"秋雨生陂水,高风落庙梧"之类,状难写之景也;《送马殿丞赴密州》云:"危帆淮上去,古木海边秋",《和陈秘校》云:"江水几经岁,鉴中无壮颜"之类,含不尽之意也。

旧题梅尧臣有《续金针诗格》,《郡斋读书志》卷二十录为一卷。晁氏提要云:"皇朝梅尧臣圣俞撰。圣俞游庐山,宿西林,与僧希白谈诗,因广乐天所述云。"《直斋书录解题》卷二十二亦录作一卷,然陈氏认为,题为白居易《金针诗格》,题为梅尧臣《续金针诗格》,"大抵皆假托"。不过,《续金针诗格》的确是对《金针诗格》的增广和解释。如《金针诗格》第一条云:

> 诗有内外意。一曰内意,欲尽其理。理,谓义理之理,美刺箴诲之类是也,二曰外意,欲尽其象。象,谓物象之象,日月山河虫鱼草木之类是也。内外意皆有含蓄(又本无"意皆有"三字),方入诗格。

《续金针诗格》第一条云:

> 诗有内外意。诗曰"旌旗日暖龙蛇动",旌旗喻号令也,日暖喻明诗也,龙蛇喻君臣也。"宫殿风微燕雀高",宫殿喻朝廷也,风喻政教也,燕雀喻小人也。又诗"岛屿分诸国,星河共一天",言明君理化一统也。

《续金针诗格》共千余字,十四条。第二条以下依次为:诗有三本、四格、(句健、字清、意圆、格高)四得、四炼、五忌、五理、三体、上中下格、(喜怒哀乐)四得、扇对、三般句、四字、七不得。

吴文治主编《宋诗话全编》据格致丛书收录《续金针诗格》十四则及《梅氏诗评》二则，皆以具体诗句说明作诗或鉴赏技巧。

第三章　欧阳修的诗学思想

在宋代文化史上，欧阳修是转变士风、学风、文风、诗风的重要人物。苏轼《六一居士叙》①云：

> 愈之后三百有余年，而后得欧阳子。其学推韩愈、孟子，以达于孔氏。著礼乐仁义之实以合于大道，其言简而明，信而通，引物连类，析之于至理以服人心。故天下翕然师尊之……士无贤不肖，不谋而同曰："欧阳子，今之韩愈也！"宋兴七十余年……而斯文终有愧于古，士亦因陋守旧，论卑而气弱，自欧阳子出，天下争自濯磨，以通经学古为高，以救时行道为贤，以犯颜纳谏为忠，长育成就，至嘉祐末，号称多士，欧阳子之功为多……欧阳子论大道似韩愈，论事似陆贽，记事似司马迁，诗赋似李白。此非余言也，天下之言也。

欧阳修领袖文坛二十余年，以其天赋才器，多方开拓建树。其于宋诗之自立规模，亦有大功。在宋代诗人求新求变的努力中，他既是实践者，又是批评家。他对前代诗人的评论，通达博雅；对当时诗人的评价，宽厚中肯；对诗学理论的探讨，多有深至新颖的发明。以下一一探讨之。

---

① 四库本《东坡全集》，卷三十四。

第一节　爱李尊韩

欧阳修曾作《李白杜甫诗优劣说》云：

> "落日欲没岘山西，倒著接䍦花下迷。襄阳小儿齐拍手，大家争唱白铜鞮"，此常言也。至于"清风明月不用一钱买，玉山自倒非人推"，然后见其横放。其所以警动千古者，固不在此也。杜甫于白，得其一节，而精强过之。至于天才自放，非甫可到也。①

欧阳修所举诗乃李白《襄阳歌》。上面这番话虽然各论其长短，但隐约有偏爱李白之意。与欧阳修交往颇密的刘攽在其《中山诗话》中对此表示不解：

> 杨大年不喜杜工部诗，谓为村夫子。……欧公亦不甚喜杜诗，谓韩吏部绝伦。吏部于唐世文章，未尝屈下，独称道李杜不已。欧贵韩而不悦子美，所不可晓；然于李白而甚赏爱，将由李白超趣飞扬为感动也。②

陈师道《后山诗话》也曾谈到欧阳修不爱杜诗：

> 欧阳永叔不好杜诗，苏子瞻不好司马《史记》。余每与黄鲁直怪叹，以为异事。③

欧阳修《李白杜甫诗优劣说》，以及刘攽、陈师道的疑惑，涉及中唐以来的一桩文学公案——李、杜优劣论。

中唐以前，李白和杜甫在诗史上的伟大地位尚未成为共识。比如，皎然《诗式》于唐诗人最推崇的是沈佺期、宋之问，次为王维，而论及李、杜极少。高仲武《中兴间气集》专选肃宗、代宗朝诗，却不选杜诗。

---

① 四库本《文忠集》，卷一百二十九，《笔说》。
②③ 《历代诗话》，上册，第288页，第304页，中华书局，1981年版。

第三章　欧阳修的诗学思想

中国文学史上首言李、杜优劣者为元稹。他在元和八年（813年）所作《唐故工部员外郎杜君墓系铭序》中颂扬杜甫之后说：

> 时山东人李白，亦以奇文取称，时人谓之李杜。予观其壮浪恣纵，摆去拘束，模写物象，及乐府歌诗，诚亦差肩于子美矣。至若铺陈终始，排比声韵，大或千言，次犹数百，词气豪迈而风调清深，属对律切而脱弃凡近，则李尚不能历其藩翰，况堂奥乎。①

元稹此论明显有抑李扬杜之意，认为李白之长处"差肩于子美"，而在许多方面则比杜甫差得多。

但他此前在《代曲江老人百韵》诗中曾说："李杜诗篇敌，苏张笔力匀。"②据此，当代亦有文学史家说元稹是文学史上第一位李、杜并尊者，如中国社会科学院文学研究所"新编文学通史系列"之《唐代文学史》（下）第十三章《元稹》（第99～301页）载：

> 尤为可贵的是他在唐人尚未认李白、杜甫伟大成就的时候，能够并尊李杜。……是现存唐人文献中并尊李杜的第一人。他在唐德宗贞元十年（794年）写的《代曲江老人百韵》中咏盛唐文学已做出"李杜诗篇敌"的论断。四年之后，即贞元十四年（798年），韩愈才有"昔年因读李白杜甫诗，长恨二人不相从"（《醉留东野》）之句。又过了十八年，至唐宪宗元和十年（815年），他才写出《调张籍》。……五代后晋《旧唐书》编者误将元稹当作"李杜优劣论"的始作俑者，便是误会其文所致。……北宋魏泰《临汉隐居诗话》又附会上韩愈写《调张籍》斥责元稹之说。

白居易亦有扬杜抑李之论，《与元九书》云：

---

① 四库本《元氏长庆集》，卷五十六。
② 四库本《元氏长庆集》，卷十。

> 唐兴二百年,其间诗人不可胜数。所可举者,陈子昂有《感遇》诗二十首,鲍防有《感兴》诗十五首。又诗之豪者,世称李、杜。李之作,才矣奇矣,人不逮矣,索其风雅比兴,十无一焉。杜诗最多,可传者千余首。至于贯穿今古,觊缕格律,尽工尽善,又过于李。然撮其《新安吏》、《石壕吏》、《潼关吏》、《塞芦子》、《留花门》之章,"朱门酒肉臭,路有冻死骨"之句,亦不过十三四。杜尚如此,况不逮杜者乎!①

然而白氏也有李、杜并尊之意,《读李杜诗集因题卷后》诗云:

> 翰林江左日,员外剑南时。
> ……
> 暮年逋客恨,浮节谪仙悲。
> 吟咏留千古,声名动四夷。
> 文场供秀句,乐府待新词。
> 天意君须会,人间要好诗。②

从元、白、韩之李、杜论可知:(1)中唐人已常将李、杜并称;(2)元、白认为李不如杜;(3)元稹已论及李、杜风格之别:李壮浪恣纵,长于乐府歌诗,杜长于叙事和格律;(4)白居易的评价明显是从"为时而著"、"为事而发"的角度立论的,元稹崇杜也有此意。

元、白之扬杜抑李,可能与他们当时的艺术兴趣有关。他们当时唱和之诗,多用五言长律,故对杜甫之五言长篇特别感兴趣。李白本不喜作律诗,集中五言、七言律诗很少。

元稹扬杜抑李,受到时人和后人的批评。《旧唐书》首以元稹为"李、杜优劣论"的始作俑者。其后多有转述此意甚至加以发挥者。宋魏泰《临汉隐居诗话》云:

---

① 四库本《白氏长庆集》,卷四十五。
② 四库本《白氏长庆集》,卷十五。

第三章　欧阳修的诗学思想

　　元稹作李杜优劣论,先杜而后李,韩退之不以为然,诗曰:"李杜文章在,光焰万丈长。不知群儿愚,那用故谤伤。蚍蜉撼大树,可笑不自量。"为微之发也。①

周紫芝《竹坡诗话》亦述《旧唐书》之意,然而不完全赞同魏泰"为微之发"之说:

　　元微之作李杜优劣论,谓太白不能窥杜甫之藩篱,况堂奥乎？唐人未尝有此论,而稹始为之。至退之云:"李杜文章在,光焰万丈长。不知群儿愚,那用故谤伤。"则不复为优劣矣。洪庆善作《韩文辨证》,著魏道辅之言,谓退之此诗为微之作也。微之虽不当自作优劣,然指稹为愚儿,岂退之之意乎？②

张戒《岁寒堂诗话》云:

　　元微之尝谓"自诗人以来,未有如子美者",而复以太白为不及。故退之云:"不知群儿愚,那用故谤伤。"退之于李、杜,但极口推尊,而未尝优劣,此乃公论也。③

今人钱仲联《韩昌黎诗集编年笺注》④卷九《调张籍》诗下注引方世举注云:

　　此诗极称李杜,盖公素所推服者。而其言则有为而发。《旧唐书·白居易传》:元和十年,居易贬江州司马,时元微之在通州,尝与元书,因论作文之大旨云:"诗之豪者……况不迨杜者乎。"是李杜交讥也。元于元和八年作《杜工部墓志铭》云:"诗人以来……况堂奥乎。"其尊杜而贬李,亦已甚矣。时其论新出,而愈盖闻而深怪之,故为此诗。

---

①②　《历代诗话》,上册,第320页,第355页,中华书局,1981年版。
③　《历代诗话续编》,上册,第451页,中华书局,1983年版。
④　上海古籍出版社,1984年版。

钱又补释曰:

　　籍虽隶韩门,然其乐府诗体近元白,而不近韩,故白亟称之。元白持论,当为籍所可,故昌黎为此诗以启发之欤?

　　韩愈于李、杜无所轩轾,除人们熟知的《调张籍》外,还有《荐士》诗云:"勃兴得李杜,万类困陵暴。"①《醉留东野》云:"昔年因读李白杜甫诗,长恨二人不相从。"②他对李、杜的并尊,十分有力地确定了李、杜的地位。此后中晚唐人多有李、杜并尊之论。如杜牧《冬至日寄小侄阿宜诗》:"李杜泛浩浩,韩柳摩苍苍。"③李商隐《漫成五章》其二云:"李杜操持事略齐,三才万象共端倪。"④韦庄选《又玄集》,以杜甫、李白诗居首。

　　欧阳修尊韩愈,却未取韩愈李、杜并尊之意。他偏爱李白而不喜杜诗。其爱李尊韩之意屡有表露,如《赠王介甫》诗云:

　　翰林风月三千首,吏部文章二百年。
　　老去自怜心尚在,后来谁与子争先?
　　朱门歌舞争新态,绿绮尘埃试拂弦。
　　常恨闻名不相识,相逢樽酒盍留连。⑤

　　欧公此诗作于嘉祐元年(1056年),当时他五十岁,任翰林侍读兼集贤殿修撰。王安石三十六岁,刚从舒州(今安徽安庆)通判任上调回汴京任群牧司判官。欧阳修十几年前就从曾巩处对王安石其人其文有所了解,至此才初次见面。欧阳修提到自己敬佩的

---

① 四库本《五百家注昌黎文集》,卷二。
② 四库本《五百家注昌黎文集》,卷五。
③ 见《樊川文集》四库提要。
④ 四库本《李义山诗集》,卷中。
⑤ 四库本《文忠集》,卷五十七。

文学家李白和韩愈,既自明心志,又以之勉励王安石。①

欧阳修曾效李白诗风,作《太白戏圣俞》②诗云:

> 开元无事二十年,五兵不用太白闲。
> 太白之精下人间,李白高歌蜀道难。
> 蜀道之难难于上青天,李白落笔生云烟。
> 千奇万险不可攀,蔽视蜀道犹平川。
> 宫娃扶来白已醉,醉里成诗醒不记。
> 忽然乘兴登名山,龙咆虎啸松风寒。
> 山头婆娑弄明月,九域尘土悲人寰。
> 吹笙饮酒紫阳家,紫阳真人驾云车。
> 空山流水空流花,飘然已去凌青霞。
> 下看区区郊与岛,萤飞露湿吟秋草。

诗中盛称李白其人其诗,而篇终竟以郊、岛之寒瘦穷苦反衬李白之仙风道骨。此诗气魄宏伟,豪放壮浪,明显有李白之风。

欧阳修推崇韩愈,既尊其弘扬儒家道统,并尊其文章,又学其诗。《读蟠桃诗寄子美》③诗云:

> 韩孟于文词,两雄力相当。

---

① 附:《南齐书·谢朓传》,朓曾为吏部郎,长五言诗。沈约尝云"二百年来无此诗也"。吴曾《能改斋漫录》卷三:"韩子苍言欧阳文忠公寄荆公诗云'翰林风月三千首,吏部文章二百年'。吏部盖谓南史谢朓于宋明帝朝为尚书吏部郎,长五言诗。沈约尝云'二百年来无此诗也'。文忠之意直使谢朓事,而荆公答之曰:'他日若能窥孟子,终身何敢望韩公。'则荆公之意竟指吏部为退之矣。"按此说未确。韩愈以文章出名,欧阳修深敬之。韩曾为吏部侍郎,由韩到王,又恰有二百年左右。且欧王酬赠,王必不至错会欧公之意。

② 四库本《文忠集》,卷五。

③ 四库本《文忠集》,卷二。

> 篇章缀谈笑，雷电击幽荒。
> 众鸟谁敢和，鸣凤呼其凰。
> 孟穷苦累累，韩富浩穰穰。
> 穷者啄其精，富者烂文章。
> 发生一为宫，揪敛一为商。
> 二律虽不同，合奏乃锵锵
> ……

韩是指韩愈，孟是指孟郊。此诗有李白诗风，其论虽韩、孟并称，但孟穷韩富之论，显然对韩愈"文词"有所偏爱。又《六一诗话》第二十七条云：

> 退之笔力无施不可，而尝以诗为文章末事，故其诗曰"多情怀酒伴，余事作诗人"也。然其资谈笑，助谐谑，叙人情，状物态，一寓于诗，而曲尽其妙，此在雄文大手，固不足论，而余独爱其工于用韵也。盖其得韵宽，则波澜横溢，泛入傍韵，乍还乍离，出入回合，殆不可拘以常格，如"此日足可惜"之类是也。得韵窄，则不复傍出，而因难见巧，愈险愈奇，如《病中赠张十八》之类是也。余尝与圣俞论此，以谓譬如善驭良马者，通衢广陌，纵横驰逐，惟意所之，至于水曲蚁封，疾徐中节，而不少蹉跌，乃天下之至工也……

欧阳修对"退之笔力"评价极高，其诗文亦受韩愈影响颇多。韩愈"余事作诗人"的人生模式，也是欧阳修所欣赏并效仿的。

第二节　穷者而后工

"穷者而后工"是欧阳修就梅尧臣而感发的一个诗学命题。其《梅圣俞诗集序》①云：

---

① 四库本《文忠集》，卷三十三。

第三章 欧阳修的诗学思想

予闻世谓诗人少达而多穷,夫岂然哉?盖世所传诗者,多出于古穷人之辞也。凡士之蕴其所有而不得施于世者,多喜自放于山巅水涯,外见虫鱼草木风云鸟兽之状类,往往探其奇怪;内有忧思感愤之郁积,其兴于怨刺,以道羁臣寡妇之所叹,而写人情之难言,盖愈穷则愈工。然则非诗之能穷人,殆穷者而后工也。……时无贤愚,语诗者必求之圣俞,圣俞亦自以其不得志者乐队于是诗刊而发之。……其老不得志而为穷者之诗,乃徒发于虫鱼物类羁愁感叹之言。世徒喜其工,不知其穷之久而将老也。

又《薛简肃公文集序》云:

君子之学,或施之事业,或见于文章,而常患于难兼也。盖遭时之士……常视文章为末事,而又有不暇与不能者焉。至于失志之人,穷居隐约,苦心危虑,而极于精思,与其有所感激发愤,唯无所施于世者,皆一寓于文辞。故曰穷者之言易工也。①

又《郊岛诗穷》云:

唐之诗人,类多穷士。孟郊贾岛之徒,尤能刻琢穷苦之言以自喜。或问:"二子其穷孰甚?"曰:"阆仙甚也。""何以知之?"曰:"以其诗见之。郊曰:'种稻耕白水,负薪斫青山。'岛云:'市中有樵山,我舍朝无烟。井底有甘泉,釜中乃空然。'盖孟氏薪米自足,而岛家柴米俱无。此诚可叹!然二子名称高于当世。其余林翁处士用意精到者,往往有之,若'鸡声茅店月,人迹板桥霜',则羁孤行旅、流离辛苦之态,见于数字之中。至于'柳塘春水漫,花坞夕阳迟',则春物融怡,人情和畅,又有言不能尽之意。

---

① 四库本《文忠集》,卷四十四。

兹亦精意刻琢之所得者耶。"①

欧公"穷者而后工"之意,由来亦久。司马迁《报任少卿书》云:

盖西伯拘而演《周易》;仲尼厄而作《春秋》;屈原放逐,乃赋《离骚》;左丘失明,厥有《国语》;孙子膑脚,《兵法》修列;不韦迁蜀,世传《吕览》;韩非囚秦,《说难》《孤愤》;诗三百篇,大氐圣贤发愤之所为作也。此人皆意有所郁结,不得通其道,故述往事,思来者……以舒其愤,思垂空文以自见。

《史记·太史公自序》也述此大意。又桓谭《新论·求辅》云:"贾谊不左迁失志,则文采不发。"②钟嵘《诗品》云:"李陵诗源出于楚辞,文多凄怨者之流。使陵不遭辛苦,其文亦何能至此。"③杜甫《天末怀李白》云:"文章憎命达。"④白居易《序洛诗》云:"世所谓文士多数奇,诗人尤命薄。"⑤韩愈《荆潭裴均杨凭唱和诗序》云:"和平之音淡薄,而愁思之声要妙,欢愉之辞难工,而穷苦之言易好也。是故文章之作,恒发于羁旅草野。"⑥余靖《孙工部诗集序》早于欧阳修此序十年,曰:"诗人必经穷愁,乃能抉造化之幽蕴,写凄辛之景象。盖以其孤愤郁结,触怀成感,其言必精,于理必诣也。"⑦

古人所谓穷,即士人怀才不遇。工就是好。欧阳修、梅尧臣都喜欢用"工"作为评语。欧阳修《唐王重荣德政碑跋》云:"彦谦以诗知名,而诗鄙俚;字画不甚工,皆非余所取也。"⑧又《浮槎寺八纪诗

---

① 四库本《文忠集》,卷一百三十。
② 四库本《意林》,卷三。
③ 四库本《诗品》,卷一。
④ 四库本《九家集注杜诗》,卷二十。
⑤ 四库本《白氏长庆集》,卷七十。
⑥ 四库本《五百家注昌黎文集》,卷二十。
⑦ 四库本《武溪集》,卷三。
⑧ 四库本《文忠集》,卷一百四十二,《集古录跋尾》。

跋》云:"右《浮槎寺八纪诗跋》者,自云雁门释僧皎字广明作。诗虽非工,而所载事迹皆图经所无,可以资博览。"①又《夏日学书说》云:"虽惊雷疾霆雨雹交下,有不暇顾也,古人流爱,信有之矣。字未至于工,尚已如此,使其乐之不厌,未有不至于工者。"②什么样的诗可谓工呢?《峡州诗说》云:"'春风疑不到天涯,二月山城未见花',若无下句,则上句何堪?既见下句,则上句颇工。文意难评,盖如此也。"③《六一诗话》载梅尧臣认为最工的诗句是"县古槐根出,官清马骨高"。

欧阳修"穷而后工"的命题有如下内涵:

第一,自古诗人少达而多穷,穷苦之辞更能感动人心而传世。

第二,穷士之诗大抵可分两大类:寄情山水之作;抒情怨刺之作。

第三,穷是促成诗工的原因之一。虽然穷未必工,工未必穷,但通常说来,"诗人少达而多穷"却是事实。

此后宋祁《淮海丛编集序》亦论及此意。王安石《次韵子履远寄之作》亦云:"穷途往往始能文。"④苏轼也多次言及此意,如《僧惠勤初罢僧职》云:"非诗能穷人,穷者诗乃工。此语信不妄,吾闻诸醉翁。"⑤《病中大雪数日未尝起观虢令赵荐以诗相属戏用其韵答之》云:"诗人例穷蹇,秀句出寒饿。"⑥《又一首答二犹子与王郎见和》云:"古来百巧出穷人,搜罗假合乱天真。"⑦《次韵仲殊雪中

---

① 四库本《文忠集》,卷一百四十三。
② 四库本《文忠集》,卷一百二十九,《笔说》。
③ 四库本《九家集注杜诗》,卷二十。
④ 四库本《临川文集》,卷二十四。
⑤ 四库本《东坡全集》,卷六。
⑥ 四库本《东坡全集》,卷一。
⑦ 四库本《东坡全集》,卷十三。

游西湖二首》云:"秀句出寒饿,身穷诗乃亨。"①《次韵徐仲车》云:"恶衣恶食诗愈好,恰是霜林啅春鸟。"②

第三节　对苏、梅的评赞

苏舜钦、梅尧臣是诗坛复古革新的两位代表人物。欧阳修对他们的称誉,既提高了他们的知名度,又从而推动了诗歌革新。

梅尧臣曾说:"永叔自要做韩退之,强差我作孟郊。"③此语或系闲谈之际的玩笑之语,却使我们注意到:唐之韩、孟与宋之欧、梅,这两对诗友倒真有些相似之处。孟年长于韩,诗名却有赖于韩愈鼓吹;梅年长于欧,诗名亦赖欧阳修推延;韩达孟穷,欧达梅穷;韩、欧诗都有豪气,孟、梅诗皆多寒语。

欧阳修是梅尧臣的知己,又是他诗歌的知音和推广者。他们相识于天圣九年(1031年)三月,当时欧阳修25岁,以将仕郎、试秘书省校书郎的名义,到洛阳充任西京留守推官。初到洛阳,就认识了年长自己五岁、时任河南县主簿的梅尧臣。《欧阳修全集·年谱》天圣九年辛未载:

　　三月,公至西京,钱文僖公为留守,幕府多名士。与尹师鲁、梅圣俞尤善。日为古文歌诗,遂以文章名冠天下。④

"为古文歌诗",显然是一种复古倾向。明道元年(1032年),欧作《书梅圣俞稿后》⑤,比较系统地表述他的复古诗论,他先从远

---

① 四库本《东坡全集》,卷十八。
② 四库本《东坡全集》,卷二十。
③ 《邵氏闻见后录》,卷十八。
④ 中国书店,1986年据世界书局1936年排印本影印。
⑤ 四库本《文忠集》,卷七十三。

古音乐歌舞说起:

　　凡乐达天地之和,而与人之气相接,故其疾徐奋动可以感于心,欢欣恻怆可以察于声。五声单出于金石,不能自和也,而工者和之。然抱其器,知其声,节其廉肉而调其律吕,如此者,工之善也。今指其器以问于工曰:"彼簨者簴者,堵而编,执而列者,何也?"彼必曰:"鼗、鼓、钟、磬、丝、管、干、戚也。"又语其声以问之曰:"彼清者浊者,刚而奋,柔而曼衍者,或在郊,或在庙堂之下而罗者,何也?"彼必曰:"八音五声六代之曲,上者歌而下者舞也。"其声器名物,皆可以数而对也。然至乎动荡血脉,流通精神,使人可以喜,可以悲,或歌或泣,不知手足鼓舞之所然,问其何以感之者,则虽有善工,犹不知其所以然焉。盖不可得而言也。乐之道深矣,故工之善者必得于心,应于手,而不可述之言也;听之善亦必得于心而会以意,不可得而言也。尧、舜之时,夔得之以和人神,舞百兽;三代、春秋之际,师襄、师旷、州鸠之徒得之,为乐官,理国家,知兴亡。

　　周衰官失,乐器沦亡,散之河海,逾千百岁间,未闻有得之者。其天地人之和气相接者,既不得泄于金石,疑其遂独钟于人,故其人之得者虽不可和于乐,尚能歌之为诗。古者登歌清庙,大师掌之,而诸侯之国,亦各有诗而道其风土性情。至于投壶飨射,必使工歌以达其意而为宾乐。盖诗者,乐之苗裔与。汉之苏、李,魏之曹、刘,得其正始;宋、齐而下,得其浮淫流侠;唐之时,子昂、李、杜、沈、宋、王维之徒,或得其淳古淡泊之声,或得其舒和高畅之节;而孟郊、贾岛之徒,又得其悲愁郁堙之气。由是而下,得者时有而不纯焉。

　　今圣俞亦得之,然其体长于本人情,状风物,英华雅正,变态百出,哆兮其似春,凄兮其似秋,使人读之可以喜,可以悲,陶畅酣适,不知手足之将鼓舞也。斯固得深者邪! 其感人之至,所谓与乐同其苗裔者邪!

余尝问诗于圣俞,其声律之高下,文语之疵病,可以指而告余也;至其心之得者,不可以言而告也。余亦将以心得意会而未能至之者也。圣俞久在洛中,其诗亦往往人皆有之。今将告归,余因求其稿而写之,然夫前所谓心之所得者,如伯牙鼓琴,子期听之,不相语而意相知也。余今得圣俞之稿,犹伯牙之琴弦乎!

这是一篇诗学专论。当时洛阳聚集的这批青年文士,多是些富于才华者。他们在一起游山玩水,切磋文艺,创作诗文,为诗坛带来了一股清新之气。欧阳修这篇序文,就是在这种文学氛围中产生的。他先从音乐与人情的关系谈起,进而提出"诗者乐之苗裔"的论断,而乐与诗都是对人心、人气的表达;人心有所感、有所会,然后发为乐或诗。这是他早期对诗的理解,细加梳理,可得如下要点:

其一,音乐可以感动人心,表达人情;上古乐师得音乐之道而"理国家,知兴亡"。其后音乐之道失传。

其二,"诗者乐之苗裔",可以用来"登歌清庙",或表现"风土性情",或用于娱宾宴乐。

其三,汉、魏之诗为正,宋齐而下则浮淫流佚,唐人或淳古淡泊,或舒和高畅,或悲愁郁堙。

其四,圣俞深得乐—诗之道,"其体长于本人情、状风物,英华雅正,变态百出,哆兮其似春,凄兮其似秋。使人读之可以喜,可以悲,陶畅酣适,不知手足之将鼓舞也"。

其五,音乐、诗歌之道,都是只能"心得意会"而无法言传的。

此文有一点特别值得注意之处,即以"平淡"论诗。这或许是宋代最早把"平淡"引入诗学的记载。文中虽然是在谈唐诗时使用了"平淡"一词,但显然是赞扬的语气。这位未来的文坛宗主此时大概尚未意识到,眼前这位教他作诗的梅尧臣,将是宋代诗人中开"平淡"诗风的第一人。十年后(自庆历五年起),梅尧臣开始大力标举平淡诗风。十九年后,即皇祐二年(1050年),欧阳修《再和圣俞见答》①云:

> 嗟哉我岂敢知子,论诗赖子初指迷。
> 子言古淡有真味,太羹岂须调以齑。
> 怜我区区欲强学,跛鳖曾不离淤泥。

看来梅尧臣在同欧公讨论诗艺时,首先标举的是"古淡"。而这是否与他们年轻时在洛阳的切磋探讨有关呢?又十年后,嘉祐六年(1061年),梅去世,欧阳修为之作《梅圣俞墓志铭并序》②云:

> ……圣俞诗遂行天下。其初喜为清丽闲肆平淡,久则涵演深远,间亦琢刻以出怪巧,然气完力余,益老以劲。其应于人者多,故辞非一体。至于他文章,皆可喜。非如唐诸子号诗人者,僻固而狭陋也。圣俞为人,仁厚乐易,未尝忤于物。至其穷愁感愤,有所骂讥笑谑,一发于诗,然用以为欢而不怨怼,可谓君子者也。……余尝论其诗曰:"世谓诗人少达而多穷,盖非诗能穷人,殆穷者而后工也。"圣俞以为知言。铭曰:
> 不戚其穷,不困其鸣,不踬于艰,不履于倾。养其和平,以发厥声。……

欧阳修是梅诗的权威评论人,从年轻评到晚年。其盖棺之论,以"平淡"、"和平"为其诗之要领,可谓知音。欧阳修在《江邻几文集序》③中也曾以"清淡闲肆可喜"称誉江邻几的诗,可知他很看重

---

① 四库本《文忠集》,卷五。
② 四库本《文忠集》,卷三十三。
③ 四库本《文忠集》,卷四十四。

这种风格。他晚年在《六一诗话》中多次谈到梅诗,有"圣俞平生苦于吟咏,以闲远古淡为意"、"圣俞覃思精微,以深远闲淡为意"之论,可见他对梅诗平淡的看法,经历了一个日益明晰的确认过程。

今观欧、梅之诗,论才气当推欧诗,然而当时欧阳修一直是推举梅诗、以梅为诗坛宗主的。宝元二年(1039年),他作《答梅圣俞寺丞见寄》①诗云:

> 忆昔识君初,我少君方壮。
> 风期一相许,意气曾谁让。
> ……
> 词章尽崔蔡,议论皆歆向。
> 文会忝予盟,诗坛推子将。

康定元年(1040年)《依韵和圣俞见寄》②云:

> 与君结交深,相济同水火。
> 文章发春葩,节行凛筠筿。
> 吾才已愧君,子齿又先我。

《六一诗话》单独论梅者五条云:

> 梅圣俞尝于范希文席上赋《河豚鱼诗》……圣俞平生苦于吟咏,以闲远古淡为意,故其构思极艰。此诗作于樽俎之间,笔力雄赡,顷刻即成,遂为绝唱。(第四条)

其余第五条载梅《春雪诗》被西南夷人织在蛮布弓衣上,第十五条载梅论"诗句义理虽通,语涉浅俗而可笑者,亦其病也",第二十条载晏殊喜欢梅诗某句,第二十七条载欧与梅谈论韩愈诗。

欧阳修《与梅圣俞书》四十六篇,也常论及诗歌。明道元年书云:

> 承惠诗并序,开阖数四,纸弊墨渝,不能释手。缘文寻意,益究益深。清池茂林,俯仰觞咏,他肠蕴此,欲写未

---

①② 四库本《文忠集》,卷五十三。

能。圣俞所得,文出人外。昔之山阳竹林以高标自遇,推今较古,何下彼哉? 但恐荒淫不及,而文雅过之也。①

此以清深文雅推许梅尧臣诗。又明道二年书云:

……作宰江浙,山水秀丽,益为康乐诗助,谁与敌哉?

此倡刘勰"江山之助"论。又嘉祐二年书云:

承惠诗,老重深粹,不似顷刻间成。何其敏妙至此也! 早来得笔绝佳,不图若此之精,其精如此,岂常有邪?

又嘉祐三年书云:

昨夜再读《和景仁雪诗》,甚妙,兼以韵难。如何可和?

欧阳修论及苏舜钦的诗,多言其豪,如庆历二年(1042年)《答苏子美离京见寄》②云:

众奇子美貌,堂堂千人英。
我疑其胸臆,浩浩包沧溟。
沧溟产龙蜃,百怪不可名。
是以子美辞,吐出人辄惊。
其于诗最豪,奔放何纵横。
众弦排律吕,金石次第鸣。
间以险绝句,非时震雷霆。
两耳不及掩,百疴为之醒。
语言既可骇,笔墨尤其精。
少虽尝力学,老乃若天成。
……
使我终老学,得一已足矜。

---

① 四库本《文忠集》,卷一百四十九。下引欧阳修《与梅圣俞》书皆见此卷。
② 四库本《文忠集》,卷五十三。

> 而君兼众美,磊落犹自轻。
> ……
> 退之序百物,其鸣由不平。
> 天方苦君心,欲使发其声。

描述了苏舜钦的性格和才华,突出强调他的豪放和多才多艺,认为他的诗也有豪迈奔放之风。并援引韩愈"不平则鸣"之论,为苏舜钦仕途坎坷鸣不平。"天方苦君心,欲使发其声"的说法,与论梅尧臣时诗"穷而后工"之意大致相同。

《六一诗话》第十九条云:

> 松江新作长桥,制作宏丽,前世所未有。苏子美《新桥对月》诗所谓"云头滟滟开金饼,水面沉沉卧彩虹"者是也。时谓此桥非此句雄伟不能称也。子美史舜元,字才翁,诗亦遒劲多佳句,而世独罕传。其与子美《紫阁寺》联句,无愧韩、孟也,恨不得尽见之耳。

文学史上苏、梅并称,始于欧阳修。庆历四年(1044年)秋赴河北,途中作《水谷夜行寄子美圣俞》①诗云:

> ……
> 缅怀京师友,文酒邀高会。
> 其间苏与梅,二子可畏爱。
> 篇章富纵横,声价相摩盖。
> 子美气犹雄,万窍号一噫。
> 有时肆颠狂,醉墨洒霶霈。
> 譬如千里马,已发不可杀。
> 盈前当玑珠,一一难束汰。
> 梅翁事清切,石齿漱寒濑。
> 作诗三十年,视我犹后辈。

---

① 四库本《文忠集》,卷二。

> 文词愈清新，心意难老大。
> 譬如妖韶女，老自有余态。
> 近诗尤古硬，咀嚼苦难嘬。
> 初如食橄榄，真味久愈在。
> 苏豪气似烁，举世徒惊骇。
> 梅穷独我知，古货今难卖。
> 二子双凤凰，百鸟之嘉瑞。
> 云烟一翱翔，羽翮一摧铩。
> 安得相从游，终日鸣哕哕。
> 相问苦思之，对酒把新蟹。

宋诗史上苏、梅并称始见于此。其论苏举其雄、狂、豪，论梅则举其清新、古硬。"初如食橄榄，真味久愈在"的比喻，是颇受文学史家、美学史家重视的审美佳境。又嘉祐五年后作《感二子》（梅尧臣卒于嘉祐五年）诗云：

> 黄河一千年一清，岐山鸣凤不再鸣。
> 自从苏梅二子死，天地寂默收雷声。
> 百虫坏户不启蛰，万木逢春不发萌。
> 岂无百鸟解言语？喧啾终日无人听。
> 二子精思极搜抉，天地鬼神无遁情。
> 及其放笔骋豪俊，笔下万物生光荣。
> 古人谓此觑天巧，命短疑为天公憎。
> 昔时李杜争横行，麒麟凤凰世所惊。
> ……
> 英雄白骨化黄土，富贵何止浮云轻。
> 唯有文章烂日星，气凌山岳常峥嵘。
> 贤愚自古皆共尽，突兀空留后世名。①

---

① 四库本《文忠集》，卷九。

《六一诗话》中苏、梅并称者仅第十三条云：

> 圣俞、子美齐名于一时，而二家诗体特异。子美笔力豪隽，以超迈横绝为奇；圣俞覃思精微，以深远闲淡为意。各极其长，虽善论者不能优劣也。余尝于《水谷夜行诗》略道其一二云："子美气犹雄……古货今难卖。"语虽非工，谓粗得其仿佛，然不能优劣之也。

欧阳修作为一代文宗，善于知人之长，且不掩人之长，于各种风格皆能宽容并尊。苏、梅之诗名高于时而传于后，与他的推重很有关系。

第四节　其他

一、关于"西昆体"及唱和诗

欧阳修对"西昆体"曾有较为公允的评价。事实上，类似太宗朝君臣唱和、"西昆体"诗人台阁唱和之类以诗歌为娱乐的情形，在欧阳修时代也同样存在。欧阳修《礼部唱和诗序》云：

> 嘉祐二年春，予幸得从五人者于尚书礼部，考天下所贡士，凡六千五百人。盖绝不通人者五十日，乃于其间时相与作为古律长短歌诗杂言，庶几所谓群居燕处言谈之文，亦所以宣其底滞而忘其倦怠也。故其为言易且近，择而不精。然绸缪反复，若断若续，而时发于奇怪，杂以诙嘲笑谑及其至也，往往亦造于精微。夫君子之博于取人者，虽滑稽鄙俚犹或不遗，而况于诗乎？古者《诗》三百篇，其言无所不有，唯其肆而不放，乐而不流，以卒归乎正，此所以为贵也。于是次而录之，得一百七十三篇，以传于六家。呜呼，吾六人者，志气可谓盛矣，然壮者有时而衰，衰者有时而老，其出处离合，参差不齐。则是诗也，

足以追唯平昔,握手以为笑乐。至于慨然掩卷而流涕歔欷者,亦将有之。虽然,岂徒如此而止也,览者其必有取焉。①

  士大夫们公务闲暇之际,群居燕处,唱和诗歌,怡情遣兴,"宣其底滞而忘其倦怠",这是古人创作诗歌常有的契机。欧阳修对前辈杨、刘诸公之"西昆"唱和,就曾给予正面评价,表现出宽容通达的文学观念。作为文学复古革新思潮的领袖,他既倡导诗歌的社会功用,又关注诗歌的审美娱乐功能。他年轻时刚开始向梅尧臣学作诗歌,就得益于洛阳时期文友之会和其后京师朋友之"文酒邀高会"(《水谷夜行寄子美圣俞》)。古代文人聚会,多有诗歌唱和,既是高雅的娱乐,又是切磋诗艺,提高创作水平的良机。欧阳修对此从来都持肯定态度。他甚至认为,在这样的唱和中,也有真性情之作,会令人"慨然掩卷而流涕歔欷",流传于世,"览者其必有取焉"。明乎此,则可知以欧阳修为文坛领袖时期,诗文革新并非如近世文学史家通常所论,是因反对"西昆体"诗文而起。欧阳修不像石介那样偏激,他几乎从未将"西昆体"诗文与自己时代的诗文革新对立起来。这种宽容通达的文学观,或许是欧阳修能成为一代文宗的重要原因之一。

二、关于创作情境

  情境是近代西方心理学的一个概念,指行为主体与环境共同构成的心理场。中国古代创作理论中虽无"情境"这个概念,但却不乏类似的论述。欧阳修在其诗学论述中,就涉及了诗歌创作的情境问题。其《六一诗话》所载诗故事,多关乎创作情境,又如《书三绝句诗后》②云:

---

① 四库本《文忠集》,卷四十三。
② 四库本《文忠集》,卷七十三。

前一篇梅圣俞咏泥滑滑,次一篇苏子美咏黄莺,后一篇余咏画眉鸟。三人者之作也出初未始相知,及其至也,意辄同归,岂非其精神会通,遂暗合耶?

不同作家在写同类题材时,可能因"精神会通"而"意辄同归",这就是创作情境相似的作用。然而创作情境是可遇而不可强求的。《题青州山斋》①云:

吾尝喜诵常建诗云:"竹径通幽处,禅房花木深。"欲效其语作一联,久不可得。乃知造意者为难工也。晚来青州,始得山斋宴息,因谓不意平生想见而不能道以言者乃为己有,于是益欲希其仿佛,竟尔莫获一言。夫前人为开其端,而景物又在其目,然不得自称其怀,岂人才有限而不可强?将吾老矣,文思之衰邪?兹为终身之恨尔。

创作情境实乃创作主体与环境的自然遇合,主体之才情不同,境遇不同,审美感悟自然有异。这是欧阳修"欲希其仿佛,竟尔莫获一言"的原因。所以他认为人之创作是"不可强"的。这个意思又见于《唐薛苹唱和诗跋》②:

右薛苹《唱和诗》,其间冯宿、冯定、李绅皆唐显人灵澈,以诗名后世,皆人所想见者。然诗皆不及苹,岂唱者得于自然,和者牵于强作邪?

诗人进入一种自然而然的创作情境,这是产生佳作的必要条件。牵强之作难工,这是艺术创作的一个规律。

三、《诗经》学

欧阳修是宋学疑经派之代表。其《〈易〉童子问》为历来研究宋学者关注。其实他不仅疑经,对"传"也多存疑问。当时开疑传风

---

① 四库本《文忠集》,卷七十三。
② 四库本《文忠集》,卷一百四十二。

气者,有范仲淹、孙复等,其后刘敞、石介、欧阳修等皆疑传之人。南宋王应麟《困学纪闻》卷八《经说》引陆游语曰:

> 唐朝及国初,学者不敢议孔安国、郑康成,况圣人乎?自庆历后,诸儒发明经旨,非前人所及,然排《系辞》,毁《周礼》,疑《孟子》,讥《书》之《胤征》、《顾命》,黜《诗》之序,不难于议经,况传注乎?

这里所说"黜《诗》之序"者,即指欧阳修。欧阳修既疑经又疑传,他对前代流传之经典及其传注,都曾以怀疑的眼光加以审视,如《文忠集》(四库本)卷四十八所收先后作于庆历、嘉祐年间的策问十二篇,多以疑经为题。《居士外集》卷十经旨十三篇,对左氏之传《春秋》、王氏之传《易》、毛氏与郑氏之传《诗》,皆有所质疑。

欧阳修之《诗》学,疑毛、郑而"特立一家之学"。《四库全书》经部三《诗本义·提要》云:

> 自唐以来,说《诗》者莫敢议毛、郑,虽老师宿儒,亦谨守《小序》。至宋而新义日增,旧说几废。推原所始,实发于修。

欧阳修之《诗》学,今天看来,属经学之类,以考辨史事、发明义理为主,与一般文学艺术意义上的诗歌学有所不同。《四库全书》经部诗类收其《诗本义》十六卷,并附欧阳修补亡之《郑氏诗谱》。《提要》云:

> 宋欧阳修撰是书,凡为说一百十有四篇,统解十篇,时世本末二论,豳、鲁、序三问,而补亡郑《谱》及《诗图总序》附于卷末。

欧阳修《诗》学之著述,大抵备于此书。其《诗解统序》云:

> 二《南》牵于圣贤,《国风》惑于先后,《豳》居变《风》之末,惑者溺于私见而谓之兼上下;二《雅》混于小大而不明;三《颂》昧于《商》《鲁》而无辨。此一经大概之体,皆所未正者。先儒既无所取舍,后人因不得其详。由是难易

之说兴焉。毛、郑二学,其说炽辞辨,固已广博,然不合于经者亦不为少,或失于疏略,或失于谬妄。……予欲志郑学之妄,益毛氏疏略而不至者,合之于经。故先明其统要十篇,庶不为之芜泥云尔。

又《诗谱补亡序》云:

郑氏谱序……若周之诗,失其世次者多,今为郑补谱,且从其说而次之,亦可据以见其得失。

又《诗谱补亡后序》云:

昔者圣人已没,六经之道几息于战国,而焚弃于秦。自汉以来,收拾亡逸,发明遗义而正其讹谬,得以粗备,传于今者岂一人之力哉?……毛、郑于《诗》,其学已博矣。予尝依其笺、传,考之于经而证以序、谱,惜其不合者颇多。盖《诗》述商、周,自《生民》、《玄鸟》,上陈稷、契,下迄陈灵公,千五六百岁之间,旁及列国,君臣世次,国地,山川,封域图牒,鸟兽,草木,鱼虫之名,与其风俗善恶,方言训故,盛衰治乱美刺之由,无所不载。然则孰能无失于其间哉?予疑毛、郑之失既多,然不敢轻为改易者,意其为说不止于笺、传,而恨已不得尽见二家之书,未能遍通其旨。……世言郑氏《诗谱》最详,求之久矣不可得……偶得焉,其文有注而不见名氏,然首尾残缺,自周公致太平以上皆亡之。其国谱旁行,尤易为论辨,悉皆颠倒错乱,不可复考。……初,予未见郑《谱》,尝略考《春秋》、《史记》本纪、世家、年表而合以毛、郑之说,为《诗图》十四篇。今因取以补郑《谱》之亡者,足以见二家所说世次先后甚备,因据而求其得失,较然矣。……夫尽其说而有所不通,然后得以论正。予岂好为异论者哉?凡补其谱十有五,补其文字二百七,增损涂乙改正者三(一作八)百八十三,而郑氏之《谱》复完矣。

又《诗图总序》云:

> 康成所作《诗谱图》,自共和而后始得春秋次序。今其图亡。今略准郑遗说,而依其次序推之,以见前儒之得失。……其所失者可指而见焉。

可见欧阳修对毛、郑传《诗》有诸多不满。他虽然强调自己并不想"轻易改易",但因毛、郑传《诗》,"不合者颇多",的确"有所不通",因此为之补亡、辨妄、论正。作为一代硕学鸿儒,他对《诗》的研究"特立一家之言"。如《二南为正风解》断言"诸侯无正《风》",而《周南》、《召南》,并非如前世"学《诗》者多推于周而不辨于商"。他认为二《南》的写作时代或在商,或在周,因此"正、变之间可疑也"。"二十五篇之诗,在商不得为正,在周不得为变焉。"他实际上是根据社会治与乱、君与臣这两个因素来判断正与变,从而肯定变风与正风,正可"推治乱而迹之"。他认为《风》诗之编次亦有深意:"分其次以为比,则贤善者著而丑恶者明矣。"(《十五国次解》)诗乃民心之鉴:"民之得者深,故其心厚;心之感者厚,故其诗切……心之浅者,故其诗略。"(《周召分圣贤解》)"诗出于民之性情"(《定风雅颂解》)。诗又通圣人之意:"若圣人之劝戒者,诗人之美刺是也。知诗人之意,则得圣人之志也。"(《本末论》)如此种种,不必一一叙列。专治此道者自当详见其著。

第四章　王安石、司马光的诗学思想

第一节　王安石的诗学思想

一、尊杜敬欧轻韩抑李

王安石曾编选杜甫、欧阳修、韩愈、李白《四家诗选》。这个排序很独特,反映出他的诗学观念:尊杜敬欧轻韩抑李。胡仔《苕溪渔隐丛话》前集卷六载《王直方诗话》云:

荆公编集四家诗,其先后之序,或以为存深意,或以为初无意。盖以子美为第一,此无可议者;至永叔次之,退之又次之,以太白为下,何邪?或者云:太白之诗,固不及退之,而永叔本学退之,而所谓青出于蓝者,故其先后如此。①

又载《钟山语录》云:

荆公次第四家诗,以李白最下,俗人多疑之。公曰:白诗近俗,人易阅故也。白识见污下,十首九说妇人与

---

① 胡仔:《苕溪渔隐丛话》,第 37 页,人民文学出版社,1962 年版。

酒,然其才豪俊,亦可取也。①
又载《遯斋闲览》云:

> 或问王荆公……公曰:"白之歌诗,豪放飘逸人固莫及,然其格止于此而已,不知变也。至于甫,则悲欢穷泰、发敛抑扬、疾徐纵横、无施不可,故其诗有平淡简易者,有绮丽精确者,有严重威武若三军之帅者,有奋迅驰骤若泛驾之马者,有淡泊闲静若山谷隐士者,有风流蕴藉若贵介公子者。盖其诗绪密而思深。观者苟不能臻其阃奥,未易识其妙处。夫岂浅近者所能窥哉?此甫所以光掩前人而后来无继也。元稹以谓兼人所独专,斯言信矣。"

王直方曾与苏轼、黄庭坚交游密切,他认为"以子美为第一,此无可议者"。这说明杜甫在当时诗人心目中已具有至尊地位。而王安石是从年轻时就喜欢杜甫的,他作鄞县令时作《老杜诗后集序》②云:

> 予考古之诗,尤爱杜甫氏作者,其辞所从出,一莫知穷极,而病未能学也。世所传已多,计尚有遗落,思得其完而观之。然每一篇出,自然人知非人之所能为,而为之者,惟其甫也,辄能辨之。予之令鄞,客有授予古之诗世所不传者二百余篇。观之,予知非人之所能为,而为之实甫者,其文与意之著也。然甫之诗其完见于今者,自予得之。世之学者至乎甫,而后为诗不能至,要之不知诗焉尔。呜呼!诗其难惟有甫哉!自《洗兵马》下序而次之,以示知甫者,且用自发焉。皇祐壬辰五月日,临川王某序。

---

① 此语又见惠洪:《冷斋夜话》,卷五。
② 四库本《临川文集》,卷八十四。下引《临川文集》均依此本。

又题《杜甫画像》①诗云：
>吾观少陵诗，谓与元气侔。
>力能排天斡九地，壮颜毅色不可求。
>浩荡八极中，生物岂不稠？
>丑妍巨细千万殊，竟莫见以何雕锼。
>惜哉命之穷，颠倒不见收。
>青衫老更斥，饿走半九州。
>瘦妻僵前子仆后，攘攘盗贼森戈矛。
>吟哦当此时，不废朝廷忧。
>尝愿天子圣，大臣各伊周。
>宁令吾庐独破受冻死，不忍四海赤子寒飕飕。
>伤屯悼屈止一身，嗟时之人我所羞。
>所以见公像，再拜涕泗流。
>推公之心古亦少，愿起公死从之游。

此诗盛赞杜诗之才力、气魄和忧国忧民之心。其中"惜哉命之穷"的议论，与欧阳修"诗穷而工"之论略近；而对杜甫忧患意识的阐发，或许启发了苏轼对杜甫"一饭未尝忘君"之论。

王安石对李白诗的批评看似严厉，但须细加体会。他是在与杜诗相比较的情况下扬杜抑李的。而实际上，他一直以李白为唐代第一流的诗人，称"其才豪俊"，其诗"豪放飘逸"，这都是"人固莫及"之处。他只是认为李诗风格比较单一，不如杜诗气象万千；而多言"妇人与酒"，在他看来当然不如杜诗之忧国忧民更值得称道。不管怎么说，在他的唐诗观中，李、杜总是并称的，《哭梅圣俞》诗云："诗人况又多穷愁，李杜亦不为公侯。"②因此他所选唐宋四家诗，才有李白一席。

---

①② 四库本《临川文集》，卷九。

王安石对韩愈的评价与常人不同,《韩子》①诗云:

纷纷易尽百年身,举世何人识道真?

力去陈言夸末俗,可怜无补费精神。

肯定韩愈复兴儒道大业,而对其"唯陈言之务去"(《答李翊书》)的创作态度却不无揶揄。这不禁令人想到他和欧阳修的一番特殊交谈,欧阳修赏识王安石的文才,作《赠王介甫》②诗云:

翰林风月三千首,吏部文章二百年。

老去自怜心尚在,后来谁与子争先?

明显有勉励王安石继李白、韩愈和自己之后,领袖诗坛之意。王安石答诗《奉酬永叔见寄》③却说:

欲传道义心虽壮,强学文章力已穷。

他日若能窥孟子,终身何敢望韩公!

声明自己的兴趣在"道义"而不在"文章",婉言谢绝了欧阳修对其文学事业的期望,也委婉地表达出对韩愈文学敬而远之的态度。

二、适用与美容

他的这种人生意向,决定了他早期的文学观念是以实用为主导倾向的:

自谓文者,务为有补于世而已矣。所谓辞者,犹器之有刻镂绘画也。诚使巧且华,不必适用;诚使适用,亦不必巧且华。要之以适用为本,以刻镂绘画为之容而已。不适用,非所以为器也;不为之容,其亦若是乎? 否也。

---

① 四库本《临川文集》,卷三十四。
② 四库本《文忠集》,卷五十七。
③ 四库本《临川文集》,卷二十二。

然容亦未可已也,勿先之,其可也。①

　　适用为根本,美容为辅助,这是传统儒家诗教的老生常谈。"用"即有用于世,儒家诗教所谓"用",特指诗的教化讽喻美刺等功能。王安石对杜甫的推重、对梅尧臣诗的赞誉、对王令的偏爱,以及对"西昆体"诗人的严厉批评,②都有侧重于"用"的倾向。

　　然而王安石毕竟是一位优秀的文学家,他对诗人之才具和诗歌之艺术,其实是敏悟而且宽容的。观其平生所作诗,皆矜才重艺,文采飞扬,博取前人之长而自立风格,并非有质而无文。这不免使人想到:他对诗歌艺术的追求,与对诗歌社会功用的强调,其实是他诗学观念的不同侧面。当他以艺术的眼光评论诗人诗作时,就如他自己作诗一样,也是矜才重艺的。比如他对才高命短、"平生苦嗜诗"的王令非常偏爱:王令辞世时年仅二十八岁,王安石非常痛惜,先后作《王逢原墓志铭》、《王逢原挽词》、五古《思王逢原》、七律《思王逢原三首》等诗,称其"卓荦高才"、"妙质不为平世得"。王逢原蔑视科举和仕途,唯以教学为生。王安石与王逢原的交情,本来就是从诗开始的。《王逢原墓志铭》云:"始予爱其文章,而得其所以言。"③后来他们的交情固然有关于天下事而志同道合,但主要的缘分还在于文学。在诗歌理念上,王令虽然也重视传道和用世,但他也并不因此而忽视艺术追求。他和王安石一样喜欢杜甫的诗,称其"镌刻物象三千首,照耀乾坤四百春"④。他也和王安石一样将李、杜并称,《读白乐天集》云:"若使篇章深李杜,竹符还不到君分。"⑤显然是认为白诗尚未深于李、杜。他偏爱李白、

---

① 《上人书》,见四库本《临川文集》,卷七十七。
② 《张刑部诗序》。
③ 四库本《临川文集》,卷九十七。
④ 四库本《广陵集》,卷十七,《读老杜诗集》。
⑤ 四库本《广陵集》,卷十七。

韩愈尚才任性的诗风，又学习孟郊、李贺苦心孤诣的唯美主义创作态度。故《四库提要》称其"才思奇轶，所为诗磅礴奥衍，大率以韩愈为宗，而出入于卢仝、李贺、孟郊之间"。近人钱钟书、程千帆皆特别推介过王令的诗，程千帆《两宋文学史》称其"诗歌风格雄伟，热情奔放，想象力丰富，带有浪漫主义色彩"，有"奇思妙想"。从王安石对王令诗才和诗作的赞赏，亦可知其论诗虽然尚"用"，但并不轻视诗才诗艺。

又如他为江南吴氏所作《灵谷诗序》①云：

> 君浩然有以自养，遂游于山川之间，啸歌讴吟，以寓其所好，终身乐之不厌，而有诗数百篇，传诵于闾里。……观其镵刻万物，而接之以藻缋，非夫诗人之巧者，亦孰至于此。

《灵谷诗》的作者是一位隐士，其诗以写山水景物和隐逸情怀为主，显然不属于"适用"于世者，王安石便肯定其艺术价值，称赞其"镵刻"、"藻缋"、"诗人之巧"。

王安石致仕后，对诗歌的"适用"功能渐渐淡漠了，诗人的唯美天性充分表现在他对诗歌艺术精益求精的追求中。他认为作诗须有法度："诗，从言从寺，寺者，法度之所在也。"②对前代优秀诗人的诗法，他能悉心体悟，《题张司业诗》③云："苏州司业诗名老，乐府皆言妙入神。看似寻常最奇崛，成如容易却艰辛。"这是深有心得之论。蔡居厚《蔡宽夫诗话》第四十四条云："王荆公晚年亦喜称义山诗，以为唐人知学老杜而得其藩篱，唯义山一人而已。"④杜甫和李商隐，正是唐代诗人中最精于诗法者，此亦说明王安石艺术眼

---

① 四库本《临川文集》，卷八十四。
② 李之仪：《姑溪居士后集》，四库本，卷十五，《杂题跋》。
③ 《临川文集》，卷三十一。
④ 郭绍虞：《宋诗话辑佚》，卷下，中华书局，1980年版。

光之精准。他晚年以旷世之才而潜心于诗法,自立风格,后人称之为"荆公体"①,并直接影响了黄庭坚这位"江西诗派"的领袖人物。黄庭坚曾说自己的诗句"春风取花去,酬我以清荫"是"从半山老人得古诗句法"②。

王安石对诗法非常讲究,叶梦得《石林诗话》(四库本)载:

> 荆公诗用法甚严,尤精于对偶。尝云用汉人语止可以汉人语对,若参以异代语,便不相类。如"一水护田将绿绕,两山排闼送青来"之类,皆汉人语也。

这要求看起来很严格,但他又主张不能因法度而害意,如果法度有碍诗意,则应变通法度。《王直方诗话》第二百四十二条载荆公云:

> 凡人作诗,不可泥于对属。如欧阳公作《泥滑滑》云"画帘阴阴隔宫烛,禁漏杳杳深千门。"千字不可以对宫字。若当时作朱门,虽可以对,而句力便弱耳。③

王安石作诗也喜欢用典故,由于学识渊博,他用典的水平非常高妙。他主张用典须得法,《蔡宽夫诗话》第八十一条载:

> 荆公尝云:"诗家病使事太多,盖皆取其与题合者类之,如此乃是编事,虽工何益?若能自出己意,借事以相发明,情态毕出,则用事虽多,亦何所妨。"④

他还很注重警句的锤炼,李颀《古今诗话》载王荆公云:

> "梨花一枝春带雨"、"桃花乱落如红雨"、"珠帘暮卷西山雨",皆为警句也,然终不若"院落深沉杏花雨"为佳,

---

① 严羽:《沧浪诗话·诗体》。
② 四库本吴聿:《观林诗话》。
③ 《宋诗话辑佚》,上册,第90页。
④ 《宋诗话辑佚》,下册,第419页。

言尽而意不尽也。①

又惠洪《冷斋夜话》(四库本)卷五载荆公语曰：

> 前辈诗云"风静花犹落",静中见动意；"鸟鸣山更幽",动中见静态。

王安石对诗歌艺术精益求精的态度,深得时人和后人敬重。黄庭坚《跋王荆公禅简》云："暮年小诗,雅丽精绝,脱去流俗,不可以常理待之也。"②陈师道《后山诗话》云："荆公……平生文体数变,暮年诗益工,用意益苦。"③叶梦得《石林诗话》卷上云："王荆公晚年诗律尤精严,造语用字,间不容发,然意与言会,言随意遣,浑然天成,殆不见有牵率排比处。"④

第二节　司马光的诗学思想及《温公续诗话》

一、诗歌无用于施政治民

作为政治家和史学家的司马光,认为诗歌无用于施政治民,因此一直主张国家科举应该废除试诗赋科目。英宗治平二年(1065年)十二月十七日,他上《乞令选人试经义上殿札子》⑤云：

> 臣窃见国家……试诗,其间甚有假手于人,真伪难辨。就使自能作诗,辞采高妙,施于治民,亦无所用。

熙宁二年(1069年)五月上《议贡举状》⑥云：

> 自三代以前,其取士无不以德为本,而未尝专贵文辞

---

① 四库本《古今诗话·类说》,卷五十六。
② 四库本《山谷集》,卷三十。
③④ 《历代诗话》,第304、306页,第406页,中华书局,1981年版。
⑤ 四库本《传家集》,卷三十七。下引司马光语皆依此书。
⑥ 《传家集》,卷四十。

也。……及长安、神龙之际,加试诗赋,于是进士专尚属辞,不本经术,而明经止于诵书,不识义理。至于德行,则不复谁何矣。自是以来,儒雅之风日益颓坏,为士者狂躁险薄,无所不为,积日既久,不胜其弊……国家从来以赋、诗、论、策取人,不问德行,故士之求仕进者,日夜孜孜,专以习赋、诗、论、策为事……今若更以德行取人,则士之力于德行亦犹是也。

熙宁三年(1070年)二月六日又上《再乞资荫人试经义札子》云①:

> 臣先曾起请应资荫出身人初授差遣者,更不试诗,只委审官院,流内铨试《孝经》《论语》大义共三道,仍令主判臣僚更将所对义面加询问,若义理精通者,特保明闻奏,优与差遣……试诗一首,实为无益……作诗得如曹、刘、沈、宋,其于立身治民有何所用。

神宗即位之初,锐意革新,当时朝臣中许多人主张改革科举考试科目,废除自唐代以来试诗赋的传统,司马光、王安石都持此论。宋神宗采纳了这种意见。神宗去世后,哲宗年少,太后执政,新党失势,重新起用旧臣。元祐元年(1086年)正月,谪居洛阳十五年的司马光东山再起,此时他已六十八岁,作为反对熙宁新政、力主复旧的中坚人物,他独对神宗朝科举不试诗赋的作法非常赞成,针对朝廷有意恢复科举试诗赋的问题,他于三月上《起请科场札子》②云:

> 凡取士之道,当以德行为先,文学为后。就文学之中,又当以经术为先,辞采为后……神宗皇帝……悉罢赋、诗及经学诸科,专以经义、论策试进士,此乃革历代之

---

① 《传家集》,卷四十二。
② 《传家集》,卷五十四。

积弊,复先王之令典,百世不易之法也……今国家大议科场之法……乞复诗赋者,皆向日老举人,止习诗赋,不习经义,应举不得,故为此说,欲以动摇科场制度,为己私便。

他认为可以给那些"止习诗赋"的老举人一点小恩典,但"不可以此轻改成法,复从旧俗,误惑后生。若以为文章之士,国家所不可无",则可以由考生在"试本经合格日","乞试杂文",也就是自己申请加试文学科目如诗、赋、颂、铭之类,加试科目的成绩作为参考成绩,在试经成绩同等的情况下,依"杂文"成绩排名之先后考虑。稍后他又上《乞以十科举士札子》[①],作为当朝宰相,他所列十科中并无"诗赋",但"七曰文章典丽可备著述科",总算给美文留了一席之地。总之,在司马光的政治人才观念中,诗是最不重要的。

二、多情怀酒伴,余事作诗人

然而司马光并不是说在任何情况下都不要诗,他只是认为诗歌是政事之余的娱乐之事,即韩愈《和席八十二韵》所谓"多情怀酒伴,余事作诗人"[②]。他认为诗歌虽然无用于政治,但却有其他一些作用,比如沟通人际关系、歌功颂德、讽上化下等等。有一次皇帝设宴款待群臣,自作诗并命群臣和诗,于是司马光做了《瞻彼南山诗》七章,并为此特作《进瞻彼南山诗表》[③],盛赞皇帝恩德,其中有云:

君不交臣则无以得其心。是以诗人歌颂其君之德,多称饮食饫燕之丰,钟鼓笙磬之乐,车服旌旗之盛,币帛锡予之多。盖以君臣兄弟朋友之际,舍此无以相交也。

---

① 《传家集》,卷五十四。
② 钱仲联集释:《韩昌黎诗系年集释》,第962页,卷九,上海古籍出版社,1984年版。
③ 《传家集》,卷十七。

"舍此无以相交",说明君臣宴饮唱和诗歌不仅必不可少,甚至是密切君臣关系的必须方式。君赐臣以宴席,联络感情;臣报君以诗,"歌颂其君之德"。又如宝元二年(1039 年)所作《颜太初杂文序》①云:

> 求天下国家政理风俗之得失,为诗歌洎文以宣畅之。景祐初,青州牧有以荒淫放荡为事……太初恶其为大乱风俗之本,作《东州逸党诗》以刺之。诗遂上闻,天子亟治牧罪。又有郓州牧怒属令之清直与己异者,诬以罪,榜掠死狱中。妻子弱不能自诉,太初素与令善,怜其冤死,作《哭友人诗》,牧亦坐是废。……观其《后车》诗,则不忘鉴戒矣;观其《逸党》诗,则礼义不坏矣;观其《哭友人》诗,则酷吏愧心矣。

认为诗歌具有和君臣、颂圣德、讽政理、教吏民的作用,这是正统儒家的诗学观。

另一方面,司马光又是一位文人,也是一位很不错的诗人,在仕途和政事之外,他对诗的言志抒情功能和美文品质予以充分的肯定,如元丰八年三月《薛密学田诗集序》②云:

> 杨子《法言》曰:"言,心声也;书,心画也。"声、画之美者无如文,文之精者无如诗。诗者,志之所之也。然则观其诗,其人之心可见矣。今之亲没,则画像而事之,画像,外貌也,岂若诗之见其中心哉!

又《冯亚诗集序》③云:

> 文章之精者,尽在于诗。观人文者观其诗,斯知其才之远近矣。

又《赵朝议丙文稿序》④云:

> 在心为志,发口为言,言之美者为文,文之美者为诗。

---

①②③④ 《传家集》,卷六十九。

他认为诗是表达人类情志的最美的文字，其主要功能不在于经世治民，而在于怡养性情，以及记录作者之所历所感。从这个意义上爱诗的人，他认为是高雅脱俗之士。如《庞相国〈清风集略〉后序》云：

> 公性喜诗，虽相府机务之繁，边庭军旅之急，未尝一日置不为。凡所以怡神养志，及逢时值事，一寓之于诗。其高深闳远之趣，固非庸浅所可及。①

宋代文人特别崇尚文人意趣。② 司马光认为诗就是文人高雅意趣的主要标志。诗既如此高雅，则必须率真任性，绝对不可虚浮夸饰。曾有一位地方官员与司马光"以经术相知"，他想去拜访自己的州长官，就向司马光求诗，希望他在诗中为自己"说项"。司马光《答齐州司法张秘校正彦书》③云：

> 近世之诗，大抵华而不实，虽壮丽如曹、刘、鲍、谢，亦无益于用……卿功业烜赫于当时，名声彰彻于后世，竹帛所不能纪，金石所不能颂，诗何为哉！诗何为哉！

他委婉而坚决地拒绝了对方的请求，表现出对诗的真诚高雅品质的维护。他反对以诗求功名，主张以诗娱情养性。退居洛阳时期，诗就成了他生活中不可或缺的精神食粮。

居洛阳十五年，文酒诗会是司马光生活的重要内容。他的大部分诗歌作于此时。他的诗歌观念和诗作都与当时文士云集的洛下风会有很大关系。

洛阳在北宋时代是仅次于汴京的第二文化中心，此地有深厚的文化传统，文人雅集之风尤盛，西晋时有贾谧门下"二十四友"雅集，石崇金谷园雅集，唐代有白居易等人的"九老会"雅集等，皆著

---

① 《传家集》，卷六十九。
② 参考本书第2章第2节，论余靖诗学部分。
③ 《传家集》，卷六十。

称于文史。北宋仁宗天圣九年(1031年)至景祐元年(1034年),钱惟演、谢绛守洛,尹洙、梅尧臣、欧阳修等十多位年轻文士在留守府供职,从而自然形成了一个文学名士群体和群体互动式的文学创作活动,这些人雅集时或称"洛中七友",或称"八老"等,称呼随意而多变。四十年后,司马光闲居洛城,对洛阳文华荟萃的往事钦羡不已,其《伫瞻堂记》云:"西都缙绅之渊薮,贤而有文者,肩随踵接"。① 他与同时居洛的一批文化名流常常效仿前贤,结社雅集,继续"肩随踵接"洛下文人诗酒风流之传统。他作于元丰五年正月的《洛阳耆英会序》②记述了当时雅集的情形:

> 昔白乐天在洛,与高年者八人游,时人慕之,为《九老图》传于世。宋兴,洛中诸公继而为之者再矣,皆图形普明僧舍。普明,乐天之故地也。元丰中,潞国文公留守西都,韩国富公纳政在里第,自余士大夫以老自逸于洛者,于时为多。潞公谓韩公曰:"凡所为慕于乐天者,以其志趣高逸也,奚必数与地之袭焉?"一旦,悉集士大夫老而贤者于韩公之第,置酒相乐。宾主凡十有一人。既而图形妙觉僧舍,时人谓之洛阳耆英会。孔子曰:"好贤如缁衣,取其敝又改为,乐善无厌也。"二公寅亮三朝,为国元老,入赞万机,出绥四方,上则固社稷,尊宗庙,下则熙百工,和万民,天子心腹,股肱耳目,天下所取安,所取平,其勋业闳大显融,岂乐天所能庶几? 然犹慕效乐天所为,汲汲如恐不及,岂非乐善无厌者与? 又洛中旧俗,燕私相聚,尚齿不尚官,自天之会已然。是日复行之,斯乃风化之本可颂也。宣徽王公方留守北都,闻之,以书请于潞公曰:"某亦家洛,位与年不居数客之后,顾以官守不得执卮

---

① 《传家集》,卷七十一。
② 《传家集》,卷六十八。

酒在座席,良以为恨,愿寓名其间,幸无我遗。"其为诸公嘉美如此。光未及七十,用狄监、卢尹故事,亦预于会。潞公命光序其事,不敢辞。时五年正月壬辰。

序后依年龄之先后序列富弼、韩琦等十一人之姓名、身份、年龄。

这是耆英会的首次雅集,此后与会者依次作东道,诗酒相邀,蔚为风气,乃有各种名称的群聚燕饮活动。邵伯温《邵氏闻见录》卷十记载这种情形:

> 至富公会,送羊酒不出。余皆次为会。洛阳多名古刹,有水竹林亭之胜,诸老须眉皓白,衣冠甚伟,每宴集,都人随观之。潞公又为同甲会……其后司马公与数公又为真率会,有约:酒不过五行,食不过五味,唯菜无限。楚正议违约增饮食之数,罚一会。皆洛阳太平盛事也。

文彦博组织的"同甲会"是四人,他还组织过"五老会"。司马光组织的"真率会"有时七人,有时九人。"耆英会"和"真率会"的活动比较频繁。这些雅集基本上都有文酒诗会性质,虽然从形式上说是"尚齿不尚官",依年龄排序,但其中潜含着的精神实质却是文人意趣,文化品味,参加者都是"染翰不停诗思健"的"时彦"[①],官位的高下在这里让位给文化,诗歌唱和是这里最具标志性的活动内容。仅就诗歌而言,这种文酒诗会以诗会友,以酒助兴,在宽松自由的氛围中切磋诗艺,交流心得,对前代诗歌、当代诗歌进行阅读和品评,并同时进行诗歌创作。司马光是这些活动中的主要人物,他因不足七十岁而不够"耆英会"的资格,但却被组织者文彦博特邀参加并受命作序,他又另立"真率会",频繁组织诗酒雅集。其许多诗作都与这些活动有关,如《王安之以诗二绝见招作真率会

---

① 文彦博:《耆老会诗》,见《全宋诗》,第 6 册,第 3538 页,北京大学出版社,1992 年版。

光以无从者不及赴依韵和呈》①诗云：

>真率由来无次第，经旬逾月不为稀。
>蓝舆但恨无人举，坐想纷纷醉落晖。
>杯盘丰腆胜陶令，园沼繁华减白家。
>惆怅佳辰掩蓬荜，不陪高会赏邻花。

又《和子骏洛中书事》②云：

>西都自古繁华地，冠盖优游萃五方。
>比户清风人种竹，满川浓绿土宜桑。
>凿龙山断开天阙，导洛波回载羽觞。
>况有耆英诗酒乐，问君何处不如唐。

司马光居洛的前几年，邵雍（1011～1077年）尚在，司马光与之过从甚密，二人诗歌往来很多。邵雍主张作"快活人"，写"快乐诗"，这正与司马光当时的心境吻合，对司马光的诗学观念影响很大，他写了不少赠邵雍的诗，从内容到风格都与邵雍相近，如《赠邵尧夫》云：

>家虽在城阙，萧瑟似荒郊。
>远去名利窟，自称安乐巢。
>云归白石洞，鹤立碧松梢。
>得丧非吾事，何须更解嘲。③

从司马光现存诗④来看，居洛十五年是他诗歌创作的丰收期。这时期的诗歌风貌与他作为政治家或史学家的风貌大不相同，比较率真、疏狂、放任性情，其中亦有论诗之作，大抵皆为阐述诗酒娱

---

① 《传家集》，卷十一。
② 《传家集》，卷十二。
③ 《传家集》，卷九。
④ 《全宋诗》，第九册，共收司马光诗十五卷，北京大学出版社，1992年版。

乐,怡情遣兴,率真任性之意。如《传家集》所载:

狂诗寄一笑,聊用当诙俳。
——卷四《九月十一日夜雨宿南园韩秉国寄酒兼见招以诗谢之》

酒熟何人能共醉,诗成无事复相关。
浮生适意即为乐,安用腰金鼎鼐间。
——卷六《和赵子舆龙州吏隐堂》

潦倒黄冠无足论,白头嗜酒住荒村。
狂名偶为留诗着,陈迹仍因好事存。
——卷九《苏才翁子美有赠……抵予求诗》

人生荣与辱,百变似浮云。
自有穷通定,徒劳得丧分。
消愁唯有酒,娱意莫如文。
方寸常萧散,其余何足云。
——卷九《赠祖择之》

年老逢春犹解狂,行歌南陌上东冈。
晴云高鸟各自得,白日游丝相与长。
草色无情尽眼绿,花林多思袭人香。
吾侪幸免簪裾累,痛饮闲吟乐未央。
——卷十《再和邵尧夫年老逢春》

飘飘健笔诗千首,惆怅东风酒百壶。
——卷十《所损》

洛下衣冠爱惜春,相从小饮任天真。
随家所有自可乐,为具更微谁笑贫。
不待珍羞方下箸,只将佳景便娱宾。
庾公此兴知非浅,藜藿终难继主人。
——卷十一《和潞公真率会诗》

居洛时期他对前代或同代诗人也有一些评论。如《传家集》卷三所载：

> 吾爱陶渊明，拂衣遂长往。
> 手辞梁主命，牺牛悍金鞅。
> 爱君心岂忘，居山神可养。
> 轻举向千龄，高风犹尚想。
> ——《见山台》

> 吾爱白乐天，退身家履道。
> 酿酒酒初熟，浇花花正好。
> 作诗邀宾朋，栏边长醉倒。
> 至今传画图，风流称九老。
> ——《浇花亭》

> 吾爱杜牧之，气调本高逸。
> 结亭侵水际，挥弄消永日。
> 洗砚可抄诗，泛觞宜促膝。
> 莫取濯冠缨，红尘污清质。
> ——《弄水轩》

他称道陶渊明、白乐天、杜牧之，着眼点都是疏仕出尘，隐逸自由，诗酒风流。这与他闲居洛阳的处境和心境一致。对当代诗人，他只称赞过梅尧臣，《投梅圣俞》①诗云：

> 圣俞精为诗，坚重比白玉。
> 至宝识之希，未必谐众目。

梅尧臣去世，他与"三司僚属共痛惜之"②，作《和吴冲卿三哀诗》③表达悼惜之情：

> 天生千万人，中有一隽杰。

---

① 《传家集》，卷二。
② 何文焕辑：《历代诗话》，第 274 页，上册，中华书局，1981 年版。
③ 《传家集》，卷三。

奈何丧三贤,前后才期月。
……
圣俞诗七千,历历尽精绝。
初无追琢勤,气质禀清洁。
负兹惊世才,未尝自标揭。

三、《温公续诗话》

《温公续诗话》(以下简称《续诗话》)是第二部以"诗话"为名的谈诗之作。作者序云:"诗话尚有遗者。欧阳公文章名声虽不可及,然记事一也,故敢续书之。"可见他是有意承续欧阳修(1007~1072年)《六一诗话》之体例,故自称"续诗话"。《六一诗话》是"居士退居汝阴而集以资闲谈"之作。欧阳修退居汝阴是在熙宁四年(1071年)七月,翌年闰七月去世。司马光贬官闲居洛阳也是在熙宁四年,他在洛阳闲居了十五年。《续诗话》乃此间之作。由于《六一诗话》的刊刻或传抄当在欧阳修去世之后,则司马光之续作最早亦当在熙宁六年(1073年)之后的十余年间。

《续诗话》的篇幅比《六一诗话》略短,序以外共三十一条。其所承续欧公者,首先是以"话"体谈诗的形式,闲散随便,自由灵活,短则数语,长不过二三百字,每条各自独立,各条之间无篇章联系。从内容看,多数是谈诗之本事,属"论诗及事"者,少数也有评点诗句艺术水平者,属"论诗及辞"者。

《续诗话》特以"续"字标题,在记录诗事方面,的确是有意接续《六一诗话》,其中有些条目直接承续《六一诗话》所录故事,郭绍虞《宋诗话考》[①]已一一列出。惟"续"非重复,而是补充。比如关于九僧诗,《六一诗话》只记得惠崇一人,且云"九僧诗集已亡",司马光则据亲眼所见隐士闵交如保存的《九僧诗集》,准确地写出九僧

---

① 《宋诗话考》,第5~6页,中华书局,1979年版。

的名字和修行处,以及陈充收集九僧诗"集而序之"之事。对九僧诗的评价,欧阳修指出其佳句和题材局限,司马光也认为"其美者止于世人所称数联耳"。在《六一诗话》所称道的两联佳句之外,他又拈出惠崇两联,并记载了一条与其中一联有关的故事:

> 惠崇诗有"剑静龙归匣,旗闲虎绕竿"。其尤自负者,有"河分冈势断,春入烧痕青"。时人或有讥其犯古者,嘲之:"河分冈势司空曙,春入烧痕刘长卿。不是师兄多犯古,古人诗句犯师兄。"

所谓"犯古",是指将古人诗句用于自己的诗中,或者略加改变。这种作法古已有之,且不乏后出而成名者。然而关于"犯古",以及后来黄庭坚所谓"夺胎换骨"、"点铁成金"等,却一直是诗人和批评家们争论不休的问题。《续诗话》只是客观地记录了这则"犯古"故事,未加任何评论,但却引发出一场持久不息的诗学论争。

宋代刘攽的《中山诗话》与《续诗话》前后相距不远,记载此事而略有不同:

> 僧惠崇诗云:"河分……"然唐人旧句,而崇之弟子吟赠其师诗曰:"河分冈势司空曙,春入烧痕刘长卿。不是师偷古人句,古人诗句似师兄。"杜工部有"峡束苍江起,岩排石树圆"。项苏子美遂用"峡束苍江,岩排石树"作七言句,子美岂窃诗者?大抵讽古人诗多,则往往为已得也。

刘攽(1022～1088年)比司马光小四岁,曾同修史书,①交往必然不少。刘攽所记惠崇诗事略详于司马光,文字稍有异,且略加评说,他不认为是抄袭古人,也未用"犯古"一词,他认为读古诗多了,写诗时难免无意中用了前人的语句,还以为是自己的创意,这很正常。刘攽也是诗人,他这种见解应该说是合乎实际的。但即

---

① 《传家集》卷六十三,《答范梦得》。

便如此,"犯古"就可以吗?后人就此例有两种不同的看法。

宋胡仔《苕溪渔隐丛话·后集》卷二苕溪渔隐曰:

> 古今诗人以诗名世者,或只一句,或只一联,或只一篇,虽其余别有好诗,不专在此,然播传于后世,脍炙于人口者,终不出此矣,岂在多哉?

胡仔列举大量名句,其中就有惠崇这一联,他显然是承认这两句诗的艺术水平较高。然而在同书卷十八,他又以"窃"论及此诗:

> 苕溪渔隐曰:"余旧见颜持约所画淡墨杏花,题小诗于后,仍题'持约'二字。意谓此诗必持约所作也。比因阅《唐宋类诗》,方知是罗隐作,乃持约窃之耳。……古之诗人如王维犹窃李嘉祐'水田飞白鹭,夏木啭黄鹂'。僧惠崇为其徒所嘲云……皆可轩渠一笑也。"

南宋人于此亦持两说。江少虞《事实类苑》(四库本)卷三十四云:

> 宋九僧诗惟惠崇诗绝出,尝有"河分冈势断,春入烧痕青"之句传诵,都下籍籍宣着,余缁遂寂寥无闻,因忌之,乃厚诬其盗。闽僧文兆以诗嘲之曰:"河分冈势司空曙……"

又同书卷三十六云:

> 余尝见惠崇自撰句图,凡一联皆平生所得于心而可喜,今试录之:《书杨云卿别墅》云:"河分冈势断,春入烧痕青。"

文兆即"九僧"之一。江少虞大概认为惠崇这两句诗是原创,而不是"盗"的。他认为文兆是因妒忌而"厚诬"惠崇。今遍查《全唐诗》,确实无此二句。不知宋人是否真的有人确认此两句分别存在于司空曙和刘长卿诗集中。司马光、刘攽以及其后所有提及此事者,均未说明这两句诗出自司空曙和刘长卿的哪首诗。不过江少虞在为惠崇辩诬的同时,显然认为"犯古"是不光彩的事。

南宋魏庆之编《诗人玉屑》卷八,引此条时特标《剽窃》一题,认为是作诗之忌。祝穆《古今事文类聚类》别集卷六载《温公诗话》此条,也特意标出《僧偷古句》一题。以上胡、江、魏、祝四家都不赞成"犯古"。南宋人罗大经对此则持宽容态度,比刘攽的谅解态度更显得通达,《鹤林玉露》卷九云:

> 近时赵紫芝诗云:"一瓶茶外无祗待,同上西楼看晚山。"世以为佳,然杜少陵云:"莫嫌野外无供给,乘兴还来看药栏。"即此意也。杜子野诗云:"寻常一样窗前月,才有梅花便不同。"世亦以为佳,然唐人诗云:"世间何处无风月,才到僧房分外清。"亦此意也。欲道古人所未道,信矣其难矣。紫芝又有诗云:"野水多于地,春山半是云。"世尤以为佳,然余读《文苑英华》所载唐诗,两句皆有之,但不作一处耳。唐僧诗云:"河分冈势断,春入烧痕青。"有僧嘲其蹈袭云:"河分冈势司空曙,春入烧痕刘长卿。不是师兄偷古句,古人诗句犯师兄。"此虽戏言,理实如此。作诗者岂故欲窃古人之语以为己语哉?景意所触,自有偶然而同者。盖自开辟以至于今,只是如此风花雪月,只是如此人情物态。

他认为诗句"偶然而同"也是难免的,说不上谁"犯"谁。今人朱光潜在其《诗论》中也曾谈及古今人写相同的意思,自然会有类似的说法,只是要避免重复。他认为诗人写同样的意思,只要变一下说法,就有可能创造出新的意境,新的美感。

元方回《瀛奎律髓》卷四十七录惠崇《访杨云卿淮上别墅》全诗,并说惠崇是九僧中写诗"最为高者,三四虽取前人二句合成此联,为人所诋,然善诗者能合二人之句为一联,亦可也,但不可全盗二句一联者耳"。

明彭大翼《山堂肆考》(四库本)卷一百二十七《犯人诗联》云:

> 魏周辅有诗上陈亚,犯古人一联,亚不为礼。周辅复

上一绝句云:"无所用心惟饱食,争如窗下作新词。文章自古多相犯,刚被人言爱窃诗。"亚次韵曰:"昔贤自是堪加罪,谁敢言君爱窃词。叵耐古人多意智,预先偷子一联诗。"又僧惠崇自负其诗,有"河分冈势断……"

"文章自古多相犯",与罗大经"景意所触,自有偶然而同者",都触及到人类文化传承中一个实际情况,文化人类学家称之为"集体无意识"或"原型"。① 任何民族的文化承传,都是连续的,在重复的基础上不断有所创新。无论是日常生活还是文学创作,都不可能总是从零开始。

明人并非都如此通达,大批评家王世贞《弇州四部稿》(四库本)卷一百四十七《艺苑卮言》四云:

乃至割缀古语,用文已陋,痕迹宛然,如"河分冈势、春入烧痕"之类……皆不免为盗跖优孟所訾。

清代批评家王士祯对盗窃之说则不以为然,《居易录》(四库本)卷十四云:

大抵九僧诗规枕大历十子,稍窘边幅,若"河分冈势断,春入烧痕青",自是佳句,而轻薄子有"司空曙、刘长卿"之嘲,非笃论也。

看来作诗"犯古"的问题,实在是难以定论。事实上,文学创作中不可能没有文化积累和承传,问题在于如何处理好用句、用语、用意和创新的关系。有时候借用了前人的诗句,却创造了新的文学意境,使原本不怎么有名的诗句凭借新的意境而成了名句,借句者反倒成了创意者,这种情况并不少。作为诗人的司马光,或许正是因为深知"犯古"的问题并不简单,所以不加任何评论。但惠崇的那两句诗,实在是凭借《续诗话》而成了名句,那首诗也为历代宋

---

① 张海鸥:《苏轼的文化"原型"意义》,收于《宋代文化与文学研究》,中国社会科学出版社,2002年版。

诗选本所关注,进入"经典"名句之列。

由此可见《续诗话》的另一特点是精于评点名篇佳句。其中对诗人或诗作的点评,表现出司马光对诗歌具有很高的艺术审美眼光,他所赞赏的一些诗句,大多都得到后人认同,从而成为经典名句。《四库提要》云:

> 光德行功业冠绝一时代,非斤斤于词章之末者,而品第诸诗乃极精密,如林逋之"疏影横斜水清浅,暗香浮动月黄昏";魏野之"数声离岸橹,几点别州山";韩琦之"花去晓丛蝴蝶乱,雨余春圃桔槔闲";耿仙芝之"草色引开盘马地,箫声吹暖卖饧天"(《续诗话》作"浅水短芜调马地,澹云微雨养花天");寇准之《江南春》诗,陈尧佐之《吴江》诗,畅当、王之涣之《鹳雀楼》诗,及其父《行色》诗,相沿传诵,皆自光始表出之。其论魏野诗误改"药"字,及说杜甫"国破山河在"一首,尤妙中理解,非他诗话可及。

"科场程试诗"一条是续《六一诗话》"自科场用赋取人,进士不复留意于诗"条。欧阳修认为国家科举的导向作用很大,以赋取人,诗就难得佳作了。司马光则认为应试之诗本来就难得佳作,不过他还是列举了五条较佳之作,但只是说这几则诗与作者入仕或成名有关,并不是说诗的艺术水平多么高超。

"魏野处士"条以较长篇幅评述魏野其人其诗,除评点名句外,还指出"其诗效白乐天体",继欧阳修说"仁宗朝有数达官……常慕白乐天体"之后,又将隐逸诗人列入"白体"行列,后世文学史家接受了他的说法。他还借用了《六一诗话》所录梅尧臣"状难写之景"的说法评价魏野的诗句。此外,他还提出"野人之趣"和"气味"两个颇为重要的诗歌审美理念。在宋代,他是较早以趣味论诗者。

以闲话散语方式谈论诗歌,是一种比较自由活泼的论诗方式,古今中外皆然。在中国古代诗学中,这种方式成了主要的诗学批评方式。其所谈论者,可以涉及有关诗歌的一切问题。《续诗话》

也是"以资闲谈"之作,其中所表述的诗学思想,与他居洛时期诗歌创作倾向一致,视诗歌为娱乐性情的闲情雅趣,而诗话所记者,都是文人们觉得有意趣的话题,是文酒诗会时的谈资,可以体现闲谈者的身份、阅历、学识、才情、修养、趣味等等。比如《六一诗话》和《续诗话》头条都是与朝廷帝王有关的诗话,这种编序有意无意间显示了"闲谈"者的身份和阅历。

《续诗话》三十一条中,有十余条记述文人与诗的趣事,又十余条记录当时人的一些诗句,这些诗句或"为时人所传诵",或得到司马光的欣赏。还有几条论及诗歌艺术。他对杜甫评价很高,认为"近世诗人唯杜子美最得诗人之体"。何谓"诗人之体"？他说:"古人为诗,贵于意在言外,使人思而得之。"他所举杜诗是《春望》(国破山河在)。在谈到陈亚郎中药名诗时,也谈到"诗家之体"。从他的解释和举例看,他所谓"诗家之体"主要是含蓄蕴藉微婉的表现风格和渊雅机智的文人意趣。不过他的艺术观很宽容,对于不同风格、不同题材、不同趣味的诗,他都能尽可能发现其佳处。

第五章　苏轼的诗学思想

苏轼论诗之语，散见于他的各种著述中。后人集其论诗之语，编为《东坡诗话》。这种《诗话》与北宋人自己定名为《诗话》的著作大不相同，虽然都是关于诗的话，但却绝不同于《六一诗话》那种"以资闲谈"的笔记式诗话，而是试图集其人论诗话语之大成的全编式诗话。编《东坡诗话》者，遍收苏轼各体著述中论诗之语，又广采他人笔记杂书所载苏轼论诗之语，集为诗话汇编，历代递相增补，后出益多。

《东坡诗话》之名最早见于北宋阮阅《诗总》，又晁公武《郡斋读书志》小说类作《东坡诗话》二卷，称苏轼"杂书有及诗者，好事者因集之成二卷"。《宋史·艺文志》子部小说类载《东坡诗话》一卷。元陈秀民编《东坡诗谈》三卷①，大体相当于苏诗纪事。《说郛》中有《东坡诗话》，仅三十二则。又日本人近藤元粹从《东坡志林》中抄出其系于诗者，辑成《东坡诗话补遗》六十六则，刊入《萤雪轩丛书》。又罗根泽称辑得《东坡诗话》一卷四十四条。②

今人王文龙著《东坡诗话全编笺评》③，共辑得三百余则，厘为

---

① 此书在《学海类编》中作《东坡诗话录》。
② 罗根泽：《中国文学批评史》，第3册后附录，《两宋诗话辑校叙录》。
③ 西南师范大学出版社，1996年版。

六卷,又附录三种:东坡论诗话,志异,乌台诗案。

今人吴文治主编《宋诗话全编》①收录徐中玉、朱桦编纂的《苏轼诗话》,"辑录苏轼诗话四百八十一则"。这是迄今为止规模最大的《东坡诗话》,唯所选欠精,时有无关于诗者。

苏轼的诗学思想,或不止于《诗话》所收编。历代文学史家论说苏轼诗学者甚多,本章尝试从某些新的视角探讨之。

第一节 苏轼的《诗经》论

《诗》学属经学,然而苏轼曾经试图从文学的角度解《诗》。他曾作《〈诗〉论》②云:

> 自仲尼之亡,六经之道,遂散而不可解。盖其患在于责其义之太深,而求其法之太切。夫六经之道,唯其近于人情,是以久传而不废。而世之迂学,乃皆曲为之说,虽其义之不至于此者,必强牵合以为如此,故其论委曲而莫通也。
>
> 夫圣人之为经……未尝不近于人情。……而况《诗》者,天下之人,匹夫匹妇羁臣贱隶悲忧愉佚之所为作也。夫天下之人,自伤其贫贱困苦之忧,而自述其丰美盛大之乐,上及于君臣父子,天下兴亡,治乱之迹,而下及于饮食、床笫、昆虫、草木之类,盖其中无所不具,而尚何以绳墨法度区区而求诸其间哉?此亦足以见其志之无所不通矣。夫圣人之于《诗》,以为其终要入于仁义,而不责其一言之无当,是以其意可观,而其言可通也。

---

① 江苏古籍出版社,1999 年版。
② 孔凡礼校点:《苏轼文集》,卷二,中华书局,1986 年版。以下引《苏轼文集》均依此本。

"近于人情",是苏轼解《诗》的主旨。苏轼认为解经不必太深、太切。这是针对烦琐经学的"迂学曲说"而言的。自汉儒以来,解《诗》者往往穿凿附会,如汉代齐、鲁、韩三家解诗,"差不多每一首都有了作者,有了微言大义的美刺,有了圣道王功的奇迹"①。《毛诗序》亦有此病。苏轼认为《诗》所表达的主要是各种人的各种情感,有忧有乐,有人情,也有感物之情。因而圣人对《诗》的理解,就切中"仁义"这个人情之要领。以人情为要领,《诗》中的志、意就可以理解了,《诗》之"言可通也"。

苏轼这种从文学意义上解《诗》的"近于人情"论,是对欧阳修"求《诗》之义者,以人情求之"(《〈诗〉本义》)观点的发扬。不过欧阳修着眼于接受者阐释的角度,苏轼则着眼于创作之本原。他们的《诗》学观都与宋学之疑古求新精神有关。

此外,"西昆体"之后,苏轼之前,有些诗人过分强调诗的政治教化功能,如石介等。苏轼之论,则强调诗与人情的关系,注重文学本位。他的"近于人情"说启发了朱熹的《国风》言情说,《诗集传》云:"凡《诗》之所谓《风》者,多出于里巷歌谣之作,所谓男女相与咏歌,各言其情者也。"

在这篇《〈诗〉论》里,苏轼还对诗之比兴进行辨析,具体地指出"今之《诗传》"一味以兴解《诗》,牵强附会,而"不知夫《诗》之体固有比矣"。苏轼认为这是导致"迂学曲说"的主要的思维误区。因为以兴解诗,必求其象征之深意,然而有些诗句其实的确只是个很实在的比喻,如"维鹊有巢,维鸠居之"等。苏轼认为比兴有别,然而他的辨析却颇费解。他说:

> 兴之为言,犹曰其意云尔。意有所触乎当时,时已去而不可知,故其类可以意推,而不可以言解也。"殷其雷,在南山之阳",此非有所取乎雷也,盖必其当时之所见而

---

① 罗根泽:《中国文学批评史》,第2节,第1册,第1章,第2篇。

第五章 苏轼的诗学思想

有动乎其意,故后之人不可以求得其说,此其所以为兴也。

苏轼对"比"未作解释,只说:

若夫"关关雎鸠,在河之洲",是诚有取于其挚而有别,是以谓之比而非兴也。

苏轼对比兴的理解,似与今人有异。而其意旨,似不在辨别比兴,而是不赞成"迂学曲说",而要还《诗》以"近于人情"之本性。

苏轼还有论文《问〈小雅〉周之衰》①。文中先论《诗》之中,唯周最备,而周之兴废,于诗为详"。《二南》见其风俗人情,《雅》、《颂》记其盛衰之史迹,《王·黍离》则是周王室式微,诸侯蜂起之证。然后重点论《小雅》:

《小雅》者,言王政之小,而兼陈乎其盛衰之际者也。夫幽、厉虽失道,文、武之业未坠,而宣王又从而中兴之一,故虽怨刺并兴,而未列于《国风》者,以为犹有王政存焉。

苏轼认为《大雅》是西周兴盛时期的诗,故以史诗颂之;《小雅》是周宣王中兴以后"盛衰之际"的诗,故有怨刺之意。这是延用《毛诗序》的意思:

雅者,正也,言王政之所由兴废也。政有大小,故有小雅焉,有大雅焉。

关于《诗》,苏轼还曾在《王定国诗集叙》②中论及:

太史公论《诗》,以为"《国风》好色而不淫,《小雅》怨诽而不乱"。以余观之,是特识变风、变雅耳,乌睹《诗》之正乎?昔先王之泽衰,然后变风发乎情,虽衰而未竭,是以犹止于礼义,以为贤于无所止者而已,若夫发于性止于

---

① 《苏轼文集》,第183页,卷六。
② 《苏轼文集》,第318页,卷十。

忠孝者,其诗岂可同日而语哉?

变风、变雅,指《风》、《雅》中周衰之际的作品。《毛诗序》云:

> 至于王道衰,礼义废,政教失,国异政,家殊俗,而变风、变雅作矣。

郑玄《诗谱序》以为自周夷王至陈灵公时的诗为变风、变雅。陆德明《经典释文》以为自《邶风》以下十三国风皆属变风。欧阳修也曾论述《诗》之正变问题。

苏轼所引"太史公论诗"之语,实乃司马迁引自淮南王刘安《离骚传》的话。此论历来为传统《诗》学认可,然东坡辨之,批评司马迁混淆了《诗》之正、变。此与宋学之疑古精神有关。其以"怨诽而不乱"为变雅,自是公论;然"好色而不淫",当指《国风》言情诗之全部,而非如东坡所言专指"变风"。

又《毛诗序》言"变风发乎情,止乎礼义。发乎情,民之性也;止乎礼义,先王之泽也",对民之性情是肯定的。而苏轼却认为变风变雅仅仅"贤于无所止者",而无法与"发于性止于忠孝者"相提并论。这就有贬低变风变雅、贬抑性情而过分强调礼义忠孝的意味。这与苏轼艺术思想的主流不谐。

第二节　苏轼的陶渊明论

陶渊明的诗名在宋以前并不显赫,但其人格精神和人生方式却一直受到称赞。据《宋书·隐逸传》载,当时许多达官贵人都与他结交。颜延之是当时文坛领袖之一,与陶是好友,陶死后,颜亲撰诔文,于其文章,只云"文取指达",而于其为人,则赞其"孤生介立之节"。钟嵘《诗品》虽然称陶为"古今隐逸诗人之宗",但只将其列为中品。《文心雕龙·才略》、《南齐书·文学传论》,均未载渊明。

钱钟书《谈艺录》第二十四条《陶渊明诗显晦》云:

> 渊明文名,至宋而极。永叔推《归去来辞》为晋文独一;东坡和陶,称为曹刘鲍谢李杜所不及。自是厥后,说诗者几于万口同声,翕然无间。

钱钟书认为唐诗人虽亦常常提及陶渊明,但并不是看重他的诗,而是欣赏他清高孤傲的品格和辞官归隐的自由生存方式,比如"初唐王无功,道渊明处最多,喜其饮酒,与己有同好,非赏其诗也"。尔后如王昌龄等(钱先生于文中共列出 28 人)"每赋重九、归来、县令、隐居诸题,偶用陶公故事"。"颜真卿咏陶渊明,美其志节,不及文辞"。王右丞"专论其嗜酒傲兀,未及其诗"。杜甫始将陶渊明与谢灵运并称,《夜听许十诵诗》云:"陶谢不枝梧,风骚共推激。"《江上值水如海势》云:"焉得思如陶谢手,令渠述作与同游。"《石柜阁》云:"优游谢康乐,放浪陶彭泽。"略有推重其诗之意,然而重点仍在标举其"优游"、"放浪"。而且他还明确批评道:"陶潜避俗翁,未必能达道。观其著诗集,颇亦恨枯槁。"①可见老杜对陶诗并无偏爱。白居易最早写效陶诗,然其《效陶潜体诗十六首》云"篇篇劝我饮,此外无所云",对陶诗评价并不高。钱先生总结道:"可见渊明在六代三唐,正以知希为贵。"②

"渊明文名,至宋而极"的论断是准确的。苏轼正是使渊明文名达到极至的关键人物。他熟稔陶集,尽和陶诗。此前从未有人如此追和古人之诗,苏轼开创了这种阅读和创作方式;此前也从未有人如此关注并推崇陶诗,苏轼在漫长的谪居岁月中,以陶诗为精神食粮,一一赏读之,题写之,评论之,从而形成了内涵丰富的苏氏陶学。

苏轼在黄州得友人赠送江州东林寺藏本《陶渊明诗集》,如获至宝。《书渊明〈羲农去我久〉诗》云:

---

① 《遣兴》之三。
② 以上参《谈艺录》。

余闻江州东林寺有《陶渊明诗集》，方欲遣人求之，而李江州忽送一部遗予，字大纸厚，甚可喜也。每体中不佳，辄取读，不过一篇，唯恐读尽，后无以自遣耳。①

元丰五年（1082年）春，苏轼在东坡雪堂眺望四围山水，吟咏陶渊明《斜川诗》，神交前贤，遂生"此亦斜川"之感慨，因作《江城子》词云：

　　梦中了了醉中醒，只渊明，是前生，走遍人间，依旧却躬耕……都是斜川当日境，吾老矣，寄余龄。

绍圣元年（1094年），苏轼谪居岭南。绍圣三年正月五日，苏轼与儿子苏过出游，父子各和陶渊明《游斜川》诗。惠州虽无斜川，但苏家父子却不乏陶令情怀。苏轼《游斜川和正月五日与儿子过出游作》②诗云：

　　谪居淡无事，何异老且休。
　　虽过靖节年，未失斜川游
　　……
　　过子诗似翁，我唱儿辄酬。
　　未知陶彭泽，颇有此乐否？

居儋耳期间，他曾写信给苏辙云：

　　然吾于渊明，岂独好其诗也哉？如其为人，实有感焉。渊明临终疏告俨等，"吾少而穷苦，每以家弊，东西游走；性刚才拙，与物多忤。自量为己，必贻俗患。僶俛辞世，使汝等幼而饥寒"。渊明此语，盖实录也。吾真有此病而不早自知，半生出仕，以犯世患，此所以深愧渊明，欲以晚节师范其万一也。③

---

① 《苏轼文集》，第2091页。
② 四库本《东坡诗集注》，卷三十一。下引苏诗均依此本。
③ 苏辙：《追和陶渊明诗引》，见四库本《东坡诗集注》，卷三十一。

第五章 苏轼的诗学思想

苏轼后半生以陶集相伴,以陶为异代同类,绍圣二年在惠州《书渊明〈东方有一士诗〉后》云:"我即渊明,渊明即我也。"①他对陶渊明的审美关注,既在于人格精神,又在于文学价值。他在这两方面对陶的理解都有超越前人之处。

在人格精神方面,苏轼对陶渊明的赞赏和阐释,侧重在真、清、适三个层面。胡仔《渔隐丛话前集》(四库本)卷三载东坡云:

> 陶渊明欲仕则仕,不以求之为嫌;欲隐则隐,不以去之为高;饥则叩门而乞食,饱则鸡黍以迎客。古今贤之,贵其真也。②

又惠洪《冷斋夜话》(四库本)卷一载:

> 东坡每曰:"古人所贵者,贵其真。陶渊明耻为五斗米屈于乡里小儿,弃官去归。久之,复游城郭,偶有羡于华轩。"

苏轼从任性葆真的意义上阐释陶渊明的仕、隐态度,这或许掺入了他自己的人生体验和审美趣尚。陶渊明在辞彭泽令归隐前的十年中,数隐数仕,其原因不能全用一个"真"字解释。龚斌《陶渊明集校笺·前言》云:"他的忽仕忽隐,大致有三方面的原因:一是为贫,即出仕以救家乏;二是与当时的政治局面有关;三是个性与社会的冲突。"③

苏轼论渊明,所据之书或有《宋书·陶潜传》及萧统《陶渊明传》,然二《传》有失实处,如"不愿为五斗米折腰"之事,当代学者已数辨其误。④

不过苏轼论陶而"贵其真",从审美意义上说却是十分准确的。

---

① 《苏轼文集》,第 2115 页。
② 《苏轼文集》,第 2148 页,收此条题为《书李简夫诗集后》。
③ 第 2 页,上海古籍出版社,1996 年版。
④ 徐公持:《魏晋文学史》,人民文学出版社,1999 年版。

任性葆真,无饰无伪,确系渊明人品行藏之本色,苏轼深会于心而数发于言,《和〈饮酒〉二十首》之三云:

> 道丧士失己,出语辄不情。
> 江左风流人,醉中亦求名。
> 渊明独清真,谈笑得此生。
> 身如受风竹,掩冉众叶惊。
> 俯仰各有态,得酒诗自成。①

值得注意的是,这里又多了个"清"字。清是古典美学中一个古老而常新的命题,其蕴含十分丰富。从真的意义上说,清则无隐,真则无伪,二者近义。然而在宋人的审美意识里,清还常常与俗对举,有清雅、清高等许多含义。苏轼这里说"渊明独清真",重点是强调他既不丧道而"失己",又不随俗以"求名",而能超脱世俗,独守清雅真实之自我,且能从容不迫地笑对人生。这正是庄子哲学中的遗世独立精神。陶、苏皆出入于庄子哲学,于此同有会心。

如果说葆真守清是人生出处之原则,那么"适"则是比较具体实在的生存态度。人能认真而且脱俗固然可贵,但生命是实在的,需要物质和精神的双重爱惜和维持。每个人面对自己所处的物质和精神环境,都须采取相应的态度。苏轼接受释家哲学之随缘观念,对自己的人生际遇采取随缘自适的态度,以应付人生旅途上的种种无常,以消解纷纭世事给他带来的种种苦难。他用"自适"来解释并未接受释家哲学的陶渊明的人生态度,其实是想从陶渊明那里寻找文化认同。这就多少有点借古人酒杯浇自己胸中块垒的味道。陶渊明《饮酒二十首》②其七云:

> 秋菊有佳色,裛露掇其英。

---

① 《东坡诗集注》,卷三十一。
② 四库本《陶渊明集》。下引陶诗均依此本。

> 泛此无忧物，远我遗世情。
> 一觞虽独进，杯尽壶自倾。
> 日入群动息，飞鸟趋林鸣。
> 啸傲东窗下，聊复得此生。

陶诗表达的是遗世独立、清高自赏、饮酒忘忧、回归自然以求自由的意思，基本属于道家哲学。而苏轼则从中体会到"自适"的态度。他在诗后题写道：

> 靖节以无事自适为得此生，则凡役于物者，非失此生耶？①

道、释哲学都提倡不役于物，而超脱物役才能"无事自适"。苏轼用不役于物这个道、释相通的前提，把道家哲学之自由观和释家哲学之自适观融会贯通，把陶渊明委运乘化之论发挥为"自适"哲学。

其实陶渊明遗世之自由和苏轼自适之自由是有重大区别的，这与他们的认识论和生命哲学观念有关。陶渊明认为人之形与神都是有限的，肉体之形灭亡之际，精神亦与之俱灭，因而他主张委运乘化，不喜不惧。他在其诗、文中多次表述这种人生观念和态度，如《形影神》云"黯尔俱时灭"、"身没名亦尽"、"三皇大圣人，今复在何处？"意谓形神俱灭。他因此"甚念伤吾生，正宜委运去。纵浪大化中，不喜亦不惧。应尽便须尽，无复独多虑"。

一般说来，运即时运，包括自然的运行和社会的运作；化即变化，指自然或世事的变化过程和变化规律。委运乘化当是顺应时运、适应变化之意。不过陶渊明的人生哲学倾向于回归自然以求自由，所以他所说的运化，主要是指自然之运化。而他所谓"大化"，又主要是指自然生命由生到死的变化过程。苏轼赞同陶对物质生命有限性的领悟和随物而化的观点，《书渊明饮酒诗后》云：

---

① 《题渊明诗二首》，《苏轼文集》，第 2091 页。

《饮酒》诗云:"客养千金躯,临化消其宝。"宝不过躯,躯化则宝已矣。人言靖节不知道,吾不信也。①

又《书渊明〈酬刘柴桑诗〉》云:

……陶彭泽云:"今我不为乐,知有来岁不?"此言真可谓惕然也。②

但在精神是否不灭的问题上,在委运乘化是否只限于回归自然的问题上,他却与陶有异。他因陶之《形影神》而作《问渊明》③诗,表述了自己对生命的理解和人生态度:

子知神非形,何复异人天。
岂惟三才中,所在靡不然。
我引而高之,则为日星悬。
我散而卑之,宁非山与川。
三皇虽云没,至今在我前。
八百要有终,彭祖非永年。
皇皇谋一醉,发此露槿妍。
有酒不辞醉,无酒斯饮泉。
立善求我誉,饥人食馋涎。
委运忧伤生,运去生亦迁。
纵浪大化中,正为化所缠。
应尽便须尽,宁复俟此言。

前十二句阐述形有限而神无限之理,强调人的精神是可以普遍而且永恒的。他认为神与形不同,"所在靡不然","三皇虽云没,至今在我前",意即精神永恒。关于人生态度,苏认为陶"甚念伤吾生,正宜委运去"是未能超越生之忧虑,因而难以"委运去"。而且执意要"纵浪大化中",则必为"大化"(自然)所缠。苏轼觉得不如

---

① ② 《苏轼文集》,第 2112 页,第 2115 页。
③ 《东坡诗集注》,卷三十一。

第五章 苏轼的诗学思想

随缘自适,随遇而安。比如饮酒,有酒就饮酒,喝醉也无妨;没酒就喝泉水。这就是适的态度。他在《书渊明诗二首》①中通过对比说明此理:

> 孔文举云:"座上客常满,樽中酒不空。吾无事矣。"此语甚得酒中趣。及见渊明云:"偶有佳酒,无夕不倾,顾影独尽,悠然复醉。"便觉文举多事矣。

苏轼认为孔融和陶的区别是:孔有所期待,他的"无事"之乐是有条件(酒与客)的;陶则纯然无所期待,所遇皆凭偶然,不是期求,只是适应。这是人的精神能否达到自由境界的关键。苏轼对陶的这种解释,显然又有点苏学的味道。

苏轼对陶渊明之行事,也偶有微词。《渔隐丛话前集》卷三载东坡云:

> 渊明得一食,至欲以冥谢主人,哀哉!哀哉!此大类丐者口颊也,非独余哀之,举世莫不哀之也。饥寒常在身前,声名常在身后,二者不相待,此士之所以穷也。

这种为渊明而悲哀的情感中,固然主要是哀其贫困无奈,但也含有哀其不争之意,"大类丐者口颊",苏子显然很不赞成。

苏轼对陶诗审美价值的理解和阐释,在陶诗接受史上具有里程碑的意义。他谪居儋耳时,有书寄苏辙云:

> 古之诗人有拟古之作矣,未有追和古人者也。追和古人,则始于吾。吾于诗人无所甚好,独好渊明之诗。渊明作诗不多,然其诗质而实绮,癯而实腴。自曹刘鲍谢李杜诸人,皆莫及也。吾前后和其诗凡一百有九篇,至其得意,自谓不甚愧渊明。今将集而并录之,以遗后之君子。②

---

① 《苏轼文集》,第 2112 页。
② 苏辙:《追和陶渊明诗引》,见《东坡诗集注》,卷三十一。

苏轼独好渊明之诗,并说"曹刘鲍谢李杜诸人,皆莫及也",表明他对陶诗的特别偏爱。这与他当时的处境和心境有关。然而后人不能完全认同他的评判。清何焯批校《陶渊明集》云:

> 曹刘以下六人,岂肯少让渊明哉!欲推尊渊明而抑诸人为莫及焉,坡公之论过矣。夫亦曰以诸人之诗较之渊明,譬之春兰秋菊,不同其芳;菜羹肉脍,各有其味,听人之自好耳。如此乃为公论。坡公才情豪逸奔放,晚年率归平淡,乃悉取渊明集中诗追和之,此是好陶之至,不自知其言之病也。

但是对陶诗"质而实绮,癯而实腴"审美品质的阐发,却成了令所有后人信服的至理名言。这是一种富于对立统一哲学的艺术观。苏轼还曾将他对陶诗的这种审美发现推而广之,品评其他诗人或其他艺术。《书唐氏六家书后》①云:

> 永禅师书,骨气深稳,体兼众妙,精能之至,反造疏淡,如观陶彭泽诗,初若散缓不收,反复不已,乃识其奇趣。

又《评韩、柳诗》②云:

> 所贵乎枯淡者,谓其外枯而中膏,似淡而实美。渊明、子厚之流是也。若中边皆枯淡,亦何足道?

又《书黄子思诗集后》③云:

> 韦应物、柳宗元发纤浓于简古,寄至味于淡泊,非余子所及也。

苏轼在具体地品评陶诗时,也渗透着这种审美发现。他十分注意陶诗质朴清癯的外表下蕴含着的"妙处"。如《题渊明诗二首》云:

> 陶靖节云:"平畴返远风,良苗亦怀新。"非古之偶耕

---

①②③《苏轼文集》,第2206页,第2109页,第2124页。

植杖者,不能道此语。非余之世农,亦不能识此语之妙。①

《题渊明〈饮酒诗〉后》云:

"采菊东篱下,悠然见南山。"顺采菊而见山,境与意会,此句最有妙处。近岁俗本皆作"望南山"。则此一篇神气都索然矣。古人用意深微,而俗士率然妄以意改,此最可疾。②

惠洪《冷斋夜话》卷一《东坡得陶渊明之遗意》载:

东坡尝曰:"渊明诗初看若散缓,熟看有奇句。如'日暮巾柴车,路暗光已夕。归人望烟火,稚子候檐隙。'又曰:'采菊东篱下,悠然见南山。'又曰:'霭霭远人村,依依墟里烟。犬吠深巷中,鸡鸣桑树颠。'大率才高意远,则所寓得其妙,造语精到之至,遂能如此。似大匠运斤,不见斧凿之痕。"

由于苏轼的发明和推广,陶渊明在宋代名声大振。陈师道《后山诗话》云:

渊明不为诗,直写胸中之妙尔。③

范温以韵为艺术的最佳境界,他借鉴苏轼对陶诗的发明,进一步阐述陶诗有韵,达到了艺术佳境。《潜溪诗眼》论韵曰:

唯陶彭泽体兼众妙,不露锋芒,故曰"质而实绮,癯而实腴","初若散缓不收,反复观之,乃得其奇处"。夫绮而腴,与其奇处,韵之所从生;行乎质与癯而又若散缓不收

---

①② 《苏轼文集》,第 2091 页,第 2092 页。
③ 此语究竟是属陈师道,还是陈转述苏轼的话,尚难断定。四库本《后山诗话》将此语抄写在"苏子瞻云"之下,未言所据版本。《历代诗话》本《后山诗话》,"苏子瞻云……"一段仅数语,而将此语及其所在之前后数句另起一段,则非苏语,而为陈语。亦不知其所据。

者,韵于是乎成。①

黄庭坚对苏轼非常尊崇,对苏轼之尊陶也予以赞同。《跋子瞻和陶诗》②云:

> 子瞻谪岭南……细和渊明诗。彭泽千载人,东坡百世士。出处虽不同,风味乃相似。

张戒专以"有味"论陶诗,其实也是受了苏轼的启发。《岁寒堂诗话》卷上云:

> 陶渊明诗专以味胜。
>
> 味有不可及者,渊明是也。渊明"狗吠深巷中,鸡鸣桑树颠"、"采菊东篱下,悠然见南山",此景物虽在目前,而非至闲至静之中则不能到。此味不可及也。

杨万里《诚斋诗话》云:

> 五言古诗,句雅淡而味深长者,陶渊明、柳子厚也。

姜夔《白石道人诗说》云:

> 陶渊明天资既高,趣诣又远,故其诗散而庄,淡而腴,断不容作邯郸步也。

严羽《沧浪诗话·诗评》云:

> 渊明之诗质而自然耳。

这些意思显然都是继苏轼之论而来。查宋人诗话、诗论类,言及陶诗者不下数十种,竟无人能超越苏轼论陶之见识。因苏轼的倡导和发明,陶诗在宋代成为具有很高地位的艺术楷模,成为评论家的热门话题。

---

① 钱钟书:《管锥编》,第 1361 页,第四册,中华书局,1979 年版。
② 四库本《山谷集》,卷七。

第三节 苏轼的唐诗论

一、"有徐、庾风气"——论唐太宗诗

洪迈《容斋随笔》(四库本)四笔卷十《东坡题潭贴》条载东坡题唐太宗诗后云:

> 唐太宗作诗至多,亦有徐、庾风气,而世不传,独于《初学记》时时见之。

唐太宗诗确"有徐、庾风气",即所谓宫体诗的风气。苏轼有识于此,可谓慧眼。但唐太宗诗之风气不止于此,苏轼亦只言其一点而已。《全唐诗》卷一收太宗诗一卷共九十八首(其中六首又作董思恭诗),《全唐诗外编》收佚诗三首。其诗颇有帝王气象,大抵写江山风景、宫廷气象之类,风格比较华贵。徐坚《初学记》三十卷成书于开元中,于各卷中分类收有唐太宗诗。苏轼所言"于《初学记》时时见之"者,当是这些,并非太宗诗之全貌。明胡震亨说他对七律的形成有"首辟吟源"之功。① 《全唐诗》卷一太宗小传云:"有唐三百年风雅之盛,帝实有以启之焉。"

二、"韵高而才短"——论孟浩然诗

《后山诗话》载:

> 子瞻谓孟浩然之诗,韵高而才短,如造内法酒手而无材料尔。②

宋人言韵,有"不俗"、"有余味"等含义,是很高的审美境界。苏轼说孟浩然诗韵高,并将孟喻为"造内法酒手",这是很高的评

---

① 《唐音癸签》,卷五。
② 《历代诗话》,第39条。

价。"内法酒"即宫廷御酒,能造内法酒者自然是高手。苏轼以之喻孟,称赞他为作诗之高手,又称其诗"韵高",这与前人对孟诗的评论是一致的。如李白《赠孟浩然》云:

  吾爱孟夫子,风流天下闻。
  红颜弃轩冕,白首卧松云。
  醉月频中圣,迷花不事君。
  高山安可仰,徒此揖清芬。

杜甫《解闷十二首》之六云:

  复忆襄阳孟浩然,清诗句句尽堪传。

殷璠云《河岳英灵集》卷中云:

  浩然诗文彩丰茸,经纬绵密,半遵雅调,全削凡体。至如"众山遥对酒,孤屿共题诗",无论兴象,兼复故实。又"气蒸云梦泽,波动岳阳城",亦为高唱。

王士源《孟浩然集序》云:

  骨貌淑清,风神散朗。
  ……
  学不为儒,务掇菁藻;
  文不按古,匠心独妙;
  五言诗天下,称其尽美矣。

皮日休《郢州孟亭记》云:

  先生之作,遇景入咏,不钩奇抉异,令龌龊束人口者,涵涵然有干霄之兴,若公输氏当巧而不巧者也。

参考前人的评论和孟浩然诗来理解"韵高",或有高雅脱俗,有妙悟,有格调,含蓄蕴藉、醇至飘逸等含义。

至于"才短",显然是言孟之短处。如大内造酒高手却缺少材料,这个比喻有点模糊。从"韵高"之论看,"才短"当不是说缺少天赋才情,而是指缺少"材料"。但"材料"又是指什么呢?后人继苏轼而作的一些解释,或可有助于理解这一问题。如张戒《岁寒堂诗话》卷上云：

> 子瞻云浩然诗如内库法酒，却是上尊之规模，但欠酒才尔。此论尽之。

严羽《沧浪诗话·诗辨》云：

> 大抵禅道惟在妙悟，诗道亦在妙悟。且孟襄阳学力下韩退之远甚，而其诗独出退之之上者，一味妙悟而已。惟悟乃为当行，乃为本色。

如此看来，"才短"、"无材料"当有两层意思。一指内容、题材比较单薄，不够丰富；二指学问不够深厚渊博。宋人"以才学为诗"①，孟浩然则是以灵气、悟性为诗者。

三、"诗中有画"——论王维诗

苏轼对王维最著名的评论是诗画论：

> 味摩诘之诗，诗中有画；观摩诘之画，画中有诗。诗曰："蓝溪白石出，玉川红叶稀。山路元无雨，空翠湿人衣。"此摩诘之诗也。或曰非也，好事者以补摩诘之遗。②

又题《王维吴道子画》③云：

> 摩诘本诗老，佩芷袭芳荪。
> 今观此壁画，亦若其诗清且敦。

又《题王维画》④云：

> 摩诘本词客，亦自名画师。
> 平生出入辋川上，鸟飞鱼泳嫌人知。
> 山光盎盎著眉睫，水声活活流肝脾。

---

① 《沧浪诗话·诗辨》。
② 四库本《渔隐丛话·前集》，卷十五，《王摩诘》条载"东坡云"。
③ 《东坡诗集注》，卷四。
④ 四库本《苏诗补注》，卷四十七。

> 行吟坐咏皆自见,飘然不作世俗辞。
> 高情不尽落缣素,连山绝涧开重帷。

《次韵黄鲁直书伯时所画王摩诘》①云:

> 前身陶彭泽,后身韦苏州。
> 欲觅王右丞,还向五字求。
> 诗人与画手,兰菊芳春秋。
> 又恐两皆是,分身来入流。

王维是画家,又是诗人,他的诗有时为读者提供富于画意的想像空间。苏轼从诗情与画意融洽的角度体会王维诗的特点,认为诗与画具有相通的艺术规律。他曾不止一次表述这种艺术见解,如《书鄢陵王主簿所画折枝二首》②其一云:

> 论画以形似,见与儿童邻。
> 赋诗必此诗,定非知诗人。
> 诗画本一律,天工与清新。
> 边鸾雀写生,赵昌花传神。
> 何如此两幅,疏淡含精匀。
> 谁言一点红,解寄无边春。

《韩干马》③云:

> 少陵翰墨无形画,韩干丹青不语诗。
> 此画此诗直已矣,人间驽骥漫争驰。

苏轼对王维的评论与王维对自己的体认也相吻合。葛立方《韵语阳秋》卷十四载:

> 王摩诘自谓"宿世谬词客,前身应画师"。故窦蒙所著《画拾遗》称之云:"诗合《国风》公干之能,画关山水子华之圣。加以心融物外,道契玄微,则其用笔清润秀整,

---

① ② 《东坡诗集注》,卷二十七。
③ 《苏诗补注》,卷四十八。

岂他人之可并哉?"

苏轼说王维诗"诗中有画",启发了后人许多类似的评论,也引起一些质疑。因为这一论断涉及两个诗学原理性的问题。一是"诗中有画"能否概括王维诗的特点或主要特点。二是诗画有别,到底是两个相距较远的艺术门类,诗在更多的情况下是不可画的。

不可否认,许多以自然物象为题材的诗的确具有可供想像的画面感,诗情和画意可以通过想像融会贯通,王维的一些山水田园诗尤其具备这种审美特质,因此苏轼的评点是合乎事实的。苏轼并没说这是王维诗的主要特点或唯一特点,也没说王维所有的诗中都有画。苏轼还谈到王维诗前承陶渊明,后启韦应物,具有"清且敦"的审美品质,其五言诗最能代表其风貌。这些见识都很中肯。

四、"飘逸绝尘,而伤于易"——论李白其人其诗

苏轼《李太白碑阴记》①云:

> 李太白,狂士也。又尝失节于永王璘,此岂济世之人哉?而毕文简公以王佐期之,不亦过乎!曰:士固有大言而无实,虚名不适于用者,然不可以此料天下士。士以气为主。方高力士用事,公卿大夫争事之,而太白使脱靴殿上,固已气盖天下矣。使之得志,必不肯附权悻以取荣,其肯从君于昏乎?夏侯湛赞东方生云:"开济明豁,包含宏大。陵轹卿相,嘲哂豪杰。笼罩靡前,跆籍贵势。出不休显,贱不忧戚。戏万乘若僚友,视俦列如草介。雄节迈伦,高气盖世。可谓拔乎其萃,游方之外者也。"吾于太白亦云:太白之从永王璘,当由迫胁。不然,璘之狂肆寝陋,虽庸人知其必败也。太白识郭子仪之为人杰,而不能知

---

① 《苏轼文集》,卷三十七。

璘之无成,此理之必不然者也。吾不可以不辨。

这段话主要是为李白"从璘"之事辩白,反映出苏轼对李白性格、才识的看法。他认为李白是狂士,自非王佐之才,但却有正气和豪气,且有分辨是非的见识,因而从璘"当由迫胁"。有趣的是,苏轼引夏侯湛赞美东方朔的话赞誉李白,表明对李白恃才傲物、狂放不羁的自由性情的偏爱。又《书丹元子所示李太白真》①诗,言李白乃神仙,暂游人间,并非被谪之仙。关于李白诗,苏轼既赞其飘逸,又批评其伤于易。《书学太白诗》②云:"李白诗飘逸绝尘,而伤于易。"

苏轼还有《丹元子示诗,飘飘然有谪仙风气,吴传正继作,复次其韵》③诗,认为丹元子诗"飘飘然"而以谪仙诗类比称誉之。《渔隐丛话前集》卷五《李谪仙》条载东坡云:"太白豪俊,语不甚择,集中亦往往有临时率然之句。"

苏轼此论,后人多有赞同者。严羽《沧浪诗话·诗评》云:"太白天才豪逸,语多率然而成者。"陈师道甚至认为苏轼诗也学了李白的优点和缺点,《后山诗话》云:"晚学太白,至其得意,则似之矣。然失之粗,以其得之易也。"

五、"天下之能事毕矣"——论杜甫其人其诗

欧阳修偏爱李白而不喜欢杜诗,苏轼则二者并尊而皆爱之。苏轼对杜甫的评价很高,认为杜甫是前代诗歌的一座难以逾越的高峰,是集大成者。唐代元稹首开尊杜之说,其《唐故工部员外郎杜君墓系铭并序》云:

至于子美,盖所谓上薄风、骚,下该沈、宋,古傍苏、

---

① 《东坡诗集注》,卷二十一。
② 《苏轼文集》,第2098页。
③ 《东坡诗集注》,卷十四。

第五章 苏轼的诗学思想

李,气夺曹、刘,掩颜、谢之孤高,杂徐、庾之流丽,尽得古人之体势,而且兼今人之所独专矣。

宋祁《新唐书·杜甫传》取元稹之意:

> 至甫,浑涵汪茫,千汇万状,兼古今而有之。

苏轼承元、宋之意,《书吴道子画后》①云:

> 智者创物,能者述焉,非一人而成也。君子之于学,百工之于技,自三代历汉至唐而备矣。故诗至于杜子美,文至于韩退之,书至于颜鲁公,画至于吴道子,而古今之变,天下之能事毕矣。

苏轼在这里不是专论杜诗,而是综合诗、文、书、画之意,说明文化积累的过程。但"天下之能事毕矣",的确是很高的评价。秦观也曾在《韩愈论》②中发挥元稹之意:

> 杜子美之于诗,实积众家之长,适当其时而已。昔苏武、李陵之诗长于高妙,曹植、刘公干之诗长于豪逸,陶潜、阮籍之诗长于冲澹,谢灵运、鲍照之诗长于峻洁,徐陵、庾信之诗长于藻丽。于是杜子美者,穷高妙之格,极豪逸之气,包冲澹之趣,兼峻洁之姿,备藻丽之态,而诸家之作所不及焉。然不集诸家之长,杜氏亦不能独至于斯也。

苏轼对杜诗的评价,被陈师道概括为"集大成"。《后山诗话》第十一条、第四十二条载:

> 子瞻谓杜诗、韩文、颜书、左史皆集大成也。

可知在北宋时期,对杜诗"集大成"的评价已经成为人们的共识。后世多有祖述此意者。此外,苏轼对杜诗还有一些具体的评

---

① 《苏轼文集》,第 2210 页。
② 四库本《淮海集》,卷二十二。

说。如《荔枝似江瑶柱说》①云：

> 仆尝问："荔枝何所似？"或曰："似龙眼。"坐客皆笑其陋。荔枝实无所似也。仆曰："荔枝似江瑶柱。"应者皆抚然。仆亦不辩。昨日见毕仲游，仆问："杜甫似何人？"仲游曰："似司马迁。"仆喜而不答，盖与曩言会也。

苏轼用比况的方法说明杜诗具有"诗史"的特点。荔枝似龙眼的比况所以浅陋，是因为只着眼于形似。荔枝似江瑶柱的比况，是内在品性的比况，意谓二者皆美食，然均不可多食，多食荔枝则内热，多食江瑶柱则"发风动气"（苏轼评黄庭坚诗语）。杜甫似司马迁，是文化品质的比况，是讲司马迁之史和杜甫之诗都具有深厚博大的人文内涵，一似史诗，一似诗史，这是神似。

杜诗被誉为"诗史"的一个重要原因是诗人深切关注君国时事并且述之于诗。苏轼注意到了这一点，《仇池笔记》卷上《子美诗外有事在》云：

> 子美自比稷与契，人未必许也。然其诗云："舜举十六相，身尊道亦高。秦时用商鞅，法令如牛毛。"此自是稷、契辈人口中语也。又云："知名未足称，局促商山芝。"又云："王侯与蝼蚁，同尽随丘墟。愿闻第一义，回向心地切。"乃知子美诗外尚有事在也。

又《王定国诗集叙》②云：

> 古今诗人众矣，而杜子美为首。岂非以其流落饥寒，终身不用，而一饭未尝忘君也欤？

又《与王定国书》③云：

> （杜子美）在困穷之中，一饮一食，未尝忘君，诗人以来，一人而已。

---

① 《东坡志林》，卷十一。
②③ 《苏轼文集》，第 318 页，第 1517 页。

又罗大经《鹤林玉露》卷六"李杜"条引东坡语：

《北征》诗识君臣大体,忠义之气,与秋色争高,可贵也。

杜诗渊博丰富,而苏轼特别拈出君臣之义,反复申说,这或许有借古人酒杯,浇自己心中块垒之意。《王定国诗集序》作于谪黄州期间,正是苏轼"流落饥寒"之际。而"一饭未尝忘君",恰恰也是苏轼忠义之气的生动写照。苏轼《次韵张安道读杜诗》①有"谁知杜陵杰,名与谪仙高。……诗人例穷苦,天意遣奔逃"之叹,也包含着自己的人生体验。

苏轼也曾注意到杜甫性格的另一面,《书子美黄四娘诗》②云：

子美诗云："黄四娘家花满溪……"东坡云：此诗虽不佳,可以见子美清狂野逸之态,故仆喜书之。

"清狂野逸"通常是古代文人自许或相互欣赏时常用的词汇。苏轼这里也是褒语,透出偏爱之意。

苏轼也曾如欧阳修一样批评杜甫诗"村陋",《仇池笔记》卷下《杜甫诗》条云：

杜甫诗固无敌,然自"致远"已下句,真村陋也。……然亦不能掩其美也。

六、"诗格之变,自退之始"——评韩愈诗

继王禹偁、柳开、欧阳修等人尊韩之后,苏轼对韩愈也很推重。关于韩诗,他准确地把握其"豪放奇险"的特点,并明确指出其在诗史上的"变格"作用。《苕溪渔隐丛话》前集卷十七、《诗人玉屑》卷十五均引苏轼语：

书之美者,莫如颜鲁公,然书法之坏,自鲁公始。诗

---

① 《东坡诗集注》,卷十二。
② 《苏轼文集》,第2103页。

之美者,莫如韩退之,然诗格之变,自退之始。

在肯定韩诗之美的同时,提出"诗格之变,自退之始"的诗学判断。何谓"诗格之变"呢?他在《评韩、柳诗》时曾有"退之豪放奇险"的评语。这固然是很切合韩诗风格特点的评论,然而"诗格之变"的含义尚不在此。陈师道《后山诗话》载:

> 黄鲁直云:"杜之诗法出审言,句法出庾信,但过之尔。杜之诗法,韩之文法也。诗文各有体,韩以文为诗,杜以诗为文,故不工尔。"
>
> 退之以文为诗……虽极天下之工,要非本色。①

魏泰《东轩笔录》②卷十二、《临汉隐居诗话》③、惠洪《冷斋夜话》卷二均载:

> 沈括存中、吕惠卿吉甫、王存正仲、李常公择,治平中,同在馆下谈诗。存中曰:"韩退之诗乃押韵之文耳,虽健美富赡,而终不近古。"吉甫曰:"诗正当如是。我谓诗人以来,未有如退之也。"

刘辰翁《赵仲仁诗序》④云:

> 文人兼诗,诗不兼文也。……韩、苏倾竭变化,如雷霆河汉,可惊可快,必无复可撼者,盖以其文人之诗也。诗犹文也,尽如口语,岂不更胜?

这些话都涉及诗史发展过程中尊体与破体的问题。刘勰《文心雕龙·风骨》篇首倡"昭体"和"晓变"之论,自此以后,各体文学发展流变进程中之辨体、尊体和破体问题,不断引起文学史家的关注。宋人对文学之尊体与破体问题持有清醒的理性态度。苏轼"诗格之变,自退之始"的论断,就是以辨体为前提,论

---

① ③ 《历代诗话》,第 303、309 页,第 323 页。
② 第 141 页,中华书局,1983 年版。
④ 四部丛刊本《须溪集》,卷六。

韩愈对诗体的创造性改变。"诗格",当是指诗作为一种文学样式所具有的独特格式、体裁。"诗格之变,自退之始",就是说韩愈"以文为诗",从而打破了诗、文的壁垒,将散文的作法引入了诗歌的创作。

需要进一步辨析的问题是,苏轼到底是批评韩愈破坏了诗的体式的纯粹性呢?还是赞成他做出了开拓性的贡献?黄庭坚、陈师道的话是批评韩、杜破体,因而使诗不像诗,文不像文,"故不工尔"。魏泰记载的是两种意见的争论,各执一词。刘辰翁的话则是对"诗犹文也"的肯定。苏轼的论断早于这些人,他似乎只是在陈述一个现象,或者说一种发现,未加臧否。虽然与"诗格之变"相对的话是"书法之坏",但"坏"与"变"大约都是突破了已成体式的意思。

七、"发纤秾于简古,寄至味于淡泊"——评柳宗元诗

苏轼酷爱陶渊明诗已见上述。他认为柳诗与陶诗品味相类,因而也予以偏爱。并在评论柳诗时,提出了许多著名的诗学、美学理念。《渔隐丛话·前集》卷十九《柳柳州》条载东坡云:

> 柳子厚诗在陶渊明下,韦苏州上。退之豪放奇险则过之,而温丽靖深不及也。所贵乎枯淡者,谓其外枯而中膏,似淡而实美,渊明、子厚之流是也。若中边皆枯淡,亦何足道。佛云:"如人食蜜,中边皆甜。"人食五味,知其甘苦者皆是,能分别其中边者,百无一二也。

《书黄子思诗集后》[①]云:

> 李、杜之后,诗人继作,虽间有远韵,而才不逮意。独韦应物、柳宗元发纤秾于简古,寄至味于淡泊,非余子所及也。

---

① 《苏轼文集》,第2124页。

这些话包括对柳诗之风格和诗史地位的评判。在诗学史上，以陶、柳、韦并称，始于苏轼。苏轼《与程全父书》①云：

> 流转海外，如逃空谷，既无与晤语者，又书籍举无有，唯陶渊明一集，柳子厚诗文数策，常置左右，目为二友。

陆游《老学庵笔记》卷九云：

> 东坡在岭海间，最喜读陶渊明、柳子厚二集，谓之南迁二友。

苏轼对陶、柳二家的确独有会心。柳诗在陶下韦上之论，虽引起后世批评家许多争议，但基本符合实际。苏轼因柳诗而提出的几个诗学审美理念，受到后人普遍关注和认同。"温丽靖深"，"外枯而中膏，似淡而实美"、"发纤秾于简古，寄至味于淡泊"之论，与他评陶诗所言"质而实绮，癯而实腴"之论同理，都是阐释一种平淡而渊博、自然而精微、古朴而绮丽的审美品质，并从而揭示一种相反相成、对立统一的艺术辩证法。苏轼认为这是一种含蓄蕴藉、韵味悠远醇至的诗美品质，即"远韵"。

又《题柳子厚诗》②云：

> 诗须要有为而作，用事当以故为新，以俗为雅。好奇务新乃诗之病。柳子厚晚年诗，极似陶渊明，知诗病者也。

"以故为新，以俗为雅"不是苏轼的发明，而是北宋人论诗的一种时尚，梅尧臣首倡此论（参上节梅尧臣诗论）。

又《书柳子厚〈南涧〉诗》③云：

---

① 《苏轼文集》，第1627页。
② 《东坡诗话·说郛》，卷八十一。
③ 《苏轼文集》，第2116页。柳诗云："秋气集南涧，独游亭午时。回风一萧索，林影久参差。始至若有得，稍深遂忘疲。羁禽响幽谷，寒藻舞沦漪。去国魂已游，怀人泪空垂。孤生易为感，末路少所宜。寂寞竟何事？迟回只自知。谁与后来者，当与此心期。"

>　　柳子厚南迁后诗,清劲纡余,大率类此。绍圣三年三月六日。

苏轼此时正谪居惠州。柳宗元此类诗中所蕴含的幽独孤寂、萧索落寞的迁谪之情,正引起苏轼谪宦天涯的共鸣。所以他特别能够体会柳诗那种"清劲纡余"的风神气度,守清远浊,劲节不曲,感慨深沉却怨而不怒。苏轼还曾将郑谷与柳宗元比较,强调诗须天赋和个性:

>　　郑谷诗云:"江上晚来堪画处,渔人披得一蓑归。"此村学中诗也。柳子厚云:"千山鸟飞绝……"人性有隔也哉?殆天所赋,不可及也已。①

郑诗虽浅显通俗,倒也不无美感,只是毫无个性可言。柳诗峻洁孤傲,幽深清峭,意象奇特,个性鲜明,非南迁之柳不能道。苏轼以其天赋和经历,自能深自赏之,南迁之际,常常书写柳诗以遣情怀。

又《书柳子厚〈渔翁〉诗》云:

>　　诗以奇趣为宗,反常合道为趣。熟味此诗有奇趣,然其尾两句,虽不必亦可。②

"尾两句,虽不必亦可"之说引起很多争议,此且不论。苏轼在这里提出的"奇趣"论,颇能体现宋诗人的审美倾向。宋诗尚趣,或理趣,或情趣。苏轼说"诗以奇趣为宗",把"趣"提高到"宗"——即根本、正宗的地位。趣既要合道又须反常。合道就是合规律,包括事物存在、变化的逻辑规律、艺术规律等等。反常不是违反常规,而是指艺术构思和表达不落常规之套路,要既出人意料又合乎情理。如柳宗元的《渔翁》诗,"反常"在于不见其人但闻其声,"欸乃一声"便唤醒人们的绿色关注。视觉—听觉—视觉奇妙转换,表现

---

① 《苏轼文集》,第 2119 页。
② 《冷斋夜话》,卷五,《柳诗有奇趣》条载"东坡云"。

一种天人合一的奇趣。

苏轼视陶、柳诗为一路,评陶诗时也以"奇趣"誉之,《书唐氏六家书后》①云:

> 观陶彭泽诗,初若散缓不收,反复不已,乃视其奇趣。

惠洪《冷斋夜话》卷一引苏轼此语后举例说:

> 如曰:"日暮巾柴车,路暗光已夕。归人望烟火,稚子候檐隙。"又曰:"采菊东篱下,悠然见南山。"又曰:"霭霭远人村,依依墟里烟。犬吠深巷中,鸡鸣桑树颠。"大率才高意远,则所寓得其妙,遂能如此。

苏轼对柳诗的评论深得后人推许,范温《潜溪诗眼》②第十九则:

> 子厚诗尤深远难识,前贤亦未推重。
> 自老坡发明其妙,学者方渐知之。

稍后张戒《岁寒堂诗话》卷上亦言此意。曾季狸《艇斋诗话》亦云:

> 前人论诗,初不知有韦苏州、柳子厚,论字亦不知有杨凝式。二者至东坡而后发此秘,遂以韦、柳配渊明,凝式配颜鲁公。东坡真有德于三子也。③

八、"元轻白俗,郊寒岛瘦"——评元、白、孟、贾

苏轼在《祭柳子玉文》④中将唐代四位诗人并论:"元轻白俗,郊寒岛瘦。"指的是元稹、白居易、孟郊、贾岛。

"元轻"之论未详所指。不过"元轻白俗"之说,亦非苏轼首倡。唐李肇《唐国史补》卷下释"元和体"有"学浅切于白居易,学淫靡于

---

① ④ 《苏轼文集》,第2206页,第1938页。
② 郭绍虞《宋诗话辑佚》本。
③ 《历代诗话续编》,第292页,中华书局,1983年版。

元稹"之说。

对白居易，苏轼羡其人，于其诗既有批评，亦有推重，这是诗学史上一个有趣的问题。①

"郊寒岛瘦"之论始于苏轼。然在苏轼之前，宋人对郊、岛诗已有类似评价，如欧阳修《六一诗话》第十条云：

> 孟郊、贾岛皆以诗穷至死，而平生犹自喜为穷苦之句。孟有《移居》诗云："借车载家具，家具少于车。"乃是都无一物耳。又《谢人惠炭》云："暖得曲身成直身。"人谓非其身备尝之不能道此句也。贾云："鬓边虽有丝，不堪织寒衣。"就令织得，能得几何？又其《朝饥》诗云："坐闻西床琴，冻折两三弦。"人谓其不止忍饥而已，其寒亦何可忍也！

欧阳修认为孟、贾因诗而穷，因穷而更为穷苦饥寒之诗。例句极为形象地说明孟、贾之"平生犹自喜为穷苦之句"。《六一诗话》作于熙宁三年（1071年）前后。苏轼对欧阳修其人其著述极为熟悉，《祭柳子玉文》又作于欧阳修之后，②因而"郊寒岛瘦"的评论或许不无欧阳修的影响。不过苏轼绝非人云亦云，他的见解得之于仔细的阅读。《读孟郊诗二首》③就是他的阅读体会：

> 夜读孟郊诗，细字如牛毛。
> 寒灯照昏花，佳处时一遭。
> 孤芳擢荒秽，苦语余诗骚。
> 水清石凿凿，湍急不受篙。

---

① 参考本书《苏轼对白居易的文化受容和诗学批评》。
② 祭文云："顷在钱塘，惠然我觏，相从半岁，日饮醇酎。"苏轼于熙宁四年通判杭州，十一月到任。他与柳子玉的"相从"必在此后，则祭柳之文更在其后。
③ 《东坡诗集注》，卷七。

> 初如食小鱼,所得不偿劳。
> 又似煮彭蚎,竟日持空螯。
> 要当斗僧清,未足当韩豪。
> 人生如朝露,日夜火消膏。
> 何苦将两耳,听此寒虫号。
> 不如且置之,饮我玉色醪。
>
> 我憎孟郊诗,复作孟郊语。
> 饥肠自鸣唤,空壁转饥鼠。
> 诗从肺腑出,出辄愁肺腑。
> 有如黄河鱼,出膏以自煮。
> 尚爱《铜斗歌》,鄙俚颇近古。
> 桃弓射鸭罢,独速短蓑舞。
> 不忧踏船翻,踏浪不踏土。
> 吴姬霜雪白,赤脚浣白纻。
> 嫁与踏浪儿,不识离别苦。
> 歌君江湖曲,感我长羁旅。

清、苦、寒、古,读之如听寒虫哀鸣,令人感到寒冷凄惨,因而有不忍卒读之念。然而孟诗上承《诗》、《骚》之余绪,"诗从肺腑出,出辄愁肺腑",具有很强的艺术感染力,写尽穷士之意态。这就使同样体验过穷苦困厄况味的苏轼既"憎孟郊诗,复作孟郊语"。虽然读之不快意,但又愿意从"佳处时一遭"的阅读中品味其清寒之气。这正是大艺术家对不同艺术风格的宽容和颖悟。《题孟郊诗》就记录了他"遭遇"的"诗之妙":

> 孟东野作《闻角》诗云:"似开孤月口,能说落星心。"
> 今夜闻崔诚老弹《晓角》,始觉此诗之妙。①

---

① 《苏轼文集》,第 2090~2091 页。

关于"岛瘦",苏轼不曾详论,不过寒、瘦当为近义,如同欧阳修并以穷苦论孟、贾之诗一样。

就个人趣尚而言,苏轼不太喜欢孟郊、贾岛诗的"寒"、"瘦"风气,故云"我憎孟郊诗","所得不偿劳","何苦将两耳,听此寒虫号"。他在《书林逋诗后》①中,赞美林逋"先生可是绝俗人,神清骨冷无由俗"。又称其"诗如东野不言寒"。苏轼认为林逋诗有孟诗之清而无其寒俭之气,这就分明透露出对"寒"的贬意。又《次韵定慧钦长老见寄八首并引》②云:

苏州定慧长老守钦,使其徒卓契顺来惠州,问予安否,且寄《拟寒山十颂》。语有灿、忍之通,而诗无岛、可之寒。

岛即贾岛,可即僧可明。"寒"字从孟郊移至岛、可,仍为贬意。

第四节 苏轼对本朝诗人的评论及其诗美观念

一、以清为美

清是苏轼非常钟爱的审美理念,他在评论人、事或文学艺术时,频繁地使用这一词汇。检索《苏东坡全集》及《东坡乐府》、《东坡志林》、《仇池笔记》③等,清字凡千余见,皆为褒意,无一贬语。

---

① 《东坡诗集注》,卷二十七。
② 《东坡诗集注》,卷十九。
③ 四部备要七集本《苏东坡全集》,世界书局,1936年版,中国书店1986年3月影印;《东坡乐府》,上海古籍出版社,1979年版;《东坡志林》、《仇池笔记》,华东师大出版社合二书为一册,1983年版。由于人工检索不太准确,故统计数字不用精确方式表示。以下注释所引苏轼诗文,依以上三种版本,不再一一注明版次。属七集者,简注某集某卷。见于孔凡礼校点本《苏轼文集》、《苏轼诗集》,中华书局出版,简注《文集》、《诗集》某卷。

在苏轼评诗论艺的常用词汇中,清是使用率最高的概念。① 在他的

---

① 检索《苏东坡全集》上册:第 69 页,《和欧阳少师寄赵少师次韵》"二公凛凛和非同……清句更酬雪里鸿"。第 102 页,《僧惠勤初罢僧职》"新诗如洗出,不受外垢蒙。清风入齿牙,出语如松风"。第 129 页,《京师哭任遵圣》"文章小得誉,诗语尤清壮"。第 127 页,《送颜复兼寄王巩》"扣门但觅王居士,清诗草圣俱入妙"。第 230 页,《昨见韩丞相言王定国,今日玉堂独坐有怀其人》"清诗洗江湍"。第 311 页,《王定国诗集叙》"清平丰融"。第 481 页,《九日次定国韵》"清诗出穷愁"。第 203 页,《次韵张畹》"知君不向穷愁老,尚有清诗气吐虹"。第 217 页,《次韵王震》"清篇带月来霜夜,妙语先春发病顽"。第 221 页,《次韵朱光庭喜雨》"清诗似庭燎,虽美未忘箴"。第 253 页,《袁公济和刘景文……》"君诗如清风"。第 309 页,《邵茂诚诗集叙》"其文清和妙丽"。第 313 页,《乐全先生文集叙》"诗文皆清远雄丽"。第 473 页,《次韵致政张朝奉仍招晚饮》"清诗得可惊,信美词多夸"。第 475 页,《二鲜于君以诗文见寄作诗为谢》"清诗鸣佩环"。第 475 页,《和陈传道雪中观灯》"清诗还有士龙能"。第 489 页,《送襄阳从事李友谅归钱塘》"李子冰玉姿,文行两清醇"。第 507 页,《次韵表兄程正辅江行见桃花》"清篇真漫与"。第 538 页,《用数珠韵赠浞长老》"当年清隐老……清诗五百言,句句皆绝伦"。第 622 页,《答刘沔都曹书》"所示书词,清婉雅奥"。

下册:第 34 页,《夷陵县欧阳永叔至喜堂》"清篇留峡洞"。第 51 页,《次韵钱穆父……》"清诗已入新歌舞"。第 73 页,《与殷晋安别》"空吟清诗送"。第 136 页,《答周开祖》"新诗清绝"。第 138 页,《答范蜀公》"词格清美"。第 155 页,《与吴子野二首》"辞旨清婉"。第 204 页,《答吴秀才》"并示归凤赋,兴寄远妙,词亦清丽"。第 209 页,《与程正辅提刑二十四首》"宠示《诗域醉乡》二首,格力益清妙"。第 217 页,《答程全父推官六首》"清深温丽,与陶柳真为三矣"。第 226 页,《答钱济明三首》"清诗数篇,高妙绝俗"。第 231 页,《答孔毅父二首》"或见清诗,以增感叹"。第 235 页,《与米元章九首》"清雄绝俗之文"。

《苏轼文集》卷七十二《闻复》"作诗清远",卷六十八《跋黔安居士〈渔父〉词》"鲁直作此词,清新婉丽"。

审美观照中,清是一种生存形态,是一种精神形态,是一种话语形态。以下分别述论之。

(一)清人清境论

苏轼所论之清,有时指人的生存形态——清人清境。

他所赞赏的清人,主要是在野的士人,有隐士、方外之士、居士①、致仕之士等;其次是少数虽在仕途但却超脱世俗的高雅旷逸之士。

苏轼秉承传统文化中"隐逸清流"的观念,认为隐士是清人,如称林逋为"绝俗人","神清骨冷无由俗"。方外之士中也多有清人,如苏州定慧长老守钦"清逸超绝",成都宝月大师惟简"清亮敏达",眉山道士陆惟忠"神清而骨寒",钱塘海月大师"清通雅正",参寥"道人胸中水镜清……空阶夜雨自清绝"等。苏轼觉得这些人"见之自清凉,洗尽烦恼毒"②。

闲居士人之脱俗者也被苏轼称为清人,如王巩(定国),自号清虚居士,是苏轼的崇拜者、好朋友。他出身于官宦人家,并非绝意仕途之人。然据苏轼的描述,他是一位淡漠名利、超脱凡俗、清高潇洒的性情中人。苏轼《王巩清虚堂》诗:"清虚堂里王居士,闭眼观身如止水。"又《次韵答王巩》诗:"我有方外客,颜如琼之英。十年尘土窟,一寸冰雪清。"又《王定国真赞》:"温然而泽者,道人之余也;凛然而清者,诗人之癯也。"③苏轼诗文中还有很多描述王定国清高洒脱的文字。

---

① 居士之谓,上古汉语指"道艺处士",佛教指居家而修佛者。唐宋时期,不在仕途的士人常自称居士,或修佛,或不修佛,唯取士人居家之意。笔者曾有文辨之,见《文史知识》1997年第8期。
② 本段引文分见:《文集》卷七十二《守钦》;后集卷十八《宝月大师塔铭》、《陆道士墓志铭》,卷二十《海月辩公真赞》;前集卷十《次韵僧潜见赠》,卷七《赠上天竺辩才师》。
③ 前集卷十一、卷十、卷二十。

致仕的士人,也有被苏轼称为清人者。王安石退居金陵,苏轼《次荆公韵四绝》云:"青李扶疏禽自来,清真逸少手亲栽。"① 逸少是王羲之的字,李白《王逸少》诗云:"右军本清真,潇洒在风尘。"苏轼此诗以王羲之比王安石,赞其清真。同诗又云:"甲第非真有,闲花亦偶栽。聊为清净供,却对道人开。"把这位致仕的前辈赞许为清净的方外之士。

苏轼曾以"一饭未尝忘君"评价杜甫,但他认为在野的老杜也颇有清趣。《书子美黄四娘诗》云:"此诗虽不佳,可以见子美清狂野逸之态,故仆喜书之。"②

苏轼认为清是一种品质,不论在朝在野,只要天性清纯脱俗,都不妨作个清人。比如当时的艺术家文与可、米芾,都被苏轼视为清人。③

苏轼以清许人,亦复自许。他认为自己和弟弟苏辙天性就是清人。《初别子由》云:"我少知子由,天资和而清。"元丰七年所作《别子由三首兼别迟》其二,想像将来自己与子由"茅轩照水"相邻而居,"两翁相对清如鹄"。苏轼称扬陶渊明"清真",又说"我即渊明,渊明即我也"。"我欲作九原,独与渊明归"。④

综观苏轼所誉之清人,虽与传统清人相类,但他更着重于疏远仕事、自然真率、高雅绝俗、纯净淡泊、洒脱旷放、通达狂逸等偏于自由的、个性化的品质,而很少有汉、魏清流那种以清为政的意思。

尽管这样的清人也可能寄身于仕宦之途,但最适合他们生存

---

① 前集卷十四。
② 《文集》卷六十七。
③ 参前集卷三十五《祭文与可》,《文集》卷五十八《与米元章二十八首》其二、其二十五。
④ 本段引文分见:前集卷八、卷十三,续集卷三,苏辙《追和陶渊明诗引》,《文集》卷六十七《书渊明东方有一士诗后》,续集卷三《和贫士七首》。

的乐土无疑是江山风月之间,田野林泉之所,总之是没有羁累的清境。

对于清美诗人来说,山清水秀的自然不仅是自由生存的天地,而且是创作清诗的最佳情境和最主要的题材来源。刘勰提出"江山之助"论,①深得后人认可。苏轼虽不曾讲"江山之助",但他论及清人清诗,基本都与自然环境和自然题材相关。

在苏轼看来,自然之清境有助于创作主体滤除尘俗杂念,进入良好的创作境界。《送参寥师》诗云:"欲令诗语妙,无厌空且静。静故了群动,空故纳万境。"这与刘勰说的"陶钧文思,贵在虚静,疏瀹五藏,澡雪精神"(《神思》)同理。苏轼把佛教"住心静观"(《坛经》)和庄子"清而容物"(《田子方》)的理念发挥于诗学,认为"空且静"是优良的创作情境。在这样的情境中,创作者容易更好地体会生命形态的纯真和自由,获得一种身心闲静而意趣旷远的创作美感和灵感。《腊日游孤山访惠勤惠思二僧》云:"作诗火急追亡逋,清景一失后难摹。"苏轼认为隐士、僧道之士、居士之类诗人最能写出清诗,因为他们最近于清景。《僧惠勤初罢僧职》诗云:"新诗如洗出,不受外垢蒙。清风入齿牙,出语如松风。……非诗能穷人,穷者诗乃工。此语信不妄,吾闻诸醉翁。"②

"穷者诗乃工"是欧阳修在《梅圣俞诗集序》中提出的诗学命题。③ 苏轼引述"醉翁"此语,是因为他的清景清诗论与穷而后工论有内在联系——穷而清处,清处而有清诗。《九日次定国韵一首》云"清诗出穷愁"④,亦即此意。

---

① 《文心雕龙·物色》。
② 本段引苏诗分见前集卷十、卷三、卷六。
③ 四部丛刊本《居士集》,卷四十二:"予闻世谓诗人少达而多穷……愈穷则愈工。然则非诗之能穷人,殆穷者而后工也。"
④ 后集卷二。

穷固然不是诗工或清的唯一原因,但士之穷者和达者相比,穷者无疑更清高、清真,更能写出清美之作。穷或许是出于无奈,但文学艺术之清美,却是作家们自愿的追求。

现存苏轼诗文中有四百余处用清字描写自然之清景,而他得之于自然的清美体验远不止此。清景当然不等于清诗,但却是清诗最主要的创作情境和题材。他最欣赏的清诗,如陶渊明、王维、林逋等人的诗作,多是得于自然之作。

(二)清神清趣论

得于自然之作,未必都具有清美。《文心雕龙·风骨》云:"意气骏爽,则文风清焉。"逆言之:清作须有清美精神。苏轼称誉的清人清作以及自己的创作,都表现出对清美精神的偏爱和追求。这也反映了宋代士人尚清鄙俗的精神。苏轼所偏爱的清美精神,是一种悠长丰厚的文人情趣,是一种倾向于自由的生命情趣,是一种尚雅避俗的艺术意趣。它与苏轼文化性格和艺术品格中久已受人关注的狂放、旷达、飘逸、闲适等特征,同属于偏向自由的精神品类。以下试从清真意趣、清闲情趣、清雅志趣三个层面探讨这种清美精神。

清真意趣最得于自然。相对于人事之浊与伪而言,自然是清明真实的。苏轼说:"盖尝论天人之辨,以谓人无所不至,惟天不容伪。"人无所不至,当然包括作伪。"口耳固多伪"。"人间本儿戏,颠倒略似兹。"①天即自然,苏轼这种观念出自道家哲学。《老子》第二十五章云:"人法地,地法天,天法道,道法自然。"为什么要"法自然"呢?老子没有解释。庄子从自然与真的关系中有所解释,《渔父》云:"真者,所以受于天也,自然不可易也。故圣人法天贵真。"《田子方》称赞东郭顺子:"其为人也真,人貌而天虚,缘而葆

---

① 此三句分见:续集卷十二《潮州修韩文公庙记》,卷三《和读山海经十三首》其八,《和饮酒二十首》其十三。

真,清而容物。"人之清与真,皆受于天。东郭顺子其实就是庄子心目中原生态的自然人,他的"葆真"、"清而容物",就是自然的品质。宋初隐士魏野在其《疑山石泉并序》中对自然之清流发出"至清无隐"①的赞美。至清无隐是人类生命美学中一个普遍的、永恒的命题。苏轼认为人在清境中容易激发天真的意趣:"雪斋清境,发于梦想,此间但有荒山大江,修竹古木。每饮村酒醉后,曳杖放脚不知远近,亦旷然天真。"②

至清无隐的清境和旷然天真的意趣是创作文学清品的必要条件。苏轼认为陶渊明是善处清境,富于真趣的诗人。他评陶的一个重要的审美视点就是"渊明独清真"。在《书李简夫诗集后》中说陶渊明"古今贤之,贵其真也"③。

所谓渊明之真,有真实、天真、率真之意,有时又有真谛妙理之意。如《渊明无弦琴》云:"旧说渊明不知音,蓄无弦琴以寄意……渊明自云'和以七弦',岂得不知音?当是有琴而弦弊坏,不复更张,但抚弄以寄意,如此为得其真。"④

林逋也是被苏轼称誉的清美诗人,他在生活中是隐逸清流,在诗中也表现出对清真人生和清真山水的特别偏爱。我统计过他全部诗中最具有主体审美意味的八个字:清、静、悠、闲、孤、独、深、疏,其中"清"字出现频率最高,或修饰自然物象,或形容人事,其主要含义是纯粹、洁净、明澈、无伪。他自称是借"泓澄冷泉色,写我清旷心"。"掉臂何妨入隐沦,高贤应总贵全真"⑤。自然之清真和隐士精神之清真融会为一。

---

① 《全宋诗》,第961页,第2册。
② 续集卷五,《与上言上人》。
③ 续集卷三,《和饮酒二十首》,《文集》,卷六十八。
④ 《文集》,卷六十五。
⑤ 《全宋诗》,第二册,第1242、1212页。

在苏轼的表述中,清真不只是自然意趣和生活情趣,有时还含有遗世独立的生命意趣。苏轼称誉的清人都具有尚清远浊,葆真独立的品格。"童子引清泉,矫首独傲世","孤棹入清流,乘化欲安命"。这种人生意趣主要得之于道家。苏轼对老、庄长怀景仰之心:"博大古真人,老聃关尹喜。独立万物表,长生乃余事。"①

苏轼还常用"清净"一词,与清真义近。苏集中"清净"约三十余见,多与佛教相关。如《黄州安国寺记》自言谪黄之际的精神状态:"归诚佛僧,求一洗之……焚香默坐,深自省察……一念清净,染污自落。"《过大庾岭》言南迁心态:"一念失垢污,身心洞清净。"《过岭寄子由三首》云:"赖有祖师清净水,尘埃一洗落骖骖。"《书楞伽经后》云:"张公安道以广大心,得清净觉。"②

在佛教术语中,清净指离恶行之过失,离烦恼之垢染。佛教徒苦修身、语、意三业,修成清净心,往生无五浊垢染之清净土。《维摩诘经》云:"菩萨欲使佛国清净,当以净意作如应行……若人意清净者,便自见诸佛佛国清净。"中国佛教有净土宗,自东晋慧远起,到宋代,"净土信仰已经遍及佛教各派"③。净土宗劝人往生西方净土。而略后于净土宗的禅宗,则倡导唯心净土,自性弥陀。《坛经》六祖慧能云:"悟者自净其心……随其心净则佛土净。"《大珠禅师语录》卷下慧海云:"若心清净,所在之处皆为净土。"苏轼通晓佛学,他所说的清净,常有借佛教清净之说,消解俗生烦恼之意。④

无论是自然清净、佛门清净还是唯心清净,就审美范畴而言,都具有清真美的意味,都有利于创作文学清品。

---

① 续集卷三,《集归去来诗十首》、《和杂诗十一首》。
② 本段引自前集卷三十三,后集卷四,续集卷二,前集卷四十。
③ 任继愈总主编:《佛教史》,第497页,中国社会科学出版社,1991年版。
④ 本段参《中国佛教》,知识出版社,1980年版。

清闲之趣得之于疏离仕途的自由生活。对于热衷世事者,清闲意味着失意、冷落、孤寂、无聊。但对在野的清流士子,清闲则是自由、潇洒。庄子把仕途称为"羁",认为那里有君对臣的役使甚至杀戮,有名利权势对心灵的奴役。嵇康在《与山巨源绝交书》中列举仕途有"必不堪者七,甚不可者二"。陶渊明把仕途比作尘网、鱼池、樊笼。

苏轼对仕途之险恶和不自由的认识与他们一样。略不同的是,他的在野多半是被迫的。不过,自由又正是他天性之所好。像大多数士子一样,他在闲居之际,尽情地享受自由,仔细地寻觅清闲的美感,以弥补仕途的失落感。失落其实也是一种解脱,人在仕途的劳累、烦恼、"羁"、"必不堪者"、"甚不可者",都随着官职的失落而解脱了许多,生命的自由时空也就增加了许多。对苏轼这样热爱自由的人,清闲绝不会使他觉得空虚无聊,而只会大大丰富他的审美意趣。他在"寒窗冷砚冰生水"的清贫岁月中,却能感受到"列屋闲居清且美"①。那么具体说来,闲居生活有哪些"清且美"的意趣呢?

清游清赏,清谈清饮,清卧清睡,都是清闲生活中的清美意趣。古人记述这种心得的著述很多,比如宋林洪《山家清事》之类的书,就是专门记载闲居清趣的。明清人所撰此类书更多。苏轼没写过这类专著,但他却随笔记述了自己谪居野处的诸种清闲意趣,如"清游得三昧"、"油然独酌卧清虚"、"睡味清且熟"、"对月酣歌美清夜"、"且及清闲同笑乐"等。他也赞赏朋友的清闲之作,如《答毛泽民七首》之一云:"今时为文者至多,可喜者亦众,然求如足下闲

---

① 前集卷九,《次韵答舒教授观予所藏墨》。

暇自得清美可口者,实少也。"①

清静,也是苏轼表述清闲意趣的概念之一。他认为"治道贵清静","古来静治得清闲"。他提倡"默清静以无为"。② 清是清除俗念,静是静心悟道。道家主张虚静无为,"致虚极,守静笃","无欲以静","清静为天下正","万物无足以铙心者,故静也"。③ 释家也主静,《圆觉经》云:"诸菩萨取极静,由静力故,永断烦恼。"这是一种以静去欲、离尘葆真、远离烦恼、享受清闲的自由哲学。

苏轼在谪居的清苦生活中,用智慧营造起自由精神的殿堂,为后人存放下丰富的"清且美"的体验。比如《超然台记》的游于物外之乐,《记承天寺夜游》的月夜闲情,《前赤壁赋》的舟眠不知晓,《儋耳夜书》的清夜微笑,《清远舟中寄耘老》的"笑倚清流数鬓丝"等等。他兼融佛、道,主张"任性逍遥,随缘旷放","我适物自闲"。④

与清真和清闲之趣相比,清雅的志趣是自由士人更为实在的生命价值内涵。雅是文化人的标志。达者优雅,穷者清雅。不论是否自愿,士人疏离了仕途,也就与世事俗务拉开了距离,而与文学艺术、读书治学走得更近了,因为这是他们充实生活、安顿心灵的最佳途径。《文心雕龙·养气》云:"吐呐文艺,务在节宣,清和其心,调畅其气,烦而即舍,勿使壅滞。意得则舒怀以命笔,理伏则投笔以卷怀。逍遥以针劳,谈笑以药勤。常弄闲于才锋,贾余于文勇

---

① 本段引文分见:前集卷十八《次韵刘景文登介亭》,卷九《次韵答王定国》,卷十一《二月二十六日……》、《次韵前篇》;续集卷二《和喜雨》;《苏轼文集》卷五十二。
② 后集卷十五《上清储祥宫碑》;续集卷二《九日袁公济有诗次其韵》;前集卷十九《上清辞》。
③ 《老子》,第16、37、45章;《庄子·天道》。
④ 前集卷三十二,《东坡志林》卷一,前集卷十九,后集卷一《论修养帖寄子由》,续集卷三《和归田园居六首》。

……斯亦卫气之一方也。"苏轼在闲居清处之际,与书香墨趣相伴,清中求雅,雅以葆清,以此提升生命的文化价值和审美品味。

数度迁谪,他常以自慰的是"尚有读书清净业","师渊明之雅放,和百篇之新诗","琴书乐三径,老矣亦何求"。他在晚年《自题金山画像》诗中说:"问汝平生功业,黄州惠州儋州。"①这或许是悲凉的自嘲,不过谪居黄、惠、儋州的清苦岁月,倒正是他平生学术、文学、艺术事业的丰收期。他喜欢和朋友雅集,品茗清谈,琴棋书画,饮酒听歌,登临赋诗,月夜散步,以激发创作灵感。他自言平生曲、酒、棋三不如人,其实即使在这些"不如人"处,他的清兴雅趣也是常人莫及的。在休闲娱乐中酝酿文化产品,这是清雅文人与无聊俗子的最大区别。

在对以清为美的传统进行检讨时,有一点引起我特别的注意:唐以前多以清浊对举,从宋人起,则多以清俗对举。比如钟嵘的《诗品》、刘勰的《文心雕龙》、司空图的《二十四诗品》等,皆无清俗对举之例。又如《世说新语》常以清誉人,其中《赏誉》篇清字最多,共二十八见,《品藻》、《文学》两篇中清字各十见,此四十八例清字构成三十四种用法:清言(八例)、清通(五例)、清析、清风、资清、清真、清伦、清微、清选、才清(二例)、清远、清流、清峙、清中、清论、清士、清令(三例)、清贵、清鉴、清畅、章清太出、清和、清婉、清疏、清露、清辞、清醇、清贞、清蔚、清易、清便、肤清、谢公清于无奕、清悟。却无一清俗对举之例。唐人以清与俗对举的情况也不多见。

宋人多以清俗对举。如王禹偁《潘阆咏潮图赞并序》称赞潘"清气未尽,奇人继生……趣尚自远,交游不群,松无俗姿,鹤有仙格"②。旧题梅尧臣《续金针诗格》第六条《诗有五忌》云:"二曰字

---

① 前集卷十二,《次韵答子由》;续集卷三,《和归去来兮辞》、《集归去来诗十首》,《诗集》,卷四十八。
② 《小畜集·外集》(四库本),卷十。

俗则诗不清。"①黄庭坚有许多反俗之论,其中以清与俗对举者,如《书嵇叔夜诗与侄榎》云②:"叔夜此诗豪壮清丽,无一点俗尘矣。凡学作诗者,不可不成诵在心,想见其人,虽沉于世故者暂,而揽其余芳,便可扑去面上之三斗俗尘矣。"苏轼以清俗对举者如《书林逋诗后》云:"先生可是绝俗人,神清骨冷无由俗。"《祭张子野文》云:"清诗绝俗,甚典而丽。"《与米元章九首》其一云:"清雄绝俗之文。"《答钱济明三首》云:"清诗数篇,高妙绝俗。"③

此后明清人言清通常与俗对举。如胡应麟《诗薮》外编卷四云:"诗最可贵者清。""格不清则凡,调不清则冗,思不清则俗。清者,超尘绝俗之谓。"吴文溥《南野堂笔记》卷一云:"不清则俗,俗则不可医。"石涛《石涛画语录·脱俗章》云:"俗不溅清……俗除清至也。"

宋人以清与俗对举,是从雅俗、清浊这两对审美范畴演变而来。清与雅义近,前人多并举以言诗人或诗文。如《诗品》评鲍照云:"贵尚巧似,不避危仄,颇伤清雅之调。"又评谢庄云:"希逸诗,气候清雅不逮于范、袁,然兴属闲长,良无鄙促也。"《文心雕龙》云:"表体多包,情伪屡迁,必雅义以扇其风,清文以驰其丽。"(《章表》)"士龙思劣,而雅好清省。"(《熔裁》)《世说新语》中也有"清远雅正"的用例。浊与俗义近,皆属贬义。浊字本指自然物态,俗字则专指世事人情。故言人事,俗字便渐渐取代了浊字而与清对举。

(三)清辞清语论

清是一种风格,是一种风致神韵,在文学作品中,须通过具体的话语形态来体现,如作品的意象、词语、修辞、意境等等。对接受者来说,清是一种模糊的、综合的、比较抽象而又极富于包容性的

---

① 《宋诗话全编》,据《格致丛书》本收录。
② 《山谷题跋》,卷三。
③ 前集卷十五、卷三十五,续集卷七。

审美直觉。比如胡应麟曾对前代诗人同中有异的清美诗风作过如下分辨:"靖节清而远,康乐清而丽,曲江清而澹,浩然清而旷,常建清而僻,王维清而秀,储光羲清而适,韦应物清而润,柳子厚清而峭,徐昌谷清而朗,高子业清而婉。"①虽分辨得如此细微而且丰富,但仍然是模糊的直觉。

苏轼不曾像现代人写论文一样条分缕析地解说某人的作品到底怎么个清法。他只是在评价诗人诗作时,使用清字以及清族词汇。因此,我们必须从他称赞过的清作入手,具体看看他称之为清的文学话语形态是什么样的。

前代诗人最得苏轼清誉的是陶渊明、王维、柳宗元。② 从陶、王、柳之作中列举清美之篇甚易,兹不赘。宋代作家作品曾得苏轼清誉的近四十家,以下择要检讨之。

苏轼《祭张子野文》称张先"清诗绝俗,甚典而丽"③。祭颂之文难免过誉,然据今存张先诗二十九首④看,此评语还是切中特点的。仅以苏轼《题张子野诗集后》称为"诗笔老妙"⑤的《华州西溪》诗和《四库提要》认为"稍可观"的《吴江》诗为例:

华州西溪
积水涵虚上下清,几家门静岸痕平。
浮萍破处见山影,小艇归时闻棹声。
入郭僧寻尘里去,过桥人似鉴中行。

---

① 《诗薮》,外编卷四。
② 后集卷二,《新渡寺席上……》说欧阳叔弼"诗如清风","颇有渊明风致";《王维吴道子画》说王维"其诗清且敦";续集卷七,《答程全父推官六首》称程全父诗"清深温丽,与陶、柳真为三矣"。
③ 前集卷三十五。
④ 《全宋诗》,第三册;吴熊和、沈松勤:《张先集编年校注》,浙江古籍出版社,1996年版。
⑤ 《文集》,卷六十八。

已凭暂雨添秋色,莫放修林碍月生。

吴　　江

春后银鱼霜后鲈,远人曾到合思吴。
欲图江色不上笔,静觅鸟声深在芦。
落日未昏闻市散,青天都净见山孤。
桥南水涨虹垂影,清夜澄光照太湖。

《四库提要》评二诗颔联皆有"纤巧之病",中肯。然此二诗确亦可当苏轼之清誉。

苏轼有关文同的诗文有十七篇,写出了一位清高绝俗的艺术家形象。《送文与可出守陵州》云:"清诗健笔何足数,逍遥齐物追庄周。"①《祭文与可》云:"孰能为诗与楚词如与可之婉而清乎?"《全宋诗》册八收文同诗二十卷,无"楚辞"。《四库提要》言其诗"驰骤于黄、陈、晁、张之间,未尝不颉颃上下也"。其诗应酬之作甚少,多为抒情写景之篇,的确清趣盎然。如《咏莺》云:

避雨竹间点点,迎风柳下翩翩。
静依寒蓼如画,独立晴沙可怜。

《娱书堂诗话》评此诗"清拔可喜"②。又如《早晴至报恩山寺》云:

山石巉巉磴道微,拂松穿竹露沾衣。
烟开远水双鸥落,日照高林一雉飞。

此诗清新明丽,《宋诗钞》及钱钟书《宋诗选注》等诸多选本皆选录。文同虽自号笑笑居士,但入仕后一直为官,不曾闲居。其在仕途亦不失文人清趣,如《北斋雨后》云:

小庭幽圃绝清佳,爱此常教放吏衙。
雨后双禽来占竹,秋深一蝶下寻花。

---

① 前集卷二。
② 《宋诗纪事》,卷二十四。

唤人扫壁开吴画,留客临轩试越茶。

野兴渐多公事少,宛如当日在山家。

陈衍《宋诗精华录》评其"'占'字'寻'字下得切"。读这些诗,略可领会苏轼"婉而清"的涵义。钱钟书注意到文同诗与画相融的特点:"在诗里描摹天然风景,常跟绘画联结起来,为中国的写景文学添了一种手法……在他以后,这就成为中国写景诗文里的惯技,西洋要到十八世纪才有类似的例子。"①苏轼曾有"诗画本一律,天工与清新"②之论。从自然风景—风景诗—风景画的关系中,约略也能体会苏轼所谓"清而婉"的意味。

苏轼《晁君成诗集引》云:"君之诗清厚静深,如其为人,而每篇辄出新意奇语,宜为人所共爱。"③晁君成名端友,是晁补之的父亲,《宋史·艺文志》著录《晁端友诗》十卷,钱钟书《宋诗选注》言其"遗集共收了三百六十首诗,现在已经散失了"(未言何据)。《全宋诗》册十一存其诗一卷共七首,篇篇皆如苏轼所评。如《宿济州西门外旅馆》云:

寒林残日欲栖乌,壁里青灯乍有无。

小雨愔愔人假寐,卧听疲马啮残刍。

苏轼《戏用晁补之韵》④云:"昔我尝陪醉翁醉,今君但吟诗老诗。清诗咀嚼那得饮,瘦竹潇洒令人饥。"此"诗老"、"清诗"何谓?查《全宋诗》册十九晁补之诗二十二卷,未见与苏诗同韵之诗。孔校《苏轼诗集》卷二十九王注引次公曰:"醉翁,欧阳永叔也。诗老,梅圣俞也。"不知次公何据。欧阳修曾自称"醉翁",梅尧臣亦有"诗老"之誉。然"醉翁"、"诗老"之谓,并非欧、梅之专称。据诗意推

---

① 《宋诗选注》。
② 前集卷十七,《书鄢陵王主簿所画折枝二首》其一。
③ 前集卷二十四。
④ 前集卷十七。

测,疑此"醉翁"、"诗老"可能皆指晁君成,补之所吟之"诗老诗"、"清诗",或即乃翁之诗。

苏轼"新渡寺席上……送欧阳叔弼……叔弼但袖手旁睨而已。临别,忽出一篇,颇有渊明风致,坐皆惊叹"①。称赞欧阳叔弼:"子诗如清风","中有清圆句"。欧"忽出"之诗已无存,《全宋诗》册十八仅存其《奉借子进接䍦》诗云:

> 奉借山公旧接䍦,最宜筇杖与荷衣。
> 习家池上花初盛,醉后多应倒载归。

此诗效魏晋风度,确有清气。

苏轼对释道潜(号参寥子)诗数加清誉。《与参寥子二十一首》其一云:"三诗皆清妙。"其二云:"见寄数诗及近编诗集……笔力愈老健清熟。"②《与文与可十一首》其十云:"参寥……诗句清绝,可与林逋相上下。"③《送参寥师》云:"新诗如玉屑,出语便清警。"④《全宋诗》册十六收道潜诗十二卷六百首。未知苏轼所云"三诗"、"数诗及近编诗"、"新诗"之具体所指,但"清妙"、"清熟"、"清绝"、"清警"等评价,都以清为前提,可知苏轼之特别推重。参寥与林逋,一僧一隐,皆优游于山水林泉之士,同是清人处清境,其诗均得苏子"清绝"之誉。那么,两人的诗有什么共同的清美之处呢?

陈衍《宋诗精华录》选林逋《梅花》二首,评"疏影横斜水清浅,暗香浮动月黄昏"、"雪后园林才半树,水边篱落忽横枝"两联云:"山谷谓'疏影'二句不如'雪后'一联,亦不尽然。'雪后'联写未盛开之梅……'疏影'联稍盛开矣。其胜于'竹影桂香'句,自不待言。""和靖名句尚有'鹤闲临水久,蜂懒得花疏'、'萧疏秋树色,老

---

① 后集卷二。
② 《文集》,卷六十一。
③ 《文集·佚文汇编》,卷二。
④ 前集卷十。

大故人心'、'春水净于僧眼碧,晚山浓似佛头青'、'前岩数本长松色,及早归来带雪看'。"陈衍所举这些诗,皆可当清诗之誉。

道潜没林逋那么知名,但也是较有名气的诗僧。《四库提要》引吴可(宣和、建炎间人)《藏海诗话》云:"参寥《细雨》云:'细怜池上见,清爱竹间闻。'荆公改'怜'作'宜'。又'诗成暮雨边',秦少游曰:'公直作到此也,雨中雨旁皆不好,只雨边最妙。'又云:'流水声中弄扇行',俞清老极爱之。此老诗风流蕴藉,诸诗僧皆不及。韩子苍云:'若看参寥诗,则惠洪诗不堪看也。'"又历代选家所重者,如《夏日龙井书事》云:

> 好鸟未尝吟俗韵,白云还解弄奇姿。
> 藤花冉冉青当户,竹色娟娟碧过篱。

此诗为曹学佺《石仓历代诗选》选录。又《临平道中》云:

> 风蒲猎猎弄轻柔,欲立蜻蜓不自由。
> 五月临平山下路,藕花无数满汀洲。

此二诗为《宋诗精华录》选录。又《湖上》云:

> 城隈野水绿逶迤,袅袅轻舟掠岸过。
> 欲采芸兰无觅处,野花汀草占春多。

此诗为《宋诗钞·补钞》选录。这些诗都颇有清趣。

以上所举林逋、参寥诗,以及本节列举的所有清诗,都有共同的清美的风致神韵:清新明净的自然物象;清丽雅洁的自然语汇,清静淡泊的自然意境。

二、有韵为美——"美在咸、酸之外"

苏轼《书黄子思诗集后》云:

> 予尝论书,以谓钟、王之迹,萧散简远,妙在笔画之外。至唐颜、柳,始集古今笔法而尽发之,极书之变,天下翕然以为宗师,而钟、王之法益微。至于诗亦然,苏、李之天成,曹、刘之自得,陶、谢之超然,盖亦至矣。而李太白、

> 杜子美以英玮绝世之姿,凌跨百代,古今诗人尽废;然魏、晋以来,高风绝尘,亦少衰矣。李、杜之后,诗人继作,虽间有远韵,而才不逮意。独韦应物、柳宗元发纤秾于简古,寄至味于澹泊,非余子所及也。唐末司空图,崎岖兵乱之间,而诗文高雅,犹有承平之遗风。其论诗曰:"梅止于酸,盐止于咸。饮食不可无盐、梅,而其美常在咸、酸之外。"盖自列其诗之有得于文字之表者二十四韵。恨当时不识其妙,予三复其言而悲之。闽人黄子思,庆历、皇祐间号能文者。予尝闻前辈诵其诗,每得佳句妙语,反复数四,乃识其所谓。信乎表圣之言,美在咸、酸之外,可以一唱而三叹也。予既与其子几道、其孙师是游,得窥其家集。而子思笃行高志,为吏有异才,见于墓志详矣,予不复论,独评其诗如此。①

这是苏轼关于诗的一段重要论述,从谈论书法引入,然后历数由汉至唐的一些重要诗人而评之,进而说到司空图,最后说到黄子思的诗。所涉诗人虽多,但中心意旨是"远韵"。

苏轼所谓"远韵",当有两种含义:

一是远离坐俗之神韵,类似陶渊明所说的"心远"。这是一种精神形态,即远离功名富贵、荣辱穷达等俗世之念,或者说超然于物外。如《荐毛滂状》云:"新授饶州司法参军毛滂,文词雅健,有超世之韵,气节端丽,无徇人之意。"又如《出都来陈,所乘船上有题小诗八首,不知何人有感于余心者,聊为和之》之八云:"我诗虽云拙,心平声韵和。年来烦恼尽,古井无由波。"此二例所谓韵,皆指超然物外,滤除俗念的高蹈远引的精神气韵。

二是旨远神遥之韵味,即含蓄蕴藉,耐人寻味,"美在咸、酸之外"的表现风格。钟、王之墨迹,"萧散简远,妙在笔画之外",就是

---

① 《文集》卷六十七,第2124页。

有远韵。陶、谢之"超然",魏晋以来之"高风绝尘",韦、柳之"寄至味于淡泊",也是有"远韵"。司空徒的诗妙到苏轼"当时不识其妙"的程度,自然也是有"远韵"的。而他提倡"美在咸、酸之外",更深得苏轼认同。对黄子思的诗,苏轼也独嘉其值得"反复数四"地品味,称赞其"美在咸、酸之外,可以一唱而三叹也"。

除远俗和含蓄外,苏轼所谓韵,有时较为抽象,如前举论孟浩然"韵高而才短"。又如《书黄鲁直诗后二首》其二云:

> 鲁直诗文,如蝤蛑、江瑶柱,格韵高绝,盘飧尽废,然不可多食,多食则发风动气。①

又如《曲洧旧闻》(四库本)卷五载苏轼语苏过云:

> 秦少游、张文潜,才识学问为当世第一,无能优劣。二人者,少游下笔精悍,心所默识而口不能传者,能以笔传之。然而气韵雄拔,疏通秀朗,当推文潜。

这里所谓韵、格韵、气韵,似有可意会而不易言传的意味。又《书曹希蕴诗》亦可参:

> 近世有妇人曹希蕴者,颇能诗,虽格韵不高,然时有巧语。尝作《墨竹》诗云:"记得小轩岑寂夜,月移疏影上东墙。"此语甚工。②

看来韵与巧不是一回事。后来范温在其《潜溪诗眼》中有一段专门论韵的文字,提出"有余意之谓韵"的审美命题,并且引述苏轼评陶渊明"质而实绮,癯而实腴"之语以证有韵。范温还说:"近时学高韵胜者,惟老坡。"又转述道:

> 坡之言曰:苏子美兄弟大俊,非有余,乃不足。使果有余,则将收藏于内,必不如是尽发于外也。又曰:美而病韵如某人,劲而病韵如某人。米元章书如李北海,道丽圆劲,足以名世,然犹未免于作为。故自苏子美以及数

---

①② 《苏轼文集》,第2135页,第2130页。

子,皆于韵为未优也。至于山谷书,气骨法度皆有可议,惟偏得《兰亭》之韵。

三、古雅为美

古和雅是相关的审美范畴。中国古代诗学乃至古代文化,一直保持着崇古尚学的传统。好古与博学通常是一致的,而博学又与典雅渊博相通。苏轼的诗学理念也不例外。他在评论诗人诗作时,经常以古为鉴,称赞某人某诗有古风,似古人,典雅渊博等等。如《题张子野诗集后》云:

> 张子野诗笔老妙,歌词乃其余技耳。《湖州西溪》云:"浮萍破处见山影,小艇归时闻草声。"与余和诗云:"愁似鳏鱼知夜永,懒同胡蝶为春忙。"若此之类,皆可以追配古人。①

又《祭张子野文》云:

> 清诗绝俗,甚典而丽。
> 搜研物情,刮发幽翳。
> 微词宛转,盖《诗》之裔。②

又《题文潞公诗》云:

> ……今观其幼时诗,精审研密,句句皆有所考,盖其积之也久矣。③

按:东坡此意,即后来严羽所论"以才学为诗"。

又《六一居士集序》云:

> 欧阳子论大道似韩愈,论事似陆贽,记事似司马迁,诗赋似李白。此非余言也,天下之言也。④

又《乐全先生文集叙》云:

> 公尽性知命,体乎自然……及其他诗文,皆清远雄

---

①②③④ 《苏轼文集》,第2146页,第1943页,第2129页,第315页。

丽,读者可以想见其为人,信乎其有似于孔北海、诸葛孔明也。①

又《与鲜于子俊三首》其二云:

> 所惠诗文,皆萧然有远古风味。然此风之亡也久矣。欲以求合世俗之耳目,则疏矣。但时独于闲处开看,未尝以示人,盖知爱之者绝少也。②

又《邵茂成诗集叙》云:

> 其文清和妙丽,如晋、宋间人。而诗尤可爱,咀嚼有味,杂以江左、唐人之风。③

又《荐布衣陈师道状》云:

> 右臣等伏见徐州布衣陈师道,文词高古,度越流辈,安贫乐道,若将终身。苟非其人,义不往见。过壮未仕,实为遗才。④

《与上官彝三首》其一云:

> 专人至,辱书及诗文二册,捧领惊喜,莫知所从。得伏睹书辞,博雅纯健,有味其言;次观古律诗,用意深妙,有意于古作者;卒读《庄子论》,笔势浩然,所寄深矣,非浅学所能到。⑤

又《答陈传道五首》其二云:

> 又承以近诗一册为赐,笔老而思深,蕲配古人,非求合于世俗者也。⑥

又《与子由弟十首》之四云:

> 吾弟大节过人,而小事或不经意,正如作诗,高处可以追配古人,而失处或受嗤于拙目。⑦

又《答黄鲁直五首》之一云:

---

①②③④⑤⑥⑦ 《苏轼文集》第314页,第1559页,第320页,第795页,第1713页,第1574页,第1835页。

> 古风二首,托物引类,真得古人之风,而轼非其人,聊复次韵,以为一笑。①

又《书冯祖仁父诗后》:

> 河源令齐参祖仁,出其先君子诗七篇,灿然有唐人风,方知祖仁之贤,盖有自云。②

似古人、有古风何以高雅呢?察苏轼所举古人、古诗可知,他所举的古代范例,都是经过历史长河的大浪淘洗,披沙拣金之后而能传之久远的文化精华。后人欲似古人,须先学古人、知古人,然后才有可能学得像。因而似古人、有古风的含义,必然包括了博学、高雅、典重、不轻浮、不平俗等内涵。苏轼在崇尚古雅的同时,还力斥平俗。尚雅与避俗是同一种审美意识的两个方面。如《题柳耆卿〈八声甘州〉》云:

> 世言柳耆卿曲俗,非也,如《八声甘州》云:"霜风凄紧,关河冷落,残照当楼。"此语于诗句,不减唐人高处。③

又《与钱济明十六首》其六云:

> 今又领教诲及近诗数纸,高妙绝俗,想见谪居以来,探道著书,云升川增,可慕可畏,可叹可贺也。④

"不减唐人高处"、"高妙",皆可谓不俗。总之,高、古、博、雅皆可谓不俗。此外,有韵亦可谓不俗,虽然不俗并不等于有韵,但韵与俗也是相反的审美范畴。如《评诗人写物》云:

> 诗人有写物之功。"桑之未落,其叶沃若。"他木殆不可以当此。林逋《梅花》诗云:"疏影横斜水清浅,暗香浮动月黄昏。"决非桃李诗。皮日休《白莲》诗云:"无情有恨何人见,月晓风清欲堕时。"决非红莲诗。乃写物之功。若石曼卿《红梅》诗云:"认桃无绿叶,辨杏有青枝。"此至

---

① ② ④ 《苏轼文集》第1532页,第2160页,第1552页。
③ 见赵令畤《侯鲭录》卷七。

陋语,盖村学中体也。元祐三年十二月六日,书付过。①

这是家训教子之语,深存一份尚雅避俗之意。前三例皆有味外之味,既写物之神韵,又富涵人生之意蕴。而石诗所以被苏子斥为"至陋语,盖村学中体也",大概主要是因其浅显直白,近似词语游戏,写物之形而不能传物之神,更无人生之深意。又《评杜默诗》云:

> 石介作《三豪》诗,略云:"曼卿豪于诗,永叔豪于文,杜默字师雄者豪于歌也。"永叔亦赠默云:"赠之《三豪》篇,而我滥一名。"默之歌,少见于世,初不知之。后闻其篇云:"学海波中老龙,圣人门前大虫。"皆此等语。甚矣,介之无识也。永叔不欲嘲笑之者,此公恶争名,且为介讳也。吾观杜默豪气,正是东京学究饮私酒食瘴死牛肉醉饱后所发者也。作诗狂怪,至卢仝、马异极矣。若更求奇,便作杜默。②

杜默这两句诗俗不可耐,不古不雅,了无韵致,所以苏轼称之为"东京学究饮私酒食瘴死牛肉醉饱后所发者也"。而最令苏轼不能接受的,或许不是杜默诗之粗俗,而是石介、欧阳修居然把他列入"三豪"。苏轼之辨,表现出他对粗俗诗风的极端鄙视。

---

① 《东坡志林》卷十。
② 《苏轼文集》,第2131页。

第六章　黄庭坚的诗学思想

黄庭坚是最能代表宋诗特色的诗人，他的诗名在当时就已深得诗坛推重。苏轼对黄诗多有嘉评，尝云："读鲁直诗，如见鲁仲连、李太白，不敢复论鄙事。"①《王直方诗话》云："山谷旧所作诗文，名以焦尾、弊帚。少游云：'每览此编，辄怅然终日，殆忘食事。邈然有二汉之风。今交游中以文墨称者，未见其比。所谓珠玉在旁，觉我形秽也'。"《西清诗话》云："山谷诗妙脱蹊径，言谋鬼神，无一点尘俗气。所恨务高，一似参曹洞下禅，尚堕在玄妙窟里。"任天社云："山谷诗律妙一世，用意未易窥测，然置字下语，皆有所从来。"②

《渔隐丛话·后集》卷二十二苕溪渔隐曰：

> 余读豫章先生传赞云："山谷自黔州以后，句法尤高，笔势放纵，实天下之奇作，自宋兴以来，一人而已矣。"此语盖本吕居仁《江西宗派图叙》而言。《叙》云："国朝歌诗之作或传者，多依效旧文，未尽所趣，唯豫章始大出而力振之，抑扬反复，尽兼众体。"

刘克庄《后村诗话》云：

---

① 四库本《仇池笔记》，卷一。
② 上引均据四库本，蔡正孙：《诗林广记·后集》，卷五。

第六章 黄庭坚的诗学思想

元祐后,诗人迭起,一种则波澜富而句律疏,一种则锻炼精而性情远,要之不出苏黄二体而已。

又《江西诗派小序》云:

豫章稍后出,荟萃百家句律之长,穷极历代体制之变,搜猎奇书,穿穴异闻,作为古律,自成一家,虽只字半句不轻出,遂为本朝诗家宗祖。

严羽《沧浪诗话·诗辨》云:

国初之诗,尚沿袭唐人……至东坡山谷始自出己意以为诗,唐人之风变矣。山谷用功尤为深刻,其后法席盛行,海内称为江西宗派。

可见自宋代起,文学史家已将黄庭坚视为精于诗法者。历代以来,说起黄庭坚的诗或诗学思想,人们通常总是想到他的"夺胎换骨"、"点铁成金"、"无一字无来处"。然而黄氏诗学思想远远不止于此,本章试作梳理。

第一节 诗性论

黄庭坚《书王知载〈朐山杂咏〉后》①一文比较集中地表达了他对诗歌性质及诗歌功能的见解:

诗者,人之性情也,非强谏争于庭,怨忿诟于道,怒邻骂坐之为也。其人忠信笃敬,抱道而居,与时乖逢,遇物悲喜,同床而不察,并世而不闻;情之所不能堪,因发于呻吟调笑之声,胸次释然,而闻者亦有所劝勉,比吕律而可歌,列干羽而可舞,是诗之美也。其发为讪谤侵陵,引颈以承戈,披襟而受矢,以快一朝之忿者,人皆以为诗之祸,是失诗之旨,非诗之过也。故世相后或千岁,地相去或万

---

① 四库本《山谷集》,卷二十六。下引黄庭坚诗文均依四库诸本。

里,诵其诗而想见其人,所居所养,如旦暮与之朝,邻里与之游也。营丘王知载仕宦在予前,予在江湖浮沉,而知载已没于河外,不及相识也,而得其人于其诗。仕不遇而不怨,人不知而独乐,博物多闻之君子,有文正公家风者邪?惜乎不幸短命,不得发于事业,使用权予言信于流俗也。虽然,不期于流俗,此所以为君子者耶?

据此看来,黄庭坚对诗歌性质和功能的理解深缘于传统诗学。一是抒情言志。"诗者,人之性情也。"这个命题有很古老的历史。《尚书·尧典》最早有"诗言志"的说法。其他如《左传·襄公二十七年》载赵文子对叔向说:"诗以言志。"《庄子·天下》云:"诗以道志。"《荀子·儒效》云:"诗言是其志也。"这些文献所说的志,是一个含义比较丰富的概念,当包括思想、志向、感情等内涵。明确提到诗与情之关系的文献也很多,如《礼记·乐记》云:"情动于中故形于言。"《毛诗序》云:"诗者,志之所之也。在心为志,发言为诗,情动于中而形于言。"又云:"吟咏性情以风其上。"《汉书·艺文志》云:"哀乐之心感而歌咏之声发。"陆机《文赋》云:"诗缘情而绮靡。"直至宋代,诗与情的关系一直为诗家所关注,苏轼《〈诗〉论》也有"唯其近于人情,是以久传而不废"的说法。

黄庭坚关于诗与性情之论不止此一处,如《再次韵兼简履中南玉三首》之二云:"与世浮沉唯酒可,随人忧乐以诗鸣。"①《胡宗元诗集序》云:"士有抱青云之器,而陆沉林皋之下,与麋鹿同群,与草木共尽,独托于无用之空言,以为千岁不朽之计。谓其怨邪,则其言仁义之泽也;谓其不怨邪,则又伤己不见其人。然则其言不怨之怨也。"②

---

① 《山谷集》,卷六。
② 《山谷集》,卷十六。

诗既能抒情言志,自然就有修养性情、调节心志的作用。当心中之性情"发于呻吟调笑之声",即作为诗篇时,诗人会觉得"胸次释然"。这实际上正是文学艺术所共有的宣泄升华之作用,宣泄情感的郁结,舒解心理的压力,宽慰意念的执著,满足创造的欲求,实现艺术的升华。这与他所崇拜的杜甫的"陶冶性情"①之论同义。

二是使"闻者亦有所劝勉"。劝勉什么呢?诗人"忠信笃敬,抱道而居,与时乖逢,遇物悲喜",这一切形诸诗篇,对读者就有了劝勉作用。黄庭坚很重视诗之劝勉作用,他在其他许多论述中,常常又将"劝勉"之意称为"经世"、"济世"、"纪事"等。如《寄晁元忠十首》之十云:"文章不经世,风露南山期。"②《戏呈孔毅父》云:"文章功用不经世,何异丝窠缀露珠。"③如何"经世"呢?那就要记事、载道。《杨明叔惠诗格律词意皆……》序云:"文章者道之器也。"因此他对《左传》和杜甫《北征》诗的评价高于对《庄子》和韩愈《南山》诗的评价。范温《潜溪诗眼》④载山谷曰:

> 若论工巧,则《北征》不及《南山》,若书一代之事,以与国风、雅、颂相为表里,则《北征》不可无,而《南山》虽不作未害也。……《庄子》多寓言,架空为文章,左氏皆书事实,而文调亦不减《庄子》,则左氏为难。

杜诗向有"诗史"之誉,黄庭坚对杜甫以诗记史评价甚高:

> 千古是非存史笔,百年忠义寄江花。⑤

> 老杜虽在流落颠沛,未尝一日不在本朝,故善陈时

---

① 《解闷十二首》,之七。
② 《山谷集·外集》,卷三。
③ 《山谷集》,卷三。
④ 郭绍虞:《宋诗话辑佚》,第327页。
⑤ 《次韵伯氏赠盖郎中喜学老杜诗》,《山谷集·外集》,卷十四。

事,句律精深,超古作者,忠义之气,感发而然。①

黄庭坚关于诗歌记事、载道、劝勉之论,属于儒家诗教范畴。但他对儒家传统诗学中的"讽喻"说却不感兴趣。他不赞成诗人"强谏争于庭,怨忿诟于道,怒邻骂坐",过于执著地干预朝政。他认为"发为讪谤侵陵,引颈以承戈,披襟而受矢,以快一朝之忿者,人皆以为诗之祸,是失诗之旨,非诗之过也"。他或许从苏轼因诗惹祸的遭遇中记取了教训,他说苏轼"嬉笑怒骂,皆成文章"②,这固然是天赋才情,令人钦佩,但其"文章妙天下,其短处在好骂。慎勿袭其轨也"③。

遍观黄庭坚诗论,从不提倡以诗讽谏。他认为诗是性情之物,艺术之物,而性情和艺术均须超脱凡俗,温柔敦厚,即使怀才不遇,也应处之泰然、淡然,"仕不遇而不怒,人不知而独乐",为人为诗,都以不怨不怒为高。他在《上苏子瞻书》中曾借机赞美苏轼"寄子由诗,恭俭而不迫,忧思而不怨"④。《答晁元忠书》称赞晁诗"兴托深远,不犯世故之锋"⑤。《胡宗元诗集序》⑥最集中地表达了这种诗学观:

> 士有抱青云之器而陆沉林皋之下,与麋鹿同群,与草木共尽,独托于无用之空言,以为千岁不朽之计。谓其怨邪?则其言仁义之泽也。谓其不怨邪?则又伤己不见其人。然则其言不怨之怨也夫?

> 寒暑相推,草木与荣衰焉。庆荣而吊衰,其鸣皆有为,候虫是也;不得其平则声若雷霆,涧水是也;寂寞无

---

① 《潘子真诗话》引黄庭坚语,见郭绍虞:《宋诗话辑佚》,第310页。
② 《东坡先生真赞》三首其一,《山谷集》,卷十四。
③ 《答洪驹父书》,《山谷集》,卷十九。
④⑤ 《山谷集》,卷十九。
⑥ 《山谷集》,卷十六。

声,以宫商考之,则动而中律,金石丝竹是也。维金石丝竹之声,国风雅颂之言似之;涧水之声,楚人之言似之;至于候虫之声,则末世诗人之言似之。

今夫诗人之玩于词,以文物为工,终日不休,若舞世之不知者以待世之知者,然而其喜也无所于逢,其怨也无所于伐,能春,能秋,能雨,能旸,发于心之工伎而好其音,造物者不能加焉。故予无以命之,而寄于候虫焉。

清江胡宗元,自结发迄于白首未尝废书,其胸次所藏,未肯下一世之士也。前莫軵,后莫推,是以穷于丘壑。然以其耆老于翰墨,故后生晚出无不读书而好文。其卒也,子弟门人次其诗为若干卷。宗元之子遵道尝与予为僚,故持其诗来求序于篇首。

观宗元之诗,好贤而乐善,安土而俟时,寡怨之言也。可以追次其生平,见其少长不倦,忠信之士也。至于遇变而出奇,因难而见巧,则又似予所论诗人之态也。其兴托高远,则附于国风;其忿世疾邪,则附于楚辞。后之观宗元诗者,亦以是求之。故书而归之胡氏。

怀才不遇之士,寄情于言,有怨与不怨之别。黄庭坚不赞成像候虫那样"其鸣皆有为",认为那是"末世诗人之言";像楚人那样不平则鸣,也嫌浅显。最好是像金石丝竹那样,看似"寂寞无声",其实"动则中律",有国风雅颂那样的优雅舒徐、从容和睦、含蓄蕴藉的风度。他认为"今夫诗人之玩于词"者,多属候虫之类,而胡宗元是"忠信之士",其诗"好贤而乐善,安土而俟时,寡怨之言也"。虽然也不免有"附于楚辞"的"忿世疾邪"之篇什,但黄庭坚借此序而大力倡导的,显然是不怨不怒之作。

第二节 诗人论

黄庭坚对前代诗人不轻加推许,他认为值得称道者,"句法俊逸清新,词源广大精神。建安才六七子,开元数两三人"①。但建安之六七子是谁呢？他并未一一言明,当然也未加评论。前唐诗人中,他特别推重的只是陶渊明和杜甫二人,本朝诗人中,最得他尊敬和赞美的只是苏轼。

一、陶渊明论

他推重陶渊明或许多少受了苏轼一些影响。他在《跋子瞻和陶诗》②中把苏与陶相提并论：

子瞻谪岭南,时宰欲杀之。
饱吃惠州饭,细和渊明诗。
彭泽千载人,东坡百世士。
出处虽不同,风味乃相似。

他还在《宿旧彭泽怀陶令》③诗中说陶渊明怀大才而遗世独立,是自己的千古知己：

潜鱼愿深渺,渊明无由逃。
彭泽当此时,沉冥一世豪。
司马寒如灰,礼乐卯金刀。
岁晚以字行,更始号元亮。
凄其望诸葛,抗脏犹汉相。
时无益州牧,指挥用诸将。

---

① 《再用前韵赠高子勉》,四首之三。
② 《山谷集》,卷七。
③ 《山谷集》,卷四。

> 平生本朝心,岁月阅江浪。
> 空余诗语工,落笔九天上。
> 向来非无人,此友独可尚。
> 属予刚制酒,无用酌杯盏。
> 欲招千载魂,斯文或宜当。

援陶自比,是他生活中的一大乐事,《戏效禅月作远公咏》①序云:

> 远法师居庐山下,持律精苦,过中不受密汤,而作诗换酒饮。陶彭泽送客,无贵贱,不过虎溪,而与陆道士行过虎溪数百步,大笑而别。故禅月作诗云:"爱陶长官醉兀兀,送陆道士行迟迟。买酒过溪皆破戒,斯何人斯师如斯。"故效之。

那么他所喜欢的渊明风味是什么呢?从他对陶诗的评说来看,一是无为而自然。他认为陶渊明作诗已经超越了钟炉锻炼阶段,达到了随心所欲、无为而自然的境界,《论诗》②云:

> 谢康乐、庾义城之于诗,炉钟之功不遗余力也。然陶彭泽之墙数仞,谢、庾未能窥者何哉?盖二子有意于俗人赞毁其工拙,渊明直寄焉耳。

《赠高子勉》③四首之四云:

> 拾遗句中有眼,彭泽意在无弦。顾我今年六十,付公以二百年。

《题意可诗后》④云:

> 宁律不谐而不使句弱,用字不工不使语俗,此庾开府

---

① 《山谷集》,卷十一。
② 《山谷集·外集》,卷九。
③ 《山谷集》,卷十二。
④ 《山谷集》,卷二十六。

之所长也。然有意于为诗也。至于渊明,则所谓不烦绳削而自合。虽然,巧于斧斤者多疑其拙,窘于俭括者辄病其放。孔子曰:"宁武子,其智可及也,其愚不可及也。"渊明之拙与放,岂可为不知者道哉?道人曰:"如我按指,海印发光;汝暂举心,尘劳先起。"说者曰:"若以法眼观,无俗不真;若以世眼观,无真不俗。"渊明之诗,要当与一丘一壑者共之耳。

二是枯淡而有味,但须内行者咀嚼方能品味之。他曾在《书陶渊明诗后寄王吉老》①中具体地评论陶诗说:

血气方刚时,读此诗如嚼枯木;及绵历世事,如决定无所用智,每观此篇,如渴饮水,如欲寐得啜茗,如饥啖汤饼。今人亦有能同味者乎?但恐嚼不破耳。

又《论诗帖》②云:

陶渊明诗长于丘园,信所谓有味其言者。……渊明云:"平畴交远风,良苗亦怀新。"此句殆入妙也。

这与苏轼论陶诗所谓"质而实绮,癯而实腴"的意思相近。而这种似平淡而实深永的味中之味,修养不够的人往往体会不到。《书陶渊明责子诗后》③云:

观渊明之诗,想见其人岂弟慈祥,戏谑可观也。俗人便谓渊明诸子皆不肖,而渊明愁叹见于诗。可谓痴人前不得说梦也。

他认为陶诗之境界很高,学之更不易。柳宗元学陶,偶有似之,而白居易却未曾学到。《跋书柳子厚诗》④云:

子厚如此学陶渊明,乃为能近之耳。如白乐天自云

---

① 《山谷集·外集》,卷九。
② 《山谷集·别集》,卷六。
③④ 《山谷集》,卷二十六。

效陶渊明数十篇,终不近也。

黄庭坚与苏轼一样,论及白居易诗,评价都不高。黄《又书自草竹枝歌后》①云:

> 刘梦得《竹枝》九篇,盖诗人中工道人意中事者也。使白居易、张籍为之,未必能也。

又《跋刘梦得〈淮阴行〉》②云:

> 情调殊丽,语气尤稳切。白乐天、元微之为之皆不入此律也。

然苏、黄于白居易其人,又多有赞誉,如黄庭坚《跋自书乐天三游洞序》③云:

> 观其言行,蔼然君子也。余往来三游洞下,未尝不想见其人。

如果某人学陶诗而似之,他就予以好评。《跋欧阳元老诗》④云:

> 此诗入陶渊明格律,颇雍容。

雍容之美与耐人寻味之美有相近的审美品质。

二、杜甫论

黄庭坚所说"开元数两三人",无疑是指李白与杜甫。李、杜之诗史地位,经元稹、白居易、韩愈、欧阳修等代代人评说,在苏、黄时代已经确立。黄庭坚《题李白诗草后》⑤云:

> 余评李白诗,如黄帝张乐于洞庭之野,无首无尾,不主故常,非墨工匠人所可拟议。吾友黄介读《李杜优劣论》曰:"论文政不当如此。"余以为知言。

---

①③ 《山谷集·别集》,卷十二。
②④⑤ 《山谷集》,卷二十六。

又《答黎晦叔书》①云：

> 李白歌诗度越六代，与汉魏乐府争衡，岂不肖之所敢望！

他认为李白诗是旷世奇才的神来之笔，非平常诗人所能学的。因此，讲究诗法的黄庭坚对李白诗不多加评论。他于前代诗人论述最多且奉为宗师者是杜甫。钱钟书在《宋诗选注》中云："自唐以来，钦佩杜甫的人很多，而大吹大擂地向他学习的恐怕以黄庭坚为最早。"

黄庭坚之宗杜与其家学渊源有关。黄氏世代书香，黄庭坚的祖父黄湜兄弟十人皆举进士。他的父亲黄庶（字亚夫，号青社）是仁宗庆历二年进士，善诗文，作诗最推崇杜甫。黄庭坚的第一位岳父孙觉（字莘老）和第二位岳父谢景初（字师厚）都学杜诗。黄庭坚之学杜，与这三位长辈有关。范温《潜溪诗眼》载：

> 山谷常言少时曾诵薛能诗云："青春背我堂堂去，白发欺人故故生。"孙莘老问云："此何人诗？"对曰："老杜。"莘老云："杜诗不如此。"后山谷语传师云："庭坚因莘老之言，遂晓老杜诗高雅大体。"

黄庭坚《黄氏二室墓志铭》②载：庭坚妻孙氏去世后，有一次谢师厚"见庭坚之诗曰：'吾得婿如是足矣！'庭坚因往求之。然庭坚之诗卒从谢公得句法"。

陈师道《后山诗话》云：

> 唐人不学杜诗，唯唐彦谦与今黄庶、谢师厚景初学之。鲁直，黄之子、谢之婿也，其于二父，犹子美之于审言也。

后世文学史家通常都认为黄庭坚及江西诗派与杜甫有关，元

---

① 《山谷集·外集》，卷十。
② 《山谷集·外集》，卷八。

第六章 黄庭坚的诗学思想

方回《瀛奎律髓》（四库本）云：

> 余平生持所见，以老杜为祖……宋以后山谷一也，后山二也，简斋为三，吕居仁为四，曾茶山为五……此诗之正派也，余皆旁枝别流。①
>
> 古今诗人当以老杜、山谷、后山、简斋四家为一祖三宗。②

那么，黄庭坚对杜诗都有什么样的理解呢？

首先，他对杜诗的总体评价很高，并常以杜诗比国风、雅、颂。《题韩忠献诗杜正献草书》③云：

> 杜子美一生穷饿，作诗数千篇，与日月争光。

又《老杜浣花溪图引》④云：

> ……空蟠胸中书万卷。探道欲度羲皇前，论诗未觉国风远。

又《次韵伯氏寄赠盖郎中喜学老杜之诗》⑤云：

> 老杜文章擅一家，国风纯正不敧斜。帝阍悠邈开关键，虎穴深沉探爪牙。千古是非存史笔，百年忠义寄江花。潜知有意升堂室，独抱遗编校舛差。

又《大雅堂记》⑥云：

> 由子美以来，四百余年斯文委地，文章之士随世所能，杰出时辈，未有升子美之堂者，况世家之好耶？……非广之以国风、雅、颂，深之以《离骚》、《九歌》，安能咀嚼

---

① 卷十六，《道中寒食二首》后。
② 卷二十六，《清明》诗后。
③ 《山谷集》，卷二十六。
④ 《山谷集·外集》，卷四。
⑤ 《山谷集·外集》，卷十四。
⑥ 《山谷集》，卷十七。

其意味,闯然入其门耶?……彼喜穿凿者,弃其大旨,取其发兴,于所遇林泉人物草木鱼虫,以为物物皆有所托,如世间商度隐语者,则子美之诗委地矣。

《书花卿歌后》①云:

> 杜子美作《花卿歌》,雄壮激昂,读之想见其人也。

其次,"无意而意已至";"不烦绳削而自合";"无斧凿痕";"简易而大巧出焉,平淡而山高水深"。这是黄庭坚学杜诗的重要心得。他因学杜而提出的这些诗学命题,颇能反映宋代文人的诗美意趣,在中国美学史上具有重大意义。《大雅堂记》②云:

> 子美诗妙处乃在无意为文。夫无意而意已至。

这与他对陶渊明的赞誉一致。又《与王观复书三首》其一③云:

> 好作奇语自是文章病,但当以理为主,理得而辞顺,文章自然出群拔萃。观杜子美到夔州后诗,韩退之自潮州还朝后文章,皆不烦绳削而自合矣。……

其二云:

> 所寄诗多佳句,犹恨雕琢功多耳。但熟观杜子美到夔州后古律诗,便得句法:简易而大巧出焉,平淡而山高水深。似欲不可企及。文章成就,更无斧凿痕乃为佳耳。

"简易而大巧出焉",源自老子哲学美学中的"大巧若拙"。"平淡而山高水深",与苏轼"外枯而中膏,似淡而实美"④、"发纤于简古,寄至味于淡泊"⑤的意思一致。苏、黄此论,是宋人美学中的标

---

① 《山谷集·外集》,卷九。
② 《山谷集》,卷十七。
③ 《山谷集》,卷十九。
④ 《评韩、柳诗》。
⑤ 《书黄子思诗集后》。

志性命题。其实这与杜甫诗的美学品质并不十分贴切。黄庭坚更像是借论杜诗而阐发自己的诗歌美学。

最后,黄庭坚对杜诗技法的理解和阐发倒是实实在在的。《答洪驹父书三首》①其二云:

> 自作语最难。老杜作诗,退之作文,无一字无来处。盖后人读书少,故谓韩杜自作此语耳。古之能为文章者,真能陶冶万物,虽取古人之陈言入于翰墨,如灵丹一粒,点铁成金也。

又《论作诗文》②云:

> 如老杜诗,字字有出处,熟读三五十遍,寻其用意处,则所得多矣。

著名的"无一字无来处"、"点铁成金"论,是以多读书为前提的。学识渊博,才有了驾驭字词语句的资本。《跋高子勉诗》③云:

> 高子勉作诗,以杜子美为标准,用一事如军中之令,置一字如关门之键。而充之以博学,行之以温恭,天下士也。

又《赠高子勉四首》④其四云:

> 拾遗句中有眼,彭泽意在无弦。
> 顾我今年六十,付公以二百年。

又《答王子飞书》⑤云:

> 陈履常正字,天下士也。……其作诗渊源,得老杜句法,今之诗人不能当也。

---

① ⑤ 《山谷集》,卷十九。
② 《山谷集·别集》,卷六。
③ 《山谷集》,卷二十六。
④ 《山谷集》,卷十二。

又《与洪驹父书六首》①其六云：

　　须留意作五言六韵诗，若能此物，取青紫如拾芥耳……大体作省题诗，尤当用老杜句法，将有鼻孔者，便知是好诗也。

又《与王观复书三首》②其一云：

　　公所论杜子美诗，亦未极其趣，试更深思之。若入蜀下峡年月，则诗中自可见。其曰"九钻巴巽火，三蛰楚祠雷"，则往来两川九年，在夔府三年可知也。恐更须改定，乃可入石。

如此句法字法之论，皆与才学相关。黄庭坚乃饱学而天赋才华之士，故能既深入学杜诗句法，又化出而自立规模。平庸者学杜学黄，就仅能学其皮毛了。

三、苏轼论

黄庭坚对苏轼极为崇敬，他常将苏轼与他心目中的千古名士相比，如司马相如、扬雄、陶渊明、李白、杜甫、韩愈等。《次韵王炳之惠玉板纸》③云：

　　儒林文人有苏公，相如子云再生蜀。
　　往时翰墨颇横流，此公归来有边幅。
　　小楷多传《乐毅论》，高词欲奏《云门曲》。

《东坡先生真赞》④三首云：

　　子瞻堂堂，出于峨眉，司马班扬。……东坡之酒，赤壁之笛，嬉笑怒骂，皆成文章。

---

① 《山谷集·外集》，卷十。
② 《山谷集》，卷十九。
③ 《山谷集》，卷二。
④ 《山谷集》，卷十四。

炎炎堂堂,如山如河……东坡之在天下,如太仓之一稊米;至于临大节而不可夺,则与天地相终始。

眉目云开月静,文章豹蔚虎炳,逢世爱憎怡怡,五朝公忠炯炯。

《跋子瞻和陶诗》①云:

子瞻谪岭南,时宰欲杀之。
饱吃惠州饭,细和渊明诗。
彭泽千载人,东坡百世士。
出处虽不同,风味乃相似。

《次苏子瞻和李太白浔阳紫极宫感秋诗韵追怀太白子瞻》②云:

不见两谪仙,长怀倚修竹。
行绕紫极宫,明珠得盈掬。
平生人欲杀,耿介受命独。
……
因之酌苏李,蟹肥社醅熟。

《跋东坡铁柱杖诗》③云:

《铁柱杖》诗雄奇,使李太白复生,所作不过如此。平时士大夫作诗送物,诗常不及物。此诗及铁柱杖,均为瑰玮惊人也。

《病起荆江亭即事》④十首其七云:

文章韩杜无遗恨,草诏陆贽倾诸公。
玉堂端要真学士,须得儋州秃鬓翁。

他也曾将苏轼与白居易比较,认为苏高于白。《子瞻去岁春夏

---

① ② ④ 《山谷集》,卷七。
③ 《山谷集·别集》,卷十一。

侍立延英子由秋冬间相继入侍作诗各述所怀予亦次韵四首》①其四云：

乐天名位聊相似，却是初无富贵心。

只欠小蛮樊素在，我知造物爱公深。

在这些比较评论中，陶、苏之比和李、苏之比最为后人称道。陶渊明其人其诗，得苏轼之发明乃大增名气。苏轼其人其诗与陶有所似又有所不似，而黄庭坚敏锐地看到了"彭泽千载人"与"东坡百世士"之间的人文渊源和艺术关系，并从两人不同的"出处"中阐发出相同的审美"风味"。这种阐发对后世"陶学"和"苏学"都很有意义。

称李与苏是"两谪仙"，也极具文化慧眼。李白与苏轼，是中华文明史上罕见的艺术天才和文化瑰宝，然而人们对其价值的认识是有一点时间差的。在李白时代，年长于李白四十二岁的贺知章最早称李白为"谪仙人"，而第一个充分认识李白价值的人应是比李白小十一岁的杜甫。在苏轼时代，年长于苏轼三十岁的欧阳修最早从初出茅庐的苏轼身上预感到一代文化天才将"独步天下"，而比苏轼小九岁的黄庭坚，则无疑是苏轼最深切的文化艺术知音，是苏轼价值的最有力的阐发者。唐有谪仙，宋有坡仙，这是中国文化艺术史上的两座丰碑。黄庭坚在苏轼生前就视苏子为神仙。《次韵宋楙宗三月十四日到西池都人盛观翰林公出游》②云：

金狨系马晓莺边，不比春江上水船。

人语车声喧法曲，花光楼影倒映天。

人间化鹤三千岁，海上看羊十九年。

还做遨头惊俗眼，风流文物属苏仙。

此时苏轼在朝作翰林学士（1086～1089年，51～54岁）。其实早在元丰元年（1078年），黄庭坚与苏轼尚未谋面时，在《古诗二首

---

①② 《山谷集》，卷九。

第六章 黄庭坚的诗学思想

上苏子瞻》①其二中,已经把苏轼比做世间精灵了:

> 青松出涧壑,十里闻风声。
> 上有百尺丝,下有千岁苓。

作于元丰三年(1080年)的《再次韵寄子由》②云:

> 想见苏耽携手仙,青山桑柘冒寒烟。
> 麒麟堕地思千里,虎豹憎人上九天。
> ……
> 何时确论倾樽酒,医得儒生圣自颠。

把苏氏兄弟称为"携手仙"。他对苏轼的才华怀有高山仰止般的崇敬之意并屡见于言,如《见子瞻粲字韵诗和答三人四返不困而愈崛奇辄次旧韵寄彭门》③云:

> 公材如洪河,灌注天下半。
> 风日未尝撄,昼夜圣所叹。
> 名世二十年,穷无歌舞玩。
> 入宫又见妒,徒友飞鸟散。
> 一饱事难谐,五车书作伴。
> 风雨暗楼台,鸡鸣自昏旦。
> ……
> 文似《离骚》经,诗窥《关雎》乱。
> 贱生恨学晚,曾未奉巾盥。

又《次韵答尧民》④云:

> 君开苏公诗,疾读思过半。
> 譬如闻韶耳,三月忘味叹。

---

① 《山谷集》,卷二。
② 《山谷集·外集》,卷七。
③ 《山谷外集诗注》,卷五。
④ 《山谷集·外集》,卷二。

我诗岂其朋,组丽等俳玩。

《与苏子瞻书》①云:

　　和诗词气高妙,无以为谕。往闻执事昆弟之声,今食其实,独恨未有亲近之幸耳。

《上苏子瞻书》②二首其二云:

　　昨传得寄子由诗,恭俭而不迫,忧思而不怨,可愿手如南风报德之弦,读之使人凛然增手足之爱。

《与欧阳元老书》③云:

　　寄示东坡岭外文字,今日方暇遍读,使耳目聪明,如清风自外来也。

《跋子瞻送二侄归眉诗》④云:

　　观东坡二丈诗,想见风骨巉严,而接人仁气粹温也。观黄门诗,颓然峻整,独立不倚,在人眼前。元祐中,每同朝班,余尝目之为成才两石笋也。

《题东坡字后》⑤云:

　　东坡简札,字形圆润,无一点俗气。

《跋东坡乐府》(《卜算子》缺月挂疏桐)⑥云:

　　东坡道人在黄州时作,语意高妙,似非吃烟火食人语。非胸中有万卷书,笔下无一点尘俗气,孰能至此。

《次韵文潜立春日三绝句》⑦其二云:

　　谁怜旧日青钱选,不立春风玉笋班。

---

① 《山谷集·别集》,卷五。
② 《山谷集》,卷十九。
③ 《山谷集》,卷十六。
④⑥ 《山谷集》,卷二十六。
⑤ 《山谷集》,卷二十九。
⑦ 《山谷集》,卷十一。

> 传得黄州新句法,老夫端欲把降幡。

《子瞻诗句妙一世,乃云效庭坚体,盖退之戏孟郊、樊宗师之比,以文滑稽耳。恐后生不解,故以韵道之。子瞻〈送孟容诗〉云"我家峨眉阴,与子同一邦",即此韵》①云:

> 我诗如曹邻,浅陋不成邦。
> 公如大国楚,吞五湖三江。
> 赤壁风月笛,玉堂云雾窗。
> 句法提一律,坚城受我降。
> 枯松倒涧壑,波涛所舂撞。
> 万牛挽不前,公乃独力扛。
> 诸人方嗤点,渠非晁张双。
> 但怀相识察,床下拜老庞。
> 小儿未可知,客或许敦庞。
> 诚堪婿阿巽,买红缠酒缸。

《论作诗文》②云:

> 余尝自谓作诗颇有自悟处,若诸文,亦无长处可过人。余尝对人言:作诗在东坡下,文潜、少游上;至于杂文,与无咎等耳。

黄庭坚对苏轼的才华、学识、诗、词、文章、书法、立身处世、风度、品行等等,都给予很高的评价。黄庭坚自视很高,但对苏轼却佩服得五体投地。他明确地意识到自己的这位良师益友是旷世奇才,是千载难遇之士,所以他不论何时何地,只要一提起苏轼,就毫无保留地赞美他,向世人推荐他。当然,由于性情总有不同之处,他对苏轼之诗文偶尔也有所批评,如《答洪驹父书》中批评东坡"短处在好骂",已如前述。

---

① 《山谷集》,卷二。
② 《山谷集·别集》,卷六。

四、论其他诗人

黄庭坚品评当时的文朋诗友,着眼点通常在两方面——才华和功力。他对秦观和陈师道的评论较有代表性。

论才华与天赋,黄庭坚除了最崇敬苏轼外,最欣赏的就是秦观了。这与苏轼一致。他多次称赞秦观才思敏捷。《赠秦少仪》①云:

> 秦氏多英俊,少游眉最白。
> 频闻鸿雁行,笔皆万人敌。

《送少章从翰林苏公余杭》②云:

> 东南淮海唯扬州,国士无双秦少游。
> 欲攀天关守九虎,但有笔力回万牛。

《病起荆江亭即事》③十首其八云:

> 闭门觅句陈无己,对客挥毫秦少游。
> 正字不知温饱未?西风吹泪古藤州。

这意思是说秦观属于天才型,陈师道属于功夫型。这种看法颇得时人和后人认同,如罗大经《鹤林玉露》卷十六载:

> 山谷云"闭门觅句陈无己,对客挥毫秦少游"。世传无己每有诗兴,拥被卧床,呻吟累日,乃能成章;少游则杯觞流行,篇咏错出,略不经意。然少游特流连光景之词,而无己意高词古,直欲追踪骚雅,正自不可同年语也。

黄庭坚与苏轼一样,都非常欣赏秦观的才华。秦观英年早逝后,苏、黄都十分痛惜,黄庭坚《寄贺方回》④诗云:

> 少游醉卧古藤下,谁与愁眉唱一杯。
> 解作江南断肠句,只今唯有贺方回。

---

① ② 《山谷集》,卷四。
③ 《山谷集》,卷七。
④ 《山谷集》,卷十一。

第六章　黄庭坚的诗学思想

黄庭坚对秦、陈并无优劣之意。就创作倾向而言,黄庭坚大概更赞成陈师道作诗的苦吟态度。他对陈师道的人品、学识、诗才以及作诗以杜甫为法都非常赞赏。陈师道为文学曾巩,作诗远宗杜甫,近学黄庭坚。他在《赠鲁直》诗中直接向黄庭坚表示:"陈诗传笔意,愿立弟子行。"《答秦觏书》①中说:"仆于诗初无法师,然少好之老而不厌,数以千计。及一见黄豫章,尽焚其稿而学焉。豫章以谓譬之弈焉,弟子高师一著,仅能及之,争先则后矣。仆之诗,豫章之诗也。"

陈师道诗现存六百九十多首,多为结识黄庭坚以后之作,可证其"尽焚其稿"之说。他的诗学在主要方面与黄庭坚一致,皆推崇杜甫,讲究学力、诗法、功力。他作诗苦吟是出名的,叶梦得云:

> 世言陈无己每登临得句,即急归,卧一榻,以被蒙首,谓之吟榻。家人知之,即猫犬皆逐去,婴儿稚子,亦抱持寄邻家。徐待其起,就笔砚,即诗已成,乃敢复常。②

徐度《却扫编》(四库本)卷中亦载陈师道:"与诸生徜徉林下,或愀然而归,竟登榻引被,自覆呻吟,久之,矍然而兴,取笔疾书,则一诗成矣。因揭之壁间,坐卧哦咏,有窜易至月十日乃定,有终不如意者,则弃去之。"

对于这样一位诗学知己,黄庭坚敬重有加,他赞赏陈师道云:

师道陈氏,怀璧连城。

——《陈师道字序》③

陈侯学诗如学道。

——《赠陈师道》④

---

① 《后山集》,卷九。
② 马端临:《文献通考》,卷二百三十七。
③ 《山谷集》,卷十六。
④ 《山谷集·外集》,卷四。

>　　陈侯大雅姿，四壁不治第。
>　　碌碌盆盎中，见此古罍洗。
>　　薄饭不能羹，墙阴老春荠。
>　　唯有文字工，万古抱根柢。
>　　　　——《次韵秦觏过陈无己书院观鄙句之作》①

>　　陈履常正字，天下士也。读书如禹之治水，知天下络脉……其作诗渊源，得老杜句法，今之诗人不能当也。
>　　　　——《答王子飞书》②

后人也记载了一些黄庭坚对陈师道的赞评，有些还较为具体，如惠洪《冷斋夜话》卷二载：

>　　余问山谷："今之诗人谁为冠？"曰："无出陈师道无己。"问："其佳句如何？"曰："吾见其作《温公挽词》一联，便知其才不可敌。曰：'政虽随日化，身已要人扶'。"

《王直方诗话》③第一百四十六条云：

>　　陈无己作《小放歌行》两篇。其一云："春风永巷闭娉婷，长使青楼误得名。不惜卷帘通一顾，怕君着眼未分明。"其二云："当年不嫁惜娉婷，映白施朱作后生。说与旁人须早计，随宜梳洗莫倾城。"山谷云："无己他日作诗，语极高古，至于此篇则顾影徘徊，衒耀太甚。"

又同书第一百五十一条云：

>　　陈留市中有一刀镊工，随其所得为一日费，醉吟于市，负其子以行歌。江端礼以为达者，为作传，而要无己赋诗。无己诗有"闭门十日雨，冻作饥鸢声"，大为山谷所爱。山谷后亦拟作，有云："养性霜刀在，阅人清镜空"，无

---

① 《山谷集》，卷三。
② 《山谷集》，卷十九。
③ 郭绍虞：《宋诗话辑佚》本。

以复加。

葛立方《韵语阳秋》卷二云：

  鲁直谓陈后山学诗如学道,此岂寻常雕章绘句者之可拟哉？

黄庭坚对陈师道的赞赏,主要是对其师法杜甫、苦吟慎作的严谨态度和精妙深湛的艺术功力的赞赏。杜甫堪为师范,一个重要原因是有法可学,有法可依。黄、陈学诗作诗的"功夫型"路数,正合其道。而以黄、陈为代表的"江西诗派"所以能影响那么多人,其重要原因也在于有法可学。

第三节　诗美论

一、以古为美

宋人诗学,大抵都以师范古人为理论的标榜。遍观两宋诗家,几乎没有谁不主张师法古人。那么在古人中,谁最可师呢？师什么呢？在宋人的论述中,这是一些时而含糊、时而清晰、时而笼统、时而具体的问题。然而有一个原则是通行的——远者为师。因而从理论上说,《诗》、《骚》,魏、晋,当然是高远之师。但在实际创作中,唐代诗人被师法者最多,如李白、杜甫、韩愈、白居易、李商隐、贾岛、姚合等。这又有点近者易学的味道。看来远者和近者各有意义,远者为高标,近者为楷模。而不论远古还是近古,都高于今。

黄庭坚论诗,明确地坚持这种厚古薄今的思维原则。《与洪驹父书六首》①其一云：

  所寄文字,更觉超迈,当是读书益有味也。学问文章,如甥才气笔力,当求配于古人,勿以贤于流俗遂自足

---

① 《山谷集·外集》,卷十。

也。

《论诗作文》①云：

> 新诗日有胜句，甚可喜。要当不已，乃到古人下笔处。……后来学诗者，时有妙句，譬如闭眼摸象，随所触，体得一处，非不即似，要且不是。若开眼，则全体见之，合古人处不待取证也。

> 诗不必务多，但意尽可也。古人或四句、两句便成一首。今人作诗，徒用三十五十韵，仔细观之，皆虚语矣。要须意律谅田夫、女子皆得以知之。盖诗之言近指远者乃得诗之妙。唐人吟诗，绝句云如二十个君子，不可著一个小人也。

> 王定国谪金过戎，因出数十篇文字。余谓定国曰：若欲过今人则可矣，若必欲过古人，宜尽烧之，更读十年书也。定国诗极有巧处，然少本也。

《与元勋不伐书九》②云：

> 若足下之诗，视今之学诗者，若吞云梦八九于胸中矣。如欲方驾古人，须识得古人关捩，乃可下笔。

在这些表述中，"今人"、"今之学诗者"都是不足道的，超过"今人"也不足道。只有"方驾古人"、"配于古人"，才是作诗之正道。那么在古人中，谁最可师呢？《与洪驹父书六首》其二云：

> 得见书札已眼明，及见诗，叹息弥日，不谓便能入律如此！可谓江南泽中产此千里驹也。然望甥不以今所能者骄稚人，而思不如舜、禹、颜渊也。

这里讲的是作诗当先学做人，要以舜、禹、颜渊等圣贤为做人的楷模。那么作诗的楷模是谁呢？黄庭坚最推崇的诗人无疑是杜

---

① 《山谷集·别集》，卷六。
② 《山谷集·别集》，卷十八。

第六章 黄庭坚的诗学思想

甫,然而他的诗学主张,却是以高远的《诗》、《骚》为标榜的。《与秦少章书》①云:

> 庭坚心醉于《诗》与《楚辞》,似若有得,然终在古人后。

在《答王周彦书》②中,黄庭坚比较系统地阐述了他学古宗经的诗美理论:

> 周彦之行,犹古人也;及其文,则摹今之人也。何哉?见其一而未见其二也,唯唯其所慕而致于文而已。颜子曰:"舜何人也?予何人也?"孟子曰:"伯夷、伊尹皆古人也,吾未能有行焉,乃所愿则学孔子也。"孔子曰:"吾不复梦见周公。"孔子之学周公,孟子之学孔子,自尧舜而来至于三代,贤杰之人材聚云翔,岂特周公而已。至于孔孟之学不及周公者,盖登泰山而小天下,观于海者难为水也。企而慕者高而远,虽其不逮,犹足以超世拔俗矣,况其集大成而为醇乎醇者邪?周彦之为文,欲温柔敦厚,孰先于《诗》乎?疏通知远,孰先于《书》乎?广博易良,孰先于《乐》乎?洁净精微,孰先于《易》乎?恭俭庄敬,孰先于《礼》乎?属辞比事,孰先于《春秋》乎?读其书,颂其文,味其辞,涵咏乎渊源精华,则将沛然决江河而注之海,畴能御之?
>
> 周彦之病,其在学古之行而事今之文也。若欧阳文忠公之炳乎前,苏子瞻之焕乎后,亦岂易及哉?然二子者,始未尝不师于古,而后至于是也。夫举千钧者,轻乎百钧之势。周彦之行,扛千钧矣;而志于文,则力不及百钧,是自画也,未之思尔。周彦其稽孔孟之学而学其文,

---

① 《山谷集》,卷十九。
② 《山谷集·别集》,卷五。

则文质彬彬,诚乎自得于天者矣。异日将以我为知言也。

这里历数自古以来的崇古传统,罗列了可供后人千秋万代师法的圣人和经典,告诫王周彦在进行文学创作时尚须以古为师,并且具体地指导他学习的侧重点:学《诗》之温柔敦厚,学《书》之疏通知远,学《乐》之广博易良,学《易》之洁净精微,学《礼》之恭俭庄敬,学《春秋》之属辞比事。

这番话比较具体而且明确地表明了黄庭坚心目中的古典楷模以及他对这些楷模的审美理解。

其实真的古人并不比今人高明,否则人类的文明怎么能进步呢?如果像黄庭坚这样杰出的诗人都"终在古人后",那么文学艺术岂不是一代不如一代了?中国文化自古以来就形成了宗经征圣、崇古尚典的传统。人们通常敬若神明的"古",未必完全都是曾经实在的。后人阐释的"古",往往带有理想化、神圣化的因素。因为一切"古"都是经过人类选择的历史遗存,它在供后人认识和理解的同时,也为后人提供了阐释和想像的余地。于是后人便可借助阐释和想像,把经验的"古"美化、神圣化,从而使之更适合寄托自己的理想。这种寄托于"古"的理想,其实并不是简单的复古,而是高于现实并指向未来的。所以历朝历代的"复古",多数都是以复古为名的革新和发展,因而通常都不是倒退,而是进步。

二、尚清反俗

本书在讨论苏轼诗学时,专门探讨了苏轼诗学中的清美意识。在黄庭坚的诗学中,这仍然是个重要的话题。在黄庭坚的审美观念中,不管是论人还是论诗,都一贯尚清反俗,以清为高雅,以俗为庸鄙。他诗学思想中的清、俗范畴涉及人品和诗品,是人品与诗品的审美表征。

首先,黄庭坚以清、俗论诗,常常涉及诗人之品格和胸次。如

《濂溪诗并序》①评周敦儒云：

> 人品甚高，胸中洒落如光风霁月，好读书，雅意林壑。……有水发源于莲花峰下，洁清绀寒，下合于溢江。茂叔濯缨而乐之，筑室于其上……名曰濂溪。与之游者曰："溪名未足以对茂叔之美。"

这正是清高不俗的人品胸次。濂溪之二子求诗于黄庭坚，他便欣然作骚体诗二首，诗亦从清说起：

> 溪毛秀兮水清，可饭羹兮濯缨。……以为寿蝉蜕尘埃兮，玉雪自清，听潺湲兮鉴澄明，激贪兮敦薄，非青蘋白鸥兮谁与同乐。

周敦儒的人品胸次虽如此清和，但其诗却没有一首能如黄庭坚赞美他的这两首诗有清神雅韵。然而在黄庭坚的描述中，他成了一位"光风霁月"般的诗性人类之典范。在黄庭坚清美意识里，人品胸次和诗美境界是一体化的。如《再次韵兼简履中南玉三首》②其二云：

> 江津道人心源清，不系虚舟尽日横。
> 道机禅观转万物，文采风流被诸生。
> 与世浮沉唯酒可，随时忧乐以诗鸣。

称"江津道人心源清"，取其超然物外，不趋名利，不入仕途，不染尘俗，但又雅好文采，诗酒风流之意。清人乃有清诗，反之，能为清诗者，其人亦自不俗。如《再次韵兼简履中南玉三首》其一云：

> 李侯诗律严且清，诸生赓载笔纵横。
> 句中稍觉道战胜，胸次不使俗尘生。

又《宋楙宗寄夔州五十诗三首》③云：

---

① 《山谷集》，卷一。
② 《山谷集》，卷六。
③ 《山谷集》，卷十。

> 五十清诗是碎金,试教掷地有余音。
> 方今台阁称多士,且傍江山好处吟。
> 五十清诗一段冰,持来恰得慰愁生。
> 自张壁间行坐看,更教儿诵醉时听。

《次韵奉答少激纪赠二首》①云:

> 诗来清吹拂衣襟,句法词锋觉有神。
> ……
> 文如雾豹容窥管,气似灵犀可避尘。

《刘咸临墓志铭》②云:

> 诗则清奥,欲自为家。

《跋自所为〈香〉诗后》③云:

> 贾天锡宣事作《意和香》,清丽闲远,自然有富贵气。

《都下喜见八叔父》④云:

> 诗成戏笔墨,清甚韦苏州。

《书王观复乐府》⑤云:

> 观复乐府长短句清丽不凡,今时士大夫及之者鲜矣。

《书张仲谋诗集后》⑥云:

> 余观仲谋之诗,用意刻苦,故语清壮,持心岂弟,故声和平。作语多而知不雕为工,事久而知世间无巧。以此自成一家,可传也。

《谢仲谋示新诗》⑦云:

---

① 《山谷集》,卷十。
② 《山谷集》,卷二十三。
③ 四库本《香乘》,卷十二载《山谷集》语。
④ 《山谷集·外集》,卷一。
⑤⑥ 《山谷集·外集》,卷九。
⑦ 《山谷集·外集》,卷十四。

第六章　黄庭坚的诗学思想

　　赠我新诗许指瑕,令人失喜更惊嗟。
　　清如夷则初秋律,美似芙蓉八月花。

《盖郎中惠诗有二强攻一老不战而胜嘲次韵解之》①云：

　　诗翁琢句玉无瑕,淡墨稀行秋雁斜。
　　读罢清风生麈尾,吟余新月度檐牙。

《跋知命弟与郑几道驻泊简》②云：

　　知命作乐府长短句及小诗,皆清苦愁绝,可传可玩,非今号能文者所能仿佛也。

《书船子和尚歌后》③云：

　　船子和尚歌《渔父》,语意清新,道人家风处处出现。

《与徐师川书四》④其二云：

　　所寄吉州旧句,并得见诸贤和篇,皆清丽有句法,读之屡叹。糠粃在前,老者增愧耳。

　　以上罗列黄庭坚对人、对诗的"清"誉,目的不是阐释其"清"的审美内涵,而只是说明清美在他审美理念中的重要地位。

　　其次,在黄庭坚的审美观念中,与清相反的是俗。他的反俗之论历来很受文学史家、美学史家关注。具体说来,也包括人不可俗和诗不可俗两方面。

　　第一是不作俗人。

《书缯卷后》⑤云：

　　学书要须胸中有道义,又广之以圣哲之学,书乃可贵。若其灵府无程,政使笔墨不减元常逸少,只是俗人耳。余尝为少年言,士大夫处世可以百为,唯不可俗,俗

---

① 《山谷集·外集》,卷十四。
②③ 《山谷集·外集》,卷十二。
④ 《山谷集·外集》,卷十七。
⑤ 《山谷集》,卷二十九。

> 便不可医也。或问不俗之状,老夫曰:难言也。视其平居,无以异于俗人。临大节而不可夺,此不俗人也。平居终日,如舍瓦石,临事一筹不画,此俗人也。

这是因论书法而引发的一段著名的反俗之论。书法固然有雅俗之别,但书如其人,人俗则书法必不高雅。"士大夫处世可以百为,唯不可俗,俗便不可医也。"可见他对俗的极端鄙视和警惕。不俗之人胸有道义,有圣哲之学,有品节操守。俗人则"灵府无程",也就是缺乏道义和圣哲之学。苏轼《於潜僧绿筠轩诗》也曾有"无肉令人瘦,无竹令人俗。人瘦尚可肥,士俗不可医"之论。

黄庭坚素所敬重的欧阳修、王安石、苏轼以及一些方外人士,都曾得到他的不俗之誉。《跋欧阳公红梨花诗》①云:

> 观欧阳文忠在馆阁时与高司谏书,语气可以折冲万里,谪居夷陵,诗语豪壮不挫。理应如是。文人或少拙而晚工,至文忠,少时下笔便有绝尘之句。

绝尘就是不俗。在景祐三年(1036年)的"四贤一不肖"事件中,欧阳修二十九岁,任馆阁校勘,人微位卑,本与范仲淹、吕夷简之争无涉,却为范打抱不平,给高司谏写信斥责他身为谏官而不敢伸张正义。这正是黄庭坚所称道的"临大节而不可夺"。

又《跋王荆公禅简》②云:

> 荆公学佛,所谓"吾以为龙又无角;吾以为蛇又有足"者也。然余尝熟观其风度,真视富贵如浮云,不溺于财利酒色,一世之伟人也。暮年小语,雅丽精绝,脱去流俗,不可以常理待之也。

又《跋东坡乐府》③(《卜算子》)云:

> 东坡道人在黄州时作,语意高妙,似非吃烟火食人

---

① ② 《山谷集》,卷三十。
③ 《山谷集》,卷二十六。

语。非胸中有万卷书,笔下无一点尘俗气,孰能至此。
又《跋俞秀老清老诗颂》①云:

  秀老清老皆江湖扁舟,不能受流俗人拘忌束缚者也。往者金陵具与荆公往来诗颂,言皆入微,道人喜传之。清老往与余共学于涟水,其傲睨万物,滑稽以玩世,白首不衰。荆公之门盖晚多佳士云。

王安石、苏轼是黄庭坚心目中不俗的典范,所以其作品也被黄视为"雅丽精绝,脱去流俗"、"无一点尘俗气"的清品。"秀老清老皆江湖扁舟,不能受流俗人拘忌束缚者",故能"言皆入微"。

第二是不作俗诗。

什么样的诗是俗诗呢?从黄庭坚的表述看,主要有意俗和语俗两类。意俗是指构思不新颖,不独特,境界不高。这与作者的胸次、学问有关。语俗是指词语陈旧平庸。这也与作者的学问、修养有关。《题意可诗后》②云:

  宁律不谐而不使句弱,用字不工不使语俗,此庾开府之所长也。

《次韵答高子勉十首》③其六云:

  警人得佳句,或以傲王公。
  处世要清节,滑稽安足雄。
  深沉似康乐,简远到安丰。
  一点无俗气,相期林下同。

《书嵇叔夜诗与侄榎》④云:

  叔夜此诗豪壮清丽,无一点俗气。凡学作诗者,不可不成诵在心。想见其人,虽沉于世故者,暂而揽其余芳,

---

① ② 《山谷集》,卷二十六。
③ 《山谷集》,卷十。
④ 《山谷集·别集》,卷十。

便可扑去面上三斗俗尘矣,何况探其意味者乎?
《书刘景文诗后》①云:
> 余尝评景文胸中有万卷书,笔下无一点俗气。

《再次韵兼简履中南玉三首》②其一云:
> 句中稍觉道战胜,胸次不使俗尘生。

《姨母李夫人墨竹二首》③之二云:
> 小竹扶疏大竹枯,笔端真有造化炉。
> 人间俗气一点无,健妇果胜大丈夫。

黄庭坚论不俗,又与有韵相关。俗必无韵,有韵必不俗。所谓韵,大约是这样一种审美品质:既美又含蓄,美得耐人寻味,能引发审美主体的美好联想。如《题摹燕郭尚父图》④云:
> 凡书画当观韵。往时李伯时为余作李广夺胡儿马,挟儿南驰,取胡儿弓引满,以拟追骑。观箭锋所直,发之,人马皆应弦也。伯时笑曰:"使俗子为之,当作中箭追骑马矣。"余因此深悟画格。此与文章同一关纽,但难得人人神会耳。

这是一个很典型的构思新颖的范例,引而不发,令人想像,这就是有韵,有韵则不俗。又《与党伯舟帖七》⑤八云:
> 承惠新颂三篇,极叹用心精苦也。然诗颂要得出尘拔俗有远韵而语平易,不知曾留意寻此等师匠楷模否?

"有远韵",就是能引发人丰富悠远的联想,"语平易"则是指用语自然天成,不雕琢,也就是他称赞陶渊明的"无意为文"。既有韵

---

① 《山谷集》,卷二十六。
② 《山谷集》,卷六。
③ 《山谷内集诗注》,卷九。
④ 《山谷集》,卷二十七。
⑤ 《山谷集·别集》,卷十八。

又平易，自然就出尘拔俗了。又《题缝本法帖》①云：

> 观魏晋间人论事，皆语少而意密，大都犹有古人风泽，略可想见。论人物要是韵胜，为尤难得。蓄书者能以韵观之，当得仿佛。

"语少而意密"正可解释"有韵"：表面简约，内涵丰富深刻。评论者和被评论者都以有韵为胜。推而广之，书法亦然。再推而广之，人类的一切审美活动都存在着有韵无韵的问题。又《跋周子发帖》②云：

> 王著临《兰亭序》、《乐毅论》，补永禅师、周散骑千字，皆绝妙，同时极善用笔。若使胸中有书数千卷，不随世碌碌，则书不病韵，自胜李西台、林和靖矣。盖美而病韵者王著，劲而病韵者周越，皆渠侬胸次之罪，非学者不尽功也。

从"美而病韵"、"劲而病韵"、"胸次之罪"这些话来看，美未必有韵，劲未必有韵，唯有"胸次"者，即"胸中有书数千卷，不随世碌碌"者，才可能"不病韵"。这还是既有内涵又有含蓄之意。如此看来，苏轼当然是有韵者，《题东坡字后》③云：

> 东坡简札，字形圆润，无一点俗气。

又《跋东坡墨迹》④云：

> 东坡道人少日学《兰亭》，故其书姿媚，似徐季海；至酒酣放浪，意志工拙，字特瘦劲，乃似柳诚悬；中岁喜学颜鲁公、杨风子书，其合处不减李北海。至于笔圆而韵胜，挟以文章妙天下，忠义贯日月之气。本朝善书，自当推为第一。

《书徐浩题经后》⑤云：

---

①⑤ 《山谷集》，卷二十八。
②③④ 《山谷集》，卷二十九。

如季海笔少令韵胜,则与稚恭并驱争先可也。季海长处,正是用笔劲正而心圆。若论工不论韵,则王著优于季海,季海不睛子敬。若论韵胜,则右军大令之门,谁不服膺。

在苏轼、黄庭坚时代,尚清反俗、崇雅尚韵是普遍的审美时尚。陈师道、范温等人于此也有著名的论述,本书另有章节介绍。

第四节 创作论

一、自成一家

黄庭坚论诗论学主张温厚,但其个性却又非常拗峭拔俗,无论在思想还是文学艺术方面,他都十分重视自立规模、自成一家。文学史家公认在唐诗极盛、宋人开辟难为的局面之下,他和苏轼成功地确立了宋诗的独立地位。"黄庭坚体"成为宋诗标志性的审美范式。这固然与他卓越的天赋才情有关,但也与他终生不懈地坚持不随人后、自成一家的审美追求有关。黄庭坚论诗论文经常申说这种自成一家的创作理念。如:

文章最忌随人后。
——《赠谢敞、王博喻》①

随人作计终后人,自成一家始逼真。
——《题乐毅论后》②

着鞭莫落人后。
——《再用前韵赠子勉四首》其二③

---

① 《山谷集·外集》,卷十四。
② 《山谷集》,卷二十八。
③ 《山谷集》,卷十二。

第六章　黄庭坚的诗学思想

我不为牛后人。
　　　　　　　　　　——《赠高子勉四首》其三①

文章本心术，万古无辙迹。
　　　　　　　　　　——《寄晁元忠十首》其五②

声随器形异，安可一律调。
　　　　　　　　　　——《几复读庄子戏赠》③

今人古人皆可师可友，能自得之者，天下之士也。
　　　　　　　　　　——《答何静翁书》④

　　人类区别于其他动物的一个重要标志就是有创造力，有个性。黄庭坚虽然崇古尚学，但却绝非食古不化者。他倡导自成一家，对那些能自立规模的朋友大加赞赏，如《王定国文集序》⑤云：

　　元城王定国……其作诗及其他文章不守近世师儒绳尺，规模远大，必有为而后作，欲以长雄一世。虽未尽如意，要不随人后。至其合处，便不减古人。

　　在为晏几道《小山集》所作序文中，他概括出惊世骇俗的"四痴"之论，由衷地赞赏小晏纯真脱俗的独特人品，又以"文章翰墨，自立规模"之语，赞美他独具特色的文品。

　　不随人后，自立规模，这是关系到文艺创作是否能够具有不朽生命力的一个重要原则。唐诗繁荣之后，宋诗人苦心探索创新之路，既学习借鉴前人之长，又避免亦步亦趋地模仿，终于形成了自己的风格，从而在诗歌发展史上独树一帜。黄庭坚在这个过程中的确功不可没。他的自立意识是充分自觉的理性意识。他不仅从理论上倡导自立，而且毕生孜孜以求之。

---

① 《山谷集》，卷十二。
②③ 《山谷集·外集》，卷三。
④ 《山谷集·外集》，卷十。
⑤ 《山谷集》，卷十六。

那么怎样才能自立呢？宋诗自立的一个重要途径是"以学问为诗"。黄庭坚便是"以学问为诗"的理论倡导者和实践之表率。在他的诗歌创作论中，与自立论紧密相关的就是"读书论"。

二、多读书

黄庭坚天赋卓越，又生长在世代书香仕宦之家。黄氏一门读书传统已如前述，而且他的舅父李常（字公择）又是藏书家，且博学能诗，对黄庭坚读书学诗大有影响。相对于唐代诗人多凭天赋才情作诗而言，黄庭坚自学诗之初，大概就更多地凭借读书以寻求自立规模。他与诗友谈论诗艺时常常强调多读书的重要性。《与王观复书三首》①其一云：

> 往年尝问东坡先生作文章之法，东坡云："但熟读《礼记·檀弓》当得之。"既而取《檀弓》二篇读数百过，然后知后世作文章不及古人之病，如观日月也。文章盖自建安以来，好作奇语，故其气象衰苶，其病至今犹在。唯陈伯玉、韩退之、李习之，近世欧阳永叔、王介甫、苏子瞻、秦少游乃无此病耳。

读书对于"作文章"竟如此重要，一篇古文居然"读数百过"，揣摸什么呢？当然是其中的"法"。而那些无衰苶之病的人，都是饱学之士。黄庭坚不是提倡以古为师吗？欲师古岂能不读书？而欲超越古人就更须多读书。所以他谆谆教诲自己的晚辈后学要多读书，《答洪驹父书》②三首其二云：

> 驹父外甥教授……寄诗语意老重，数过读不能去手，继以叹息。少加意读书，古人不难到也。诸文亦皆好，但少古人绳墨耳。可更熟读司马子长、韩退之文章。凡作一文，皆须有宗有趣，始终关键，有开有阖，如四渎虽纳百

---

①② 《山谷集》，卷十九。

川，或汇而为广泽，汪洋千里，要自发源注海耳。
《与济川侄帖》①云：

> 但须多读书，令精博；极养心，使纯静。根本若深，不患枝叶不茂也。

《书舅诗与洪龟父跋其后》②云：

> 龟父笔力可扛鼎……更精读千卷书，乃可毕兹能事。

《论作诗文》③云：

> 词意高胜，要从学问中来尔。……读书要精深，患在杂博。因按所闻，动静念之，触事辄有得意处，乃为学问之功……作诗遇境而生，便自工耳。

"凡作一文，皆须有宗有趣"，而欲"有宗有趣"，则必须熟读古人之书。"笔力可扛鼎"固然重要，但还必须读千卷书，才能写出好作品。"词意高胜，要从学问中来"，若胸无书卷，诗就容易无理无趣，无规无矩。他曾多次对其"友生"王观复谈论此问题。《与王观复书三首》④其一云：

> ……所送新诗，皆兴寄高远。但语生硬不谐律吕，或词气不逮初造意时。此病亦只是读书未精博耳。长袖善舞，多钱善贾，不虚语也。南阳刘勰尝论文章之难云："意翻空而易奇，文征实而难工。"此语亦是。沈、谢辈为儒林宗主，时好作奇语，故后生立论如此。好作奇语自是文章病，但当以理为主，理得而辞顺，文章自然出群拔萃。观杜子美到夔州后诗，韩退之自潮州还朝后文章，皆不烦绳削而自合矣。

---

① 《山谷集·别集》，卷十七。
② 《山谷集》，卷三十。
③ 《山谷集·别集》，卷六。
④ 《山谷集》，卷十九。

《与王观复书三首》其二云：

> 所寄诗多佳句，犹恨雕琢功多耳。但熟观杜子美到夔州后古律诗，便得句法：简易而大巧出焉，平淡而山高水深。似欲不可企及。文章成就，更无斧凿痕，乃为佳作耳。

《跋书柳子厚诗》①云：

> 予友生王观复，作诗有古人态度。虽气格已超俗，但未能从容中玉佩之音，左准绳，右规矩尔。意者读书未破万卷。观古人之文章，未能尽得其规摹及所总揽笼络，但知玩其山龙黼黻成章耶？故手书柳子厚诗数篇遗之。欲知子厚如此学陶渊明，乃为能近之耳。如白乐天自云效陶渊明数十篇，终不近也。

《与徐师川书四首》②其一云：

> 诗政欲如此作。其未至者，探经术未深，读老杜、李白、韩退之诗不熟耳。

《与斌老书二》③其一云：

> 《左传》、《前汉书》读得彻否？书不用求多，但要涓涓不废，江出岷山，源若瓮口，及其至于楚国，横绝千里，非方舟不可济，唯其有源而不息，受下流多故也。

"长袖善舞，多钱善贾"，这是黄庭坚学诗作诗的经验之谈。他把前代文化当做后世文化之源，主张诗歌创作要善于汲取前代文化，"涓涓不废"，"有源而不息"。他赞成刘勰"意翻空而易奇，文征实而难工"的观点，认为"征实"是难度较高的文章境界。杜甫、韩愈之诗所以能达到"不烦绳削而自合"、"无斧凿痕"的不可企及之

---

① 《山谷集》，卷二十六。
② 《山谷集》，卷十九。
③ 《山谷集·别集》，卷十八。

佳境,一个重要的原因是胸中有万卷书。胸有书卷,创作才能达到"简易而大巧出焉,平淡而山高水深"的境界。

"简易而大巧出焉,平淡而山高水深",这是黄庭坚提出的一个很重要的审美命题,在两宋美学中,这是一个具有普遍性、标志性的主流审美命题。

黄庭坚非常具体地向别人传授自己读书学诗的经验,《读书呈几复二首》①其一云:

> 身入群经作蠹鱼,断编残简伴闲居。
> 不随当世师章句,颇识扬雄善读书。

《论作诗文》②云:

> 唐诗僧《吟草诗》云:"时平生战垒,农惰入春田。"如此语少时常记百十联,思其的切如此。作诗句要须详略,用事精切,更无虚字也。如老杜诗,字字有出处,熟读三五十遍,寻其用意处,则所得多矣。
>
> 凡人修学唯节略,今人文字似无益于用。不若熟读班固《汉书》,自首至尾不遗去一句,然后可见古人出处。

黄庭坚评诗常以"字字有出处"、"无一字无来处"为佳,杜甫是最好的榜样,今人若能如此,当然也会受到他的称赞,《与韩纯翁宣义书二首》③其二云:

> 如子苍之诗,今不易得。要是读书数千卷,以忠义孝友为根本,更取六经之义味灌溉之耳。

《毕宪父诗集序》④云:

> 今观公诗……语皆有所从来,不虚道,非博及群书者

---

① 《山谷集・外集》,卷十三。
② 《山谷集・别集》,卷六。
③ 《山谷集・外集》,卷十。
④ 《山谷集》,卷十六。

不能读之昭然。

黄庭坚诗学中特别引起后人关注的"点铁成金"、"夺胎"、"换骨"之论,其实就是以多读书为基础的。《答洪驹父书》①其二云:

> 所寄《释权》一篇,词笔纵横,极见日新之效。更欲治经,深其渊源,乃可到古人耳。《青琐》祭文,语意甚工,但用字时有未安处。自作语最难。老杜作诗,退之作文,无一字无来处。盖后人读书少,故谓韩、杜自作此语耳。古之能为文章者,真能陶冶万物,虽取古人之陈言入于翰墨,如灵丹一粒,点铁成金也。

这是"点铁成金"的出处,指的是熔铸古人词语典故,赋予新的意思,创造出新的诗意境界。"夺胎"、"换骨"之说未见《山谷集》,而最早见于惠洪《冷斋夜话》卷一引述:

> 山谷云:诗意无穷,而人之才有限。以有限之才,追无穷之意,虽渊明、少陵,不得工也。然不易其意而造其语,谓之换骨法;窥入其意而形容之,谓之夺胎法。

这里所谓"夺胎"、"换骨",区别不甚明确,似乎是前后互文的表达方式。其大意都是指吸取古人的诗意境界,但不因袭其语辞,别创新语来表现之。如果说"点铁成金"重在借辞以创意,那么"夺胎"、"换骨"则重在借意而创辞。

这两种做法在当时及其后都引起人们极大的关注。罗根泽《中国文学批评史》(第三册,第 141~142 页)指出在黄庭坚之后,宋人多有谈用此法者,如葛立方《韵语阳秋》卷二,胡仔《苕溪渔隐丛话》后集卷十九引严有翼《艺苑雌黄》,阮阅《诗话总龟》后集卷一、卷二,魏庆之《诗人玉屑》卷八,李颀《古今诗话》,陈善《扪虱新话》卷五,马永卿《懒真子》卷二,赵彦卫《云麓漫钞》卷三,吴垧《五总志》等。而讲述得最详细的是俞成的《萤雪丛说》(稗海本)卷上

---

① 《山谷集》,卷十九。

《文章活法条》云：

> 文章一技，要自有活法；若胶古人之陈迹而不能点化其句语，此乃谓之死法。死法专祖蹈袭，则不能生于吾言之外；活法夺胎换骨，则不能毙于吾言之内。毙吾言者生吾言也，故为活法。伊川先生常说："中庸'鸢飞戾天'，须知天上者更有天；'鱼跃于渊'，须知渊中更有地。会得这个道理，便活泼泼地。"吴处厚尝作《剪刀赋》，第五隔对："去爪为牺，救汤王之旱岁；断须烧药，活唐帝之功臣。"当时屡窜易，唐帝上一字不妥贴(帖)。因看游鳞，顿悟"活"字，不觉手舞足蹈。吕居仁尝序江西宗派诗，若言灵均自得之，忽然有入，然后唯意所出，万变不穷，是名活法。杨万里又从而序之，若曰学者属文，当悟活法。所谓活法者，要当优游厌饫。是皆有得于活法也如此。吁！有胸中之活法，蒙于伊川之说得之；有纸上之活法，蒙于处厚、居仁、万里之说得之。

江西后学片面强调黄庭坚诗论中"夺胎"、"换骨"、"点铁成金"之法，招致后人批评。金代王若虚论诗崇苏抑黄，他严厉地批评所谓"夺胎"、"换骨"、"点铁成金"，"特剽窃之黠者耳"。① 此后批评者代不乏人。

黄庭坚提倡作家须多读书长学问，具备良好的文化修养，强调学问对文学创作的重要性，这并不错。他也没说只要学会"夺胎"、"换骨"、"点铁成金"就能写出好作品。他也注重抒写性情、有理有趣，"与时乖逢，遇物悲喜"、"感发而然"。他所赞许并追求的最高诗意境界是自然浑成，是"不烦绳削而自合"，是"无意于文"。不过他强调"无一字无来处"，的确过分。文学创作毕竟不能如此拘泥。

---

① 四部丛刊本《滹南遗老集》，卷十四。

三、字句之法

黄庭坚认为最高的诗意境界是自然浑成,是"不烦绳削而自合",是"无意于文",但他知道这种境界是不易达到的,只有陶渊明、李白、杜甫、苏轼等天才人物才能达到这种从心所欲而自成高格的境界。大多数作者写诗作文,还是需要法度的。人才虽有别,法度尚可依。他认为李白诗"如黄帝张乐于洞庭之野,无首无尾,不主故常,非墨工匠人所可拟议"①,因而无法可学;杜甫诗"无一字无来处",则有法度可循,因而是可学的。他在品评诗人诗作或指导别人作诗时,很注重诗法。然而诗法又是个十分复杂、具体而微的东西,所以说起来也并不容易。如《与洪驹父书六首》其四②云:

> 得来书并寄近诗,句甚秀而气有余,慰喜不可言。甥风骨清润,似吾家尊行中有文者。忽见法句如此,殆欲不孤老舅此意。

《与洪驹父书六首》其六云:

> 须留意作五言六韵诗,若能此物,取青紫如拾芥耳……大体作省题诗,尤当用老杜句法,将有鼻孔者,便知是好诗也。

《与秦少章书》③云:

> 前日王直方作楚辞二篇来,亦可观。尝告之云:如世巧女,文绣妙一世,设欲作锦,当学锦机,乃能成锦。足下试以此思之。

《跋刘梦得〈淮阴行〉》④云:

---

① 《山谷集》,卷二十六,《题李白诗草后》。
② 《山谷集·外集》,卷十。
③ 《山谷集》,卷十九。
④ 《山谷集》,卷二十六。

《淮阴行》情调殊丽,语气尤稳切,白乐天元微之为之,皆不入此律也。

《跋雷太简梅圣俞诗》①云:

余闻雷太简才气高迈,观此诗,信如所闻也。梅圣俞与余妇家有连,尝悉见其平生诗,如此篇是得意处。其用字稳实,句法刻厉,而有和气。他人无此功也。

《荆南签判向和卿用予六言见惠次韵奉酬四首》②其三云:

覆却万方无准,安排一字有神。

更能识诗家病,方是我眼中人。

黄庭坚在注重字词语句之法的同时,深知法只是手段,是通向诗美的途径,而欲达诗之美境,还有更为重要的东西,如精神气骨、学问修养等等。《答秦少章帖六》③其六云:

熟读前所惠诗卷,如公辟祭文,语气甚善,诗句极有风裁,可喜!合处便似吾少游语,然恨工在遣词,病在气骨耳。古之闻道者请问治天下,则对曰:"去汝鄙人也何?"问之,不豫也。文章虽末学,要须茂其根本,深其渊源,以身为度,以声为律,不加开凿之功而自闳深矣。公诚以此言为可,则犹有一物为公道之:二十年来,学士大夫有功于翰墨者为数不少,求其卓然名家者则未多。盖尝深求其故,病在欲速成耳。夫四时之运,天德也,不能即春而为冬,断可识矣。

欲速则不达,速成乃为病。学诗者须"茂其根本,深其渊源,以身为度,以声为律",能如此,则"不加开凿之功而自闳深矣"。这是深谙诗家三昧的内行之论。可见黄庭坚论诗并不曾本末倒置。

---

① 《山谷集》,卷二十六。
② 《山谷集》,卷十二。
③ 《山谷集·别集》,卷十六。

第七章　北宋理学家的诗学思想

北宋理学五子依年序先后为：邵雍(1011～1077年)，周敦颐(1017～1073年)，张载(1020～1077年)，程颢(1032～1085年)，程颐(1033～1107年)。他们作诗的风格比较接近，都是以诗言理。其诗学思想偏重于说理或载道，与一般的文艺诗学注重创作主体的性情趣味、作品的艺术水准、审美品质有明显的不同。后世论诗者称他们为理学诗派，或曰道学诗派，并认为其影响深远。宋末人吴渊为魏了翁《鹤山集》作序云：

　　艺祖救百王之弊以道理为最上，一语开国，以用读书人，一念厚苍生，文治彬郁，垂三百年，海内兴起未艾也。而文章亦无虑三变：始也厌五季之菱靡，而昆体出，渐归雅醇，犹事织组，则杨、晏为之倡。已而回澜障川，黜雕返朴，崇议论，励风节，要以关世教，达国体为急，则欧、苏擅其宗。已而濂溪周子出焉，其言重道德，而谓文之能艺焉耳，于是作《通书》，著《极图》，大本立矣。余有所及，虽不多见，味其言蔼如也。由是先哲辈出，《易传》探天根，《西铭》见仁体，《通鉴》精纂述，《击壤》豪诗歌，论奏王、朱，而讲说吕、范，可谓和顺积中而英华发外矣。后生接响，谓性外无余学，其弊至于志道忘艺，知有语录，而无古今。

始欲由精达粗,终焉本末俱殁。①

他认为赵宋三百年文章有三变:杨亿、晏殊为一变,由浅俗变淳雅;欧阳修、苏轼为一变,崇尚风节、议论,关注世教国体;周敦颐、邵雍为一变,注重道德性理。

吴渊以理学传人的眼光申此"三变"之说,自有推重理学的倾向,况且他所说的是"文章",不是专论诗歌。事实上理学诗没有吴渊说的那么高的地位,但宋代理学家的诗及其诗学思想的确值得特别关注。

第一节 邵雍的诗学思想

邵雍不与科举,不入仕途,自号安乐先生,最喜欢作诗,是"理学诗"的代表人物,且对后世诗歌影响较大,宋末元初诗坛甚至形成了"击壤派",鄙弃文采诗艺,专以浅俗之言论说性理,流风衍及明代。

《鹤山集》的作者魏了翁就是学邵雍的,他对邵雍诗推崇备至,所作《邵氏击壤集序》②云:

> 其宣寄情意在《击壤集》。凡立乎吾皇王帝霸之兴替,春秋冬夏之代谢,阴阳五行之运化,风云月露之霁曀,山川草木之荣悴,惟意所驱,周流贯彻,融液摆落。盖左右逢原,略无毫发凝滞倚著之意。

其实邵雍的诗没有魏了翁说的这么博大精深。邵雍诗很少纯粹描摹自然景物之作,多为说理之什,虽也常常涉及自然景物、季节、气候之类,但终归是借题发挥,因象而悟理,这是他作诗的基本路数。其诗风近于白居易,《四库提要》云:

---

① 四库本《鹤山集》,卷首。
② 四库本《鹤山集》,卷五十二。

雍邃于易、数,歌诗盖其余事,亦颇切理。案自班固作《咏史诗》,始兆论宗;东方朔作《诫子诗》,始涉理路。沿及北宋,鄙唐人之不知道,于是以论理为本,以修词为本,而诗格于是乎大变。此集其尤著者也。朱国桢《涌幢小品》曰:"佛语衍为寒山诗,儒语衍为《击壤集》,此圣人平易近人,觉世唤醒之妙用。"是亦一说。然北宋自嘉祐以前,厌五季佻薄之弊,事事反朴还淳,其人品率以光明豁达为宗,其文章亦以平实坦易为主,故一时作者,往往衍长庆余风。王禹偁诗所谓"本与乐天为后进,敢期子美是前身"者是也。邵子之诗,其源亦出白居易,而晚年绝意世事,不复以文字为长,意所欲言,自抒胸臆,原脱然于诗法之外。毁之者务以声律绳之,固所谓谬伤海鸟,横斤山木;誉之者以为风雅正传,庄㫜诸人转相摹仿,如所谓"送我一壶陶靖节,还他两首邵尧夫"者,亦为刻画无盐,唐突西子,失邵子之所以为诗矣。况邵子之诗,不过不苦吟以求工,亦非以工为厉禁。如邵伯温《闻见前录》所载《安乐窝诗》曰:"半记不记梦觉后,似愁无愁情倦时。拥衾侧卧未欲起,帘外落花撩乱飞。"此虽置之江西派中,有何不可?而明人乃惟以鄙俚相高,又乌知邵子哉?

　　这是指邵雍作诗遣词用语不务艰深,不避浅易。这种类乎"白体"的风格,主要缘于他以"快乐"为宗旨的诗学思想,或许也与宋初诗坛"白体"盛行有一定关系。他自编诗集为《伊川击壤集》,后世称其诗为"击壤体",严羽《沧浪诗话·诗体》称之为"邵康节体"。

　　以往论者多从理学角度论述邵雍诗学,笔者仔细阅读邵雍诗及其诗论,认为其诗学思想可以称之为快乐诗学。他的生命哲学就是快乐哲学,主张做快活人,而快活人须身心闲逸安静,气韵平和淡泊,兴趣高远优雅。闲居、读书、饮酒、作诗是快活人的四大雅好。他主张"以物观物",这是快活的秘诀。其《伊川击壤集·序》

阐述其快乐诗学思想,提出"自乐"和"乐时与万物之自得"两种以诗自娱的诗意生存境界,实则是诗人在与时运、万物、诗的关系中如何体验和表达的问题。对于诗歌创作,他还提出三"有"四"不"的原则。以下试加论述。

一、邵雍的快乐哲学

邵雍的诗学理念可以称之为"快乐诗学"。由于他以诗言理,而所言之理正是他对人生快乐问题的思考和体认,所以他的快乐诗学与快乐哲学是互为表里的。他的快乐哲学主要有三层内涵:生须快乐;何谓快乐?怎样快乐?

在《安乐吟》①诗中,他提出"安乐先生……为快活人"的生活原则。他对"快活人"的描述是:

> 风月情怀,江湖性气,色斯其举,翔而后至,无贱无贫,无富无贵,无将无迎,无拘无忌,窘未尝忧,饮不至醉,收天下春,归之肝肺,盆池资吟,瓮牖荐睡,小车赏心,大笔快志,或戴接篱,或著半臂,或坐林间,或行水际,乐见善人,乐闻善事,乐道善言,乐行善意。闻人之恶,若负芒刺,闻人之善,如佩兰蕙。不佞禅伯,不谀方士,不出户庭,直际天地,三军莫凌,万钟莫致。

在《安乐窝中四长吟》诗中,他又提出"快活人"的四大雅好:

> 安乐窝中快活人,闲来四物幸相亲:一编诗逸收花月;一部书严惊鬼神;一炷香清冲宇泰;一樽酒美湛天真。

诗、书、酒都无须解释,唯"一炷香"需加解释。按邵雍自称"不佞禅伯,不谀方士",其生平亦未见吃斋信佛之事,则此"香"非指宗教信仰,而是闲逸安静之谓。总之,人需要快活,而快活人必须身心闲逸安静,气韵平和淡泊,兴趣高远优雅。其行为特征是远仕途

---

① 四库本《伊川击壤集》,卷十四,以下引邵诗均依此本。

而近自然,远俗累而近自由,远物欲而乐清贫,远恶而近善。而这一切又都必须自然而然,并非刻意为之。

邵雍的这番描述,显然是他心仪的生命境界。他的这种快乐生活观念当与他自由放纵的个性气质有关。《河南程氏遗书》①卷二载:

> 尧夫豪杰之士,根本不帖帖地。伯淳尝戏以乱世之奸雄中,道学之有所得者,然无礼不恭极甚。又尝戒以不仁,已犹不认,以为人不曾来学。伯淳言:尧夫自是悠悠。

> 尧夫有诗云:"拍拍满怀都是春。"又曰:"芙蓉②月向怀中照,杨柳风来面上吹。"又曰:"卷舒万古兴亡手,出入几重云水身。"若庄周,大抵寓言,要入佗放荡之场。尧夫却皆有理,万事皆出于理。自以为皆有理,故要得纵心妄行总不妨。

《河南程氏遗书》卷十载:

> 尝劝尧夫诗意,才做得识道理,却于儒术未见所得。

《河南程氏遗书》卷十一载:

> 邵尧夫诗曰:"梧桐月向怀中照,杨柳风来面上吹。"

> 明道曰:"真风流人豪也。"

> 伊川曰:"邵尧夫在急流中,被渠安然取十年快乐。"

从二程对邵雍的评价可见,邵雍不是正统的儒者,他也未作入仕的修养,他纯然是一位放纵、自由、快乐的隐逸思想家。

他的快乐生活观念是以深厚的哲学修养为底蕴的。在他的哲学思想中,有一个既是宇宙观,又是人生观,又是方法论的重要理念——"以物观物"。这是邵雍哲学和诗学的主要理念,是他达成

---

① 《二程集》,中华书局,1981年版,以下引程氏语均依此本。
② 四库本《击壤集》,卷二十作"梧桐"。

"快活"心境的基本思维方式。他著有长篇大论《观物篇》①,其中第六十二节有一段话专门阐述"以物观物"学说:

> 夫所以谓之观物者,非以目观之也,非观之以目而观之以心也,非观之以心而观之以理也。天下之物莫不有理焉,莫不有性焉,莫不有命焉。所以谓之理者,穷之而后可知也;所以谓之性者,尽之而后可知也;所以谓之命者,至之而后可知也。此三知者,天下之真知也,虽圣人无以过之也。

万物皆有其本然的理、性、命,人须用心去观察,穷理、尽性、至命,这样就会成为有"真知"的人。但观物之心要像镜子一样客观,要像圣人一样能"以物观物":

> 夫鉴之所以能为明者,谓其能不隐万物之形也。虽然鉴之能不隐万物之形,未若水之能一万物之形也;虽然水之能一万物之形,又未若圣人之能一万物之情也。圣人之所以能一万物之情者,谓其圣人之能反观也。所以谓之反观者,不以我观物也。不以我观物者,以物观物之谓也。既能以物观物,又安有我于其间哉?是知我亦人也,人亦我也,我与人皆物也。此所以能用天下之目为己之目,其目无所不观矣;用天下之耳为己之耳,其耳无所不听矣;用天下之口为己之口,其口无所不言矣;用天下之心为己之心,其心无所不谋矣。

圣人能"反观"万物,即"以物观物",也就是超越一己之局限,尽可能从最接近事物本然的立场去观察事物,用超脱了自我的"天下之心"去观察万事万物之普遍的、客观的情与理,甚至把自己都视为被观察之"物"而客观地审视之,因而,"其见至广,其闻至远,其论至高,其乐至大,能为至广至远至高至大之事,而中无一为焉,

---

① 四库本《皇极经世书》,卷十二。

岂不谓至神至圣者乎？"这就是邵雍"快活"的秘诀，其实就是淡化个人的喜怒哀乐，超然于个体人生的荣辱、得失、祸福、利弊之上，使主体之心灵处于一种通达世事与物理的状态，达到一种自由、轻松的境界，快乐就会与生命相伴了。这与孔子所谓"四十而不惑，五十而知天命，六十而耳顺"的生命境界类似，又与老子的认知哲学如出一辙。《老子》第十六章云："致虚极，守静笃。万物并作，吾以观复。夫物芸芸，各复归其根。归根曰静，是曰复命，复命曰常，知常曰明。……知常容，容乃公。"又与庄子"虚而待物"的"心斋"（《人间世》）、"齐物"以"丧我"（《齐物论》）、"丧我"而"坐忘"（《大宗师》）、"坐忘"而"无己"（《逍遥游》）的"至人"境界异曲同工。

二、邵雍的快乐诗学

作为一位崇尚快乐哲学的诗人思想家，邵雍喜欢用诗来表达他的快乐，他的诗学思想也以快乐为宗旨。《伊川击壤集·序》是他诗学思想之总纲，开篇即拈出"自乐"之旨：

《击壤集》，伊川翁自乐之诗也。非唯自乐，又能乐时与万物之自得也。

这里提出了"自乐"和"乐时与万物之自得"两种以诗自娱的诗意生存的境界，实则是诗人在与时运、与万物、与诗的关系中的体验、理解和表达的问题。

写诗为什么能"自乐"呢？因为诗可以抒情言志：

伊川翁曰："子夏谓'诗者，志之所之也。在心为志，发言为诗。情动于中而形于言，声成其文而谓之音，是知怀其时则谓之志，感其物则谓之情，发其志则谓之言，扬其情则谓语之声，言成章则谓之诗，声成文则谓之音。然后闻其诗，听其音，则人之志情可知之矣（《击壤集·序》）。'"

他在许多诗中也反复阐述这种以诗抒情言志的主张，如《论诗吟》云：
>何故谓之诗？诗者言其志。
>既用言成章，遂道心中事。
>不止炼其辞，抑亦炼其意。
>炼辞得奇句，炼意得余味。

《首尾吟》云：
>尧夫非是爱吟诗，诗是尧夫有激时。
>留在胸中防作恨，发于词上恐成疵。

《谈诗吟》云：
>诗者人之志，非诗志莫传。
>人和心尽见，天与意相连。

《读古诗》云：
>闲读古人诗，因看古人意。
>古今时虽殊，其意固无异。
>喜怒与哀乐，贫贱与富贵。
>惜哉情何极，使人能如是。

《观诗吟》云：
>爱君难得是当时，曲尽人情莫若诗。
>无雅岂明王教化，有风方识国兴衰。

然而情与志是人人都有的，同是抒情言志的诗人，却并非都能自乐，有人快乐而有人忧伤。那么是什么原因决定诗人之乐或悲呢？或者说是什么因素使诗具有使人乐或悲的功能呢？这就要看情与志的内涵，而情与志无不生成于生命主体与时运、与万物的关系中。主体的体验和认知以及体验和认知的方法、视角等等，都会影响情与志的性质。他在《伊川击壤集·序》中进一步对"情"的内涵进行分析，提出不可"溺于情好"的主张：

>情有七，其要在二，二谓身也、时也。谓身则一身之休戚也，谓时则一时之否泰也。一身之休戚则不过贫富

> 贵贱而已，一时之否泰则在夫兴废治乱者焉。……近世诗人穷戚则职于怨憝，荣达则专于淫佚，身之休戚发于喜怒，时之否泰出于爱恶，殊不以天下大义为言者，故其诗大率溺于情好也。

不善于修养情志的诗人往往会"溺于情好"，忧戚于自身的贫富贵贱，其情志局限于小我之私，因而对时运之否泰也就缺乏客观的关注和理解，其快乐自然就少了。这就是不能"自乐"，因而也就不能"乐时"。邵雍对"近世诗人……溺于情好"的批评，是宋代诗人比较普遍的诗学乃至人学观念。在宋代诗学中，余靖论诗首倡通趣，并讥笑屈原说："仆常患灵均负才矜己，一不得用于时，则忧愁恚憝，不能自裕其意，取讥通人，才虽美而趣不足尚。"① 屈原之"忧愁恚憝，不能自裕其意"，就是"溺于情好"。宋代许多文人不赞成屈原那样执著事功而忧伤不遇，认为那是不通，是无趣。如苏舜钦不赞成"三闾遭逐便沉江"（《沧浪静吟》），司马光《醉》诗说"果使屈原知醉趣，当年不作独醒人"，苏轼也不赞成屈原之困于忧愁。②

那么将情与志修养到什么境界才能获得快乐呢？他认为诗人在性、道、心、身、物的关系中，必须有一个最佳的"观"法，即观察的最佳视角和方法。他提出了以本然观本然的原则：

> 性者，道之形体也，性伤则道亦从之矣。心者，性之郭郭也，心伤则性亦从之矣。身者，心之区宇也，身伤则心亦从之矣。物者，身之身车也，物伤则身亦从之矣。是知以道观性，以性观心，以心观身，以身观物，治则治矣，然犹未离乎害者也。不若以道观道，以性观性，以心观心，以身观身，以物观物，则虽欲相伤，其可得乎？若然则

---

① 四库本《武溪集》，卷三，《曾太傅临川十二诗序》。
② 参考本书第2章第2节，论余靖诗学部分。

以家观家,以国观国,以天下观天下,亦从而可知之矣。

这种"观"法的关键在于淡化主观因素,尽可能客观地理解被观察的对象,其实就是先"忘我",再"以物观物",即超越自身的利害与好恶,让主体的心性、情志尽量接近事物之本然,从而获得对事物之本然的客观的理解,这样就能够"乐万物"了,自然也就能"乐时"和"自乐"了。他认为自己观物和作诗,已经达到了这种境界:

> 予自壮岁业于儒术,谓人世之乐何尝有万之一二,而谓名教之乐固有万万焉,况观物之乐复有万万者焉。虽死生荣辱,转战于前,曾未入于胸中,则何异四时风花雪月一过乎眼也?诚为能以物观物而两不伤者焉,盖其间情累都忘去尔,所未忘者,独有诗在焉。然而虽曰未忘,其实亦若忘之矣。

"情累都忘"才能作快乐之人。"情累都忘"并非无情无志,而是不"溺于情好",不被一己之"身"与"时"所困,超越个体人生情感之局限,使一己之情怀升华为人类之情怀,这就能成为快乐之人。快乐之人的创作形态是:

> 如鉴之应形,如钟之应声。其或经道之余,因闲观时,因静照物,因时起志,因物寓言,因志发咏,因言成诗,因咏成声,因诗成音。是故哀而未尝伤,乐而未尝淫。虽曰吟咏情性,曾何累于性情哉?

作诗之人能如此既自由自在地抒情言志,又不为情志所累,既顺物之自然,又由心之自然,又顺手之自然,一切都自然而然,就是快乐的诗人。

三、快乐诗学的诗意言说

邵雍将其快乐诗学具体化为三有(有闲、有料、有氛围)境界,四不(不限声律、不沿爱恶、不立固必、不希名誉)原则,由自乐而乐天下的宗旨。

(一)闲与乐

邵雍在其诗中也常常阐释他的快乐诗学理念,他主要阐释的是"闲居之乐"和"文酒之乐",二者又是相关的。"闲"有两层含义:一是身闲,即不在仕途,无官一身轻,隐居于乡野林泉。这是创作快乐诗歌的外部环境。他不厌其烦地描述这种环境:

> 高竹数十尺,仍在高花上。
> 柴门昼不开,青碧日相向。
> 非止身休逸,是亦心夷旷。
> 能知闲之乐,自可敌卿相。
> ——卷一《高竹八首》其七

> 洛阳城里任西东,二十年来放尽慵。
> 故旧人多时款曲,京都国大体雍容。
> 池平有类江湖上,林静或如山谷中。
> 不必奇功盖天下,闲居之乐自无穷。
> ——卷七《天津闲步》

二是心闲,即淡泊名利,超脱情、物诸累,知足常乐。这是创作快乐诗歌的心理环境。读邵雍诗,发现他总在功利与自由之间计较着得失,略有"此地无银三百两"之嫌,令人总感觉他并不那么超脱,至少是时时牵挂着、申述着、权衡着,未能忘却而不停地告诫自己应该忘却,这不免有点累,甚至有些做作。但他自己似乎还是轻松闲逸乐观的:

> 鸟因择木飞还远,云为无心去更赊。
> 盖世功名多龃龉,出群才业足咨嗟。
> 浮生日月仍须惜,半老筋骸莫强夸。
> 就此岩边宜筑室,乐吾真乐乐无涯。
> ——卷五《十四日留题福昌县宇之东轩》

> 人生忧不足,足外更何求?

吾生虽未足,亦也却无忧。

——卷七《逍遥吟》其二

荣利若浮云,情怀淡如水。
见非天外人,意从天外起。

——卷三《秋怀三十六首》其二

物如善得终为美,事到巧图安有公。
不作风波于世上,自无冰炭到胸中。

——卷八《安乐窝中自贻》

(二)诗与乐

邵雍的诗时时都在表白自己对功名荣利的超脱。在自己喜爱的乡野生活和淡泊心境中,诗既是他的精神寄托,又是他的性情慰藉,更是他满怀心事的宣泄和升华,因而作诗这件事本身就是他生活的一大快乐——"安乐窝中诗一编,自歌自咏自怡然"(《安乐窝中诗一编》)。他写了《首尾吟一百三十五首》(卷二十),不厌其烦地将他写诗的原因和缘起一一道来:

尧夫非是爱吟诗,为见圣贤兴有时。
日月星辰尧则了,江河淮济禹平之。
皇王帝霸经褒贬,雪月风花未品题。
岂谓古人无阙典,尧夫非是爱吟诗。

这是组诗的第一首,可谓开宗明义:凡古往今来之自然和人事,皆可以诗述之论之。以下一百三十余首诗,每篇首、尾两句相同,故称"首尾吟",这是邵雍独创的格式。每首分别说明尧夫在安乐窝中作诗的一种情境,凡人生之所见所遇所感,如四时更革、百物新陈、风花雪月、鱼跃雁飞、王朝更替、人事兴衰、万家乐事、读书著述、聚会宴饮等等,都是这位闲居野处的思想者兴发感动而成诗章的契机。"胸中风雨吼,笔下龙蛇走。前后落人间,三千有余首"

(卷十七《失诗吟》)。"三千来首收清月,二十余年捻白髭"(《首尾吟》)①。从艺术美的意义上说,他并不是优秀的诗人,但从生命哲学的意义上说,他却堪称"诗意地生存"者。

(三)群聚宴饮与诗

除了闲逸淡泊的环境和心境、广泛的创作兴致和题材以外,邵雍还认为作诗需要有诗友结社相聚宴饮的创作氛围。"诗可以群",群可以诗:"樽中有酒时,且饮复且歌"(卷一《闲吟四首》其一);"尽送光阴归酒盏,都移造化入诗篇"(卷十三《天津敝居蒙诸公共为成买作诗以谢》);"既劝佳宾持酒盏,更将大笔写诗篇。始知心者气之帅,心快沉疴自释然"(卷十一《病起吟》);"涤荡襟怀须是酒,优游情思莫如诗"(卷二《和人放怀》)。至于写诗的题材,他认为"万物有情皆可状"(《安乐窝中诗一编》),一切都可以入诗。他认为良辰美景嘉宾美酒诗酒雅集,这是人生之大快活,是生产快乐诗篇的最佳情境;在这种情境中,创作主体很容易进入一种如醉如痴的"诗狂"境界。而邵雍认为自己就是个"诗狂":

年来得疾号诗狂,每度诗狂必命觞。
　　　　　　——卷五《后园即事三首》其三
洛中诗有社,马上句如神。
　　　　　　——卷七《依韵和三王少卿同过敝庐》
终期再清会,文酒乐无穷。
　　　　　　——卷五《寄陕守祖择之舍人》
每逢花开与月圆,一般情态还何如?
当此之际无诗酒,情亦愿死不愿醒。
　　　　　　——卷六《花月长吟》

---

① 他多次说自己写了三千多首诗,但今存只有一千多首。卷十七《借出诗》云:"诗狂书更逸,近岁不胜多。大半落天下,未还安乐窝。"

清谈已是欢情极,更把狂诗当管弦。
——卷十《年老逢春十三首》其二
年近从心唯策杖,诗逢得意便操觚。
快心亦恐诗拘束,更把狂诗大字书。
——卷十一《答客吟》
竹影战棋罢,闲思安乐窝。
……
从来有诗癖,使我遂成魔。
——卷十二《答任开叔郎中昆仲相过》
六人相聚会时康,着什来由不放狂?
遍地园林同己有,满天风月助诗忙。
——卷十三《依韵和王安之少卿
六老诗仍见率成七首》其四

邵雍把作诗视为生活、生命的重要内容,他说自己从中获得的是"乐吾真乐乐无涯"(卷五《十四日留题福昌县宇之东轩》)。

(四)四"不"原则

邵雍在《伊川击壤集·序》中还提出了作诗的四"不"原则:

所作不限声律,不沿爱恶,不立固必,不希名誉。

他把作诗的"声律"、诗人的"爱恶"、"固必"、"名誉"等都视为自由创作的束缚,是妨碍快乐的"诗累",认为必须超脱之。事实上,作诗不限声律是不可能的,邵雍也不例外。但讲究声律的程度却因人而有别。格律诗形成于唐代,在刚刚定型之际,唐人作格律诗常有不合格律者。宋人作格律诗比唐人规范多了,但也偶有不合。唐宋以后诗人作诗,合声律是很容易的,甚至是自然而然的,就像人会走路而不必去想应该先迈哪只脚一样。邵雍作诗也是如此。他所谓不限声律,是指不过于拘泥,不因声律而害意,当声律与诗意有所不合时,那就不在乎声律的限制。比如他的《安乐窝中四长吟》是一首七律,起句"安乐窝中快活人"中的"活"字就不合平仄。中间四句是散文句法：

> 一编诗——逸——收花月，
> 一部书——严——惊鬼神，
> 一炷香——清——冲宇泰，
> 一樽酒——美——湛天真。

中国古代诗歌的音节节奏通常以双音起句。七言诗通常的节奏是"2—2—3"或"2—2—2—1"或"2—2—1—2"式，这里却是"3—1—3"或者说"3—1—1—2"式，这是七言诗中非常罕见的怪异句式。这四句是诗的颔联和颈联，应该是两副对联，但作者却写成了一组排比句，更像一段顺口溜而不太像两副对联。又如他的《诗画吟》、《诗史吟》许多五言诗，大量使用散文句法，在五言诗通常的"2—2—1"或"2—1—2"或"2—3"句式之外，使用特异的"1—2—2"式，如《诗画吟》："择阴阳粹美，索天地精英。藉江山清润，揭日月光荣。"或完全散文化的句子，如《诗画吟》"感之以人心，告之以神明。人神之胥悦，此所谓和羹"及《诗史吟》"天下非一事，天下非一人。天下非一物，天下非一身。皇王帝霸时，其人长如存。百千万亿年，其事长如新。可以辨庶政，可以齐黎民。可以……"之类。

邵雍作诗就是这样随意，只要把意思表达得流畅，哪怕写成顺口溜也不在乎。他喜欢"从心所欲"，而不管是否"逾矩"。

"不沿爱恶"是指不受自己主观情趣的影响，唯求客观地言说。这其实是不可能的，邵雍自己也做不到。他的意思只是尽可能"以物观物"，用客观的、理性的态度去作诗，格物明理，"如鉴之应形，如钟之应声"（《伊川击壤集·序》）。

"不立固必"是指超脱个体人生的固执和必须，通达随意，无论是诗人之情志，还是作诗之方法，都不可拘泥。

"不希名誉"主要是指超脱名誉之心，作诗只为快乐，只是怡悦情性，并不是为了知名或不朽。

以上四"不"原则与庄子"至人无己，神人无功，圣人无名"的境界类似。他还有另外的四"不"之论：

> 钦之谓我曰：诗似多吟，不如少吟，诗欲少吟，不如不吟。我谓钦之曰：亦不多吟，亦不少吟，亦不不吟，亦不必吟。芝兰在室，不能无臭，金石振地，不能无声，恶则哀之，哀而不伤，善则乐之，乐而不淫。
>
> ——卷十二《答傅钦之》

这是对《序》中四"不"原则的进一步阐释。他把作诗看做生命快乐的需要，是主体意愿自然而然的流露，是"哀"或"乐"客观言说，而不是必须担负的责任，也不是为了"立言"以不朽。喜怒哀乐都可以自然地用诗来言说，又要"不伤"、"不淫"，恰如其分。由此，他主张诗人不必"苦吟"：

> 平生无苦吟，书翰不求深。
> 行笔因调性，成诗为写心。
> 诗扬心造化，笔发性园林。
> 所乐乐吾乐，乐而安有淫。
>
> ——卷十七《无苦吟》

苦吟就是有"固必"，苦吟的诗人通常是注重"声律"的，不善于淡化"爱恶"的，这些都不利于快乐的创作。

(五)"自乐"与"乐天下"——诗歌的功能论

邵雍把作诗定位为"自乐"，那么他是否认为这是诗的唯一功能呢？《伊川击壤集》卷十八有两篇长诗，从广泛的意义上集中论述一般诗歌的普遍性质和多种功能。《诗画吟》云：

> 画笔善状物，长于运丹青。
> 丹青入巧思，万物无遁形。
> 诗画善状物，长于运丹诚。
> 丹诚入秀句，万物无遁情。
> 诗者人之志，言者心之声。
> 志因言以发，声因律而成。

>   多识于鸟兽，岂止毛与翎。
>   多识于草木，岂止枝与茎。
>   不有风雅颂，何由知功名。
>   不有赋比兴，何由知废兴。
>   观朝廷盛事，壮社稷威灵。
>   有汤武缔构，无幽厉歆倾。
>   知得之艰难，肯失之骄矜。
>   去巨蠹奸邪，进不世贤能。
>   择阴阳粹美，索天地精英。
>   藉江山清润，揭日月光荣。
>   收之为民极，著之为国经。
>   播之于金石，奏之于大庭。
>   感之以人心，告之以神明。
>   人神之胥悦，此所谓和羹。
>   既有虞舜歌，岂无皋陶赓。
>   既有仲尼删，岂无季札听。
>   必欲乐天下，舍诗安足凭。
>   得吾之绪余，自可致升平。

《诗史吟》云：

>   史笔善记事，长于炫其文。
>   文胜则实丧，徒憎口云云。
>   诗史善记事，长于造其真。
>   真胜则华去。非如目纷纷。
>   天下非一事，天下非一人。
>   天下非一物，天下非一身。
>   皇王帝霸时，其人长如存。
>   百千万亿年，其事长如新。
>   可以辨庶政，可以齐黎民。

可以述祖考,可以训子孙。
可以尊万乘,可以严三军。
可以进讽谏,可以扬功勋。
可以移风俗,可以厚人伦。
可以美教化,可以和疏亲。
可以正夫妇,可以明君臣。
可以赞天地,可以感鬼神。
规人何切切,诲人何谆谆。
送人何恋恋,赠人何勤勤。
无岁无嘉节,无月无嘉辰。
无时无嘉景,无日无嘉宾。
樽中有美禄,坐上无妖氛。
胸中有美物,心上无埃尘。
忍不用大笔,书字如车轮。
三千有余首,布为天下春。

这完全是儒家关于诗歌功能的观念。看来邵雍并不认为诗歌的功能只是自寻快乐,他承认诗歌对于历史、社会、人生具有多方面的价值功能,他用"乐天下"来概括这些价值功能。

作为一位思想家,邵雍对宇宙、人生、社会、历史等诸多方面的问题都有深入的思考,他喜欢把自己思考的心得用诗表述出来,如"静把诗评物,闲将理告人"(卷十一《静乐吟》)。这在他自己是快乐的,而对读者,当然也就具有"乐天下"的价值和功能了。仔细读他的诗,发现"乐天下"是他作诗的用意之一。他喋喋不休地言说着、发表着,"三千有余首","大半落天下",让更多的人读自己的诗,这正是诗人的一大快乐;如果读者又认同了自己诗中的情、志、理,如果这诗又传之久远,那就是快乐之极了。

比邵雍小二十一岁的程颢深切地理解了邵雍的快乐诗学,《和尧夫首尾吟》云:

先生非是爱吟诗,为要形容至乐时。
醉里乾坤都寓物,闲来风月更输谁?
死生有命人何与?消长随时我不悲。
直到希夷无事处,先生非是爱吟诗。①

第二节　周、张、二程的诗学思想

周敦颐(1017~1073年),字茂叔,世称濂溪先生。其直接论诗的文字仅《吉州彭推官诗序》一篇,其中论诗之语只有一句:

> 谈及今朝江左律诗之工,坐间诵吉州彭推官篇者六七,其句字信乎能觑天巧而脍炙人口。

但他有"文以载道"之论,亦关乎诗。《周子通书·文辞第二十八》云:

> 文所以载道也……文辞,艺也;道德,实也。笃其实而艺者书之,美则爱,爱则传焉。……言之无文,行之不远。

他所谓道,是指一种以"诚"为中心的人格修养,即道与德。他对道与德的解释是:"圣人之道,入乎耳,存乎心,蕴之为德行,行之为事业。"②道是文之"实",即道德、精神、思想、伦理之类。文是指文辞,是载道的工具。周子认为文辞要美,美文才可爱,可爱则能传之久远;如果文辞没有文采,就不能流传久远。这观点看起来似乎很允正,并无偏颇,但在中国的文学观念史上,"文以载道"说往往带有忽视文学的独立性,忽视文学的艺术审美价值,压抑文学家的个性和才情的倾向。"文以载道"说本自韩愈和柳宗元的"文以明道"说。朱熹注《通书》曰:"文所以载道,犹车所以载物,故为车

---

① 四库本《二程文集》,卷一,《明道文集》。
② 《周子通书·陋》。

者必饰其轮辕,为文者必善其辞说,皆欲人之爱而用之。然我饰之而人不用,则犹为虚饰而无益于实,况不载物之车不载道之文,虽美其饰,亦何为乎?"在这样的理解中,文学就不是独立的精神产品。而在文学家看来,文学恰恰是独立的精神产品,其于人类,不仅有"载道"的功能,还有娱乐、交流、修养性情等多种功能。比如邵雍诗学强调"自乐",就与周子强调"载道"有明显不同的侧重。

周敦颐诗今存二十八首,①皆以白话说理,也就是"载道"。其诗既无"工"、"巧"之迹,亦无"脍炙人口"之篇句,基本风格与邵雍诗极相类似,可见其对诗歌之文学审美品质的淡漠,他并没有努力把诗写成既"载道"又美而可爱的"文"。如《题门扉》:

有风还自掩,无事昼常关。

开阖从方便,乾坤在此间。

又如《题寇顺之道院壁》:

一日复一日,一杯复一杯。

青山无限好,俗客不曾来。

往事一如此,朱颜安在哉?

寄与地上客,历乱竟谁催。

张载(1020～1077年),字子厚,世称横渠先生。《张子全书》(四库本)卷三《正蒙·乐器篇》有论《诗经》之语近三十条,大抵阐述儒家诗教之宗旨,如"志至诗至"之类。但亦略有独特之见,如"诗亦有雅,亦正言而直歌之,无隐讽谲谏之巧也"。他认为雅即正,正即直言无隐。这倒是对雅正的独特解释。又卷四《经学理窟·诗书》亦申说此意:"古之能知诗者,唯孟子为以意逆志也。夫诗之志至平易,不必为艰险求之。今以艰险求诗,则已丧其本心,何由见诗人之志?"此又由"诗之志至平易"引出对后人"以艰险求诗"的批评,这是与自汉儒以来的《诗经》学有所不同的。此外,他

---

① 四库本《周元公集》。

还强调不同文体自有其独立的体性和功能,不可替代也不可或缺:

> 圣人文章无定体,《诗》、《书》、《易》、《礼》、《春秋》,只随义理如此而言。李翱有言"观《诗》则不知有《书》,观《书》则不知有《诗》"亦近之。
> ——卷四《经学理窟·诗书》

> 孔子谓学《诗》学《礼》,以言以立。……《诗》、《礼》、《易》、《春秋》、《书》,《六经》直是少一不得。
> ——卷六《义理》

张载对于自己作诗,有一个颇有趣的说法:

> 十诗之作,信知不济事,然不敢决道不济事。若孔子于石门,是信其不可为,然且为之者,何也?仁术也。如《周礼》救日之弓,救月之矢,岂不知无益于救?但不可坐视其薄蚀而不救,意不安也。救之不过失数矢而已。故此,诗但可免不言之失。①

这与其《诗经》观之"少一不得"意思一致,即作诗虽然未必"济事",但不论济不济事,诗还是要作的,没有诗就是缺陷。《张载集·杂诗》共存诗十六首,大略亦如邵雍以诗说理,但用语尚雅,白话味道不似邵诗那么重。如《圣心》:

> 圣心难用浅功求,圣学须专礼法修。
> 千五百年无孔孟,谁从活水见源头。

此诗当是朱熹《观书》诗"问渠哪得清如许,为有源头活水来"的出典之一。又如《题解诗后》:

> 置心平易始通诗,逆志从容自解颐。
> 文害可嗟高叟固,十年聊用勉经师。

他对比自己年长九岁的邵雍很敬重,对比自己年轻十余岁的

---

① 《张载集·语录上》,第 315 页,中华书局,1978 年版。此条又见第 289 页《自道》。

二程兄弟也很友善,如《诗上尧夫先生兼寄伯淳正叔》云:
> 先生高卧洛城中,洛邑簪缨幸所同。
> 顾我七年清渭上,并游无侣又春风。

程颢(1032~1085年)字伯淳,世称明道先生。程颐(1033~1107年),字正叔,世称伊川先生。程氏有"作文害道"(《二程遗书》卷十八)之说,但他们的诗学思想并不如此简单。《二程文集》(四库本,下引程书均依此本)卷一收入明道诗六十七首,卷九收伊川诗三首,又《四库提要》补伊川诗一首。

程颢深谙诗道,诗也写得好。《二程文集》卷十一《明道先生行状》载:"数岁诵诗书,强记过人,十岁能为诗赋。"《二程外书》卷十二载:"明道先生善言诗,佗又浑不曾章解句释,但优游玩味,吟哦上下,便使人有得处。""明道尝言:学者不可以不看诗,看诗便使人长一格价。"今存程颢诗虽远不及邵雍多,但其六十七首诗的总体艺术水平,略高于邵雍。其诗之内涵,也比邵诗显得丰富一些,既有说理之作,也有优游山水、唱和酬赠之篇什,其中不乏文趣诗情。如《赠司马君实》载:
> 二龙闲卧洛波清,今日都门独饯行。
> 愿得贤人均出处,始知深意在苍生。

程颢作此诗赠司马光,特有一番深意。《二程外书》卷十一载:
> 司马温公辞副枢,名冠一时,天下无贤不肖,浩然归重。吕申公亦以论新法不合,罢归。熙宁末,申公起知河阳,明道以诗送行,复为诗与温公,盖恐其以不出为高也。

此诗情切理直,有敦厚淳雅之气,深含关怀天下苍生的圣人情怀。又《哭张子厚先生》载:
> 叹息斯文约共修,如何夫子便长休!
> 山东无复苍生望,西土谁共后学求?
> 千古声名联棣萼,二年零落去山丘。
> 寝门恸哭知何限?岂独交亲念旧游。

此哭悼张载之作,深情厚意一寓其中,颇见大儒风度。又《秋日偶成二首》其二:

> 闲来无事不从容,睡觉东窗日已红。
> 万物静观皆自得,四时佳兴与人同。
> 道通天地有形外,思入风云变态中。
> 富贵不淫贫贱乐,男儿到此是豪雄。

此诗乃传诵甚广的经典名篇,理路精深通透,文辞流畅舒展,气度恢弘豪迈,一派大家风范。又山水游玩之作如《郊行即事》载:

> 芳原绿野恣行时,春入遥山碧四围。
> 兴逐乱红穿柳巷,困临流水坐苔矶。
> 莫辞盏酒十分醉,只恐风花一片飞。
> 况是清明好天气,不妨游衍莫忘归。

《春日江上》载:

> 新蒲嫩柳满汀洲,春入渔舟一棹浮。
> 云幕倒遮天外日,风帘轻扬竹间楼。
> 望穷远岫微茫见,兴逐归槎汗漫游。
> 不畏蛟螭起波浪,却怜清泚向东流。

诗中既有一般文人的山水情怀,诗酒雅趣,疏狂放纵之气,又深含醇儒意趣。相比之下,程颐的诗才略逊,他自称"野人程颐不能赋诗"①。现存其诗四首,②理学味道更浓一些,如《游嵩山》载:

> 鞭羸百里远来游,岩谷阴云暝不收。
> 遮断好山教不见,如何天意异人谋。

《谢王佺期寄药》载:

> 至诚通圣药通神,远寄衰翁济病身。
> 我亦有丹君信否?用时还解寿斯民。

---

① 《二程文集》,卷九,《禊饮诗序》。
② 《二程文集》,卷九十三,《四库提要》补录一首。

诗写日常生活,却总含理趣,颇合宋诗味道。这两首诗如果放在苏轼诗集中,谁也不会怀疑其与苏诗有异。

二程之诗既如此,则其诗学思想自然不会只有"作文害道"这样简单。况且程门师徒间谈论文与道的关系,其实是在一个很具体的场合之中进行的。《二程遗书》卷十八是程门弟子刘元承所记,其中有此次师徒谈论文道关系的记录:

问:"作文害道否?"曰:"害也。凡为文,不专意则不工,若专意则志局于此,又安能与天地同其大也。《书》云:'玩物丧志。'为文亦玩物也。吕与叔有诗云:'学如元凯方成癖,文似相如始类俳。独立孔门无一事,只输颜氏得心斋。'此诗甚好! 古之学者,惟务养情性,其他则不学。今为文者,专务章句悦人耳目,既务悦人,非俳优而何?"曰:"古者学为文否?"曰:"人见六经,便以为圣人亦作文,不知圣人亦摅发胸中所蕴,自成文耳。所谓有德者必有言也。"曰:"游、夏称文学,何也?"曰:"游、夏亦何尝秉笔学为词章也? 且如'观乎天文,以察时变,观乎人文,以化成天下',此岂词章之文也。"

或问:"诗可学否?"曰:"既学时,须是用功方合诗人格。既用功,甚妨事。古人诗云:'吟成五个字,用破一生心。'又谓:'可惜一生心,用在五字上。'此言甚当。先生尝说……某素不作诗,亦非是禁止不作,但不欲为此闲言语。且如今言能诗,无如杜甫,如云:'穿花蛱蝶深深见,点水蜻蜓款款飞。'如此闲言语,道出做什? 某所以不尝作诗。"

弟子提出学习选择问题:学作文是否会影响学道? 这里的"作文"大致是指以文学为主的诗文辞章之学,道则主要是圣贤之学、经典之学、经济之学。老师的回答是明确而肯定的。这就如同现在的家长或老师指导后学一样,希望其选择了一个专业之后就专心致志,不要分散精力。因为学习者的时间和精力总是有一定限度的。程子认为学什么都须"专意"才能"工",既须"专意",则一心当然不可二用。但如果专意于文学,道会不会害文呢？古人根本就不会提出这样的问题,因为古人认为道是修身养性、立身处世、齐家治国之根本,文学只是道的自然表达。程子说圣贤胸中有了丰富的蕴涵,"自成文耳","有德者必有言也"。那当然应以学道为先、为主。如果"道"尚不存,就专意于"作文",则是本末倒置,当然有害于"道"。

古代与现代的社会环境不同,人们对文道关系的理解,既有所同,也有所不同。程门师徒从二元对立的意义上谈论文道关系,自有其道理。而其受到后世文学史家批评,也是因为这种二元对立的思维。从多元并存互补的角度看,道与文的性质、功能各不相同。道是理性的,指向社会规范与人际和谐;文是感性的,指向心灵自由与审美娱乐。二者有时不免互相妨害,然而二者更是融洽互补,表里相生的。道与文同是人类精神现象,各司其职,各有其存在的合理性。程子所谓"作文害道",是从社会分工、精神分立的立场而论;周子所说"文以载道",是从融洽相生而论;而文学家强调文学的独立性,则又是文道价值分别论。害道、载道、明道、文道分立等等诸说,都是从不同的角度去理解不同的关系。

二程并不反对学诗和作诗,因为诗中有道,作诗可言道。他们既学经典之《诗》,自己也作诗。他们的诗学思想,可分为《诗经》学和文艺诗学两大类。

《诗经》是二程治学和授业的一门重要功课。他们的《诗经》学主要是诗教之学。他们认为《诗三百》的主要功能是"兴"[①]。《二程遗书》载程氏语云:

---

① 以下引文据上引《二程集》。

兴于《诗》,立于《礼》……成于《乐》。

——卷一

诗兴起人志意。

——卷六

学之兴起,莫先于诗。诗有美刺歌诵之,以知善恶治乱废兴。

——卷十一

诗可以兴。某自再见茂叔后,吟风弄月以归,有"吾与点也"之意。

——卷三

又《二程外书》云:

古之学者必"兴于诗","不学诗无以言"。

——卷六

古之学者必先学诗,学诗则诵读其善恶是非劝戒,有以起发其意,故曰兴。

——卷七

兴于诗者,吟咏性情,涵畅道德之中而歆动之,有"吾与点"之气象。

——卷三

看来程氏所谓"兴",有启蒙之意,大约是指引起或感发人之善恶美丑之类的性情旨意。《诗》为何能"兴"呢?因为其中有丰富的人文智慧。

《二程遗书》卷二云:

《诗》、《书》乃格言。《诗》、《书》,载道之文;《春秋》,圣人之用。《诗》、《书》如药方,《春秋》如用药治疾。诗三百……三千中所择,不特合于雅颂之音,亦是择其合于教化者取之。

《二程外书》卷九云:

《诗》、《书》、《易》如律,《春秋》如断案;《诗》、《书》、《易》如药方,《春秋》如治法。

在二程看来,《诗》的每一具体篇章都有其具体而微的教化功能。如:

《二程遗书》卷十八云:

> 关雎之诗……周公作此以风教天下,故曰用之乡人焉,用之邦国焉。上以风化下,下以风刺上,盖自天子至于庶人,正家之道当如此也。

《二程遗书》卷三云:

> 《关雎》之类,正家之始。
>
> 诗言后妃夫人者,非必谓文王之妻也,特陈后妃夫人之事,如斯而已……以其为教于衽席之上,闺门之内,上下贵贱之所同也。故用之乡人邦国,而谓之国风也。化天下只是一个风,至如《鹿鸣》之诗数篇,如燕群臣、遣戍役、劳还率之类,皆是为国之常政。

《二程遗书》卷四云:

> 二南之诗,盖圣人取之以为天下国家之法,使邦家乡人皆得歌咏之也。有天下国家者,未有不自齐家始。先言后妃,次言夫人,又次言大夫妻,而古之人有能修之身以化在位者,文王是也。

总之,学《诗》以致用,用于修身、齐家、治国、平天下。《二程遗书》卷四云:

> 穷经将以致用也,如诵《诗三百》,授之以政不达,使于四方不能专对,虽多亦奚以为?

《二程遗书》卷十九云:

> 须是未读《诗》时,授以政不达,使四方不能专对;既读《诗》后,便达于政,能专对四方,始是读诗。……大抵读书只此便是法,如读《论语》,旧时未读是这个人,及读

了后又只是这个人,便是不曾读也。

关于读《诗》的方法,二程强调须先读大小序。《二程遗书》卷三云:

> 诗前序,必是当时人所传国史,明乎得失之迹者是也。

《二程遗书》卷十八云:

> 问:诗如何学?曰:只在大序中求。诗之大序,分明是圣人作此以教学者。后人往往不知是圣人作。自仲尼后,更无人理会得诗。

《二程遗书》卷十九云:

> 诗小序,便是当时国史作,如当时不作,虽孔子亦不能知,况子夏乎?如大序,则非圣人不能作,用之乡人焉,用之邦国焉。如二南之诗,及大雅小雅,是当时通上下皆用底诗,盖是修身治家底事。

程氏的文艺诗学思想,与其《诗经》学的基本理念大体一致,即强调诗的教化功能,但具体说来,也有些值得一提。

《二程外书》卷十二云:

> 明道尝言:学者不可以不看《诗》,看《诗》便使人长一格价。

如此看来,《诗》在明道先生心目中的地位着实不低。虽然他具体指的是《诗经》,但毕竟是说诗对人生非常重要,可以提高人生境界。

关于诗的内容,他认为"诗可以怨,讥刺总是"。关于诗法,他取温柔敦厚之旧说,认为"诗意贵优柔不迫切,此乃治诗之法"。关于诗人,他认为"作诗者未必皆圣贤,当时所取者,取其意思止于礼义而已"[1]。宋儒主张人皆可为圣贤,圣贤可为帝王题,诗人

---

[1] 以上三条均见上引《二程集·二程外书》,卷一。

则更须有圣贤气象,圣贤胸襟。《二程遗书》卷四云:

> 王介甫《咏张良》诗最好曰:"汉业存亡俯仰中,留侯当此每从容。"人言高祖用张良,非也,张良用高祖尔。

《二程遗书》卷十一云:

> 石曼卿诗云:乐意相关禽对语,生香不断树交花。明道曰:此语形容得浩然之气。

看来在程氏心目中,诗并不都是"闲言语"。诗既如此重要,则作诗必须慎重。《二程文集》卷九,程颐《答朱长文书》云:

> 前奉书以足下心虚气损,奉劝勿多作诗文……向之云无多为文与诗者,非止为伤心气也,直以不当轻作尔。圣贤之言不得已也,盖有是言则是理明,无是言则天下之理有阙焉。……圣人之言,虽欲已得乎然,其包涵尽天下之理,亦甚约也。后之人始执卷,则以文章为先,平生所为,动多于圣人,然有之无所补,无之靡所阙,乃无用之赘言也。不止赘而已,既不得其要,则离真失正,反害于道必矣。

原来程氏所言害道之诗文,特指离真失正的无用之赘言。他所强调的精品意识正是人类文化活动中至关重要、难能可贵的准则。

第八章 北宋"话"体诗学

第一节 概说

一、"话"体诗学之兴

"话"体文学批评的主要品类如诗话、词话、文话等,皆兴起于北宋时代:第一部诗话是欧阳修《六一诗话》,成书于熙宁四年;第一部词话是杨绘《时贤本事曲子集》,简称《本事曲》,成书于元丰初年;第一部文话是王铚的《四六话》,成书于宣和四年。

诗话文体之诗学传统有二:一是诗学批评传统;二是诗学叙事传统。在诗话中,前者表现为以诗人、诗作、诗艺为具体批评案例的诗学批评、艺术探讨,这是构成"话"体诗学的评论性因素,诗话著作因此而在后世目录学中被归于"诗文评"类;后者表现为讲述关于诗人和诗作的故事或考征典实,这是构成"话"体诗学的史实因素,诗话因此而始终"体兼说部"。诗话的这两种体性被章学诚概括为"论诗及辞"和"论诗及事"。① 这一概括以其言简意赅而深得公许。

如果进一步追究诗话之文化发生,应该说有诗即有话,不管是"论诗及辞"还是"及事"。所以考究诗话渊源者有追溯至上古文化者,如何文焕《历代诗话》序云:

> 诗话于何昉乎?赓歌纪于《虞书》,六义详于古序,孔、孟论言,别申远旨,《春秋》赋答,都属断章。三代尚已。②

姜曾《三家诗话》序云:

> 或谓自钟嵘《诗品》而后,诗话充栋,大都妄下雌黄,无裨神教。然观吴札观乐,不废美讥;子夏序《诗》,并论哀乐,即诗话之滥觞也。③

章学诚《文史通义·诗话》云:

> 然考之经传,如云:"为此诗者,其知道乎?"又云:"未之思也,何远之有?"此论诗而及事也。又如:"吉甫作颂,穆如清风。其诗也硕,其风肆好。"此论诗而及辞也。

在上述之文化、文学传统的背景之下,考察诗话之文体发生,则钟嵘之《诗品》通常受到首先的关注。章学诚《文史通义·诗话》云:"诗话之源,本于钟嵘《诗品》。"此论显然是就文体形态之发生而言的。

从钟嵘《诗品》到北宋诗话,诗学批评著作有品、评、格、式、旨、图等多种名目,皆因诗而评论之,这是诗话文体形成前的一条重要脉络。那么从评诗论艺的文体中,为何又特别分离出诗话一体呢?

---

① 《文史通义·诗话》,《百部丛书集成》本,据清咸丰伍崇曜校刊本影印。
② 何文焕:《历代诗话》,第 4 页,中华书局,1981 年版。
③ 姜曾:《清诗话续编》,第 1917 页,上海古籍出版社,1983 年版。

章学诚认为其原因之一是:

> 《诗品》、《文心》,专门著述,自非学富才优,为之不易,故降而为诗话。①

这话的合理之处是:专著如"阳春白雪",为之较难,诗话如"下里巴人",为之较易。其不太合理之处在于:著诗话者未必才学不好。由于诗话的撰写或编著比较便捷容易,其文体也比较通俗,所以才学优富如欧阳修、司马光者,或者才学不如他们者,都愿意用这种轻松随便、雅俗共赏的文体记述一些关于诗的见闻和体会。诗话之兴与其成书之便捷容易直接相关;至于诗话内容之优劣,则因人而异,那就不是文体问题了。

诗话文体与唐代以来的诗格、诗式、诗评、诗旨甚至某些诗歌选本,也有体式和体性的相关问题。几乎所有诗话著作中都有谈论诗歌格、式、法、势和篇章佳句的内容,许多呆板的格、式、法、势式在诗话中凭借具体的"案例"而得到解释。诗话之著和诗格之著同是评诗论艺,诗格偏重诗的技巧、形式,诗话则兼容并蓄,凡是关于诗的文化、历史、艺术趣味与品质、技巧与形式等等,无所不"话"。诗话蕴含着丰富多彩的文趣诗心和诗人诗事,而有些诗格之类过于琐碎、过于公式化,甚至似是而非。诗是最不宜这样解说的性情之物。所以宋人似乎有些鄙视某些诗格诗式之著,如胡仔《渔隐丛话》(四库本)后集卷三十四《张天觉》条苕溪渔隐曰:

> 梅圣俞有《续金针诗格》,张天觉有《律诗格》,洪觉范有《禁脔》,此三书皆论诗也。……余谓论诗若此,皆非知诗者。善乎山谷之言曰:"彼喜穿凿者,弃其大旨,取其发兴,于所遇林泉人物,草木鱼虫,以为物物皆有所托,如世间商度隐语者,则诗委地矣。"

诗话之文体形态,与一些短章单则的叙事类文体有类似之处,

---

① 《文史通义·诗话》。

比如《世说新语》记述名士言行的片断式,文人随笔的无序杂录式,野史佚事的闲谈式,孟棨《本事诗》的以事系诗式,等等。以下略加论证。

诗话与《世说新语》在形式上的某些类似,前人已有关注,《四库全书总目》卷一百九十九集部词曲类二云:

> 然考《世说新语》……则序录同时之事,自古已然。唐宋人诗话、说部,此类尤伙。

诗话那种短章单则的记录方式,段落间各自独立的无序排列方式,与《世说新语》很相似。《世说新语》中有几则诗话:

> 谢公因弟子集聚,问《毛诗》何句最佳?遏称曰:"昔我往矣,杨柳依依;今我来思,雨雪霏霏。"公曰:"訏谟定命,远猷辰告。"谓此句偏有雅人深致。

——《文学》

> 王孝伯在京,行散至其弟王睹户前,问古诗中何句为最?睹思未答,孝伯咏"所遇无故物,焉得不速老。"此句为佳。

——《文学》

> 谢太傅寒雪日内集,与儿女讲论文义,俄而雪骤,公欣然曰:"白雪纷纷何所似?"兄子胡儿曰:"撒盐空中差可拟。"兄女曰:"未若柳絮因风起。"公大笑乐。即公大兄无奕女,左将军王凝之妻也。

——《言语》

《世说新语》以笔记体记文人故事,对后世的志人小说影响很大。唐代记录士人活动的笔记小说中,诗话的成分比《世说新语》更多,且体例相类,皆为后世诗话之模范。如刘餗《隋唐嘉话》[①]中涉及文人诗作的条目有十五则,韦绚《刘宾客嘉话录》(四库本)有

---

① 《隋唐嘉话·大唐新语》,古典文学出版社,1957年版。

第八章 北宋"话"体诗学

十则,赵璘《因话录》(四库本)中有三则,范摅《云溪友议》中"诗话居十之七八……又以唐人说唐诗,耳目所接,终较后人为近,故考唐诗者,如计有功《纪事》诸书,往往据之"①。五代王定保《唐摭言》十五卷,述唐代科举文场之事,涉及诗事者至少数十条。以下略录数例以证:

《刘宾客嘉话录》云:

> 为诗用僻字须有来处,宋考功诗云:"马上逢寒食,春来不见饧。"尝疑此字,因读《毛诗》,郑笺说箫处注云:"即今卖饧人家物。"六经唯此注中有饧字,缘明日是重阳,欲押一糕字。寻思六经竟未见有糕字,不敢为之。……后辈业诗,即须有据,不可率尔道也。

《因话录》卷四云:

> 吴兴僧昼,字皎然,工律诗。尝谒韦苏州,恐诗体不合,乃于舟中抒思,作古体十数篇为贽。韦公全不称赏。昼极失望,明日写其旧制献之。韦公吟讽,大加叹咏,因语昼云:"师几失声名。何不但以所工见投,而猥希老夫之意。人各有所得,非卒能致。"昼大伏其鉴别之精。

《云溪友议》卷上《巫咏难》云:

> 秭归县繁知一闻白乐天将过巫山,先于神女祠粉壁大署之曰:"苏州刺史今才子,行到巫山必有诗。为报高唐神女道,速排云雨候清词。"白公睹题处怅然,邀知一至曰:历阳刘郎中禹锡,三年理白帝,欲作一诗于此,怯而不为。罢郡经过,悉去千余首诗,但留四章而已。此四章者,乃古今之绝唱也,而人造次不合为之。沈佺期诗曰……王无竞诗曰……李端诗曰……皇甫冉诗曰……白公但吟四篇,与繁生同济,而竟不为。

---

① 《四库提要》。

罗根泽认为"本事诗是'诗话'的前身,其来源则与笔记小说有关"①。"唐代有大批的记录遗事的笔记小说,对诗人的遗事,自然也在记录之列。就中如范摅的《云溪友议》,王保定的《摭言》,其所记录,尤其是偏于文人诗人。由这种笔记的转入纯粹的记录诗人遗事,便是本事诗。我们知道了'诗话'出于本事诗,本事诗出于笔记小说,则'诗话'的偏于探求诗本事,毫不奇怪了。"②

罗先生"'诗话'出于本事诗"之论,略须辨析。"本事诗"这个概念,若以广义而论,则以上所举自《世说新语》至唐人笔记、小说中凡有事之诗,皆可谓之"本事诗",的确是诗话这一文体的直接胚胎。但若仅以孟棨《本事诗》而言,其与诗话亦有明显不同:孟棨《本事诗》专录诗故事,今存四十一则,③每则记述一个有头有尾甚至有情节的独立的故事,其中必含有一首或两首或三首诗,共五十九首诗。故事是叙说的重心,诗则是故事情节中最关键的部分,是故事的文趣所在。而诗话是关于诗的话,既可以"话"诗的故事,又可以"话"诗的艺术。在诗话中,诗人和诗是叙说的重心,事只是或多或少的背景材料。一则诗话未必都是一个故事,也未必都有诗。凡是有关于诗人、诗作、诗句的事或评论,皆可以构成一则诗话,短则数语,长则成篇。察二者之流变,则"本事诗"一面与小说合流,一面衍变为"纪事"体,如《唐诗纪事》、《宋诗纪事》等;诗话则在保持"关于诗的话"这一基本性质的前提下,分别为以记诗事为主的史料性诗话和以评论为主的理论性诗话。这就像长江和黄河,其源颇近而其流渐远。

欧阳修以"诗话"命名其"集以资闲谈"的随笔性文体,当然会

---

① 《中国文学批评史》(三),第220~221页,上海古籍出版社,1984年版。
② 《中国文学批评史》,第244页,上海古籍出版社,1984年版。
③ 丁福保:《历代诗话续编》,中华书局,1983年版。

第八章 北宋"话"体诗学

参考此前已有之以"诗"为名的文献和以"话"为名的文献。前者如《诗品》、《诗式》、《诗格》、《诗本事》等；后者在欧阳修亲自参与修纂的《崇文总目》中有四种：

《嘉话录》一卷，《因话录》二卷，《玉堂闲话》十卷，《野人闲话》五卷。

其中前两种已如上述。《玉堂闲话》的作者王仁裕，唐末至后汉人，曾官翰林学士，其书记其见闻，以中晚唐人物事迹为主，兼及怪异之谈。《野人闲话》是宋代最早以"话"为名的著作，作者景焕，宋初人。

另有宋初黄休复①《茅亭客话》十卷，大约当时未为编修《崇文总目》者所见。其书杂录见闻，间有诗事，如卷三"淘沙子"条曰：

话及感遇淘沙子之事，念其诗曰："九重城里人中贵，五等诸侯阃外尊。争似布衣云水客，不将名字挂乾坤。"

此外，唐宋民间"说话"底本，不知是否对欧阳修选择"诗话"之名有影响。民间"说话"从唐代已有以"话"为名的文字底本，如《大唐三藏取经诗话》，又如敦煌文献中有《庐山远公话》、《韩禽虎话本》。

以欧阳修的学识，于前代各种名目的笔记、小说所见必多，他在著述等身的晚年，将自己关于诗的闲谈之著命名为"话"，明体为"集"（即杂录短章单则之话，无次序），定性为"资闲谈"，这都是有意取其轻松容易，以区别于其他诗学著作。欧公之辨识选择堪称精妙，"诗话"之名，自此遂成为历代诗学著作最常采用的文体名称。

---

① 景德年间在世。四库提要《益州名画录》："前有景德三年李畋序……又有休复自为序。"

二、北宋诗话文献

郑樵《通志》卷七十《诗评》最早著录北宋人诗话七种：

《诗话》二十卷，《欧阳永叔诗话》一卷，《司马君实诗话》一卷，《王禹玉诗话》一卷，《刘贡父诗话》一卷，《苏子瞻诗话》一卷，《洪驹父诗话》一卷。

南宋时期三大书目所录诗话多为北宋诗话。晁公武《郡斋读书志》卷三下著录七种：

陈师道《后山诗话》二卷，司马光《续诗话》一卷，苏轼《东坡诗话》二卷（杂书有及诗者，好事者因集之成二卷），欧阳修《欧公诗话》一卷，刘攽《中山诗话》三卷，范温《诗眼》一卷，王直方《归叟诗话》六卷。

尤袤《遂初堂书目》、《文史》类著录十九种：

《诗语集录》、《叙事诗话》、《诗谈》、《韵语阳秋》、《黄彻诗话》、《周少隐诗话》、《王明之诗话》、《王性之诗事并后记》、《苕溪渔隐丛话》、《笔墨闲录》、《见闻录广类》、《乌台诗话》、《诗话隽永》、《静照诗话》、《唐宋诗话》、《归叟诗话》、《诗话总龟》、《汉皋诗话》、《洪驹父诗话》。

陈振孙《直斋书录解题》著录二十种：

卷十一：《乌台诗话》十三卷，蜀人朋九万录东坡下御史狱公案附以初举发章疏及谪官后表章书启诗词等

卷二十二：无名氏《诗三话》一卷，欧阳修《诗话》一卷，司马光《续诗话》一卷，刘攽《刘贡父诗话》一卷，陈师道《后山诗话》二卷，范温《潜溪诗眼》一卷，叶梦得《石林诗话》一卷，无名氏《续诗话》一卷，许顗《许彦周诗话》一卷，葛立方《韵语阳秋》二十卷，胡仔《渔隐丛话》六十卷、《后集》四十卷，黄彻《䂬溪诗话》十卷，聂奉先《续广本事诗》五卷（虽曰广孟棨之旧其实集诗话耳），李兼《山阴诗话》一卷，方深道集《诗家老杜诗评》五卷《续》一卷，未详何人《观林诗话》

一卷（楚东吴聿子书），曾季狸《艇斋诗话》一卷，题无为子撰《西清诗话》三卷（或曰蔡絛使其客为之也），吴沆《环溪诗话》一卷。

郭绍虞《宋诗话考》①著录宋人诗话最详尽。其书分三卷，上卷为原有别集今尚流传者，中卷为本无其书而由他人纂辑成之者，下卷为有其名而无其书，或知其目而佚其文，又或有佚文而未及辑者。

上卷中成书于北宋或大约当属北宋者：欧阳修《六一诗话》，司马光《温公续诗话》，刘攽《中山诗话》，苏辙《诗病五事》，魏泰《临汉隐居诗话》，惠洪《冷斋夜话》，陈师道《后山诗话》，蔡絛《西清诗话》，阮阅《诗总》，方深道《集诸家老杜诗评》，叶梦得《石林诗话》，许顗《许彦周诗话》等。

中卷之上大约应属北宋诗话者：《王直方诗话》，《陈辅之诗话》，范温《潜溪诗眼》，《蔡宽夫诗话》及蔡居厚《诗史》，员逢原《三莲诗话》，《李希声诗话》，《潘子真诗话》，《洪驹父诗话》，周知和《松江诗话》，《垂虹诗话》，张某《汉皋诗话》，《漫叟诗话》（疑即李公彦《潜堂诗话》）。

中卷之下大约应属北宋诗话者：旧题释文莹《玉壶清话》，疑本释智圆《闲居诗话》，旧题苏轼《东坡诗话》、《纪诗》，李颀《古今诗话》，旧题赵令畤《侯鲭诗话》，佚名《诗事》，佚名《诗谈》。

下卷大约当属北宋诗话者：《静照诗话》，王珪《王禹玉诗话》，《潘兴嗣诗话》，范师道《唐诗史》，沈括《沈存中诗话》，刘和叔《刘咸临诗话》，王得臣《王彦辅诗话》，黄庭坚《黄山谷诗话》，秦观《秦少游诗话》，《刘真之诗话》，汪革《汪信民诗话》，《王明之诗话》，郭思《瑶溪集》，《唐宋名贤诗话》。

---

① 郭绍虞：《宋诗话考》，中华书局，1979年版。

三、北宋诗话的文体形态

北宋诗话之类型,有总集与别集之分。北宋时期成书的诗话总集有:佚名氏《唐宋分门名贤诗话》、《古今诗话》,阮阅《诗话总龟》。还有整理北宋诗学而成书于南渡之初的丛编体诗话,如胡仔《苕溪渔隐丛话》等。以下先考辨一些具体问题,再考察其体制形态。

《唐宋分门名贤诗话》之撰者不详,史志著录其书名称或有简化者,如尤袤《遂初堂书目》作《唐宋诗话》,《宋史·艺文志》文史类作《唐宋名贤诗话》二十卷,又有作《名贤诗话》、《分门诗话》者。其书国内已佚,但韩国奎章阁藏有朝鲜时代二十卷刊本,今存十卷。张伯伟《稀见本宋人诗话四种》以此为底本校点收入,并认为"此书当成于宣和五年到七年之间","是第一部分门别类的诗话总集……后代《诗话总龟》、《苕溪渔隐丛话》、《诗人玉屑》等著,皆踵事增华之作,其在诗话史上的开创意义是不可忽视的"。①

"第一部"之说有理,但推断成书时间不确。此书必成于宣和五年以前(下详)。

郭绍虞《宋诗话考》卷下录《唐宋名贤诗话》云:"此书当为宋代汇辑诗话之最早者。《诗总》引书有《古今诗话》,而《古今诗话》引书有《名贤诗话》,则汇辑笔记说部以为诗话者,当以此书为嚆矢矣……案此二则均见《西清诗话》,则是书虽早,亦必在《西清诗话》之后。"(第 196 页)

"必在《西清诗话》之后"的推断有误。《西清诗话》成书于宣和

---

① 《前言》,第 15、17 页。

五年,①《诗总》几乎与之同时成书。② 郭先生既断《唐宋名贤诗话》必在《诗总》之前,则其亦必在《西清诗话》之前。至于《唐宋名贤诗话》中有"二则均见《西清诗话》",则说不定是蔡絛取自《名贤诗话》或《古今诗话》。

郭、张对《唐宋分门名贤诗话》和《古今诗话》成书时间的推断都有问题。胡仔的说法则比较准确。《苕溪渔隐丛话后集》③卷三十六苕溪渔隐曰:

> 闽中近时刊行《诗话总龟》,即舒城阮阅所编《诗总》也。余家有此集,今《总龟》不载此《序》,故录于此云:
>
> "余平昔与士大夫游,闻古今诗句脍炙人口,多未见全本,及谁氏所作也。宣和癸卯春,来官郴江,因取所藏诸家小史、别传、杂记、野录读之,遂尽见前所未见者。至癸卯秋,得一千四百余事,共二千四百余诗,分四十六门而类之……但类而总之,以便观阅,故名曰《诗总》。倦游归田,幅巾短褐,松窗竹几,时卷舒之,以销闲日,不愿行于时也。世间书固未尽于此,后有得之者,当续焉。宣和五年十一月朔,舒城阮阅序。"

又《苕溪渔隐丛话前集原序》④云:

> 《诗总》,颇为详备。……盖阮因《古今诗话》,附以诸家小说,分门增广。

---

① 宣和五年九月,蔡絛因此书遭大臣论列免职。《宋会要辑稿·职官》,卷六十九,宣和五年九月十三条、宣和六年四月六日条、吴曾《能改斋漫录》,卷十二,《蔡絛西清诗话》条、曾敏行《独醒杂志》,卷二等。
② 《渔隐丛话后集》,卷三十六载有阮阅《诗总自序》,明言成书于"宣和癸卯秋",即宣和五年秋。
③ 成书于孝宗乾道三年(1167年),据胡仔"丁亥中秋日"自序可知。
④ 作于绍兴十八年(1148年)春。

胡仔的话应该是可信的,唯其所载阮阅自序中的"闻古今诗句脍炙人口"一句,据上下文意,极有可能是"闻《古今诗话》脍炙人口"。必须如此,"多未见全本,及谁氏所作"之意才可通,下文所谓"取所藏诸家小史、别传、杂记、野录读之,遂尽见前所未见者……得一千四百余事,共二千四百余诗,分四十六门而类之",此亦明言是"诗话"而不是"诗句"。

阮阅自序明言《诗总》成于宣和五年十一月,而《诗总》引书有《古今诗话》,而《古今诗话》引书有《名贤诗话》,则三书之时序先后自明。问题是这三种先后相继的诗话,其内容的关联到底有多少呢?这些关联意味着什么呢?

张伯伟曾将郭绍虞所辑《古今诗话》①与朝鲜版《唐宋分门名贤诗话》今存之十卷②逐条比较,发现两书相同者近三分之二,因而推断两书很可能是"同书异名",或者至少是"《唐宋分门名贤诗话》全部被《古今诗话》所采录"(《前言》)。

这种勘比很重要,但两种推断却很费解。不论是"同书异名"还是"全部被……采录",《唐宋分门名贤诗话》之二百九十条都应该全部见于《古今诗话》中。

笔者亦据张伯伟校点的《唐宋分门名贤诗话》现存之十卷做了另一统计:《唐宋分门名贤诗话》二百九十条中,有二百一十五条"又见《诗话总龟》"③。

笔者又核对了郭绍虞《宋诗话辑佚》中所辑《古今诗话》四百四十四条,④其中郭先生注明见于"《总龟》前××"者三百八十六条。

---

① 《宋诗话辑佚》本,共 444 条。
② 共 290 条,非如张伯伟《前言》所说"295 条"。
③ 此张伯伟校勘语。
④ 因为是辑佚本,所以难复其书分门之体。

第八章　北宋"话"体诗学

另有二十五条亦载《诗话总龟》前集①而郭未注明。合计有四百一十一条见于现存之《诗话总龟》前集诸卷。

这里存在一个先后次序问题：张、郭二书"又见《诗话总龟》"的注释方式，使此三书的时序先后容易被人误解。笔者仔细勘比三书之内容后，认为三书之关系大约如下：

《唐宋分门名贤诗话》先出，其后有人在其基础上，依其体例，增广门类，增录内容，改名为《古今诗话》。两书皆不注出处。由于成于多人之手，②故亦不著撰者。其书很可能并未正式刊行，只是以抄本流传，所以士大夫们"多未见全本，及谁氏所作也"。此二书之流传，必在宣和五年以前。

阮阅"平昔与士大夫游，闻《古今诗句（话）》脍炙人口"。至"宣和癸卯（即宣和五年）春来官郴江"之前，他早已得到《古今诗话》之抄本。但他不满意其书不注出处的方式，于是在郴江任上开始重新编订并增广此书，"至癸卯秋，得一千四百余事，共二千四百余诗，分四十六门而类之……但类而总之，以便观阅，故名曰《诗总》"。

阮阅新到一地任职，必须处理公务，而从春到秋，数月之间即编成如此大规模的《诗总》，况且每条均注明出处，这样的工程速度，若原无蓝本，绝无可能。他做的工作其实就是对《古今诗话》进行校勘编订和增广（胡仔明言如此）。他在自序中明确说明他所作

---

① 郭辑本第 9 条见《诗话总龟》前集卷十六（以下只录条、卷数）、11 见卷二十八、30 见卷十八、38 见卷一、39 见卷一、41 见卷五、45 见卷三十八、52 见卷二十二、57 见卷四十、58 见卷四十二、352 见卷三十八、355 见卷一、356 见卷一、357 见卷十一、358 见卷十三、365 见卷九、366 见卷七、369 见卷八、377 见卷三十一、388 见卷二十七、391 见卷四十七、395 见卷二十一、396 见卷二十七、411 见卷三十、444 见卷五。

② 《宋诗话辑佚》，共 444 条。

的工作有三：

一是博览群书，尽可能为每条资料注明出处，即"取所藏诸家小史、别传、杂记、野录读之，遂尽见前所未见者"。但他实际上未能全部注明出处，有些只好注为《古今诗话》，有些则仍然未注任何出处。

二是选择和淘汰："其播扬人之隐匿，暴白事之暧昧，猥陋太甚，雌黄无实者，皆略而不取。至其本惟一诗，而记所取之意不同，如'栗爆烧毡破，猫跳触鼎翻'、'春洲生荻芽，春岸飞杨花'；载所作之人或异，如'几夜碍新月，半江无夕阳'、'斜阳如有意，偏傍小窗明'。如此之类，皆两存之。"

三是考订辨证："若爱其造语之工，而举一联，如'凤暖鸟声碎，日高花影重'，不知其全篇。亦有喜其用字之当，而论一字，如'惠和官尚小，师达禄须干'，不知其所引自误。如此之类，咸辨证之。"①

阮阅是诗人、学者，他的校勘编订工作很谨慎，他认为此书"不可得而增损也"（阮阅自序），因而基本保持了《古今诗话》原书的规模和分类体制。但事实上他对一本粗糙的书进行加工，难免减损，也必有增广。胡仔就说"阮因《古今诗话》，附以诸家小说，分门增广"。

《诗总》十卷编成于宣和五年（1123年）秋，但未刊刻。略晚于阮阅的胡仔，专门收集前人诗话，他于绍兴十八年（1148年）"居苕水，友生洪庆远从宗子彦章获传此集"②。他从洪庆远处得到了《诗总》，大概不是刊刻本，内有阮阅自序。他便将此本珍藏于家中。数十年后，他又见到闽中有了名为《诗话总龟》的刻本，于是便在《苕溪渔隐丛话后集》卷三十六载录了自家所藏《诗总》中阮阅自

---

① 《苕溪渔隐丛话后集》，卷三十六。
② 《苕溪渔隐丛话前集原序》。

序(已见前引)。其后,此书又屡经增广,卷帙大增。宋末元初方回见过七十卷本(已佚),明代抄本为一百卷,即今存之百卷本。今人周本淳校点《诗话总龟》①,并撰《前言》概说作者、版本、价值等。

周本淳认为:今存《诗话总龟》前后集百卷本中,前集五十卷当与阮阅《诗总》十卷比较接近,后集五十卷百分之九十以上的内容取自《苕溪渔隐丛话》、《碧溪诗话》、《韵语阳秋》三书。② 这一推断合理。笔者统计《诗话总龟》前集五十卷,恰恰四十六门,共一千八百八十一条。门类与阮阅自序所称一致,条数与阮阅自序接近。③这意味着阮阅《诗总》十卷四十六门虽屡经书商增广,但原貌大体幸存,即今百卷本之前五十卷。又郭绍虞所辑《古今诗话》四百四十四条中,有四百一十一条见于《诗话总龟》前集各卷,亦可证此。

《诗话总龟》后集的编者基本依照前集的体例,虽然所收内容比前集少很多,但仍然厘为五十卷,分六十二门,所分门类多与前集一样,但并非全部采用,并且增加了一些新的门类。其引用书目虽有一些与前集相同,但已无《古今诗话》,因为《古今诗话》已被阮阅基本上编入《诗总》。后集对出处的注释比前集严格,基本上都注明了出处。可见南宋人增广阮阅《诗总》还是比较严谨的,既依其体例,又保护了阮阅《诗总》之原编,新增部分并未混入《诗总》原书。

《唐宋分门名贤诗话》、《古今诗话》、《诗总》三书之流传情形也颇可玩味:《古今诗话》成而《唐宋分门名贤诗话》渐失,④《诗总》成

---

① 周本淳校点:《诗话总龟》,人民文学出版社,1987年版,前后集共两册。
② 《诗话总龟》,周本淳:《前言》及《凡例》。
③ 阮阅:《诗总》序云:"一千四百余事,共二千四百余诗。"历代传抄整理,所分条目不可能完全一样。
④ 但《名贤诗话》传入朝鲜得以保存。

而《古今诗话》渐晦。这正好说明三书同源,后出者取代前书,前书之存在价值自然降低。

郭绍虞所辑《古今诗话》四百四十四条中,尚有三十三条未见于今之《诗话总龟》,这并不说明《古今诗话》与《诗总》的关系与笔者的上述判断不一致。盖一书之流传,版本内容尚且有异,况诗话总集之类书籍,经历代人辗转摘编抄录,或编为新著,或散入他书,抄来抄去,必有所异,固不足为怪。

至此,诗话分门总集之体例乃成,南宋人屡有因袭者。如郭绍虞《宋诗话考》卷下著录四种:《古今类总诗话》(五十卷,任舟辑,佚,其书有绍兴丙寅年序。方回:《桐江集》卷七有《〈古今类总诗话〉考》一文云此书"婺版也")、《分门诗话》(撰人及卷数均不详)、《诗话集录》(卷数撰人均未详,佚)、《新集诗话》(十五卷,撰者未详,佚)。

郭先生说:"考诗话之分门自阮阅始。阮阅《诗总》以后,如《古今类总诗话》、《诗海遗珠》等,当亦分门,但均无以分门名其书者。张镃《仕学规范》卷三十六有一则云:'刘贡父云……'注云'出《分门诗话》'。……考张镃《仕学规范自序》作于孝宗淳熙三年丙申,则《分门诗话》之成书定在是年以前……则所谓《分门诗话》者,岂即指《古今类总诗话》言耶?抑《分门诗话》别为一书,故不免互见耶?""可见自北宋后期起,编纂诗话之分门总集,渐成风气。"

《唐宋分门名贤诗话》二十卷共分三十四门,《诗话总龟》前集五十卷共分四十四门。二者所分门类基本相同者十二门,类似者十二门。不完全相同的原因当是中间隔了《古今诗话》。《诗总》分门当是依照《古今诗话》之体制。此三书分门别类的方式颇类《世说新语》,如"品藻"、"鉴诚"、"聪悟"、"伤悼"、"恢谐"之类,可见当时诗话偏重叙事、体近说部之特点。三书内文之文体亦颇类似,皆如《世说》,如《世说·言语》云:

顾长康拜桓宣武墓,作诗云:"山崩溟海竭,鱼鸟将何依?"人问之曰:"卿凭重桓乃尔,哭之状其可见乎?"顾曰:"鼻如广莫长风,眼如悬河决溜。"或曰:"声如震雷破山,泪如倾河注海。"

《名贤诗话》卷一《品藻》第六条①:"杜子美有'红稻琢余鹦鹉粒,碧梧栖老凤凰枝。'此语反而意奇。退之《雪诗》:'舞镜鸾窥沼,行天马渡桥。'亦效此体,然稍牵强,不若前人之语混成也。"此条又见《诗话总龟》前集卷五,②又见《古今诗话》③。

三书既为总集,则必广采群书。《名贤诗话》原本不注出处,张伯伟校点本注明出处者二百七十六条,另有十四条未注出处。④已考知征引书目四十三种,主要是《唐摭言》四十六(被采用条数,下同)、《中山诗话》二十三、《本事诗》二十二、《湘山野录》十五、《梦溪笔谈》十四、《玉壶清话》十四、《云溪友议》十一等七种书籍。其余三十六种书籍征引一至八条不等。⑤《古今诗话》尚未发现全本。《诗话总龟》前集征引书籍近百种,书前有《集一百家诗话总

---

① 《稀见本宋人诗话四种》,第 240 页,江苏古籍出版社,2002 年版。
② 第 55 页,人民文学出版社,1987 年版。
③ 郭绍虞:《宋诗话辑佚》上册,第 152 页,第 104 条,中华书局,1980 年版。
④ 14 条所在页次:250、255、262、264、312、323、326、350、368、369、375、391、393、397。
⑤ 《江邻几杂志》条 8、《鉴诫录》条 8、《杨文公谈苑》条 7、《刘宾客嘉话录》条 5、《翰府名谈》条 5、《北梦琐言》条 5、《江南野史》条 5、《春明退朝录》条 4、《摭遗》条 3、《因话录》条 3、《国史补》条 3、《渑水燕谈录》条 3、《江表志》条 3;引用 2 条者 7 种:《大唐新语》、《墨客挥犀》、《东轩笔录》、《杜阳杂编》、《开天傅信记》、《尚书故实》、《先公谈录》、《云斋广录》;引用 1 条者 16 种:《补梦溪笔谈》、《续湘山野录》、《隋唐嘉话》、《世说新语·排调》、《江南余载》、《归田录》、《东斋记事》、《唐氏杂说》、《明皇杂录》、《小说旧闻》、《松窗杂录》、《涑水纪闻》、《南梦新闻》、《钓矶立谈》、《茅亭客话》、《卢氏杂说》。

目》,《天禄琳琅书目》因称其书为《百家诗话总龟》。

三书遍录唐宋人诗话,其意在"总"。李易序《诗话总龟》①云:

> 诗话以"总龟"名,言有统也。龟千年五聚,问无不知……阮子之诗话,其殆谓博而足以资问者欤?

这话正说出了总集之书的编纂宗旨:求全求富。三书中《诗总》后出转精,增广内容并多数注明征引之出处,因而更好地体现了这一宗旨。

以上三书所录《百家诗话》,偏重于诗事,其征引书目亦可说明这种倾向,所引诗话九种:《蔡宽夫诗史》、《本事诗》、《曾龙图诗话》、《刘贡父诗话》、《洛阳诗话》、《欧阳公诗话》、《王直方诗话》、《纪诗》、《碧溪诗话》,多属"论诗及事"类,其余都是笔记小说之类叙事之书。这正说明北宋诗话以记述诗事为主的叙事特征。

胡仔《苕溪渔隐丛话》体例有变。《苕溪渔隐丛话·前集原序》云:

> ……阮因《古今诗话》,附以诸家小说,分门增广。独元祐以来诸公诗话不载焉。考编此《诗总》,乃宣和癸卯,是时元祐文章,禁而弗用,故阮因以略之。余今遂取元祐以来诸公诗话,及史传小说所载事实,可以发明诗句,及增益见闻者,纂为一集。凡《诗总》所有,此不复纂集,庶免重复;一诗而二三其说者,则类次为一,间为折衷之;又因以余旧所闻见,为说以附益之。或者谓余不能分明纂集,如阮之《诗总》,是未知诗之旨矣。昔有诗客,尝以神、圣、工、巧四品,分类古今诗句,为说以献半山老人,半山老人得之,未及观,遽问客曰:"如老杜'勋业频看镜,行藏独倚楼'之句,当入何品?"客无以对,遂以其说还之,曰:"尝鼎一脔,他可知矣。"则知诗之不可分门纂集,盖出此

---

① 周本淳校点:《诗话总龟》,后集书后附录,第316页。

意也。余今但以年代人物之先后次第纂集,则《古今诗话》不待捡寻,已粲然毕陈于前,顾不佳哉! 今老矣,日以废亡,此集之作,聊自备观览而已,匪敢传之当世君子。故不愧。戊辰春三月上巳,苕溪渔隐胡仔元任序。

《四库全书总目》之《渔隐丛话》提要云:

> 其书继阮阅《诗话总龟》而作……阅所载者皆不录。二书相辅而行,北宋以前之诗话,大抵略备矣。然阅书多录杂事,颇近小说;此则论文考义者居多,去取较为谨严。阅书分类编辑,多立名目;此则唯以作者时代为先后,能成家者列其名,琐闻佚句则或附录之,或类聚之,体例亦较为明晰。阅书唯采撷旧文,无所考正;此则多附辨证之语,尤足以资参订。

可知《苕溪渔隐丛话》与《诗总》虽同为诗话总集,但内容不重复,体例亦有别。《苕溪渔隐丛话》创体之功有二:一是以人为纲总集诗话,即将关于同一诗人的诗话集中编在此人名下。二是"为说以附益之",《四库提要》称之为"多附辨证之语",即书中经常出现的"苕溪渔隐曰"。由于胡仔学识渊博,治学严谨,故其评说极富学术价值。

事实上胡仔之编,"以杜甫、苏轼为两大宗,一百卷中两人共占二十七卷之多。但同时也辅以以类相从的方式。比如在玉川子的名下,集中了咏茶的诗篇;用《长短句》一目集中有关词的论述;用《丽人杂记》集中妇女创作……《渔隐丛话》着眼大家,多附议论考辨;《诗话总龟》广收小家,但录其诗其事,排比异说,很少论辨"[1]。

郭绍虞《宋诗话考》(第 82 页)比较《诗话总龟》与《苕溪渔隐丛话》,赞同《四库提要》之论,又补充数点:一是"北宋诗坛原推苏、黄为祭酒",而《诗总》因成于元祐党禁之时代,故缺苏黄诗学,不免

---

[1] 周本淳:《诗话总龟·前言》。

"黯然失色";而胡编足补此阙。二是胡编更为精审。三是在考辨注释原书方面,"阮书仅供词人獭祭之用,胡著则可以供学者研究之资"。四是"阮书以内容分类,则诗词不能不混;胡著以人为纲,则诗词可以分辑。就文体分别言,就知人论世言,均以胡著为长。何况阮书仅有排比之劳,胡著则有撰著之功"。

郭先生优胡劣阮之论,不无道理,足资学者参考,唯贬阮略觉严厉。

北宋诗话别集皆以叙诗事为主,《四库全书总目·诗文评序》称之为"体兼说部"。这是个很准确又很丰富的概括:一方面,明确诗评为"体",叙事为"兼",主次有别。另一方面,强调诗话这种文体兼有说部的叙事性。

诗话创体之初即以叙事为主。欧阳修称其《诗话》是"集以资闲谈"的,司马光《续诗话》称"诗话……记事一也"。许顗《彦周诗话》云:"诗话者,辨句法,备古今,纪盛德,录异事,正讹误也。"[1]郭绍虞《宋诗话辑佚》序云:

> 诗话之体原同随笔一样,论事则泛述闻见,论辞则杂举隽语,不过没有说部之荒诞,与笔记之冗杂而已。[2]

北宋诗话借鉴了笔记小说的随笔体裁、古文化语体、夹叙夹议的叙述方式,从《本事诗》式的笔记小说,发展成为以诗为"话"的诗学文体。这一著述体例,宽容而富于弹性,灵活而通脱,雅俗深浅博约之人皆可为之。其内容可及事亦可及辞,其评论可深可浅;其编排可杂录无章,亦可次序严明;其著作规模可大可小,篇幅可长可短;其体制可总集众说,亦可独家述录;其语体可庄可谐,散漫自由。

唯其如此,其弊亦多,不免道听途说人云亦云之事,甚至杂记

---

[1] 许顗:《历代诗话·彦周诗话》,中华书局,1980年版。
[2] 郭绍虞:《宋诗话辑佚》,中华书局,1980年版。

神怪梦幻,故其舛误随之,不尽可信。章学诚《文史通义·诗话》痛说其弊曰:

> 论文考艺,渊源流别不易知也。好名之习,作诗话以党伐同异,则尽人可能也。以不能名家之学(如能名家即自成著述矣),入趋风好名之习;挟人尽可能之笔,著唯意所欲之言,可忧也,可危也。

《潜溪诗眼》在北宋诗学著作中是个特例。郭绍虞《宋诗话考》云:

> 书中所论多重在字法句眼,观是书命名称"诗眼"而不称"诗话",则其意可知。……至其谓"学者要先以识为主,如禅家所谓正法眼者,直须具此眼目,方可入道"。则更进一步,如沧浪之以禅喻诗矣。……其论时人诗,每以古人诗句相比,以见古人之文章不虚设。……即于古人诗句,亦每两相对照,以显优劣。此义虽本于山谷,然能言之透彻如此,则固是别具一支眼目者。此则"诗眼"之另一义。

郭辑本《潜溪诗眼》二十九条又增《论韵》一条,多为评论诗人、诗法、诗艺、诗理者,略无北宋多数诗话体近说部之体性。尤其《论韵》一文颇为特殊,宋代诗话中罕有如此长篇大论者,其以韵论诗,极具理论深度。近世自钱钟书先生从《永乐大典》辑出后①,凡文学史家、美学史家莫不重视。此书之出,意味着"话"体诗学在论诗及事、体近说部之外,又出现了侧重于评诗论艺的理论诗话的著作体式。此后《沧浪诗话》之类诗学专著,远离说部之叙事,专意于诗学理论探讨,并注意理论的系统性。话体诗学因而分为叙、论二

---

① 钱钟书:《管锥编》,第1362~1363页,第4册;郭绍虞:《宋诗话辑佚·增订》又据《永乐大典》卷八〇七校补。

体。

本章以下第二节至第八节，对几种北宋诗话略加论析。

第二节 刘攽及其《中山诗话》

刘攽（1022～1088年）比欧阳修小十五岁，庆历六年进士，欧阳修推荐其试馆职。神宗朝与王安石政见相左，外放。哲宗元祐时期，因苏轼等举荐入为中书舍人等职。与苏轼友善，同朝为官，持论亦多所同。又与司马光友善，同修史书。"所著书百卷，尤邃史学。作《〈汉书〉刊误》，为人所称颂。司马光修《资治通鉴》，专职汉史。为人疏隽，不修威仪，喜谐谑，数用以招怨悔，终不能改。"①刘攽学识渊博，颇得时人称誉。所著《公非先生集》已佚，宋陈振孙《直斋书录解题》称其有《彭城集》六十卷，清代四库馆臣从《永乐大典》辑其诗文，编为《彭城集》四十卷。其中诗十六卷，凡古、近各体皆备。

刘攽与其兄刘敞皆爱诗之人，与欧阳修、苏轼等同时诗人唱和颇多。他自称"性僻材疏酷嗜诗……独于名士喜同时"②。他对诗的看法有与司马光类似之处，认为诗无补于政务。然而出于对诗歌发自性情的酷爱和深切体会，他对诗又有和司马光略不相同的理解，他认为诗不仅仅是闲暇的娱乐，而且是人类精神生活中不可或缺的精神食粮和审美体验与表达。他的文学史观和文学价值观中都透露出对美文美诗的偏爱，如卷二《雕虫小技壮夫不为赋》云：

> 古人之赋，词约而旨畅；今人之赋，理弱而文壮。原屈、宋而弥漫，下卿、云而流宕。岂所谓言胜则道微，华盛

---

① 《宋史》，卷三百一十九本传。
② 卷十四《次韵晁单州诗六首》，本节凡引刘攽诗、文皆依四库全书《彭城集》，以下只注卷次。

而实衰者哉？观夫纬白经绿，叩商命宫，以富艳而为主，以浏亮而为工。家自以为游二《南》之域，人自以为得三代之风。差之毫厘，譬无异于画虎；得其糟粕，殆有甚于雕虫。亦犹乐府之有郑、卫，女工之有纨、绮。悦目顺意，荡心骇耳，里人咏叹其繁声，妇女咨嗟其绝技。亦何足荐之宗庙，献之君子哉？若乃托兴禽鸟，致情卉莌，上则恢张乎宫室，下则吟咏其笙箫。且《子虚》《大人》之文，无益于讽谏，《灵光》《景福》之作，不出乎研雕。故白玉不毁，珪璋安取？六义不散，体物何有？夫残朴为器者，匠氏之罪；判诗为赋者，词人之咎。亦奚足以计得失、辨能否也？是以子云以无益而自悔，枚皋以类得而诋諆。故曰童子之功，壮夫不为。且使孔氏用赋，仲尼删诗，则贾谊升堂而不让，相如入室而不辞。然无益于王道，终见谴于圣师。岂非君子务其广大，世人竞乎微小？故为学者众，好真者少。非龙变乎诗书之林，曷蝉蜕乎尘埃之表。必若明敦厚之术，闲滛丽之涂，言必合乎雅颂，道必通乎典谟，亦可谓登高能赋，宜为天子大夫。

这篇赋论其实也是诗论，由于使用了一些"反讽"之语，所以表述的意思比较曲折隐晦，对文学明贬实褒。他从文学作品之质与文、词与旨、理与文、华与实、言与道的关系切入，提出问题，实则怀疑二者互相冲突的观点。他不主张将二者对立起来，并认为是否有益于王道的问题并不是文学的主要问题。文学是美文，需要美丽的文采辞章，怎么可能不雕饰琢磨呢？"白玉不毁，珪璋安取？"风雅颂赋比兴就是用美文的方式表述人类对事物、对生命的体验，自此以后，乃有文学，"六义不散，体物何有"？回顾自屈原、宋玉、司马相如、扬雄以来的文学传统，难道是人们"所谓言胜则道微，华盛而实衰"吗？他怀疑这种二元对立的思维方式和结论，认为文学"以富艳而为主，以浏亮而为工"是正常的。他承认很多人将文学变成了雕虫小技,却"自以为游二《南》之域"、"得三代之风",其实往往"差之毫厘",所以只能"得其糟粕",当然就不足以"荐之宗庙,献之君子"了。他认为文学是高级的精神活动,"为学者众,好真者少",就是说能够把握文学真谛和要领的人是少数,而真正的文学作品主要是"悦目顺意,荡心骇耳"的,也就是兴发感动人之性情的,本来就不是专用于"讽谏"王道、"计得失、辨能否"的。如果一定要从讽谏得失的意义上着眼,那么可以说文学是"雕虫小技",是"童子之功,壮夫不为",连扬雄、枚皋那样优秀的文学家都须自悔。但若从文学的本性来看,"则贾谊升堂而不让,相如入室而不辞"。文学家如果能够"务其广大","明敦厚之术,闲滛丽之涂,言必合乎雅颂,道必通乎典谟,亦可谓登高能赋,宜为天子大夫"。这一结论是对文学价值的充分肯定。

这是一篇辨析文学品性从而为文学正名之论,与正统儒家的文学观念有所不同,而与刘勰"诗缘情而绮靡,赋体物而浏亮"的文学观一致。应该说是符合文学本性的文学观。如此理解他的诗论,就可以清楚地看出,他一直把诗当做抒写真性情的美文,而未必是讽谏王道得失的工具。如:

> 作诗写吾心。
> ——卷六《赠黄安期推官》

> 悼我心之弗获兮,起惆怅而称诗。
> ——卷一《秋怀赋》

> 由来登此台,寂寞谁独闻。
> 慷慨作歌诗,怅然哀古人。
> ——卷三《吹台》

> 回首嗟行役,吟诗怆物华。
> ——卷十《暂之雪上留别一二兄弟》

> 诗翁白发经秋甚,为问穷愁有几篇?
> ——卷十四《秋日寄杨十七》

第八章 北宋"话"体诗学

燕游安以乐,诗语正而葩。
——卷十六《和裴库部十二韵》

他认为诗当然有娱乐的功能,可以表达人类休闲娱乐时的雅兴、雅趣,而且还需要有美酒或江山之助,是所谓诗酒风流:

新诗飘飘脱俗格,得闲会复来从容。
——卷七《和李公择题相国寺环壁山水歌》

杨侯论诗销我忧,昔岁相逢偕旅游。
——卷七《寄杨十七》

置酒肠已开,论诗心为领。
——卷三《梦杨十七》

诗兴不禁头已白,醉乡只有面微红。
——卷十四《次韵和陈学士八月十六日省宿》

长年慵懒遗诗句,无奈风烟引兴来。
——卷十五《初春后园》

官闲身老诗笔健,乐与邱壑研豪雄。
——卷八《和杨彦文嵩山诗》

从刘攽对古今诗人的评论中,也可以了解其诗学观念。先看他对陶渊明的评价,卷三有《续董子温咏陶潜诗八首》:

佳鱼乐潜深,智鸟不远飞。
达人避形役,逝与风波辞。
逍遥彭泽下,聊然三径资。

好酒岂悋情,读书不求解。
天真任自我,淳白忘机械。
鼎鼎世上名,百年竟何赖。

嘉树每交荫,时鸟初变声。
欣然环堵居,自觉轩冕轻。

>予亦葛天民,千岁同此情。
>
>马队待贤士,久知喧且卑。
>周生自晚悟,徂谢仍响随。
>岂若田亩间,尊酒时赋诗。
>
>时命昔大缪,贤杰同隐沦。
>陶公晋卿族,晚节耻屈身。
>躬耕抱羸疾,嗟哉畎亩勤。
>
>道术既分裂,人人得其偏。
>丹青照千载,始觉真检全。
>尔时扬仁风,到今犹栗然。
>
>贵生未必全,徇名良自贼。
>区中共兹患,形影相与惑。
>神释乃超然,道真于此得。
>
>篮舆适山野,葛巾傲宾客。
>既无轩冕拘,讵可形骸索。
>富贵能畏人,千秋但惭色。

又卷十《霍邱谢令寺丞》云:

>光禄诗为乐,渊明酒自娱。

他称陶为"佳鱼"、"智鸟"、"达人",远俗世而近自然,天真而忘机,逍遥自在,读书养性,诗酒怡情,超然而悟生命之至道,令人景仰,"千岁同此情"。又卷八《和杨十七伤苏子美》诗,赞美苏舜钦云:

>千金置酒宴长夜,锦绣照烂丝篁静。

> 明珠盈车谤随起,白巾还家酒未醒。
> ……
> 濯缨渔父唱沧浪,结庐陶令依人境。
> ……
> 穷途诗语尤慨慷,暮年笔法加豪逞。
> ……
> 生平相望不相接,凛凛气概吾能省。

将当代诗酒风雅之士与陶令相比况。又《中山诗话》第六十三条云:

> 江天质淳雅,喜饮酒、鼓琴、围棋。人以酒召之,未尝不往,饮未尝不醉,已醉眠,人强起饮之,亦不辞也。或不能归,即留宿人家。商度风韵,陶靖节之比。

可见他把陶渊明的隐逸生涯和诗酒之乐视为一种高风雅韵,一种文士风流的楷模。与苏轼对陶渊明的评论相比,刘攽对陶渊明的理解和评价基本上还是像唐代以前的人们那样,侧重于人生理念和境界方面,对陶诗艺术未作评价。就个人意趣而言,刘攽显然非常偏爱陶渊明。

卷三有《效白公诗》也值得注意。北宋太宗、真宗时期流行"白体",至仁宗朝余绪尚存,欧阳修、司马光诗话中都曾提及。刘攽效白诗"广大教化"[①]之意,直可乱真,其诗云:

> 不得起厌心,厌便住不得。
> 不得作恋想,恋即去不适。
> 厌生憎疾业,对面为怨贼。
> 恋结贪着因,转脚落沉惑。
> 上士体自然,知慧金刚力。
> 中人勤扫除,补阙塞瑕隙。

---

① [唐]张为:《诗人主客图》,见计有功:《唐诗纪事》。

> 行莫到门返，饥莫看人食。
>
> 欲验齐死生，且觑居官职。

如此以浅俗之语、佛禅之说教化大众人生，颇可说明当时人的"白体"观念。太宗、真宗与臣僚以"白体"为诗，酬唱应和，基本都是这种"广大教化"的路数。其实白居易的诗不仅仅如此，但宋太宗只是从这个方面去学白诗，用白诗，其影响很大，连刘敛这样满腹经纶的饱学之士，尚续其遗风，偶尔兴之所至，不免为之。其集中除此篇标明"白体"外，还有一些类似之作。

《中山诗话》中还有一些对诗人的品评也颇有见地，如第八条评韩愈诗律体不如古体，比较符合实际：

> 韩吏部古诗高卓，至律诗虽称善，要有不工者，而好韩之人，句句称述，未可谓然也。

第十八条评孟郊诗苦、寒、涩、非宏壮博辩者，可谓的评：

> 孟东野诗，李习之所称："食荠肠亦苦，强歌声不欢。出门如有碍，谁谓天地宽。"可谓知音。今世传《郊集》五卷，诗百篇，又有集号《咸池》者，仅三百篇，其间语句尤多寒涩，疑向五卷是名士所删取者。东野与退之联句诗，宏壮博辩，若不出一手。王深父云："退之容有润色也。"

第十九条评论张籍各体诗之不同风格，可谓细致：

> 张籍乐府词清丽深婉，五言律诗亦平澹可爱，至七言诗则质多文少，材各有宜，不可强饰。

第九条论潘阆诗，其说被后世文学史家普遍采用：

> 潘阆字逍遥，诗有唐人风格。有云："久客见华发，孤棹桐庐归。新月无朗照，落日有余辉。渔浦风水急，龙山烟火微。时闻沙上雁，一一皆南飞。"仆以为不减刘长卿。

第三十九条记载梅尧臣对尹洙的评价，与欧阳修等人一致，可证时人对尹洙长于文而短于诗的普遍看法：

> 梅圣俞谓尹师鲁以古文名而不能诗。

刘攽对梅尧臣的诗才很钦佩,《彭城集》卷六《同韩持国游五岳观时原甫暨诸公先在因寄江邻几梅圣俞》诗云:

> 平生此游胜,余恨相知晚。
> ……
> 群公谪神仙,吏隐亦肥遁。

又卷九《寄梅圣俞》诗云:

> 吾子忘年友,新诗独步名。

梅尧臣病逝,他作《伤梅圣俞直讲都官》(卷十三)诗云:

> 论兵自负纵横略,献赋端从迟暮年。
> 筐箧成书莫知数,田园生计独无钱。
> 郎官列宿为时贵,博士三科不待迁。
> 已向九原悲蔓草,尚疑吴市有神仙。

《中山诗话》成书"亦在熙宁元祐间。今传诗话,除六一、温公而外,当以此为最古,固宜其未脱诗话中记事闲谈之习矣"①。《四库提要》云:

> 北宋诗话惟欧阳修、司马光及攽三家号为最古。此编较欧阳修、司马光二家虽似不及,然攽在元祐诸人之中,学问最有根柢,所考证议论,可取者多,究非南宋江湖末派,钩棘字句以空谈说诗者比也。

据清人何文焕《历代诗话》所收《中山诗话》②,其中确有许多内容如《四库提要》所云:"攽好诙谐","所载嘲谑之词,弥多冗杂"。但这位"素称博洽"的学者诗人,对于诗歌的理解并不肤浅。由于《四库提要》和郭绍虞《宋诗话考》对《中山诗话》的评价都以指摘瑕疵为主,所以近世文学史家对其中所蕴含的诗学思想大都忽略不

---

① 郭绍虞:《宋诗话考》。
② 何文焕:《历代诗话·中山诗话》,中华书局,1981年,标点本厘为65条。

顾。

《中山诗话》具有一定的文学史料价值。比如第一条云：

> 太宗好文,每进士及第,赐闻喜宴,常作诗赐之,累朝以为故事。仁宗在位四十二年,赐诗尤多,然不必尽上所自作。景祐初,赐诗落句云:"寒儒逢景运,报德合如何?"论者谓质厚宏壮,真诏旨也。

头条记帝王故事,这与《六一诗话》《温公续诗话》的体例一样。太宗、真宗是作"白体"诗的,仁宗这两句诗也颇类"白体"。这种作诗风气惟取容易,适合即时唱和。宋人只从浅易通俗的意义上理解和效仿"白乐天体",致"白体"泛滥,因有"西昆派"起而矫之。第十六条云:

> 祥符、天禧中,杨大年、钱文僖、晏元献、刘子仪以文章立朝,为诗皆宗尚李义山,号西昆体。后进多窃义山语句。赐宴,优人有为义山者,衣服败敝,告人曰:"吾为诸馆职掔撦至此。"闻者欢笑。大年《汉武诗》曰:"力通青海求龙种,死讳文成食马肝。待诏先生齿编贝,忍令索米向长安。"义山不能过也。元献《王文通诗》曰:"甘泉柳苑秋风急,却为流萤下诏书。"子仪画义山像,写其诗句列左右,贵重之如此。

这则诗话常被人截取"窃义山语句"几个字,当做批评西昆体诗人的依据。然细审刘攽之意,只是对效西昆体而不得要领的"后进"有些嘲讽之意,而且"闻者欢笑"也未必完全是嘲讽。刘攽对于学李商隐诗并无贬意,相反,他对杨、钱、晏、刘四人的诗非常推重,"义山不能过也"、"贵重之如此"等语,深含敬重和赞许之意。西昆体的出现,标志着宋诗文人化、学者化的开始。这或许正合"素称博洽"的刘攽的口味。与此相关的第十七条云:

> 杨大年不喜杜工部诗,谓为"村夫子"。

这涉及宋人对诗歌的审美品评。杜甫的诗在中唐韩愈、元稹、白居易时代即已备受推重,元稹和白居易等人甚至认为杜甫比李白更博大精深,从而引发李、杜优劣之争。而西昆派的代表诗人杨亿在学李商隐的同时,却不喜欢杜甫诗,讥其为"村夫子",这背后潜含着的是一种文化贵族情结。① 晏殊是西昆体诗人中贵族情结最突出者,他还"尤喜江南冯延巳歌词,其所自作,亦不减延巳"(第37条)。冯延巳是南唐的宰相词人,曾经"笑烈祖戢兵,以为龌龊无大略,安陆之役丧兵数千而辍食咨嗟者旬日,此田舍翁,安能成大事"②。冯、杨对"田舍翁"、"村夫子"的轻蔑中,都深含着一种贵族情结,这也是晏殊非常心仪的。

西昆派诗人的影响不可低估。欧阳修不喜欢杜甫诗,或许就与西昆派影响有关。刘攽在杨亿不喜欢杜诗之下接着说:

> 欧公亦不甚喜杜诗,谓韩吏部绝伦。吏部于唐世文章,未尝屈下,独称道李、杜不已。欧贵韩而不悦子美,所不可晓,然于李白而甚赏爱,将由李白超趠飞扬为感动也。

这是很耐人寻味的文学现象。欧阳修爱李白和韩愈,固然与性情和才华有关,但他不甚喜杜甫,原因大概与杨大年谓之"村夫子"类似。杨、钱、晏都是欧阳修敬重的前辈。

第七条关于"句图"的记载,是诗学批评史上最早触及"句图"这一问题者。这是一个涉及传播、阅读、鉴赏、创作等多个诗学环节的问题。

> 人多取佳句为句图,特小巧美丽可喜。

句图就是名句集锦,选择好的诗句集为一帙,随时欣赏、阅读、传播。这是学诗的一种很方便的方式,也是好诗名句得以传播乃至成为经典的重要方式。据刘攽的话,当时"为句图"者多有人在。

---

① 参考本书专论西昆体部分。
② 四库本《马氏南唐书》,卷二十一,《冯延巳传》。

《中山诗话》是最早从诗学批评的意义上论及"句图"者:

> 特小巧美丽可喜,皆指咏风景,影似百物者尔,不得见雄材远思之人也。

他认为《句图》比较便捷实用,其中所选佳句通常是歌咏风景百物者。也就是说,《句图》不适合选择"述怀"、"感遇"之类个性化的诗句,而江山风物是人人皆可得而咏之的公众题材,《句图》在这方面容易派上用场。他还认为《句图》固然"小巧美丽可喜",但只凭一联诗句是看不出"雄材远思之人"的完整风貌的。而且"雄材远思"的大诗人也绝不是靠《句图》作诗的人所能仿效的。他举杜诗为例:

> 工部诗云:"深山催短景,乔木易高风。"此可无瑕颣。又曰:"萧条九州内,人少豺狼多。少人慎莫投,多虎信所过。饥有易子食,兽犹畏虞罗。"若此等句,其含蓄深远,殆不可模效。

江少虞《事实类苑》卷四十《诗句作图》条引此意,但略有发挥:

> 古今人掇取好诗句作图,此特小巧美丽可喜,一曲之智则能之。故句图多歌咏风景,形似百物,将以观雄材远思不可得也。然雄材远思人亦自多好句可入句图。

江氏准确地解释了刘攽的意思,并补充得更为周详,他认为优秀诗人自然会有更多好句为《句图》所选。事实上,《句图》的形成和传播,正是名篇佳句从入选到流传,从而成为经典的过程。此外,《句图》也是作品存传的重要方式。刘克庄《后村诗话》卷三云:

> 五言尤难工。林和靖一生苦吟,自摘出十三联今惟五联见集中。……七言十七联集中逸其三,向非有摘句图傍证,则皆成逸诗矣。

后人根据《林和靖摘句图》,确认了林逋的一些作品。

《中山诗话》对于诗歌的艺术风格、作法等问题也多有涉及,持论亦自当行。如第二条谈作诗须避俗语:

刘子仪赠人诗云:"惠和官尚小,师达禄须干。"……或有除去"官"字示人曰:"此必番僧也,其名'达禄须干'。"闻者大笑。诗有诗病俗忌,当避之。此偶自谐合,无若轻薄子何,非笔力过也。

第三条谈作诗用典,既赞成用事精当者,也赞赏不用事的佳作:

景祐中,宋宣献上《杨太妃挽诗》云:"神归梁小庙,礼祔汉余陵。"文士称其用事精当。杨昌言诗曰:"先帝遗弓剑,排云上紫清。同时受顾托,今日见升平。"虽不用事,意思宏深,足为警语。

又第六十三条亦谈用典的艺术:

江邻几善为诗,清淡有古风。苏子美坐进奏院事谪官,后死吴中。江作诗云:"郡邸狱冤谁与辨,皋桥客死世同悲。"用事甚精当。尝有《古诗》云:"五十践衰境,加我在明年。"论者谓莫不用事。能令事如己出,天然浑厚,乃可言诗。江得之矣。

第八条强调诗意的重要性,并含蓄地批评效"白体"而不得要领者:

诗以意为主,文词次之。或意深义高,虽文词平易,自是奇作。世效古人平易句,而不得其意义,翻成鄙野可笑。

第二十二条强调作诗须精思,提倡精品:

管子曰:"事无终始,无务多业。"此言学者贵能成就也。唐人为诗,量力致功,精思数十年,然后名家。杜工部云:"更觉良工用心苦。"然岂独画手心苦邪?

第二十六条称赞"巧思"之诗:

洪州西山与滕王阁相对,一僧尽览诗板,告郡守曰:"尽不佳。"因朗吟曰:"洪州太白方,积翠倚穹苍。万古遮新月,半江无夕阳。"守异之,遣出。闽僧有朋多诗,如"虹收千嶂雨,潮展半江天"。又曰:"诗因试客分题僻,棋为饶人下著低。"亦巧思也。

第三节　苏辙《诗病五事》①

此乃苏辙论诗札记之文,自与北宋其他诗话不同。不仅体例不同,观念尤其特殊。苏辙谨依传统儒家诗教,仅就诗与义理的关系指摘五种"诗病",观点不免迂腐,略远诗人之趣。

第一条论李白其人其诗,有"骏发豪放"之褒誉,又有"华而不实,好事喜名,不知义理"之贬抑。并承唐代元、白之李杜优劣论,仅凭"义理"而抑李扬杜:"杜甫有好义之心,白所不及也。"

第二条从《大雅·绵》谈及杜甫《哀江头》诗:"予爱其词气,如百金战马,注坡蓦涧如履平地,得诗人之遗法。"此言杜诗风格,其比喻与苏轼《百步洪》"有如兔走鹰隼落,骏马下注千丈坡"相类。然轼之喻水固如是,杜甫《哀江头》诗则既有一气呵成之流畅,亦有沉郁顿挫之风致。苏辙但言其一而已。接下来他又以"纪事"为尺度扬杜甫而抑白居易:"如白乐天诗词甚工,然拙于纪事,寸步不遗犹恐失之。此所以望老杜之藩垣而不及也。"其实杜与白的主要区别并不在于此。宋初"白体"流行之后,"昆体"矫之,尊杜讥白已成定势,江西诗派尊杜尤甚。苏辙尊杜讥白,亦一时风气。

第三条论"诗人咏歌文武征伐之事",举《诗·大雅》之《思齐》、《文王》二篇,以明温柔敦厚之旨,由此批评韩退之作《元和圣德诗》写杀戮之事过于残酷,像"牵头曳足,先断腰膂……挥刀纷纭,争切脍脯"这样血淋淋的诗句,连李斯都不忍心写出来,"而退之自谓无

---

① 四库本《栾城集》,第3集,卷八。

愧于雅颂,何其陋也"。

第四条批评"唐人工于为诗而陋于闻道"。举孟郊描写穷困的诗为例,以孔颜之乐对比,赞成"回也不改其乐",认为孟郊因穷困而作悲苦之音,是"陋于闻道",也就是未能安贫乐道。连赞许过孟郊诗的李翱、韩愈,也一并批评一番。苏轼《读孟郊诗二首》也有"何苦将两耳,听此寒虫号"之讥。但苏轼又赞成孟郊"诗从肺腑出,出辄愁肺腑"的真情感人之处。相比之下,苏辙于诗,有轻性情而重义理之偏颇。

以上四条批评唐诗,唯尊杜甫,而对李白、白居易、韩愈、孟郊之诗各有指摘。他的立足点是诗须记事达理,诗人之心须温和敦厚。从这个角度论诗,则他对李、白、韩、孟的批评不无道理。问题是诗毕竟是诗,诗不能没有性情文采,论诗不能只求纪事达理。据此可知苏辙于诗,儒家诗教之心过之而诗人之风怀不足。

第五条主要是批评王安石变法,先论圣人治天下之道,明贫富相恃相安之理,由此举王安石诗以批判其治国之术。所论已非诗学,然其"圣人之御天下"的观念,亦有关于诗。其论曰:

> 大邦巨室非为国之患,患无以安之耳。……州县之间,随其大小,皆有富民,此理势之所必至,所谓物之不齐,物之情也。然州县赖之以为强,国家恃之以为固,非所当忧,亦非所当去也。能使富民安其富而不横,贫民安其贫而不匮,贫富相恃以为长久,而天下定矣。

这一见解完全符合历史事实和社会运作规律,即便是现代或未来,也是真理。但郭绍虞先生认为:

> 所可惜者,辙之思想过于保守,甚至以民之贫富为天经地义……此则顽固保守、执而不化之论。①

郭先生之论,亦中国特殊时期主流意识形态之观念。其实无

---

① 《宋诗话考》,第11页。

论从经济学、哲学、社会学还是历史学的角度来看,苏辙的观点都堪称深刻精要,一点都不错。他由批判王安石一首诗中所表述的政治思想,进而批判其变法之举。认为"民遂大病,源其祸出于此诗,盖昔之诗病,未有若此酷者也"。将变法之弊归咎于一首诗,未免本末倒置。

第四节　陈师道的诗学思想

　　陈师道论诗唯重艺术,他注重诗歌艺术锤炼如同注重做人之清高自守一样,一丝不苟而且始终如一。他作诗有"吟榻"习惯,苦吟推敲,这种严谨的艺术精神,及其精益求精的诗作,深得人们敬重,后来被尊为江西诗派"三宗"之一。黄庭坚称赞他"怀璧连城"①、"天下士也"②,认为当时诗人"无出陈师道无己"者③,"陈侯大雅姿,四壁不治第……唯有文字工,万古抱根柢"④。对于陈师道的"吟榻"习惯,他形象地称之为"闭门觅句",与秦少游之"对客挥毫"并赞之。⑤ 后人误以为黄庭坚是讥陈才思迟钝,如元好问《论诗绝句》三十首以谢灵运"池塘春草"之自然对比陈师道之"闭门"苦吟,讥讽其"可怜无补费精神"。南宋人陈鹄《耆旧续闻》卷二载:陈因黄诗而"殊不乐,以'闭门觅句'为歉"。此皆误解。

　　陈师道论诗最常使用的一个概念是"工",这也是宋代诗学中一个常见的语汇。《说文》云:"工,巧饰也,象人有规矩也。"徐锴注曰:"为巧必遵规矩法度,然后为工。"作为形容词的"工",是指专业

---

① 《陈师道字序》,四库本《山谷集》,卷十六。
② 《答王子飞书》,《山谷集》,卷十九。
③ 四库本《冷斋夜话》,卷二,载黄庭坚语。
④ 《次韵秦觏过陈无己书院观鄙句之作》,《山谷集》,卷十九。
⑤ 《病起荆江亭即事十首》,之八,《山谷集》,卷七。

技艺巧妙精良。而作为名词的"工",古今之义略同,类似于今所谓技术工人。

检索四库本《后山集》(含诗、文、谈丛、诗话),"工"字凡七十六见,其中有的是指工匠、画工、乐工等百工之人,而作为形容词评价诗词文章或书法绘画等艺术者凡三十八见。① 细审陈氏以"工"论诗,通常是指作诗功夫娴熟、技艺巧妙精致。"工于诗"的境界比"能诗"的境界略高。

---

① 陈师道以"工"评诗 38 例:
卷一:《寄答王直方》自谦曰:"官粗诗未工。"《次韵答晁无斁》谦称自己作诗"少好老未工"。《陈留市隐者》谦称自己"诗书工发冢"。《礼武台坐化僧》谦称自己语言功夫不深:"颇恨语未工,安得笔如椽。"
卷三:《招黄魏二生》谦称自己作诗没有新意思:"却思二子共一笑,拨弃旧语无新工。"
卷四:《泛淮》谦称自己作诗不过是聊以自慰,不求工巧:"倚墙聊自逸,吟啸不须工。"
卷五:《寄寇荆山》谦称自己无大才,只能写写四六体公文:"百千人欲死,四六老能工。"《寄君玉》称赞"紫霄翁"、"吟诗老更工"。《和黄预久雨》夸奖黄预用功于诗、书:"诗好声生吻,书工手着胝。"
卷六:《别黄徐州》谦称自己文笔功夫不过硬:"姓名曾落荐书中,刻画无盐自不工。"
卷七:《赠王聿修商子常二首》之一,谦称自己作诗才思困乏,"强画修眉每未工"。
卷八:《嘲无咎文潜二首》之二勉励朋友,"穷人乃工君未可"。
卷十一:《王平甫文集后序》欧阳永叔谓梅圣俞曰:世谓诗能穷人,非诗之穷,穷则工也。……王平甫……穷甚矣,而文义蔚然,又能于诗,惟其穷愈甚,故其得愈多,信所谓人穷而后工也。《秦少游字序》行者难工,处者易得。《仁宗御书后序》臣窃窥观皇帝徇法而忘世,徇理而忘法。故工拙偏正,不足论也。《送参寥序》用意于诗者,工拙不足病也。

陈师道常以"工拙"对举，如《仁宗御书后序》："臣窃窥观皇帝徇法而忘世，徇理而忘法。故工拙偏正，不足论也。"又《送参寥序》："用意于诗者，工拙不足病也。"又《诗话》第3条："望夫石在处有之，古今诗人共享一律，惟刘梦得云：'望来已是几千岁，只似当年初望时。'语虽拙而意工。"刘梦得这两句诗，词语质朴而炼意巧妙，故称"语虽拙而意工"。

陈师道多次谦称自己作诗"未工"，如"官粗诗未工"、"少好老未工"、"颇恨语未工"、"强画修眉每未工"、"拨弃旧语无新工"、"刻画无盐自不工"。此"工"大致可理解为专业水准。同样，当他评价

卷十二：《白鹤观记》士不明于理而术益工，此其所以不振也耶？
卷十五：《贺兵部苏尚书启》入侍迩英……岂惟词艺之工。
卷十六：《张居士墓表》其所为，必极天下之工。
卷十七：《书窦少府诗》窦君……以行义闻里中，而人不知其工于诗也。
卷十九：《谈丛》孙位之画"虽工不中绳墨"。
卷二十：《诗话》共19例（每条前标明序号）；3刘梦得云："望来已是几千岁，只似当年初望时。"语虽拙而意工。黄叔达……以顾况为第一云："山头日日风和雨，行人归来石应语。"语意皆工。9诗文各有体，韩以文为诗，杜以诗为文，故不工尔。12学杜不成不失为工，无韩之才与陶之妙而学其诗，终为白乐天尔。又第二十条云："黄诗韩文，有意故有工，左杜则无工矣。"又第二十四条云："王介甫以工，苏子瞻以新，黄鲁直以奇。而子美之诗，奇常、工新、易陈，新除莫不好也。"又第三十三条云：世称杜牧"南山与秋色，气势两相高"为警绝，而子美才用一句，语益工，曰"千崖秋气高"也。又第四十九条云："退之以文为诗，子瞻以诗为词，如教坊雷大使之舞，虽极天下之工，要非本色。"又如第五十一条云："杨文公……以切对为工，乃进士赋体耳。"又如第五十九条云：鲁直与潘邠老书曰："大受今安在？其诗甚有理致，语又工也。"又如第七十九条云：写投梅圣俞，答书曰："子诗诚工，但未能以故为新，以俗为雅尔。"

别人"未工"时,也是不够专业之意。如《诗话》引黄鲁直云:"诗文各有体,韩以文为诗,杜以诗为文,故不工尔。"这是黄庭坚的话,陈显然深以为是,"不工"的意思大致是不太正宗、不得体例、不当行本色等等。

他也曾以"工"自称,却是自谦之意,如《寄寇荆山》谦称自己无大才,只会写一点四六体的公文:"百千人欲死,四六老能工。"《兴龙节致语》谦称自己是文书工匠:"臣幸以赋工遭斯盛旦,愿效封人之祝,显陈大雅之诗。"

在评论自己时,无论"工"还是"未工",都是指一般的专业水准。而当他以"工"论人时,褒奖的意思就多了一些。比如:

《寄君玉》诗称赞紫霄翁"吟诗老更工"(鸥按:即好、妙。以下括号内文均为鸥按)。

《贺兵部苏尚书启》称赞苏尚书"入侍迩英,出司武部……岂惟词艺之工(妙)"。

《书窦少府诗》:

> 窦君与先大夫游,以行义闻里中,而人不知其工(擅长)于诗也。

《诗话》第十三条云:

> 荆公"平生文体数变,暮年诗益工,用意益苦。故知言不可不慎也"。

又第十五条云:

> 王摩诘云:"九天阊阖开宫殿,万国衣冠拜冕旒。"子美取作五字:"阊阖开黄道,衣冠拜紫宸。"而语益工(精练巧妙)。

又第八十条云:

> 苏公……作词曰:"不似秋光,只与离人照断肠。"老杜云"秋月解伤神。"语简而益工(精美巧妙)也。

又第八十一条云:

> 余每还里,而每觉老,复得句云:"坐下渐人多。"而杜云"坐深乡里敬",而语益工(巧妙)。

以上诸例中的"工",可以有很多意思相近的理解,而最基本的理解,应是精致巧妙。这比他自谦时所说的专业水准高妙得多,可以理解为比较精良的专业功夫,比较高深的艺术造诣之类。

但"工"的境界无论怎么高妙,也不是诗歌艺术的最高境界。陈师道使用这个概念是很有分寸感的。比如《诗话》四十九条:"退之以文为诗,子瞻以诗为词,如教坊雷大使之舞,虽极天下之工,要非本色。"这里的"工"主要指技巧,技巧极高却不是本色、正宗。可见"工"的含义主要在艺术技巧、方法的层面。如《诗话》第十二条云:

> 学诗当以子美为师,有规矩故可学。退之于诗本无解处,以才高而好尔。渊明不为诗,写其胸中之妙尔。学杜不成不失为工(得法),无韩之才与陶之妙而学其诗,终为白乐天尔。

第五十一条云:

> 国初士大夫例能四六,然用散语与故事尔。杨文公刀笔豪赡,体亦多变,而不脱唐末与五代之气,又喜用古语,以切对为工(规矩、标准),乃进士赋体尔。欧阳少师始以文体为对属,又善叙事,不用故事陈言,而文益高。次退之云。王特进暮年表奏亦工(中规中矩),但伤巧尔。

从以上评论可见,他说诗、文作得"工",主要是指方法高妙、技巧娴熟,这些主要是靠学习修练就能达到,而对于不太注重法度,只写"胸中之妙"的陶诗和"才高而好"的韩诗,他就不用"工"来评价。"工"是诗歌艺术修养的一种必需的、基本的境界,甚至可以是一个特点、优点,但终究不属于风神气韵的境界。《诗话》第二十四条就说明这个意思:

> 王介甫以工(诗法高妙),苏子瞻以新,黄鲁直以奇。

杜子美之诗,奇常、工新、易陈,莫不好也。

"工"重在诗法,"新"重在诗意,"奇"重在诗语,三者各是一种境界,而杜诗兼而有之,众妙皆备,因此陈师道最崇尚杜诗。他认为学诗当学杜诗,即使达不到杜诗的境界,至少"不失为工",即正宗的诗法。

尽管如此,"工"在陈师道的诗学理念中,到底还是个比较高的评语。因为大天才毕竟是极少数,对绝大多数作诗的人来说,"工"就是功夫、造诣、专门的修养、专业水平等,这就不简单了。陈师道作诗论诗皆求"工",这体现了一种精品意识。比如在指导弟子魏衍作诗时,他就曾明确告诫作诗不可贪多:"宁须万户权轻重,不待千篇一已多。""敏捷为文笔不休,何妨缩手小迟留。"①然而工巧精致,又须与刻意雕琢有别。陈师道所谓"工",是经过长期艰苦修炼而形成的内功,这种内功体现在诗中,无论新奇工巧,都要自然而然,切不可生硬做作,刻意追求新奇。如《诗话》第三十一条云:

> 鲁直……过于出奇,不如杜之遇物而奇也。三江五湖,平漫千里,因风石而奇尔。

第二十七条云:

> 黄鲁直谓荆公之诗暮年方妙,然格高而体下。如云:"似闻青秧底,复作龟兆坼。"乃前人所未道。又云:"扶舆度阳焰,窈窕一川花。"虽前人亦未易道也。然学二谢,失于巧尔。

第四十七条云:

> 扬子云之文,好奇而卒不能奇也,故思苦而词艰。善为文者,因事以出奇。江河之行,顺下而已。至其触山赴谷,风抟物激,然后尽天下之变。子云惟好奇,故不能奇

---

① 《后山集》,卷八,《赠魏衍三首》。

也。

陈氏以"工"论诗而又倡导自然,深合艺术之辩证法则,与老子哲学所倡"大巧若拙"同理。由"工"而至于自然之境界,或者说由遵循法度而超越法度而又自然符合法度,类似于孔子所谓"从心所欲不逾矩",这是作诗的高妙境界。陈师道在《送参寥序》①中对参寥诗的称赞,就体现了他对这种创作境界的理解:

> 妙聪师参寥,大觉老之嗣、眉山公之客,而少游氏之友也,释门之表,士林之秀,而诗苑之英也。……诗之精粗,若水赴壑、阪走丸、倒囊出物、鸷鸟举而风迫之也,若处高视下、爬痒而鉴貌也。……此岂用意于诗者,工拙不足病也。由是而知余之所贵,乃其弃余。

陈氏以"工"论诗,侧重点是艺术修养,而对于艺术风格,他的总体倾向则是重才尚雅,尊杜敬黄。

陈师道认为诗人的天赋才情非常重要,他在《颜长道诗序》中阐述其天才观:

> 万物者,才之助,有助而无才,虽久且近,不能得其情状。使才者遇之,则幽奇伟丽,无不为用者。才而无助,则不能尽其才。然则待万物而后才者,犹常才也。若其自得于心,不借美于外,无视听之助,而尽万物之变者,其天下之奇才乎!

这番"天才"诗论有两层意思:一是江山胜境必遇"才者"方能成为诗材;二是天才作诗,未必待"视听之助","天下之奇才"是可以凭想像而"尽万物之变"的。说到这种天才现象时,他没有列举李白的许多想像之诗,但他在评论李白、苏轼等天才诗人时,表现出对天赋才情的由衷仰慕。

陈氏认为李白是天才,其诗无常法而有神韵,平常人学不来。

---

① 《后山集》,卷十。

《诗话》第六十三条云：

> 余评李白诗，如张乐于洞庭之野，无首无尾，不主故常，非墨工槃人所可拟议。

《和饶节咏周昉画李白真》①称赞李白"斗酒百篇天所借，英姿秀骨尚可似，逸气高怀那得画"。诗才得之于天，画家只能画其形而无法画出他的"逸气高怀"。

陈师道与苏轼交往密切，诗歌酬唱很多。他视苏轼为天才，多次赞美其人其诗，景仰之情溢于言表。他认为苏轼这样的天才，"一代不数人，百年能几见"②，"斯人班马后，如圭复如璋"③。他认为岷峨之山养育了许多天才，"异人间出骇四方，严王陈李司马扬。一翁二季对相望"④。"一翁二季"即苏氏父子。他称赞苏轼的诗："公诗周鲁后，曳曳垂天云。"⑤当然，以他严谨的诗学态度，对苏轼也时有批评。《诗话》第二十八条云：

> 苏诗始学刘禹锡，故多怨刺，学不可不慎也。晚学太白，至其得意，则似之矣。然失于粗，以其得之易也。

黄庭坚和陈师道都批评苏诗"多怨刺"，认为写诗应该怨而不怒，温柔敦厚。至于"失于粗"，也就是不"工"，呈才使气，作得太快，欠精致。对李白和苏轼来说，这批评可谓中肯之论。

陈师道最尊崇的诗人无疑是杜甫。他曾两次引用苏轼的"集大成"之论："苏子瞻曰：子美之诗，退之之文，鲁公之书，皆集大成者也。"⑥《和饶节咏周昉画李白真》，因李白画像而发论，却先说杜

---

① 《后山集》，卷六。
② 《后山集》，卷一，《送苏公知杭州》。
③ 《后山集》，卷二，《次韵苏公竹间亭小酌》。
④ 《后山集》，卷三，《赠二苏公》。
⑤ 《后山集》，卷一，《再次韵苏公示两欧阳》。
⑥ 《诗话》，第11条、第42条，两次引用苏轼此语。

甫,然后说"青莲居士亦其亚,斗酒百篇天所借"①。"李杜优劣"之争,自中唐元、白、韩、张以来,一直众说纷纭,陈氏明确地以杜为优,以李为"亚"。他还对欧阳修"不好杜诗"非常不理解,"每与黄鲁直怪叹,以为异事"②。杜诗是陈氏心中的最高典范,"学诗当以子美为师"③,因为"杜子美之诗,奇常、工新、易陈,莫不好也"④。这可以理解为才华、学识、法度诸境俱佳。具体说来,学杜诗之法度,须得其"立格、命意、用字"之要领,而不能只模仿其遣词用字之形式。张表臣《珊瑚钩诗话》卷二载:

> 陈无己先生语余曰:"今人爱杜甫诗,一句之内,至窃取数字以仿像之,非善学者。学诗之要,在乎立格命意用字而已。"余曰:"如何等是?"曰:"《冬日谒玄元皇帝庙》诗,叙述功德,反复外意,事核而理长;《阆中歌》,辞致峭丽,语脉新奇,句清而体好,兹非立格之妙乎?《江汉》诗,言乾坤之大,腐儒无所寄其身;《缚鸡行》,言鸡虫得失,不如两忘而寓于道,兹非命意之深乎?《赠蔡希鲁》诗云'身轻一鸟过',力在一'过'字;《徐步》诗云'蕊粉上蜂须',功在'上'字,兹非用字之精乎?学者体其格,高其意,炼其字,则自然有合矣。何必规规然仿像之乎!"

在强调杜诗之规矩法度可学的同时,陈氏又认为杜甫之胸襟情致"非力学可致",他举例说:

> 孟嘉落帽,前世以为胜绝。杜子美《九日》诗云:"羞将短发还吹帽,笑倩傍人为正冠。"其文雅旷达,不减昔

---

① 《后山集》,卷六。
② 《诗话》,第4条。
③ 《诗话》,第12条。
④ 《诗话》,第24条。

人。故谓诗非力学可致,正须胸度中泄尔。①

这与他称赞陶渊明有"胸次之妙"、李白有天纵奇才、韩愈"才高而好"一样,都是说大天才很难学而致之。

陈氏于同辈诗人,最敬黄庭坚。他曾以"向来一瓣香,敬为曾南丰"为由婉谢苏轼邀其入门的美意,但对黄庭坚这位"苏门学士",却又甘愿师事之。《赠鲁直》②云:

> 相逢不用早,论交宜晚岁。
> 平生易诸公,欺人真可畏。
> 见之三伏中,凛凛有寒意。
> 名下今有人,胸中本无事。
> ……
> 陈诗传笔意,愿立弟子行。

《答秦觏书》云:

> 仆于诗,初无师法,然少好之,老而不厌,数以千计。及一见黄豫章,尽焚其稿而学焉。……仆之诗,豫章之诗也。

豫章之诗在陈师道的心目中,是当时唯一能与苏轼之诗比肩的,《次韵苏公西湖观月听琴》诗云:

> 公诗端王道,亭亭如紫云。
> 落世不敢学,谓是诗中君。
> 独有黄太史,抱杦挹其尊。

事实上,陈师道对李白和苏轼有点敬而远之,对杜甫和黄庭坚则敬而学之。至于对白居易,他就不怎么敬重了,他对白居易诗评价不高,主要是认为白诗俗而易,这与他一贯坚守的雅而工的诗学原则有悖。比如《诗话》第七条云:

---

① 《诗话》,第二条。
② 《后山集》,卷二。

> 白乐天云:"笙歌归院落,灯火下楼台。"又云:"归来未放笙歌散,画戟门前蜡烛红。"非富贵语,看人富贵者也。

又第十二条云:

> 学诗当以子美为师,有规矩故可学。退之于诗本无解处,以才高而好耳。渊明不为诗,写其胸中之妙尔。学杜不成不失为工,无韩之才与陶之妙而学其诗,终为白乐天尔。

陈师道并不是晏殊那样的贵族诗人,而是非常贫寒之士,但他却像晏殊一样嘲笑那些艳羡富贵者,甚至将晏殊称赞为"善言富贵"的两句白居易诗,也讥为"非富贵语,看人富贵者也"。《诗话》第七十八条载:

> 王岐公诗喜用金玉珠璧以为富贵,而其兄谓之至宝丹也。

在陈师道的为人和为诗理念中,羡慕富贵就是俗,而像陶渊明那样浮云富贵,才称得上有"胸中之妙",有杜甫那样的"胸次",才是"文雅旷达"。而诗法诗意的锻炼,仅仅"工"是不够的,还要雅。《诗话》第七十九条载:

> 闽士有好诗者,不用陈语常谈。写投梅圣俞,答书曰:"子诗诚工,但未能以故为新,以俗为雅尔。"

诗须合于雅道,诗人亦须是雅人。在陈师道的理念中,作诗如做人,人品即诗品。他是一个视诗歌为生命的人,甚至有时觉得自己的生命可能就是诗律所化:"岂有文章妨要务,孰知诗律是前生。"[1]他自述"此生精力尽于诗,末岁心存力已疲。不共卢王争出手,却思陶谢与同时"[2]。这大概是从远世俗而近山水的角度认同陶、谢的。《诗话》第五十七条云:

---

[1] 《次韵苏公督两欧阳诗》。
[2] 《后山集》,卷二,《绝句》。

第八章　北宋"话"体诗学

宁拙毋巧,宁朴毋华,宁粗毋弱,宁僻毋俗,诗文皆然。

这是他提出的诗学原则,而在后人看来,这也很像他立身处世的做人原则。

第五节　魏泰《临汉隐居诗话》

《四库提要》述及《东轩笔录》和《临汉隐居诗话》二书,于魏泰之品行、学行痛加贬斥,一一列举其不良行为,对其敬重王安石亦加指责;于二书则讥其多有虚妄不实之处,斥《诗话》曰:

> 此书亦党熙宁而抑元祐,如论欧阳修则恨其诗少余味,而于"行人仰头飞鸟惊"之句始终不取。论黄庭坚则讥其自以为工,所见实僻,而有"方其拾玑羽,往往失鹏鲸"之题。论石延年则以为无大好处。论苏舜钦则谓其以奔放豪健为主。论梅尧臣则谓其乏高致。惟于王安石则盛推其佳句,盖坚执门户之私,而甘与公议相左者。

郭绍虞《宋诗话考》亦取《四库提要》之说,臧否大致相同。然细读魏氏二书,颇觉《提要》与《考》责人太甚,且有因人废言之嫌。"党熙宁"之论实难成立。

魏氏二书中对熙宁得势诸人,除敬重王安石一人外,余者自吕惠卿以下无一褒扬之语,皆以势利小人论之。即使言及荆公,于其变法之举措亦未见有赞同之意,只是说荆公误信吕惠卿等奸邪小人之言,导致执政有误。观《东轩笔录》,魏泰颇有辨别是非邪正之心,所载所录,不仅了无"党"意,且于势利小人深恶痛绝,于荆公深为之抱憾。"抑元祐"之说亦属子虚乌有。欧阳修本与"元祐"无涉,况且魏泰认为其诗"少余味",也比较合乎实际,并非诋诬,至于对"行人仰头飞鸟惊"之句终不解其好处,只是审美趣味不同而已。况且称誉欧阳修之诗句的人正是王安石,显见魏泰并不盲从荆公。其实王安石很可能是从仕途履险者如惊弓之鸟的意义上称赏欧阳修这句诗的,而魏泰思未及此。

《诗话》中另有五处征引《六一诗话》:第十八条纠正欧误以杜荀鹤诗为周朴诗,第四十四条记述欧惹晏殊不快之故事,第五十三条注解欧未解"末厥"一词,第五十九条解释欧所评诗句,第六十六条转述欧所记"九僧诗"事。以上皆不必理解为贬抑欧公。

至于《东轩笔录》"心喜章惇数称其长",也未必就是"抑元祐"。章惇虽参与罢黜元祐人物,但其为人自有长处,称之亦属正常。《东轩笔录》凡记述元祐间惩黜熙宁得势者,皆以为罪有应得,全无同情之意。其书卷十四甚至全文载录苏辙弹劾吕惠卿的奏疏及苏轼所拟惩处吕氏的制文,二苏历数吕氏之恶,魏泰如实记载而未加评论。

总之"党熙宁而抑元祐"之说实难成立。至于批评黄庭坚、石延年、苏舜钦、梅尧臣之诗,应属诗学批评,且自有道理,与党派无涉。

《临汉隐居诗话》所记诗之本事,可资考证;所论诗法诗艺,亦有益于诗学。其论诗最主含蓄有余味,反对直白浅露。第四、第十六两条(依《历代诗话》本之次序)乃其论诗之纲要:

第四条云:

> 诗主优柔感讽,不在逞豪放而致怒张也。老杜最善评诗,观其爱李白深矣,至称白则曰:"李侯有佳句,往往似阴铿。"又曰"清新庾开府,俊逸鲍参军。"信斯言也。而观阴铿鲍照之诗,则知予所谓主优柔而不在豪放者为不虚矣。

第十六条云:

> 诗者述事以寄情,事贵详,情贵隐,及乎感会于心,则情见于词,此所以入人深也。如将盛气直述,更无余味,则感人也浅,乌能使其不知手舞足蹈,又况厚人伦,美教化,动天地,感鬼神乎?"桑之落矣,其黄而陨。""瞻乌爰

止,于谁之屋。"其言止于乌与桑尔,及缘事以审情,则不知涕之无从也。"采薛荔兮江中,搴芙蓉兮木末","沅有芷兮澧有兰,思公子兮未敢言","我所思兮在桂林,欲往从之湘水深"之类,皆得诗人之意。至于魏晋南北朝乐府,虽未极淳,而亦能隐约意思,有足吟味之者。唐人亦多为乐府,若张籍王建元稹白居易以此得名。其述情叙怨,委曲周详,言尽意尽,更无余味。及其末也,或是诙谐,便使人发笑,此曾不足以宣讽。憖之情况,欲使闻者感动而自戒乎?甚者或谲怪,或俚俗,所谓恶诗也,亦何足道哉!

按照这一审美标准,最受魏泰批评的诗人是白居易。除此处批评之外,第三十四条则有对白诗更严厉的批评:

> 白居易亦善作长韵叙事,但格制不高,局于浅切,又不能更风操,虽百篇之意,只如一篇,故使人读而易厌也。

魏泰认为白居易诗"浅切",不符合他所主张的"隐约"之美。这与北宋后期诗坛"讥白"之风有关。① "格制不高,局于浅切",大约就是指格调、情致不够渊雅含蓄。他还说"白居易殊不善评诗"(第三十二条),所举的例子也都是直露无隐之句。

刘禹锡诗也遭到魏泰同样的批评:

第三十条云:

> 人岂不自知耶?及自爱其文章,乃更大缪,何也?刘禹锡诗固有好处,及其自称《平淮西诗》云:"城中喔喔晨鸡鸣,城头鼓角声和平。"为尽李愬之美。又云:"始知元和十四岁,四海重见升平年。"为尽宪宗之美。吾不知此两联为何等语也。

石延年和苏舜钦的诗受到魏泰批评,大约也是因为缺乏"隐

---

① 本书附论三:《苏轼对白居易的文化受容和诗学批评》。

约"之故：

第三十四条云：

> 石延年长韵律诗善叙事，其他无大好处。①

第三十五条云：

> 苏舜钦以诗得名，学书亦飘逸，然其诗以奔放豪健为主。

魏泰曾和王安石谈论过自己的诗美观念：

第二十二条云：

> 予谓："凡为诗，当使挹之而源不穷，咀之而味愈长。至如永叔之诗，才力敏迈，句亦雄健，但恨其少余味尔。"荆公曰："不然，如'行人仰头飞鸟惊'之句，亦可谓有味矣。"然至今思之，不见此句之佳，亦竟莫原荆公之意。信乎，所见之殊，不可强同也。

王安石同意魏泰的"有味"论，但不同意他对欧阳修的评论，认为欧诗不乏余味。而魏泰终竟"不见此句之佳，亦竟莫原荆公之意"。其实以鸟之畏人隐喻仕途心态，并不费解，欧公与荆公皆有切身感受，或许魏泰恰恰缺乏这种人生体验。

魏泰诗学思想的另一重点是对作诗用典的批评。"西昆体"和黄庭坚都因此遭到他的严厉批评，但他其实并非一概反对用典，而是反对专以用典为能事；而对于用典恰当者，他是赞成的。第三十三条云：

> 黄庭坚喜作诗得名，好用南朝人语，专求古人未使之事，又一二奇字，缀葺而成诗。自以为工，其实所见之僻也。故句虽新奇，而气乏浑厚。吾尝作诗题其篇后，略云："端求古人遗，琢抉手不停。方其拾玑羽，往往失鹏鲸。"盖谓是也。

---

① 此条后半批评白居易诗"浅切"云云。

这里对黄庭坚的批评过于严厉,难怪《四库提要》为黄鸣不平。不过从理论上说,魏泰的观点是对的,黄诗也确有此弊,只是没这么严重而已。魏泰对"西昆体"代表人物杨、刘的批评比对黄客气得多,如第四十条云:

> 杨亿、刘筠作诗务积故实,而语意轻浅。一时慕之,号"西昆体",识者病之。欧阳文忠公云:"大年诗有'峭帆横渡官桥柳,叠鼓惊飞海岸鸥',此何害为佳句!"予见刘子仪诗句有"雨势宫城阔,秋声禁树多",亦不可诬也。

这里是区别对待,对于"务积故实,而语意轻浅"的诗予以批评,而对清新自然的诗予以肯定。同样的区别对待的态度又见于第四十一条云:

> 诗恶蹈袭古人之意。亦有袭而愈工,若出于己者。盖思之愈精,则造语愈深也。魏人章疏云:"福不盈身,祸将溢世。"韩愈则曰:"欢华不满眼,咎责塞两仪。"李华《吊古战场文》曰:"其存其没,家莫闻知。人或有言,将信将疑。娟娟心目,梦寐见之。"陈陶则云:"可怜无定河边骨,犹是春闺梦里人。"盖愈工于前也。

他反对的是"蹈袭",而对"袭而愈工,若出于己"、"思之愈精,则造语愈深"者,则予以赞扬。对本朝诗人善用故事者,也加以称道,如第三十七条云:

> 平甫尤工用事,而复对偶亲切。在京师有病中答予《秋日诗》曰:"忽吟佳客诗消暑,远胜前人檄愈风。"又曰:"北海知天谕牛马,东方傲俗任龙蛇。"王绛学士葬以九月,平甫为挽词云:"九月清霜送陶令,千年白日见滕公。"时挽词甚多,无出此句。

又第四十五条云:

> 前辈诗多用故事,其引用比拟,对偶亲切,亦甚有可观者。杨察谪守信州,及其去也,送行至境上者十有二

人。隐父于饯筵作诗以谢,皆用十二故事。其诗曰:"十二天辰数,今宵席客盈。位如星占野,人若月分卿。极醉巫峰倒,联吟巘琯清。他年为舜牧,协力济苍生。"用故事亦恰好。

从魏泰对作诗用典问题的态度看,他对诗歌艺术有比较切实的理解,他对诗人的褒贬,大体符合实际,并无刻意"党熙宁而抑元祐"之意。

魏泰于唐代诗人最尊杜甫,第二条赞同"诗史"之说,第四条称赞杜甫诗"优柔感讽",不"豪放怒张",又称"老杜最善评诗",并赞同其对李白的偏爱。第三十二条又以"杜甫善评诗"与"白居易殊不善评诗"对举。第八条特别赞成韩愈并尊李杜而批评元稹作"李杜优劣论":

> 元稹作李杜优劣论,先杜而后李。韩退之不以为然,诗曰:"李杜文章在,光焰万丈长。不知群儿愚,何用故谤伤?蚍蜉撼大木,可笑不自量。"为微之发也。

魏泰对王安石确实敬重甚至偏爱,第四十三条言诗谶:

> 王荆公为殿中丞群牧判官时,作《郢州白雪楼》诗,略云:"折杨黄华笑者多,阳春白雪和者少。知音四海无几人,况复区区郢中小。千载相传始欲慕,一时独唱谁得晓?古心以此分冥冥,俚耳至今徒扰扰。"荆公,大儒也,孟子后一人而已。虽万世之下,闻其风宜企慕之。及作相更新天下之务,而一时沮毁之者蜂起,皆合《白雪》之句也。

第三十六条称赞王诗"含风鸭绿鳞鳞起,弄日鹅黄袅袅垂":"真佳句也!"

通观《东轩笔录》、《临汉隐居诗话》二书,魏泰对王安石的人品和诗都予以很高的赞美。

第六节　惠洪《冷斋夜话》

惠洪生于熙宁四年(1071年),圆寂于建炎二年(1128年),俗姓喻,字觉范,又名德洪,曾自称"洪觉范"、"觉范洪",故又有人以"洪觉范"称之。其《石门文字禅》(四库本)三十卷,卷二十四有《寂音自序》,自叙生平较详,有"涉世多艰……寂音之祸奇祸也"等语。盖其为人尚名而乐交,招妒而致祸。大丞相张商英、节度使郭天信曾为其延名,然而"坐交张、郭",祸亦随之,数入牢狱,远放琼、崖,至"心灰意冷"而"寂音"①。《四库提要》谓:

> 惠洪之失在于求名过急,所作《冷斋夜话》至于假托黄庭坚诗以高自标榜,故颇为当代所讥。又身本缁徒而好为绮语,《能改斋漫录》记其《上元宿岳麓寺》诗,至有"浪子和尚"之目。②

郭绍虞《宋诗话考》云:

> 惠洪喜游公卿之门,是缁流中之附庸风雅者,欲藉人言以为重,固宜其所述多不可信矣,况其书经后人传抄,更有改窜之误乎?

郭先生之论未免过苛,其书尚不至"多不可信"。惠洪是宋代诗僧之著名者,十四岁依佛门而终生嗜文学。当时与之游者许顗《彦周诗话》云:"近时僧洪觉范颇能诗……颇似文章巨公,所作殊不类衲子。又善作小词,情思婉约似少游。至如仲殊、参寥虽名世,皆不能及。"陈振孙称"其文俊伟,不类浮屠语"③。《四库提要》

---

① 关于惠洪生平事迹的研究,李贵:《北宋诗僧惠洪考》一文所考证及所列文献皆清晰可参,载《文学遗产》2002年第3期。
② 四库全书《石门文字禅》提要。
③ 四库本《直斋书录解题》,卷一。

云:"要其诗边幅虽狭,而清新有致,出入于苏黄之间,时时近似,在元祐熙宁诸人后,亦挺然有以自立。"①

这些评价并非过誉,观其《石门文字禅》三十卷之诗文,信其文学造诣确不一般,如卷八《宋迪作八境绝妙,人谓之无声句。演上人戏余曰:"道人能作有声画乎?"因为之各赋一首》,其所作八首七古皆可观,如《洞庭秋月》"涌波好月如佳人,矜夸似弄婵娟色。夜深河汉正无云,风高掠水白纷纷",气韵古直。又《烟寺晚钟》有沉着澹荡意:

> 十年车马黄尘路,岁晚客心纷万绪。
> 猛省一声何处钟?寺在烟村最深处。
> 隔溪修竹露人家,扁舟欲唤无人渡。
> 紫藤瘦倚背西风,归僧自入烟萝去。

尾联神清骨傲,意趣不俗。可见其人才思敏捷,非浪得诗名者。卷十五又有潇湘八景八绝句,亦皆清新有致。负才华者往往不免狂傲,如卷六《大雪寄許彦周宣教法弟》诗:

……
> 想见散华女,笑颊微涡旋。
> 不受禅律缚,尚遭富贵缠。
> 游戏翰墨中,骨清耸诗肩。
> 白灰红麒麟,玉液黄金然。
> 醉眼艳秋水,落笔驱云烟。
> 放意吐秀句,与雪争清妍。
> 我诗出寒饿,苦语秋蛩煎。
> 定作笑拊掌,望空须一掀。

身在沙门而如此放浪形骸,诚诗僧中之"浪子"。他的狂傲可能是经常性的,卷六《卧病次彦周韵》云:

---

① 四库全书《石门文字禅》提要。

> 戏将平时说禅口,贬剥诸方呵佛祖。
> 眼高丛林不见人,但许南台称法乳。
> 忽惊词锋乱斫伐,披靡千人如项羽。
> 诗成相对两咨嗟,此生俯仰成今古。

如此目空一切,锋芒毕露,不免遭人妒忌,甚至陷害。

其人又善画而能医,实一时才艺之士。所著《冷斋夜话》大约成书于宣和(1119～1125年)前期,①时惠洪年届知命,且已屡经牢狱而"心灰意冷",其年轻时急于成名以至浮躁妄言之病当已收敛,故其所记见闻,应该不至于"多不可信"。

此书未以"诗话"为名,然全书一百六十二条,未及诗者四十七条,②其卷一至卷七共一百一十二条,未及诗者仅十一条,实乃"诗话"之属,故日本近藤元粹《萤雪轩丛书》收之,郭绍虞《宋诗话考》亦以"诗话"述之。

此书历代流传之版本不甚一致,日本东洋文库藏有五山版十卷本《冷斋夜话》,今人张伯伟搜求整理《稀见本宋人诗话四种》③,收入此书,认为"与现存的诸版本相比,五山版《冷斋夜话》确为至佳"④。

《冷斋夜话》论诗而及事者居多,其中虽有几条出自魏泰《临汉隐居诗话》⑤而遭"剽窃"之议,但所记有关王安石的诗话近三十条,苏轼五十余条,黄庭坚三十余条,几占其书之半,又录一时僧侣诗事,其诗歌史料价值在北宋诸家诗话中最为丰富。唯《四库提要》称"黄庭坚语尤多。盖惠洪犹及识庭坚,故引以为重"。此语不

---

① 卷十记蔡卞死,蔡卒于重和(1118年)时。
② 《四库提要》谓"是书杂记见闻,而论诗者居十之八"不甚精确。
③ 江苏古籍出版社,2002年版。
④ 《前言》,第4页。本节引《冷斋夜话》语即据此书。
⑤ 郭绍虞:《宋诗话考》。

甚确切,惠洪以年辈较晚而未及见王安石,与苏、黄为方外交,其书之成,正当"元祐党禁"较严之时,其以五度入狱劫余之人,竟不避讳,于王、苏、黄并尊之。

其书论诗及辞者,颇多转述,尤以转述东坡、山谷居多,本书已述论于苏、黄之章节,兹不赘述。其独家之论,亦颇得诗家三昧,盖其本自"工诗,其诗论实多中理解"①。如卷一《老妪解诗》条云:

  白乐天每作诗,令一老妪解之,问曰:"解否?"妪曰解,则录之;不解,则易之。故唐末之诗近于鄙俚也。

惠洪未说明此条之出处。与惠洪大体同时且同为高安乡人彭乘之《墨客挥犀》卷三亦载,文字全同。稍后胡仔《苕溪渔隐丛话》卷八引《冷斋夜话》此条,魏庆之《诗人玉屑》卷八亦引此条于《冷斋夜话》,卷十六则又引此条于《墨客挥犀》。其后历代诸书多有称引此条者,其源皆出《冷》、《墨》二书。陈寅恪曾于《元白诗笺证稿》中特辩此说之妄,于理甚通。然此说虽不可信,却可证北宋中后期诗坛有"鄙白"风气,惠洪(或彭乘)之记必有所据。

卷二《陈无己挽诗》条云:

  予问山谷:"今之诗人谁为冠?"曰:"无出陈师道无己。"问:"其佳句如何?"曰:"吾见其作温公挽词一联,便知其才不可敌。曰:'政虽随日化,身已要人扶。'"

此意当为惠洪亲得于山谷者,可知山谷论诗推重后山之意。同卷又有惠洪论韩愈诗云:

  予尝熟味退之诗,真出自然,其用事深密,高出老杜之上。如《符读书城南》诗:"少长聚嬉戏,不殊同队鱼。"又"脑脂盖眼卧壮士,大招挂壁何由弯",皆自然也。

此论颇异于古今论者。以"自然"誉韩诗者罕见;至于"用事深密",韩、杜并长,不宜高下之。且所举诗例甚僻,殊乏诗意,不知惠

---

① 《四库提要》。

洪因何欣赏之。

卷三论《诸葛亮、刘伶、陶潜、李令伯文如肺腑中流出》条以"诚"论诗,亦可谓"中理解"者:

> 文章以气为主,气以诚为主。故老杜谓之"诗史"者,其大过人,在诚实耳。

又论诗人气质修养与诗之关系,亦"中理解"。《池塘生春草》条云:

> 古之人意有所至则见于情,诗句盖其寓也。

《少游鲁直被谪作诗》条云:

> 少游钟情,故其诗酸楚;鲁直学道休歇,故其诗闲暇。至于东坡《南中》诗曰:"平生万事足,所欠惟一死。"则英特迈往之气,不受梦幻折困,可畏而仰哉。

卷四《五言四句诗得于天趣》条,以谈禅笔法论诗趣天然,而天然之趣须悟得,非能说得者:

> 吾弟超然善论诗,其为人纯至有风味。尝曰:"陈叔宝绝无肺肠,然诗语有警绝者,如曰:'午醉醒来晚,无人梦自惊。夕阳如有意,偏傍小窗明。'王维摩诘《山中》诗曰:'溪清白石出,天寒红叶稀。山路元无雨,空翠湿人衣。'舒王百家衣体曰:'相看不忍发,惨淡暮潮平。欲别更携手,月明洲渚生。'此皆得于天趣。"予问之曰:"句法固佳,然何以识其天趣?"超然曰:"能知萧何所以识韩信,则天趣可言。"予竟不能诘,叹曰:"微超然,谁知之?"①

又《西昆体》条云:

> 诗到李义山,谓之文章一厄。以其用事僻涩,时称西昆体。

此条"时称西昆体"之说亦明显有误,义山之时并无此称,北宋

---

① 末句"叹曰"以下,用四库全书本,日本五山版本作"溟涬然弟之哉!"

杨亿诸人之后方称之。"文章一厄"之论亦不确,许颉《彦周诗话》特为李义山辩:

> 觉范作《冷斋夜话》有曰:"诗至李义山为文章一厄。"仆至此蹙额无语,渠再三穷诘,仆不得已曰:"夕阳无限好,只是近黄昏。"觉范曰:"我解子意矣。"即时删去。今印本犹存之,盖已前传出者。①

又《诗忌》条论诗乃"妙观逸想",不可"限以绳墨",可谓"中理解"之论:

> 众人之诗,例无精彩,其气夺也。夫气之夺人,百种禁忌,诗亦如之。曰富贵中不得言贫贱事,少壮中不得言衰老事,康强中不得言疾病死亡事,脱或犯之,谓之诗谶,谓之无气。是大不然。诗者,妙观逸想之所寓也,岂可限以绳墨哉?

又《诗言其用不言其名》推尊王、苏、黄:

> 用事琢句,妙在言其用,不言其名耳。此法唯荆公东坡山谷三老知之。

又卷五《荆公东坡句中眼》亦尊三人:

> 造语之工,至于荆公、东坡、山谷,尽古今之变。荆公曰:"江月转空为白昼,岭云分暝与黄昏。"又曰:"一水护田将绿绕,两山排闼送青来。"东坡《海棠》诗曰:"只恐夜深花睡去,高烧银烛照红妆。"又曰:"我携此石归,袖中有东海。"山谷曰:"此皆谓之句中眼,学者不知此妙语,韵终不胜。"

又卷七数条载录东坡作诗为偈语。并载鲁直评苏曰:"此老人于般若横说竖说,了无剩语。非其笔端有舌,安能吐此不传之妙哉?"其敬重苏、黄之意显然。甚至黄庭坚斥其诗"不务含蓄",他也

---

① 何文焕:《历代诗话》,第388页。

如实载录：

> 黄鲁直使余对句曰："呵镜云遮月"，对曰："啼妆露着花。"鲁直罪余于诗深刻见骨，不务含蓄。余竟不晓此论，当有知之者耳。

卷十《鲁直悟法云语罢作小词》条乃词学史上一条著名的材料：

> 法云秀关西，铁面严冷，能以理折人。鲁直名重天下，诗词一出，人争传之。师尝谓鲁直曰："诗多作无害，艳歌小词可罢之。"鲁直笑曰："空中语耳，非杀非偷，终不至坐此堕恶道。"师曰："若以邪言荡人淫心，使彼逾礼越禁，为罪恶之由，吾恐非止堕恶道而已。"鲁直领之，自是不复作词曲耳。

卷五《舒王编四家诗》条引起后世一大争论①：

> 舒王以李太白、杜少陵、韩退之、欧阳永叔诗编为《四家诗集》，而以欧公居太白之上。世莫晓其意。舒王尝曰："太白词语迅快无疏脱处，然其识污下，诗词十句九句言妇人酒耳。欧公，今代诗人未有出其右者，但恨其不修《三国志》而修《五代史》耳。如欧公诗曰'行人仰头飞鸟惊'之句，亦有佳趣，第人不解耳。"

惠洪未及识荆公，其所载必为转述。然当时人于荆公《四家诗集》，所论多有出入。《渔隐丛话》卷六集各家之说如下：

《王直方诗话》云：

> 荆公编集四家诗，其先后之序，或以为存深意，或以为初无意。盖以子美为第一，此无可议者。至永叔次之，退之又次之，以太白为下，何邪？或者云："太白之诗，固

---

① 《宋史纪事本末》，卷十一，《蔡京擅国》：政和三年春正月癸酉追封王安石为舒王……从祀孔子庙廷。

不及退之,而永叔本学退之,而所谓青出于蓝者,故其先后如此。"或者又以荆公既品第了此四人次第,自处便与子美为敌耳。

《钟山语录》云:

> 荆公次第四家诗,以李白最下,俗人多疑之。公曰:"白诗近俗,人易悦故也。白识见污下,十首九说妇人与酒,然其才豪俊,亦可取也。"

《王定国闻见录》云:

> 黄鲁直尝问王荆公:"世谓四选诗,丞相以韩、欧高于李太白耶?"荆公曰:"不然。陈和叔尝问四家之诗,乘间签示和叔。时书史适先持杜诗来,而和叔遂以其所送先后编集,初无高下也。李、杜自昔齐名者也,何可下之?"鲁直归问和叔,和叔与荆公之说同。今乃以太白下韩、欧而不可破也。

《遯斋闲览》云:

> 或问王荆公云:"编四家诗,以杜甫为第一,太白为第四,岂白之才格词致不逮甫耶?"公曰:"白之歌诗,豪放飘逸,人固莫及,然其格止于此而已,不知变也。至于甫,则悲欢穷泰,发敛抑扬,疾徐纵横,无施不可,故其诗有平淡简易者,有绮丽精确者,有严重威武若三军之帅者,有奋迅驰骤若泛驾之马者,有淡泊闲静若山谷隐士者,有风流蕴藉若贵介公子者。盖其诗绪密而思深。观者苟不能臻其阃奥,未易识其妙处,夫岂浅近者所能窥哉?此甫所以光掩前人而后来无继也。元稹以谓兼人所独专,斯言信矣。"或者又曰:"评诗者谓甫期白太过,反为白所诮。"公曰:"不然。甫赠白诗则曰'清新庾开府,俊逸鲍参军',但比之庾信、鲍照而已。又曰'李侯有佳句,往往似阴铿'。铿之诗,又在庾鲍下矣。'饭颗'之嘲,虽一时戏剧之谈,

然二人者名既相逼,亦不能无相忌也。"

观此众说纷纭,则惠洪所记者一也。曾与惠洪有过交往的陈善(?~1169年)也曾因此而辩曰:

> 予谓诗者妙思逸想,所寓而已。太白之神气,当游戏万物之表,其于诗寓意焉耳,岂以妇人与酒败其志乎?不然则渊明篇篇有酒,谢安石每游山必携妓,亦可谓之其识不高耶?欧公文字寄兴高远,多喜为风月闲适之语,盖是效太白为之,故东坡作欧公集序,亦云"诗赋似李白"。此未可以优劣论也。黄鲁直初作艳歌小词,道人法秀谓其以笔墨诲淫,于我法中当堕泥犁之狱。鲁直自是不复作。以鲁直之言能诲淫则可,以为其识污下则不可。①

陆游《老学庵笔记》疑惠洪所记"恐非荆公之言"。

不论荆公是怎样解释的,他对四家诗的编次确实反常,使后人不得不解释。如李纲《读四家诗选四首并序》云:

> 介甫选四家之诗,第其质文以为先后之序。余谓子美诗闳深典丽,集诸家之大成。永叔诗温润藻艳,有廊庙富贵之器。退之诗雄厚雅健,毅然不可屈。太白诗豪迈清逸,飘然有凌云之志。②

又《书四家诗选后》云:

> 子美之诗非无文也,而质胜文;永叔之诗非无质也,而文胜质;退之之诗质而无文;太白之诗文而无质。介甫选四家诗而次第之,其序如此。③

---

① 程毅中主编:《宋人诗话外编·扪虱新话》,第424页,国际文化出版公司,1996年版。
② 四库本《梁谿集》,卷九。
③ 《梁谿集》,卷一百六十二。

惠洪又有《天厨禁脔》三卷,①专论作诗之格法,共三十八条。此书遭到宋人鄙视,胡仔《渔隐丛话》后集卷三十四《张天觉》条"苕溪渔隐"曰:

> 余谓论诗若此,皆非知诗者。善乎!山谷之言曰:"彼喜穿凿者,弃其大旨,取其发兴,于所遇林泉人物,草木鱼虫,以为物物皆有所托,如世间商度隐语者,则诗委地矣。"

然此书论及字词句对、使事用典、换骨夺胎、比兴影略诸法,含蓄、奇丽等风格,以及势、趣、气等诗美要素等,皆先举诗例,然后评说之,具体而微,不可谓无见的。如卷上序言引秦少游语以申尊杜之论:

> 秦少游曰:"苏武、李陵之诗长于高妙,曹植、刘公干之诗长于豪逸,陶潜、阮籍之诗长于冲淡,谢灵运、鲍照之诗长于峻洁,徐陵、庾信之诗长于藻丽,而杜子美者,穷高妙之格,极豪逸之气,包冲淡之趣,并峻洁之姿,藻丽之能,而诸家之作不及焉。"予以谓子美岂可人人求之?亦必兼法诸家之所长。故唐人工诗者多专门,以是皆名世。专门句法,随人所去取。然学者不可不知,凡诸格法,毕录于此。②

此序分别诸家之长,最尊杜甫,然其用意却在"专门"二字。他认为像杜甫那样的全才很难企及,一般诗人贵在有自己的"专门"之处,即独特的风格。像唐代诗人各有其"专门",亦可名于后世。这当然是很有道理的诗学观点。

卷上《诗分三种趣》(奇趣、天趣、胜趣)条亦有可取。他对"奇趣"的解释很模糊,令人莫名其妙,但对"天趣"和"胜趣"的解释及

---

① 张伯伟整理:《稀见本宋人诗话四种》,附录于《冷斋夜话》之后。
② 《稀见本宋人诗话四种》,第110页,本节以下几处引文皆依此书。

所选诗例,都很"中理解",如谓白居易《大林寺桃花》(人间四月芳菲尽)"其词语如水流花开,不假工力,此谓之天趣也",杜牧《长安道中》(镜中白发悲来惯)"吐词气宛在事物之外,殆所谓胜趣也"。

卷中《遗音句法》举王安石、苏轼诗,谓之"一唱三叹……有遗音者也"。以下至卷末不分条目,集中论列"善诗者道意不道名"、"不直言"、"诗家尤贵遣词顿挫"、"律诗拘于声律,古诗拘于句语,是以词不能达"。此卷对"歌"、"行"二体的文体辨析值得注意:

> 夫谓之"行"者,达其词而已,如古文而有韵者耳。……"行"者,词之遗无所留碍,如行云流水,曲折溶曳,而不为声律语句所拘,但于古诗句法中得增辞语耳……夫谓之"歌"者,哀而不怨之词,有丰功盛德则歌之,诡异希奇之事则歌之。其词与古诗无以异,但无铺叙之语,奔骤之气;其遣语也,舒徐而不迫,峻特而愈工,吟讽之而味有余,追绎之而情不尽。叙端发词,许为雄夸跌荡之语,及其终也,许置讽刺伤悼之意。……"歌"者亦古诗之流,但有卓绝之事,可以歌咏者,至节要处,任其词为抑扬之语。

他认为作歌、行而"能守其法,不失为文之旨,唯杜子美、李长吉"。他列举了李贺的《将进酒》、《致酒行》、《南山田中行》、《箜篌歌》、《采玉歌》、《莫舞歌》,杜甫的《丽人行》、《贫交行》、《兵车行》、《醉时歌》、《乐游园歌》、《山水障歌》,共十二首诗。

这是有关歌行文体特征的一段重要论述,所论及所举诗例,颇见内行之理解。关于自由流畅、曲折舒徐之论,颇合歌、行体诗的篇章语体特征。他试图对歌、行加以区别,认为"行"是"古文而有韵者","歌"是"古诗之流",或许有一些道理,但不甚精确。歌、行二体,或许在唐代诗人那里也较难区别。惠洪之论至少反映了宋人对歌、行体的一种见解。

卷下《古诗押韵法》云:

> 古诗以意为主,以气为客。故意欲完,气欲长,唯意

之往而气追随之。故于韵无所拘,但行于其所当行,止于其不得不止。盖其得韵宽,则波澜泛入旁韵,乍还乍离,出入回合,殆不可拘于常格。

他举了韩愈两首五言古体诗为例。所论所举,可谓允当。

总体看来,惠洪论诗缺乏理论深度,精彩之处不多。他力图条分缕析,但细致得近乎琐碎,微妙得近乎玄虚,而所论又未必允当。严羽《沧浪诗话·诗评》就曾批评道:"《天厨禁脔》谓平韵可重押,若或平或仄则不可。彼但以《八仙歌》言之耳,何见之陋邪?"

第七节 蔡絛《西清诗话》

北宋宣和五年,蔡絛撰成《西清诗话》,惹起一场新的"元祐学案",蔡絛因此被革职。此事误导后人,以为此书"专以苏轼、黄庭坚为本","独崇元祐之学"。比蔡絛晚数十年的吴曾,甚至因此认为此书不是蔡絛所撰,而是由蔡京授意、蔡絛指使其门下客撰写的。陈振孙《直斋书录解题》转述此说。这一切导致后人唯以"元祐"论《西清》,如南宋曾敏行《独醒杂志》、清《四库全书总目·铁围山丛谈提要》、近人郭绍虞《宋诗话考》等。《西清诗话》的真实面貌和诗学价值却被忽略了。本节特辨之。

一、作者、著作时间考辨

蔡絛,字约之,自号百衲居士,别号无为子,兴化仙游人,蔡京的季子,政和末年至宣和五年为徽猷阁待制,著《西清诗话》三卷。钦宗靖康时放逐蔡京一门,絛流放白州,直到"南渡后二十余年尚谪居无恙"①,其间著《铁围山丛谈》六卷。

南宋人有疑《西清诗话》非蔡絛自撰者,首见吴曾《能改斋漫

---

① 《四库全书总目铁围山丛谈提要》。

录》卷十《蔡元长欲为张本》条,言蔡京担心日后"元祐党人"翻案,为了给自己留后路,遂笼络"习为元祐学者",又让蔡絛指使"其门下客著《西清诗话》以载苏、黄语,亦欲为他日张本耳"。陈振孙《直斋书录解题》卷二十二转述此意:

> 《西清诗话》,题无为子撰,或曰蔡絛使其客为之也。
> 宣和间,臣僚言其议论专以苏轼黄庭坚为本,奉圣旨蔡絛
> 落职勒停。详见《能改斋漫录》。

然而细审《西清诗话》之内容,颇觉吴曾之言可疑。《能改斋漫录》著于高宗朝,其时蔡家故事已过三十多年,吴曾之言何据?清四库馆臣认为"门下客著《西清诗话》"之说不可信,此书当系蔡絛"作于窜逐之后"①。此说亦不准确。

《西清诗话》实乃蔡絛待制徽猷阁时所作,"西清"是宋时皇家图书馆的别称。《续资治通鉴长编》卷四百三十四,哲宗元祐四年冬十月戊申,翰林学士苏辙奏云:

> 臣窃见祖宗御集,皆于西清建重屋,号龙图、天章、宝
> 文阁,以藏其书。

徽宗大观二年又建徽猷阁,藏哲宗御书。阁员中有徽猷阁待制一职。② 蔡絛谪居白州时所着《铁围山丛谈》卷五,有回忆"吾待罪西清时"之语,指的就是任职徽猷阁待制,时间是政和末年至宣和五年九月以前的数年间。《西清诗话》作于此时,故以西清为名。他自称"待罪西清",是因为重和元年十月,他曾因不受道箓(氣)而惹得徽宗大怒,下诏勒停其徽猷阁待制等官职,九个月后又复职。此事见宋人杨仲良《资治通鉴长编纪事本末》卷十三《蔡京事迹》,又见陈均《九朝编年备要》卷二十九、李埴《皇宋十朝纲要》卷十八等。宣和五年九月,《西清诗话》被大臣指控为尊崇元祐之学,蔡絛

---

① 《四库全书总目铁围山丛谈提要》。
② 龚延明编:《宋代官制词典》徽猷阁职诸条目,中华书局,1997年版。

遂落职勒停。此事明载多种史乘,《宋会要辑稿·职官》卷六十九,宣和五年九月十三条、宣和六年四月六日条,吴曾《能改斋漫录》卷十二蔡絛《西清诗话》条,曾敏行《独醒杂志》卷二,均有明确记载,实非如《四库提要》所说"作于窜逐之后"。

吴曾说《西清诗话》是蔡氏门客所作,大约是出于当时人对蔡家子弟的鄙视,因"蔡攸虽领书局,懵不知学,为物论所不归,故疑絛所著作,亦出假手"①。蔡絛著书,其门客帮他搜集一些资料,乃至抄抄写写,这种可能也许存在,但后人已无法判断《西清诗话》中他"使其客为之"多少。不过这并不重要,此书甫成即被政敌当做弹劾蔡絛的把柄,时人皆以之为蔡絛所著,蔡絛因此得罪,而蔡京、蔡絛均未辩解此书是"其客为之"。退一步说,即使有"使其客为之"的成分,也必然是根据蔡絛的意志而为之,著作权属于蔡絛应无疑问。况且兴化仙游蔡氏一族乃书香世家,蔡襄之名已著,蔡京之诗文辞章亦名于当时。蔡絛是蔡京诸子中最得蔡京器重者,"不能谓之不知书"②。即便他请门客帮一点忙,也不能说他不是《西清诗话》的著作人。

《西清诗话》无宋版流传,今所存者一百二十余条,均赖抄本。然其书在当时就广为传播,影响颇大,宋人诗话递相载录,如稍晚于蔡絛的胡仔《渔隐丛话》,即录《西清诗话》百余条。郭绍虞据复旦大学图书馆藏三卷抄本,疑"其书早佚,而后人杂抄他书足成三卷以欺人者"③。郭先生所谓"欺人",当是就其所见版本而言,非谓一百二十余条内容皆不可信。台湾"国立中央图书馆"藏有元末明初藏书家孙道明手抄本《西清诗话》三卷,台湾广文书局1973年影印,张伯伟据此整理收入《稀见本宋人诗话四种》④。张伯伟对

---

① ② 《四库全书总目铁围山丛谈提要》。
③ 《宋诗话考》,第22页。
④ 江苏古籍出版社,2002年版。

郭绍虞的疑点一一详加辨析，认为"这一钞本是可以信赖的"①。

二、《西清诗话》与"元祐学案"

关于《西清诗话》的学术倾向，当时及后人的评价一直专以"元祐"论其臧否。如吴曾《能改斋漫录》卷十《蔡元长欲为张本》条云：

> 元长始以"绍述"两字劫持上下，擅权久之，知公议不可以久郁也，宣和间，始令其子约之招致习为元祐学者，是以杨中立、洪玉父诸人皆官于中都。又使其门下客著《西清诗话》，以载苏、黄语，亦欲为他日张本耳。

"张本"即预留后路之意。吴曾认为这是蔡京担心将来万一政局变化，元祐党人得势，所以预备后路。

曾敏行《独醒杂志》（四库本）卷二云：

> 蔡絛约之好学知趋向，为徽猷阁待制时，作《西清诗话》一编，多载元祐诸公诗词文采，臣僚论列，以为絛所撰私文，专以苏轼、黄庭坚为本，有误人学术，遂落职勒停。

郭绍虞《宋诗话考》称：

> 彼于苏、黄势替之后，不党于其父，而独崇元祐之学，亦可谓特立独行者矣。

以上诸说，从吴曾的"载苏、黄语"，到曾敏行的"多载元祐诸公诗词文采"，到郭绍虞"独崇元祐之学"，《西清诗话》被逐渐简单化为一场新的"元祐学案"，蔡絛之人品也因此受到称誉，此特须辨正之。

首先，蔡絛并非"不党于其父"的"特立独行"者。按汉语所谓特立独行，主要是对某人之言行德业予以褒扬之语，并非一切与众不同、行为独特者都有资格称"特立独行"。《宋史》卷四百七十二《蔡京传》载，蔡京于宣和六年再起领三省：

---

① 该书《前言》，第13页。

目昏眊不能事,事悉决于季子絛,凡京所判,皆絛为之。且代京入奏,每造朝,侍从以下皆迎揖,咕嗫耳语,堂吏数十人抱案后从,由是恣为奸利,窃弄威柄,骤引其妇兄韩梠为户部侍郎,媒蘖密谋,斥逐朝士,创宣和库式贡司,四方之金帛,与府藏之所储,尽拘括以实之为天子之私财。宰臣白时中、李邦彦惟奉行文书而已。

如此看来,其骄奢专横不亚其父。钦宗朝究蔡氏罪,蔡京"虽谴死道路,天下犹以不正典刑为恨",蔡絛流放白州而死。如此之人,恐难当"特立独行"之誉。

其次,《西清诗话》是"独崇元祐之学"吗?要弄清这个问题,有必要先简要回顾一下徽宗朝元祐党禁从严厉到松弛又有所反复而终于解除的过程。

元祐党禁大兴于徽宗和蔡京执政之初,意在排除元祐时期及元符末年以元祐皇后为首的政治势力,巩固新一代皇权和相权。党禁高峰在崇宁元年至三年。《宋史》卷四百七十二《蔡京传》载,自绍圣以后:

元祐群臣贬窜死徙略尽,京犹未慊意,命等其罪状,首以司马光,目曰奸党,刻石文德殿门,又自书为大碑……凡名在两籍者三百九人,皆锢其子孙,不得官京师及近甸。

此事即发生在崇宁元年至三年间。《宋史》卷十九《徽宗本纪》崇宁元年九月:

籍元祐及元符末宰相文彦博等,侍从苏轼等,余官秦观等,内臣张士良等,武臣王献可等,凡百有二十人,御书刻石端礼门。

冬十月,"罢元祐皇后之号"。崇宁二年九月辛巳,"诏宗室不得与元祐奸党子孙为婚姻。……令天下监司长吏厅各立元祐奸党碑"。

《资治通鉴后编》卷九十五：崇宁二年夏四月乙亥："诏苏洵、苏轼、苏辙、黄庭坚、张耒、晁补之、秦观、《马涓文集》、范祖禹《唐鉴》、范镇《东斋记事》、刘攽《诗话》、僧文莹《湘山野录》等印版，悉行焚毁。"崇宁三年六月："重定元祐元符党人及上书邪等者合为一籍，通三百九人，刻石朝堂。"

在这三年党禁最严厉时期，朝廷屡下诏书禁毁党人书籍及其所撰碑刻，苏轼及苏门诸君的著述当然是主要的禁毁对象。

随着执政权势的稳固，元祐党人其实已经所存无几，党禁自然开始松弛。《宋史·徽宗本纪》载：崇宁四年五月，"除党人父兄子弟之禁"。九月乙巳："诏元祐人贬谪者，以次徙近地，惟不得至畿辅。"十一月已未，绍圣时期执政、放逐元祐党人的首领章惇卒。崇宁五年春："毁元祐党人碑，复谪者仕籍，自今言者勿复弹纠。……赦天下，除党人一切之禁。……诏崇宁以来左降者，各以存殁稍复其官，尽还诸徙者。"二月丙寅蔡京首次罢相。

这似乎意味着元祐党禁正式结束了，但实际上后来又小有反复。大观元年春正月"以蔡京为尚书左仆射兼门下侍郎"。同年五月，熙宁政客吕惠卿被贬为祁州团练副使。同时"诏自今凡总一路及监司之任，勿以元祐学术及异意人充选"。大观三年六月蔡京罢，七月"诏谪籍人除元祐奸党及得罪宗庙外，余并录用"。政和元年十一月壬戌："以上书邪等及曾经入籍人并不许试学官。"

这三次诏命，是元祐党禁解除后的余波。后两次似与蔡京关系不大。此后直到宣和五年的十多年间，未曾重申"元祐"禁令，元祐党人或其后代的处境渐有改善。政和三年秋七月"还王珪、孙固赠谥，追复韩忠彦……安焘、李清臣、黄履等官职"，政和五年三月"复文彦博官"①。

此期间，蔡京一直以各种方式参与朝政，其弟卞、其子攸也先

---

① 以上有关元祐党禁的引文均见《宋史·徽宗纪》。

后握有大权,但并未阻止对元祐人解禁,可见皇室和蔡氏都已不太在意元祐党禁的事了。"元祐案"至此已成历史旧事,朝野之间,谈谈苏、黄诗话,应该是很平常的文化现象了。而事实上,苏、黄等元祐党人的著作一直在以各种方式传播着。朱弁《曲洧旧闻》(四库本)卷八、陈岩肖《庚溪诗话》(四库本)卷上于此均有记载。

宣和初,蔡絛任徽猷阁待制,喜欢读书著书,以他的年龄和身份,与元祐党人案本无关涉,也不太可能独崇元祐之学。观其《诗话》,其著述心态颇轻松随意,其情趣在于文学。其书杂取唐宋以来名人诗事以成《诗话》,可以说是一部关于"名人与诗"的读书笔记。不论熙宁、元祐,不论在朝在野,不论党派政见,凡名公趣事,包括苏、黄等"元祐党人",也包括自己的父亲蔡京,皆无所回避。其书并无蔡京插手之痕迹。退一步说,蔡京若果真想为自己谋后路,也不至于靠这种雕虫小技。

出人意料的是,《西清诗话》甫成书而尚未传播,即被政敌利用,导致一场新的"元祐学案",蔡氏父子兄弟几乎自相残杀。据各种史乘考察,蔡京在徽宗朝前后弄权二十多年间,结怨众多,朝臣中"倒蔡"之议时落时起,蔡京也因之屡罢屡起。尤其是宣和初年,"倒蔡"风波几乎是起自萧墙,蔡京亲手栽培起来的儿子蔡攸取得了皇帝宠爱,于是父子争权争宠,"遂为仇敌"。《宋史纪事本末》卷十一《蔡京擅国》"宣和二年六月戊寅诏蔡京致仕"条下载:

> 京专政日久,公论益不与,帝亦厌薄之。子攸权势既与父相轧,浮薄者复间焉,由是父子各立门户,遂为仇敌。

又于"七年夏四月勒蔡京致仕"条下综述蔡絛事始末:

> 蔡絛钟爱于京,擅权用事。其兄攸嫉之,数言于帝,请杀絛,帝不许。白时中、李邦彦亦恶絛,乃与攸发絛奸私事,帝怒,欲窜之,京力丐免,乃止勒停侍养……褫絛侍读,毁赐出身敕,欲以撼京。

皇帝对七十多岁的老蔡京久有厌倦之心,便乘其父子之争,弃老蔡用小蔡,于宣和二年六月诏命"太师鲁国公致仕,仍朝朔望"。这个诏命对蔡京限权不够彻底,蔡京仍可参政议政,蔡攸一派当然不放心,还须采取进一步的措施彻底解除老蔡的权势。机会出现在宣和五年,蔡京最宠爱的季子蔡絛撰成《西清诗话》,其中记载了一些苏、黄诗事,遂授政敌以把柄。政治斗争通常需要先做舆论准备,于是宣和五年七月,朝廷忽然旧话重提——"禁元祐学术"①。如前所述,"元祐"旧话已经十多年没人提起了,此时却忽然重下禁令,这必然是执政的蔡攸及其同盟者王黼等人的预谋,针对的正是蔡京和蔡絛,借口便是刚刚成书的《西清诗话》。禁令既明,弹劾遂起,两个月后,九月十三日,"徽猷阁待制、提举万寿观蔡絛勒停,以言者论其撰《西清诗话》,学术邪僻,多用苏轼、黄庭坚之说故也"。次年四月六日:"提举上清宝禄宫兼侍读蔡絛罢侍读,提举亳州明道宫,以其僻学邪见,除迩英非所宜也。继又诏絛出身敕可拘收毁抹。"②蔡氏父子兄弟之间的权势之争达到了必欲置之死地而后快的地步,"学术邪僻"不过是个借口而已。后人于此看得明白:"蔡絛勒停乃为其兄攸所轧。"③蔡京出于保权保子之心,凭老脸求皇帝宽大处理,把蔡絛保护在家里。蔡攸方面当然不肯罢休,宣和六年冬十月庚午:"诏有收藏习用苏黄之文者,并令焚毁,犯者以大不恭论。"④这显然是进一步打击蔡絛(及蔡京)的舆论信号。蔡京于是拼了老命,以七十八岁高龄谋取第四次复出,宣和六年十二月至次年四月,"复领三省事",实由蔡絛行政,因而惹来更大的众怒。此时边事日紧,外忧内患相迫,徽宗皇帝不得不强迫蔡京"上章谢

---

① 《宋史·徽宗纪》,卷二十二,宣和五年七月。又《九朝编年备要》卷二十九载此事,亦可参。
② 《宋会要辑稿·职官》,卷六十九,宣和五年、六年。
③ 《四库全书总目》,卷一百四十一,《独醒杂志》提要。
④ 《宋史·徽宗纪》。

事"。不久,徽宗连皇帝的宝座也让给钦宗了。

政治斗争常常是如此荒唐,徽宗前期由蔡京主持的"元祐党人案",二十多年后,竟以蔡氏父子兄弟借此自相攻讦的结局而谢幕。《西清诗话》也因此而一问世就被政客们锁定在"元祐学术"上。后人谈论历史,往往人云亦云,尤其容易信赖当时人的说法,而当时人之偏颇,却往往被忽略。况且就《西清诗话》案而言,吴曾能算当时人吗?

仔细阅读《西清诗话》,可知吴曾所言正是唯以"元祐"论《西清》,而且只是猜测。倒是曾敏行称蔡絛"好学知趋向",四库馆臣称《铁围山丛谈》和《西清诗话》不贬元祐党籍,尚属客观求实之论,只是仍然未跳出以元祐论《西清》的思维定势。

三、《西清诗话》的诗学真相

厘清这些史实之后,再细看《西清诗话》文本,即可知其书既非"独崇元祐之学",亦非"专以苏轼、黄庭坚为本"。仅以元祐之学毁之誉之,都有失偏颇。《西清诗话》实在是一部记载唐宋名贤诗事诗话的文学随笔。兹据张伯伟整理的《稀见本宋人诗话四种》所收明人孙道明手抄本《西清诗话》三卷,一百二十条中,所载主要名人诗事如下:

杜甫二十一条:卷上 2、4、6、9、16、18、19、26、27、28、29、30、34、36、38;卷中 6、12、19、26、30;卷下 39。

李白十条:卷上 4、9、13、16、30、32;卷中 13、14、24;卷下 39。

韩愈九条:卷上 3、12;卷中 4、5、24;卷下 4、8、17、39。

晏殊六条:卷上 31、37;卷中 28;卷下 7、27、34。

欧阳修 18 条:卷上 7、25、33、35、39;卷中 7、9、17、19、33、36、40;卷下 1、6、9、22、37、39。

王安石十七条:卷上 3、6、11、12、17、22、24;卷中 19、20、24、27、36;卷下 4、6、10、11、39。

苏轼十六条:卷上 10、14、17、39;卷中 6、9、23、24、35;卷下 8、13、15、18、20、32、39。(又有未明言苏轼而实用其意者:卷上 13、33;卷中 22)

黄庭坚七条:卷上 6、33、36;卷中 3、30、31;卷下 26。(又有上第 21 条"点瓦为金"用黄意)。

以上诸人诗事已是《西清诗话》之大部,余人皆偶尔提及。可知蔡絛撰此书实以唐宋间最有名气的几位大诗家为主要关注对象,并非专以哪家为主,记述倾向自然以推尊为主,但基本态度尚属客观述论,有不赞同之意也坦率言之。

其书最为无聊之处,是记述其父"鲁公"诗事七条:卷上 1、10、18;卷中 2、39;卷下 5、35。其中第一条载徽宗与蔡京赐答唱和之作,特置卷首,先录徽宗《太陵挽诗》五章,前后极尽颂圣之词,然后便录蔡京和诗四首,其诗皆阿谀颂圣之语,又载徽、京唱和诗各一篇,歌功颂德而已。以下蔡絛评曰:

> 仰唯神化之妙,多成于顷刻,独鲁公以耆儒仰副帝泽,上每特出宸章,群臣莫望也。荣耀家庭,传之无穷,大惧未广,辄记其一二,以见君臣相与之盛,详见家集云。

此条以载君王诗事而置于卷首,固亦当时诗话之通例,但以蔡京并载,实有一人之下,万众之上之意。其实"群臣莫望"是沉默之状,群臣畏蔡京权大性恶,皆知趣而缄口,谦让者、回避者、不屑者、鄙视者、静观者或皆有之,蔡絛居然以为莫大荣耀,津津乐道,其人虽知书而不明理,是非不分,纨绔狂妄,于此可知。

其实蔡京能诗能文,并非不学无术者。蔡絛择其论诗之语,如卷上第十八条论学诗当知"歌、行、吟、谣之别",亦可谓知诗;卷中第三十九条载京蜀道之诗,卷下第五条载京居杭二词,略具"清婉体趣",可见其文学修养确非一般。唯蔡絛偏爱其父,以之与唐宋数名家并载,显然有挟私情以附骥千古之图,可谓借赞誉名人而夹带私货。以蔡京之奸,公论自难许之。

蔡絛虽蒙蔽于父子之情并以权势为荣,文心却并不愚昧。从《西清诗话》看,他对诗的理解亦有心得。其论诗法首重情致:

卷上第十条云:

  诗家何假金玉而后见宝贵。①

卷上第十四条云:

  大抵屑屑较量属句平匀,不免气骨寒局,殊不知诗家要当有情致,抑扬高下,使气宏拔,快字凌纸,又用事能破觚为圆,挫刚成柔,始为有功,昔人所谓缚虎手也。

卷上第三十条云:

  作诗者,陶冶物情,体会光景,必贵乎自得。盖格有高下,才有分限,不可强力至也。

卷上第三十三条云:

  鲁直题云:"剔耳厌尘喧,搔头数归日。"且画工意初未必然,而诗人广大之。乃知作诗者徒言其景不若尽其情,此题品之津梁也。

卷中第二十二条云:

  诗家情致,人自一种风气。山林钟鼎与夫道释流语,有不可易者。如事带方外,俗谓有蔬笋气;辞旨凡拙,则谓学究体。

卷中第二十三条云:

  东坡尝云:"僧诗要无蔬笋气。"固诗人龟鉴,今时误解,便作世网中语。殊不知本分风度,水边林下气象,盖不可无。若净洗去清拔之韵,使真俗同科,又何足尚?要当弛张昂扬,不滞一隅耳。齐己云"春深游寺客,花落闭门僧"、惠崇云"晓风飘磬远,暮雪入廊深"之句,华实相

---

① 此晏殊论诗之意,《苕溪渔隐丛话·前集》,卷二十六,载诸家诗话所记晏元献关于诗与富贵之论,已见本书论西昆派一节。

第八章 北宋"话"体诗学

副,顾非佳句耶？天圣间闽僧可士颇工章句,有《送僧诗》云:"一钵即生涯,随缘度岁华。是山皆有寺,何处不为家。笠重吴天雪,鞋香楚地花。他年访禅室,宁惮路岐赊。"亦非食肉者能到也。

卷下第二十条云：

> 东坡在徐,戏参寥曰……"隔林仿佛闻机杼,知有人家住翠微",大无蔬笋气也。

以上关于"蔬笋气"三条,涉及一个重要的诗歌理念——诗人与诗的个性。苏轼曾主张僧诗应无蔬笋气,蔡絛则认为诗歌是诗人情致的表现,人人自有一种风格气味,既不能强求一律,也不能失去个人之身份特色。僧人诗有蔬笋气,正合其身份。蔡絛之见显然比苏轼更合乎诗道。苏轼是前辈大名士,蔡絛并不盲从,可证其并非专崇"元祐之学"。

关于作诗用典问题,宋人无不重视,且论诗者莫不及此。蔡絛主张既要用得妥帖无痕,又要超越古人。他引杜甫和黄庭坚两位用典大师之论：

卷上第二十八条云：

> 杜少陵云:"作诗用事,要如释氏语:水中着盐,饮水乃知盐味。"此说诗家秘藏也。

卷中第三十一条云：

> 黄鲁直……曰:"庭坚笔老矣,始悟抉章摘句为难。要当于古人不到处留意,乃能声出众上。"

蔡絛对黄庭坚的诗学确实比较熟悉,有时会很自然地借用之,如卷上第二十一条云：

> 王君玉谓人曰:"诗家不妨间用俗语,尤见功夫。"……尝有《雪诗》……此点瓦砾为黄金手也。

《西清诗话》中的诗人论也颇有见识。他曾对唐宋人的"李杜优劣"之争发表过比较公正的看法：

卷下第三十九条云：

　　诗至李、杜，古今尽废。退之每叙诗书以来作者，必曰李白、杜甫。又曰："李杜文章在，光焰万丈长。"至杨大年亿，国朝儒宗，目少陵村夫子。欧阳文忠公每教学者，先李不必杜。又曰："甫于白得二节耳。天才高放，非甫所能到也。"王文公晚择四家诗以贻法，少陵居第一，欧阳公第二，韩文公次之，李太白又次之。然欧阳公祖述韩文公而说异退之，王文公返先欧公，后退之，下李白，何哉？后东坡每述作，崇李、杜尊甚，独未尝优劣之。论说殊纷纠，不同满世。呜呼！李、杜著矣，一时之杰，立见如此，况屑屑余子乎！余谓：譬之百川九河，源流经营，所出虽殊，卒归于海也。

卷上第十六条云：

　　李太白……其风神超迈，英爽可知。……少陵云"落月满屋梁，犹疑照颜色"，熟味之，百世之下，想见风采，此与李太白传神诗也。

卷中第十三条云：

　　李太白秀逸独步天下。

卷中第十二条云：

　　不知少陵胸中吞几云梦也？

这些评点皆中肯綮，可谓知诗。他对王安石、苏轼诗事及友情的记述和称赏，足证其并无党派之偏见：

卷上第十七条云：

　　元丰中，王文公在金陵，东坡自黄北迁，日与公游，尽论古昔文字，闲即俱味禅说。公叹息谓人曰："不知更几百年，方有如此人物。"东坡渡江至仪真，和游蒋山诗寄金陵守王胜之益柔，公亟取读，至"峰多巧障日，江远欲浮天"，乃抚几曰："老夫平生作诗，无此二句。"又在蒋山时，以近制示东坡,东坡云:"若'积李兮缟夜,崇桃兮炫昼',自屈、宋没世,旷千余年,无复《离骚》句法,乃今见之。"荆公曰:"非子瞻见谀,自负亦如此,然未尝为俗子道也。"当是时,想见俗子扫轨矣。

卷中第二十四条云:

> 王文公见东坡《醉白堂记》,徐云:"此定是'韩、白优劣论'。"东坡闻之曰:"不若介甫《虔州学记》,乃学校策耳。"二公相诮或如此,然胜处未尝不相倾慕。元祐间东坡奉祠西太乙,见公旧题:"杨柳鸣蜩绿暗,荷花落日红酣,三十六陂春水,白头想见江南。"注目久之曰:"此老野狐精也。"

《西清诗话》有两条论诗体源起者,常被后世诗话和文学史家关注:

卷上第二十三条云:

> 药名诗,世云起自陈亚,非也。东汉已有"离合体",至唐始著"药名"之号。①

卷上第二十四条云:

> 集句自国初有之,未盛也。至石曼卿,人物开敏,以文为戏,然后大著。……王文公益工于此。人言起自公,非也。

《西清诗话》载诗家故事亦多,其中有两条最著名,一是卷上第三十九条载僧义海、欧阳修、苏轼论琴诗故事,涉及乐器演奏、音乐赏鉴、音乐表现与诗歌表现的异同等等,乃诗史和音乐史上历时颇久的一桩公案。二是卷下第六条载:

> 欧阳文忠公嘉祐中见王文公诗:"黄昏风雨暝园林,残菊飘零满地金。"笑曰:"百花尽落,独菊枝上枯耳。"因

---

① 吴曾:《能改斋漫录》,卷三辨之,认为南朝梁时已有药名诗。

戏曰:"秋英不比春花落,为报诗人子细吟。"文公闻之曰:
"是定不知楚词云'餐秋菊之落英'。欧阳公不学之过
也。"文人相轻,信自古如此。

《渔隐丛话》前集卷三十四《半山老人二》引《西清》此语,又引
《高斋诗话》云:

> 荆公此诗,子瞻跋云:"秋英不比春花落,说与诗人子
> 细看。"盖为菊无落英故也。荆公云:"苏子瞻读楚词不熟
> 耳。"予以谓屈平"餐秋菊之落英",大概言花衰谢之意,若
> "飘零满地金"则过矣。东坡既以落英为非,则屈原岂亦
> 谬误乎?坡在海南谢人寄酒诗有云:"漫绕东篱嗅落英"
> 又何也?苕溪渔隐曰:"'秋英不比春花落,为报诗人子细
> 吟'①。此是两句诗,余于六一居士全集及东坡前后集遍
> 寻并无之,不知《西清》《高斋》何从得此二句诗?互有讥
> 议,亦疑其不审也。"

吴曾《能改斋漫录》不仅指《西清诗话》是蔡京授意蔡絛"使其
门下客著《西清诗话》,以载苏、黄语,亦欲为他日张本",而且逐条
指摘《西清诗话》之误共十四处。然则吴曾所摘《西清》之误,亦未
必皆然。

蔡絛又有《百衲诗评》一篇数百字,见于《苕溪渔隐丛话》后集
卷三十三:

> 余旧录得百衲所作《诗评》,今列于此,云:"柳子厚

---

① 卷二辨"公卿诞日以诗为寿"始见于开元间;卷三辨"黄庭博鹅"、"秋
菊落英"、"药名诗"、"驺忌听琴"之误;卷五讥僧义海评韩文公苏东
坡琴诗不当,"知义海、西清寡陋";卷七讥《西清》误解王荆公诗"功
谢萧规惭汉第,恩从隗始诧燕台"、东坡诗"天外黑风吹海立"之用
典;卷八讥《西清》误解王荆公诗"太液池边送玉杯"用典;又摘《西
清》载诗四误;卷十又疑《西清》关于"歌行吟谣"之说。

诗,雄深简淡,迥拔流俗,至味自高,直揖陶谢;然似入武库,但觉森严。王摩诘诗,浑厚一段,覆盖古今;但如久隐山林之人,徒成旷淡。杜少陵诗,自与造化同流,孰可拟议,至若君子高处廊庙,动成法言,恨终欠风韵。黄太史诗,妙脱蹊径,言谋鬼神,唯胸中无一点尘,故能吐出世间语;所恨务高,一似参曹洞下禅,尚堕在玄妙窟里。东坡诗,天才宏放,宜与日月争光,凡古人所不到处,发明殆尽,万斛泉流,未为过也;然颇恨方朔极谏,时杂以滑稽,故罕逢酝藉。韦苏州诗,如浑金璞玉,不假雕琢成妍,唐人有不能到;至其过处,大似村寺高僧,奈时有野态。刘梦得诗,典则既高,滋味亦厚;但正若巧匠矜能,不见少拙。白乐天诗,自擅天然,贵在近俗;恨如苏小虽美,终带风尘。李太白诗,逸态凌云,照映千载;然时作齐梁间人体段,略不近浑厚。韩退之诗,山立霆碎,自成一法;然譬之樊侯冠佩,微露粗疏。柳柳州诗,若捕龙蛇,搏虎豹,急与之角,而力不敢暇,非轻荡也。薛许昌诗,天分有限,不逮诸公远矣,至合人意处,正若刍荛,时复咀嚼自佳。王介甫诗,虽乏丰骨,一番出清新,方似学语之小儿,酷令人爱。欧阳公诗,温丽深稳,自是学者所宗;然似三馆画手,未免多与古人传神。杜牧之诗,风调高华,片言不俗,有类新及第少年,略无少退藏处,固难求一唱而三叹也。

若十四公,皆吾生平宗师追仰,所不能及者,留心既久,故闲得而议之。至若古今诗人,自是珠联玉映,则又有不得而知也已。"

此篇《诗评》当是蔡絛于《西清诗话》之外单独撰写的,故胡仔特别收录之。其评论唐宋诗人,不依时序,想到谁说谁,无高下之意。其所评点,有些很有道理,如评柳子厚、黄太史、苏东坡、李太白、韩退之、欧阳公等人诗之长短,基本贴切。但以"柳子厚"置篇首,后又有"柳柳州"之评,不知何故,或特别偏爱所致。其评王摩诘诗只见其隐逸旷淡,未免不周;评杜甫"欠风韵",或有特指;评白乐天诗"贵在近俗",与当时诗坛讥白之风有异,又云"终带风尘",则不知何谓;评王介甫、杜牧之诗,似欠贴切。从他以此十四位诗人为"生平宗师",且能评论其长短,可知其诗学修养不薄。

郭绍虞《宋诗话考》中卷之上又载《金玉诗话》一卷,以其仅存之十则"几全同于《西清诗话》……遂以为《西清》、《金玉》同为一书。……但余不能无疑,盖此条有'余尝质之叔父文正'之语,考宋代蔡氏谥文正者唯沈,沈为元定子,少游朱子之门,与絛时代辈分均不相合"。郭先生此疑,张伯伟《稀见本宋代诗话四种·前言》已解之,"蔡絛叔父为蔡卞,卒于政和末,文正即其谥号。《宋史·蔡卞传》记载"云云。

第八节　许顗《彦周诗话》

许顗,字彦周,襄阳人,生活在北宋后期至南宋初。陆心源《仪顾堂续跋》卷十四据惠洪《石门文字禅》中与彦周交往诸诗,认为彦周曾官宣教郎,中年出家。郭绍虞转引陆说。按《宋史》卷一百六十八职官八载:宣教郎本为宣德郎,政和四年因避宣德门,改称宣教郎,正七品。《石门文字禅》卷六有《大雪寄许彦周宣教法弟》,可知彦周于政和四年以后任宣教郎官。然其是否出家?如果出家为何无法号?则尚需考证。集中卷十二有《彦周法弟作出家庵,又自为铭,作此寄之》诗:

迂阔庵成又自夸,要令妙语发天葩。
未容临济终仆地,正赖云门已出家。
少日浪曾参沩水,暮年端合在丹霞。
赠君革屣游山去,勘破诸方一笑哗。

此诗似为彦周出家而作,然卷十二又有《次韵彦周见寄二首》

云:"君应归诵陶彭泽,我亦南寻率子廉。"又《彦周借書》云:"借书知子能医国,有志常先天下忧。"又卷十九《许彦周所作墨戏为之赞》:"异哉土蛇,登树而怒……居士图之,以警未悟,觉范一见,笑手为拊。"此则均作于彦周在官之时,佛门对已出家之人不称居士。以上诸作之时序待考。又《彦周诗话》①第十八条云:"近时僧洪觉范颇能诗……颇似文章巨公,所作殊不类衲子。"此语气似非出家人。唯彦周喜游方外并善参禅无疑。《禅林僧宝传》卷三十《保宁玑禅师》载:

> 许颉彦周锐于参道,见玑作礼,玑曰:"莫将闲事挂心头。"彦周曰:"如何是闲事?"答曰:"参禅学道是。"于是彦周开悟,良久曰:"大道甚坦夷,何用许多言句葛藤乎?"

《石门文字禅》卷十二《赠许彦周宣教游岳,彦周参机道者》云:

> 一幅纱巾九节筇,翛然生计似庞公。
> 孤云野鹤登空去,万壑千岩堕笑中。
> 岣嵝晴披应独往,懒瓒醉卧与谁同?
> 遥知勘破痴禅老,想见临机面发红。

彦周与惠洪交厚。据《石门文字禅》中与彦周交游诗十余首,二人"在长沙,相从弥年"②,又频频寄诗于"大雪"、"先春"之季,可知其喜游方外,与惠洪甚相得。卷六《送彦周》诗云:

> 虞卿脱魏齐,拼意与俱去。
> 公卿一破甑,掉臂不复顾。
> 萧何追韩信,弃车遂徒走。
> 贪贤如攫金,不见市人聚。
> 会合意倾写,掩书想风度。
> 彦周虽绿发。风味映前古。

---

① 本节引用《彦周诗话》,均据《历代诗话》,中华书局,1981年版。
② 《彦周诗话》,第十八条。

> 高论倾座人,能破万毁誉。
> 独立傲世波,屹然如砥柱。
> 令人每见之,不敢发鄙语。
> 推堕吾法中,偃蹇揖佛祖。
> 死生人所怖,玩之于掌股。
> 此生几离别,此别觉酸楚。
> 夜寒众峰高,独看霜月吐。
> 明日解归舟,西风白蘋浦。
> 君去我独留,苍茫烟水莫。

惠洪是很自负且颇狂傲之人,其于彦周特爱重如此,可知彦周之才情兴趣之不俗;其依依惜别如此,可见二人意气相投。《石门文字禅》中有与彦周交往诗十多篇,则知彦周能诗,唯今存无几,《宋诗纪事》卷四十三仅录得二首,其一《梦中诗》见于《彦周诗话》第五十六条,其二《秋雨》为七言古体,语意古拙奇崛,功力不浅:

> 零雨不出动隔旬,门前秋草长于人。
> 江湖浩渺欲无岸,锦石最小犹生云。
> 微阳片月何曾见,只有莓苔昏笔砚。
> 田家黍穗未暇悲,茅屋且为萤火飞。

又陆游《老学庵笔记》卷八载:

> 翟耆年,字伯寿,父公巽,参政之子也,能清言,工篆及八分,巾服一如唐人,自名唐装。一日往见许顗彦周,彦周髽髻,着犊鼻裈,蹑高屐出迎。伯寿愕然。彦周徐曰:吾晋装也,公何怪?

可知彦周乃行止特立之士。又王明清《挥麈录·余话》卷二载许顗彦周跋文一篇云:

> 王仲信此赋,如河决泉涌,沛乎莫之能御也。天资辞源之壮,盖未之见。昔柳柳州云:"辨如孟轲,渊如庄周,壮如李斯,明如贾谊,哀如屈原,专如扬雄。"柳州之论古

人,以一字到,今不可移易。愿吾仲信兼用六语,而加意于庄、屈,当与古人并驱而争先矣。

可知彦周不仅能诗,且博学能文章,其文亦不俗。

《彦周诗话》一卷,成书于"建炎戊申六月初"①,今有《历代诗话》本,凡一百三十七条并序。《四库提要》谓其书"所盛称者,苏轼、黄庭坚、陈师道数人,其宗旨可想见也"。

《彦周诗话》自序云:

> 诗话者,辨句法,备古今,纪盛德,录异事,正讹误也。若含讥讽,著过恶,诮绌缪,皆所不取。……人之于诗,嗜好去取,未始同也。强人使同己则不可,以己所见以俟后之人,乌乎而不可哉?

其对"诗话"这一文体的解释,比欧阳修的"以资闲谈"更为具体明确,"此后诗话性质之渐趋严正,或亦以此"②。《彦周诗话》评诗、论人、记事,均持比较谨慎的态度,所论诗人较多,不像《西清诗话》以数名家为主。其评诗论艺亦颇有品味,故其书多为后人称引,可谓影响较大。以下略就其诗人论、诗艺论、诗事论几方面摘其要者述论之。

《彦周诗话》论及诗人数十位:六朝六位,唐十余位,北宋十余位。略具诗史之意,但毫无编次。所论不乏中肯者,也有言过其实或偏颇欠允正者。

其论"六朝诗人之诗不可不熟读。如'芙蓉露下落,杨柳月中疏。'锻炼至此,自唐以来,无人能及也。退之云:'齐梁及陈隋,众作等蝉噪。'此语我不敢议,亦不敢从"(第二十九条)③。文学史家

---

① 百川本:《彦周诗话》自序。
② 郭绍虞:《宋诗话考》。
③ 此依《历代诗话》所收《彦周诗话》之条目序次,其书未标序号,序号乃笔者所加。

对六朝文学的评价,一直比较复杂,韩愈之论不免贬之太过,彦周不太赞成。他认为"不可不读",这无疑是客观求实之论,事实上唐、宋诗人怎么可能不读六朝诗呢?他所举北齐萧悫的两句诗,《北齐书》卷四十五萧悫传称当时即已"为知音所赏",唐末皮日休《郢州孟亭记》又以孟浩然"微云澹河汉,疏雨滴梧桐"之名句相比。① 然凭心而论,孟诗略佳,其谓"自唐以来无人能及",显系夸张。他认为六朝诗人中"陶彭泽诗,颜、谢、潘、陆皆不及",此苏轼之论,宋人多持此说。彦周认为陶诗的好处在于"悟道",即心不为形役,自然而自由,再将这种生活境界中"所行之事赋之于诗",就能"无一点愧辞"了(第三十、一百二十七条)。彦周特别赞赏鲍照《行路难》壮丽豪放,似贾谊《过秦论》;《松柏篇》,悲哀曲折。不过后者美中不足的是未能"以道自释"(第二十三、二十四条),这是宋代文士中较为普遍的止抑悲哀、崇尚平淡的心态,而彦周正是禅悦之士。彦周又论梁武帝《白纻舞辞》:"朱弦玉柱罗象筵,飞管促节舞少年,短歌留目未肯前,含笑一转私自怜。"赞叹其"丽矣,古今当为第一也"(第一百三十二条)。此诗确有六朝艳歌特征,然丽则丽矣,"古今第一"则未必。

其论唐代诗人,序以李、杜、孟、王、韩、柳、元、白之次第,而最尊老杜;于晚唐则特爱义山。此正欧、王、苏、黄以来,诗坛风气。如宋初宋末诗坛之学姚、贾晚唐之体,彦周时期诗坛正无此意。

其论李白以"仙"以"奇"。(第十六、六十八条)

论老杜则借杜诗"一洗万古凡马空"(第二十五条)誉之,称杜诗有史家意,"似司马迁"(第二十一条),有"春秋法"(第十五条),"有力量"(第六十四条),"简而尽"(第九十四条)。"画山水诗,少陵数首后,无人可继者"(第五十八条)。

论"孟浩然、王摩诘诗,自李、杜而下当为第一……此公论也"。

---

① 《文苑英华》,卷八百二十六。

(第三十六条)

"岑参诗亦自成一家……记西域异事甚多。"(第七十九条)

韩退之"深于诗者","联句之盛,退之、东野、李正封也"。(第七、五十三、五十七、五十九、一百三十四条)

"柳柳州诗,东坡云在陶彭泽下,韦苏州上……是公论也。"(第二十八条)

"元微之诗,引事皆有出处,屈曲隐奥","元氏艳诗,丽而有骨;韩渥《香奁集》丽而无骨"。(第六十六、六十七条,皆载其前辈高秀实语)

白乐天"春色辞门柳,秋声到井梧","此语未易及"。(第六十九条)

"张籍、王建乐府宫词皆杰出,所不能追逐李、杜者,气不胜耳。"(第四十四条)

"孟东野诗苦思深远,可爱不可学"(第四十五条)。韩退之称孟东野诗"横空盘硬语,妥帖力排","盖能杀缚事实,与意义合,最难能之"。(第一百一十八条)

"东坡《祭柳子玉》文:'郊寒岛瘦,元轻白俗'……此八字东坡论道之语也。"(第三十七条)

"李长吉诗云'杨花扑帐春云热。'才力绝人远甚。如'柳塘春水漫,花坞夕阳迟',虽为欧阳文忠所称,然不迨长吉之语。"(第二十六条)

"李义山诗字字锻炼,用事婉约,仍多近体。"(第七十八条)"作诗浅易鄙陋之气不除,大可恶……熟读唐李义山诗与本朝黄鲁直诗,而深思焉,则去也。"(第一百三十三条)

彦周论杜牧《题桃花夫人庙》诗有"二十八字史论"(第四十一条)之美誉,可谓中肯,然于《赤壁》诗则云"社稷存亡生灵涂炭都不问,只恐捉了二乔,可见措大不识好恶"。(第八十五条)此又似不知诗者,乃遭游潜《梦蕉诗话》、《四库提要》等众多批评。

其论寒山诗亦颇荒谬:"若有人兮坐山榙,云衮兮霞缨,秉芳兮欲寄,路漫兮难征,独惆怅而狐疑,謇独立兮忠贞。"这明明是因袭屈骚诗句,彦周竟云"虽使屈宋复生,不能过也"。(第九十一条)

大体看来,彦周对唐代诗人的评论基本得体。盖因历史之淘洗,宋人对唐诗渐渐有了一些比较一致的"公论",史评框架渐趋定型,彦周既有转述,也有自己阅读的心得。而对宋代诗人,他还不可能做出这样具有诗史眼光的判断,但他所推重的一些诗人,大部分都正在进入史家视野。

"王元之诗可重,大抵语迫切而意雍容……大类乐天也。"(第六十条)

"和靖集中,梅诗最好,梅花诗中,此两句尤奇丽。"(第七十二条,指暗香疏影句)

"梅圣俞诗,句句精炼……宜乎为欧阳文忠公所称。其他古体,若朱弦疏越,一唱三叹,读者当以意求之。"(第三十五条)

"欧阳文忠公《重读徂徕集》诗,英辩超然,能破万古毁誉;《食糟民》诗,忠厚爱人,可为世训。"(第三十八条)"欧阳文忠公文章虽优,辞亦精致如此。"(第一百二十二条)

"荆公爱看水中影,此亦性所好。"(第三十二条)"东坡海内诗,荆公钟山诗,超然迈伦,能追逐李、杜、陶、谢。"(第三十一条)

彦周论宋人诗的确最爱苏、黄。他认为"东坡诗,不可指摘轻议,辞源如长江大河,飘沙卷沫,枯槎束薪,兰舟绣鹢,皆随流矣……读者幸以此意求之"(第一百二十八条,《古夫于亭杂录》卷四引此语曰:"长江大河"之喻"惟杜子美与子瞻足以当之",是为大家;而"宣城、水部、右丞、襄阳、苏州诸公",可谓名家),"赵昌画黄蜀葵,东坡作诗云:'檀心紫成晕,翠叶森有芒。'揣摸刻骨,造语壮丽,后世莫及"。(第四十条)

"鲁直作诗,用事压韵,皆超妙出人意表。"(第一百〇九条)

陈无己《赋宗室画》、《曾子固挽辞》,"近世诗人莫及"。(第四

十七条)

彦周对当时诗僧之评论,可谓特有会心:

> 晦堂心禅师初退黄龙院,作诗云:"不住唐朝寺,闲为宋地僧。生涯三事衲,故旧一枝藤。乞食随缘过,逢山任意登。相逢莫相笑,不是岭南能。"此诗深静平实,道眼所了,非世间文士、诗僧所能仿佛也。
>
> ——第十三条
>
> 僧乂了……颇能诗。仆爱其两句云:"百年休问几时好,万事不劳明日看。"不独喜其语,盖取其学道休歇洒落自在如此。
>
> ——第十四条
>
> 近时僧洪觉范颇能诗……颇似文章巨公,所作殊不类衲子。又善作小词,情思婉约似少游。至如仲殊、参寥,虽名世,皆不能及。
>
> ——第十八条

彦周评诗论人,其诗学观念亦有可称道者。首先,他论诗最重意趣,类似绘画之"写意"派。比如咏梅诗,特标举苏、黄:

> "谁人把盏慰深忧? 开自无憀落更愁。幸有清溪三百曲,不辞相送到黄州。""南枝北枝春事休,榆钱可寄柳带柔。定是沈郎作诗瘦,不应春能生许愁。"此东坡、鲁直梅诗二首,作诗名貌不出者,当深考二诗。
>
> ——第七十条

苏、黄二诗写梅花完全是遗形而得意,以拟人手法托意寄兴,连林逋"疏影"、"暗香"那样比较直观的描写也没有,唯求兴寄。又如写人物,彦周所重唯在"态度":

> 诗人写人物态度,至不可移易。元微之《李娃行》云:"髻鬟峨峨高一尺,门前立地看春风。"此定是娼妇。退之《华山女》诗云:"洗妆拭面着冠帔,白咽红颊长眉青。"此

定是女道士。东坡作《芙蓉城》诗,亦用"长眉青"三字云:"中有一人长眉青,炯如微云淡疏星。"便有神仙风度。

——第九条

"态度"就是个性,是人物的精神特征。不独写人如此,写物亦然,优秀诗人以一线灵犀观物,则任何事物都有其生命意蕴,比如黄庭坚咏《猩猩毛笔》:"平生几辆屐,身后五车书。"彦周叹其"精妙明密,不可加矣。当以此语反三隅也"。他由此而悟得:"凡作诗,若正尔填实,谓之录鬼簿,亦谓之堆垛死尸。"(第八条)

传神写意之作,自能打动人心。彦周由此而特别注重诗之兴发感动力量。与当时一般诗话皆以帝王诗事置于卷首不同,《彦周诗话》开卷即谓:

诗壮语易,苦语难,深思自知,不可以口舌辩。

——第二条

这大概是他论诗的纲要。他评赞诗人诗作常以"悲"、"泣"论之,对悲情之诗特有青睐。如:

"燕燕于飞,差池其羽。之子于归,远送于野。瞻望弗及,泣涕如雨。"此真可泣鬼神矣。张子野长短句云:"眼力不知人,远上溪桥去。"东坡《送子由》诗云:"登高回首坡陇隔,惟见乌帽出复没。"皆远绍其意。

——第三条

老杜《衡州》诗云:"悠悠委薄俗,郁郁回刚肠。"此语甚悲。昔蒯通读《乐毅传》而涕泣,后之人亦当有味此而泣者也。

——第一百二十三条

韩退之诗云:"酩酊马上知为谁?"此七字用意哀怨,过于痛哭。

——第五十三条

罗隐诗云:"只知事逐眼前过,不觉老从头上来。"此语殊有味。

——第九十条

晁无咎在崇宁间,次李承之长短句,以吊承之,曰:"射虎山边寻旧迹,骑鲸海上追前约。便与江湖永相忘,还堪乐。"不独用事的确,其指意高古深悲,而善怨似《离骚》。故特录之。

——第一百一十七条

诗须有深情厚味,有兴趣,有寄托,有神韵。彦周以此论诗,可谓深得诗意者。他因此而强调作诗要自然而然,真情流露。他转述黄庭坚的话:"做诗费许多气力做什?"并赞叹道"此语切当,有益于学诗者,不可不知也"。(第八十条)

诗话总有记事,《彦周诗话》记事、考辨的内容也不少,值得特别一提的是他三次谈到梦中作诗:

梦中赋诗,往往有之。宣和己亥,仆在洪州……夜梦……题诗四句云:"闲花乱草春春有,秋鸿社燕年年归。青天露下麦苗湿,古道月寒人迹稀。"拍笔砖上有声,惊觉,宛然记忆。

——第五十七条

先伯父……夜梦……题……李白其诗曰:"秋风吹桂子,只在此山中。待得春风起,还应生桂丛。桂丛日以满,清香何时断?只为爱清香,故号清香馆。"伯父自作记梦一篇书之甚详。

——第一百○五条

季父仲山病中梦至一处泛舟……赋诗云:"山色浓如滴,湖光平如席。风月不相识,相逢便相得。"既寤而言之。

——第一百○七条

梦中作诗,是人类特有的精神现象,专注于诗歌创作的人,有时可能会出现这种潜意识现象,只是很多人醒了就忘记了,但醒后仍能记得的情况是有的,如苏轼、陆游集中都有明言梦中所作、醒而记之的作品。这与"记梦"诗有别,"记梦"之作通常是记自己的梦,醒后因梦而作诗。梦中作诗则是梦中已经作成诗篇或诗句,醒后尚能记得,立即记录下来。许多诗话都记载梦中作诗,并非虚妄之言。彦周的著述态度颇谨慎,"不强不知以为知",对某些前辈之论,"不敢议也不敢从"[①],而记录一些鬼神怪异之事,也持"神怪不足言,但诗殊佳,故录之"(第一百一十五条)的务实态度。故其所记自己或他人梦中作诗,当非妄言。

其书之瑕疵,《四库提要》和《宋诗话考》已一一指摘之,兹不赘述。

---

① 郭绍虞:《宋诗话考》。

附论一

宋代诗歌概述

一、宋诗之规模与特质

1991~1999年,北京大学出版社陆续出版了《全宋诗》七十二册。该书由北大古文献研究所领衔编纂,傅璇琮、倪其心、孙钦善、陈新、许逸民任主编。全书辑录两宋八千九百余家诗人的三十余万首诗作,共三千七百三十四万字。所收诗人是现存唐代诗家之三倍,诗作则六倍,字数则十二倍。

文学史家论及文学代雄,常以"宋之词"为宋代最有特色之文学,但这绝不意味着宋诗衰落或无声色。事实上,有宋一代,文人皆能诗。诗是文人的标志、职事、文化生命。在宋代先后繁荣的五大文体中,诗一直是文学之正统,之主流。即以今存宋诗与宋词的数量相比,唐圭璋《全宋词》收一千三百余家近两万首词,孔凡礼《全宋词补辑》增补百余词人四百三十余首词。则宋诗是词的十五倍,诗家则六倍多。再就单个作家来看,如苏轼,今存诗两千七百多首,词三百六十二首、文四千八百多篇。可见其文学创作以诗文为主。

宋诗是中国诗史的重要阶段,其成就和价值、流派和风格都有独特的诗学、美学、史学、哲学、文化学意义。然自宋魏泰、张戒、严羽等人扬唐诗抑宋诗,明人愈甚,清人渐重宋诗,而近人鲁迅、闻一多、毛泽东贬抑宋诗尤甚且影响颇大。① 幸有一些文学史家尚能求是而不随流,持论较为公正。如缪钺《论宋诗》(1940 年 8 月)云:

> 唐宋诗之异点,先粗略论之。唐诗以韵胜,故浑雅,而贵蕴藉空灵;宋诗以意胜,故精能,而贵深析透辟。唐诗之美在情辞,故丰腴;宋诗之美在气骨,故瘦劲。唐诗如芍药海棠,秾华繁采;宋诗如寒梅秋菊,幽韵冷香。唐诗如啖荔枝,一颗入口,则甘芳盈颊;宋诗如食橄榄,初觉生涩,而回味隽永。譬诸修园林,唐诗则如叠石凿池,筑亭辟馆;宋诗则如亭馆之中,饰以绮疏雕槛,水石之侧,植以异卉名葩。譬诸游山水,唐诗则如高峰远望,意气浩然;宋诗则如曲涧寻幽,情境冷峭。唐诗之弊为肤廓平滑,宋诗之弊为生涩枯淡。虽唐诗之中,亦有下开宋派者,宋诗之中,亦有酷肖唐人者;然论其大较,固如此矣。……就内容论,宋诗较唐诗更为广阔;就技巧论,宋诗较唐诗更为精细。然此中实各有利弊,故宋诗非能胜于唐诗,仅异于唐诗而已。……就内容论,宋诗较唐诗更为广阔。就技巧论,宋诗较唐诗更为精细。……宋人审美观念亦盛,然又与六朝不同。六朝之美如春华,宋代之美如秋叶;六朝之美在声容,宋代之美在意态;六朝之美为繁丽丰腴,宋代之美为精细澄澈。

> 总之,宋代承唐之后,如大江之水,潴而为湖,由动而变为静,由浑灏而变为澄清,由惊涛汹涌而变为清波容

---

① 齐治平:《唐宋诗之争概述》,岳麓书社,1983 年版。

与。引皆宋人之心理情趣之种种特点也。此种种特点，在宋人之理学、古文、词、书法、绘画、以至于印书，皆可徵验。由理学，可以见宋人思想之精微，向内收敛；由词，可以见宋人心情之婉约幽隽；由古文及书法，可以见宋人所好之美在意态而不在形貌，贵澄洁而不贵华丽。明乎此，吾人对宋诗种种特点，更可得深一层之了解。宋诗之情思深微而不壮阔，其气力收敛而不发扬，其声响不贵宏亮而贵清冷，其词句不尚蓄艳而尚朴淡。其美不在容光而在意态，其味不重肥酞而重隽永，此皆与其时代之心情相合，出于自然。扬雄谓言为心声，而诗又言之菁英，一人之诗，足以见一人之心，而一时代之诗，亦足以见一时代之心也。①

钱钟书《谈艺录》(1948年6月第1版)，开卷即论唐宋诗各擅所长：

    唐诗、宋诗，非仅朝代之别，乃体态性分之殊。天下有两种人，斯分两种诗。唐诗多以丰神情韵擅长，宋诗多以筋骨思理见胜。……夫人禀性，各有偏至，发为声诗，高明者近唐，沉潜者近宋，有不期而然者。故自宋以来，历元、明、清，才人辈出，而所作不能出唐、宋之范围，皆可分唐、宋之畛域。

钱仲联《全宋诗·前言》(1989年2月)云：

    唐诗宋诗，世所称我国古代诗歌并峙之双峰也。……今读两宋大家之诗集，而知"宋世诗势已尽"之说为不然。宋诗流派之众多，内容之充实，艺术之精湛，其纪事征史之作，美仑美奂者，更为词家所不能为也。

程千帆《全宋诗·前言》(1989年春节)云：

---

① 《诗词散论》，上海古籍出版社，1982年版。

> 求五七言古今体诗于历祀,唐宋尚已。……尝闻之先师和州胡翔冬先生:唐诗近风,主情,正也;宋诗近雅,主意,变也。非正,何由见变?非变,何由知正?正之与变,相反相成,道若循环,昭昭然明矣。

上引诸家之论重在揭示宋诗之品质。以下略言宋诗之递嬗流变。

二、北宋前期——宋诗自立

方回在《送罗寿可诗序》①中叙述宋诗发展历程的一段话,深得后世文学史家赞同。其云:

> 宋划五代旧习,诗有白体、昆体、晚唐体。白体如李文正、徐常侍昆仲、王元之、王汉谋。昆体则有杨、刘《西昆集》传世,二宋、张乖崖、钱僖公、丁崖州皆是。晚唐体则九僧最逼真,寇莱公、鲁三交、林和靖、魏仲先父子、潘逍遥、赵清献之父,凡数十家,深涵茂育,气势极盛。欧阳公出焉,一变为李太白、韩昌黎之诗,苏子美二难相为颉颃。梅圣俞则唐体之出类者也,晚唐于是退舍。苏长公踵欧阳公而起。王半山备众体,精绝句、古五言或三谢。独黄双井专尚少陵,秦晁莫窥其藩。张文潜自然有唐风,别成一宗,唯吕居仁克肖。陈后山弃所学学双井,黄致广大,陈极精微,天下诗人北面矣,立为江西派之说者,铨取或不尽然,胡致堂诋之。乃后陈简斋、曾文清为渡江之巨擘。乾淳以来,尤、范、杨、陆、萧其尤也。道学宗师于书无所不通,于文无所不能,诗其余事,而高古清劲,尽扫余子,又有一朱文公。嘉定而降,稍厌江西,永嘉四灵复为

---

① 四库本《桐江续集》,卷三十二。

九僧,旧晚唐体非始于此四人也,后生晚进不知颠末,靡然宗之,涉其波而不究其源,日浅日下。然尚有余杭二赵,上饶二泉,典刑未泯。

方回大致勾勒了宋诗的历程。以下依其次序略论之。

(一)宋初三体

所谓"白体",是北宋仁宗时出现的说法,指宋太宗、真宗时期诗坛流行的学白居易风格的诗。① 方回所列"白体"诸人中,徐锴卒于南唐,并未入宋,与"白体"无涉。方回漏掉了"白体"中影响最大的一位诗人,即宋太宗。另外,仁宗朝"西昆体"取代了"白体"的主流地位,但"西昆"诗人中的杨亿、舒雅、刁衎、张咏、晁迥、李维、李宗谔、张秉等,早年都曾学过"白体"。欧阳修所谓"仁宗朝有数达官以诗知名,常慕白乐天体"②,就是指这些人。

那么,"白体"诗人是从什么意义上学白乐天诗呢?从当时人的说法可知北宋"白体"诗的基本风格特征是"顺熟"、"容易"、"浅切";而基本的创作形态则是君臣唱和。

宋初最早学白诗的人是李昉,助长"白体"流行最有力的人是宋太宗。"白体"流行是从太宗朝开始的。当时朝廷文臣能诗者,都参与君臣唱和或臣僚唱和,很多人都学"白体"。此风经真宗朝,至仁宗朝余波尚存。随帮唱曲之外,有些诗人学白颇有所成。明确提倡学白者是三李:李昉及其子李宗谔、其唱和诗友李至。堪为代表者是宋太宗、李昉、王禹偁、晁迥。

北宋人所谓学"白体",其含义主要有三层。

一是学白居易与元稹、刘禹锡作唱和诗,切磋诗艺,休闲解颐。太宗与群臣唱和,李昉与李至唱和,王禹偁与友人唱和,皆有效元、白、刘之意。

---

① 本书第1章,第1节论"白体"部分。
② 《六一诗话》。

二是效白诗浅切随意,不求典实的做法。白诗分类虽多,但浅近易晓确为其共同特色。这种诗随时随意而吟,不重学问典故,作来轻松便捷,很适合休闲唱和,临场发挥。

三是效其旷放达观、乐天知足的生活态度,以及借诗谈佛、道义理。李昉、李至、李宗谔、王禹偁、晁迥等人皆有此类言论和诗作,宋太宗则于此最为用心。太宗有意借助白诗中经常演绎的"知足知乐"哲学以教化臣民。今存太宗诗五百六十余首①主要为《逍遥咏》二百首,《逍遥歌》十六首,《缘识》三百一十八首。这些诗多为发挥佛、道义理,倡导安心静处,勉励人们淡漠功名利禄之作,颇类白中年以后的诗作。

如果说"白体"流行于庙堂,"晚唐体"则主要流行于山林。然"晚唐体"之称,至宋末元初才正式形成。虽然北宋人已有"晚唐"之类的说法,但通常是指唐代诗歌的后期阶段。欧阳修曾评论"唐之晚年"诗,②苏轼曾说王荆公诗有"晚唐气味"③。从北宋至南宋末,论者对宋人作诗学晚唐的问题渐次形成了许多较为一致的看法:以孟郊、贾岛为晚唐诗风之代表,以穷愁苦吟、精巧雕琢、寒瘦卑弱为晚唐诗风的主要特点。严羽在《沧浪诗话·诗体》中提出了"晚唐体"概念,但指的是唐诗而非宋诗,只是在《诗辨》中言及宋末"四灵"学晚唐贾岛、姚合清苦之风。与严羽大体同时的俞文豹在《吹剑录》中也谈到"晚唐体"。严、俞认为"晚唐体"及学"晚唐体"的"四灵",主要特点是"局促于一题,拘挛于律切,风容色泽,轻浅纤微,无复浑涵气象",而有"哀思之音"。与俞、严同时的刘克庄扩大了"晚唐体"的外延,明确地认为宋初诗坛有潘阆、魏野等诗人学

---

① 《全宋诗》,卷二十二。
② 《六一诗话》。
③ 《侯鲭录》,卷七,载东坡《书荆公暮年诗》。

习"晚唐格调"①。

然而正式称宋初诗有"晚唐体",则是从方回开始的。方回首倡宋初诗分"三体",举"凡数十家"为"晚唐体"。从他所列诗人来看,或许他是从隐逸这个视角观察"晚唐体"的。

方回所列"晚唐体"诸诗人,其创作活动多在太宗朝,其身份多为僧、隐之士或仕途潦倒者,不像"白体"诗人那么显贵。其作诗的确崇尚贾岛、姚合,尚苦吟,喜为五律,善用白描,讲究锻炼推敲字句,但少用典故,多写清新的自然景物,清苦的生活,清高的情怀。

寇准(961~1023年)是"晚唐体"诗人的盟主。由于他是这类诗人中唯一的高官,有交游之便,潘阆、魏野、林逋、九僧等在野名士都先后成为他的诗友,并常常以他为中心进行诗歌唱和。由于生平阅历复杂,寇准作诗的风格其实并不单一。作为力主太宗御驾征辽的宰相,其诗有"赴义忘白刃,奋节凌秋霜"②的豪气;作为总理国家事务的宰相,他有"终期直道扶元化"③的理想和"有时扼腕生忧端"④的责任感;而当仕途困厄之际,他的诗便有晚唐清苦之声了:"万事不关虑,孤吟役此生,风骚中旨趣,山水里心情。"⑤

从中约略可知他学习晚唐穷困隐逸诗人,淡泊世虑,孤芳自赏,寄情山水,刻苦吟咏的创作意向。今存《寇忠愍公诗集》三卷,多为此类。

九僧是寇准的诗友,并学晚唐。欧阳修《六一诗话》、司马光《温公续诗话》载九僧事。据今存《九僧诗集》,可知九僧常结诗社唱和。胡应麟《诗薮·杂编卷五》论九僧诗云:

---

① 《江西诗派总序》山谷条、《后村诗话·后集》,卷一。
② 《述怀》,此段引寇准诗均依《全宋诗》。
③ 《春日抒怀》。
④ 《感兴》。
⑤ 《书怀寄韦山人》。

其诗律精工莹洁,一扫唐末五代鄙倍之态,几于升贾岛之堂,入周贺之室,佳句甚多,温公盖未深考。第自五言律外,诸体一无可观,而五言绝句亦绝不能出草木虫鱼之外,故不免为轻薄所困,而见笑大方。

潘阆字逍遥,曾得太宗召见赐进士及第,授四门国子博士。真宗朝隐逸江湖,后寓居钱塘,卒于泗上。他与寇准是诗友,作诗推崇贾岛。王禹偁《潘阆咏潮图赞》称其诗"寒苦清奇",如《自序吟》"发任茎茎白,诗须字字清"之类。

赵湘是太宗朝颇有名气的青年诗人。这位江南寒士生活清苦,为人清高,作诗务求清美工巧,喜为五律,多写山水清境和清人雅怀,确有类贾岛诗之处。时人颇重其诗之清美,欧阳修云,"其诗清淑粹美";吴俦云,"其诗清澄蠲洁,淡雅夷旷";蔡戡称其继承祖德,"清芬不坠"。①

魏野初学白体,后与寇准交密,转学晚唐。《宋史·隐逸传》称其"为诗精苦,有唐人风格,多警策句"。魏野论诗崇尚自然,曾提出"至清无隐"②这样重要的美学命题。

林逋被文学史家推为"晚唐体"的主要代表。他终生隐居,是个自然主义者,论诗所重者,唯在自然。在"晚唐体"诗人中,他显得更为清高,而不是清苦。他没有九僧诗的"蔬笋气",而"梅香"浓郁。晚唐体以五律为主,他则五言、七言俱佳。

"西昆体"略晚于"白体",是真宗景德年间兴起的诗派,渐成诗坛主流,盛行半个多世纪,至晏殊去世、欧阳修主盟文坛乃渐消退。此派的代表诗人是杨亿、刘筠、钱惟演等馆阁文臣。景德二年(1005年)秋,真宗命王钦若、杨亿等人聚集于皇家藏书之秘阁,编纂大型类书《册府元龟》。修书之余,这些人以李商隐诗为榜样,互

---

① 以上皆见四库本《南阳集·后跋》。
② 《全宋诗·疑山石泉并序》,第961页。

相唱和作诗,并邀一些未参与修书的文臣如刘筠、钱惟演等参与唱和,蔚为一时风雅盛事。至大中祥符元年(1008年),杨亿将这些人的唱和诗编为酬唱集并作序,据《山海经》和《穆天子传》所云昆仑之西群玉之山有先王藏书之册府的典故,简称"西昆"以喻朝廷秘阁,遂名《西昆酬唱集》。然"西昆体"之称在仁宗朝尚未出现。欧阳修《六一诗话》始称"昆体";刘攽《中山诗话》称"西昆体",后人延用之。惠洪《冷斋夜话》又称李商隐诗为"西昆体"。严羽则以"西昆体"兼称李商隐、温庭筠及本朝杨、刘诸公。

《西昆酬唱集》共收杨亿、刘筠、钱惟演、李宗谔、陈越、李维、刘骘、丁谓、刁衎、任随、张咏、钱惟济、舒雅、晁迥、崔遵度、薛映、刘秉十七位诗人的五言、七言律、绝共二百五十首。其中杨亿七十五首,刘筠七十三首,钱惟演五十四首。此三人官位既高,才情亦富,诗又占总数五分之四,故被目为"西昆体"诗人之领袖和代表。

"西昆体"诗人与"白体"诗人有共同之处——多为朝廷文臣,且"西昆体"诸人中,多位曾先学"白体"。这说明宋初台阁诗风从以"白体"为主流,嬗变为以"西昆体"为主流。其中审美意识变化的逻辑是:简易泛滥则繁难兴焉。"西昆体"诗人学李商隐诗,以富丽、华美、渊博、深隐来矫正"白体"的浅易平俗,从而透露出宋诗崇学尚典的文人意趣和宋代文学雅俗分流的发展趋势。

方回《瀛奎律髓》卷十八云:"凡昆体,必于一物之上,入故事、人名、年代及金、玉、锦、绣等以实之。"如"试将梁苑雪,煎动建溪茶"之类。普通的雪,特以汉代梁孝王建梁园聚文士的典故来修饰,使诗句具备更多的可解释空间,牵扯起更多的历史文化意蕴。李商隐诗及"西昆体"诗,都有这种既求典实繁富,又求意象华美的创作倾向。

其实李商隐亦属晚唐诗人,但后人特于"晚唐体"之外,又称"西昆体",可知"晚唐体"与"西昆体"有异,前者多贫寒清高之语,后者持富丽渊博之趣。

杨亿是"西昆体"的主盟,初学白居易,后学李商隐。他认为李诗"富于才调,兼极雅丽,包蕴密致,演绎平畅,味无穷而炙愈出,钻弥坚而酌不竭,曲尽万态之变,精索难言之要"。杨亿是宋人中最先发现李商隐诗的艺术价值并"孜孜求访"、悉心体味并率先学习李诗者。他在《西昆酬唱集·序》中比较系统地阐述了"西昆体"诗人"懿、雅、精、博"的诗美观念,并指示写作这种诗的途径——崇学尚典。

中国诗歌自古以来就有抒写严肃的情志和抒写闲逸的情趣两大类型。杨亿在《序》中所强调的,似乎是唯美的、纯艺术的、闲逸博雅的诗歌情趣。然而《西昆酬唱集》中,亦有深涵寓意之作,如杨、刘、钱唱和的《宣曲》、《汉武》、《代意》之类,在繁典丽词之后,深涵着才士失意的悲凉。这未必是作者个人的情怀,但却是一种普泛化的人类情怀,是智慧人类所特有的高级的感伤。这样的诗可以说不仅得李商隐诗之体,而且得其诗心。

对"西昆体"诗人来说,重要的不在于写严肃的情志还是写闲逸的情志,而在于艺术表现的深隐、渊博、富丽、华美,能为读者提供较大的阅读空间。

这种崇学尚典又唯美求深的诗风,自此之后,历宋、元、明、清各朝代以至于当代,一直是文人诗的主流审美倾向。比如清代最大的诗歌流派"同光体"诗人,以及深承其趣的近世文人陈寅恪、钱钟书等,都是循此一路的。

不过,与李商隐相比,"西昆体"诗人的幽怨讽谏之心没那么多,因而作诗自然多以闲情逸致、文人雅趣为主要的抒写内容,而以艺术表现之渊深雅致、巧妙华美为主要的审美追求。杨亿在《温州聂从事云堂集序》和《温州聂从事永嘉集序》[①]中曾详述自己的诗学思想,主张以雅言、英词、藻思写闲情逸兴。而所谓闲情逸兴,

---

① 四库本《武夷新集》,卷七。

则主要产生于游山玩水、文墨游戏、朋友唱和赠答之间。《西昆酬唱集》就是这种以创作为娱乐的产物。唯此二序很少受到文学史家关注。

杨亿诗学中潜涵着一种鄙视通俗质朴、偏爱博雅雍容的文化贵族倾向。这种倾向正是凝聚西昆诗派的精神底蕴和审美旨趣。

西昆派后期的代表人物晏殊于此曾有很具体的发挥。胡仔《苕溪渔隐丛话·前集》卷二十六载晏元献以富贵论诗事可参。晏殊做人作诗都崇尚高贵典雅,不是穷清高,而是既富贵且高雅,他既鄙薄物质上的"乞儿"、"穷人",也鄙视精神上的"伧父"。他所言"富贵",是富于文化艺术内涵的、物质和精神双重的富有和高贵。他与西昆前辈的艺术审美趣味有所不同,他不喜欢太多装饰的富贵,而喜欢清高渊雅的富贵。

时人和后人对西昆体诗臧否不一。笔者认为:"西昆体"诗的确不是写给大众看的通俗读物,其优秀之作为读者提供的解读空间富于历史内涵和文化艺术内涵,因而其读者应是有大致相同的文化修养和艺术品味的人。当然,"西昆体"诗人没有达到李商隐那样的艺术高度,这与个人天赋有关。

(二)复古与新变

方回以欧阳修、苏舜钦、梅尧臣为走出"晚唐"影响,变为新貌者。此说大体符合实际。真宗、仁宗之世,一些年轻诗人不满于因袭晚唐五代诗风而寻求新变,这种努力与当时兴起的复古思潮密切相关。

当时的复古,主要是复兴古文和儒学。中国古代思想史、文学史上每次复古思潮,其真实用意都不是简单地返归原古,而是不满于时尚,就以复古为名,求新变之实。中古以来复古文、兴儒道的思潮始于韩愈,他倡导散体古文以改变骈文一统的局面,倡导儒学以振作士气,淳正世风。故苏轼称其"文起八代之衰,道济天下之溺"①。

宋初文坛的复古文、兴儒道思潮出现在真宗朝,到仁宗天圣年间,复古求新的思潮扩大到诗界。范仲淹在天圣四年(1026年)作《唐异诗序》,倡导"大雅君子,当抗心于三代",复"国风之正"。此时"西昆体"诗文尚在流行,他虽未明确批评"西昆体",但他在《序》中对五代以还文学风气的批评和对众多前代诗人的肯定,以及对"国风之正"的倡导,当有前承柳开,后启石介及宋诗新变的作用。

其后若干年,他作《尹师鲁河南集序》②,明确表示了对西昆末流的批评:

> 洎杨大年以应用之才,独步当世。学者刻辞镂意,有希仿佛,未暇及古也。其间甚者,专事藻饰,破碎大雅,反谓古道不适于用,废而弗学者久之。

另一方面,范仲淹明确肯定了欧阳修振奋文风的作用:

> 永叔从而大振之,由是天下之文一变,而其深有功于道欤!

石介是复古兴儒思潮的代表人物之一。关于诗歌,他最为严厉地批评"西昆体",并提倡古朴质实的儒家诗教观。③

宋祁(998~1061年)晚年所著《笔记》言及仁宗前期诗坛情况:

> 天圣之初元以来,搢绅间为诗者益少。唯故丞相晏

---

① 《潮州韩文公庙碑》。
② 《范文正公集》,卷六。
③ 《石曼卿诗集序》,《徂徕石先生文集》,卷十八。此序又见于文渊阁四库全书本《苏学士文集》,卷十三,误为苏舜钦作。参《苏舜钦集编年校注》之《前言》和《附录一·〈石曼卿诗集序〉》按语,巴蜀书社,1990年版。

公殊、钱公惟演、翰林刘公筠数人而已。至丞相王公曙、参知政事宋公绶、翰林学士李公淑,文章外亦作诗,而不专也。其后石延年、苏舜钦、梅尧臣,皆自谓好为诗,不能自名矣。①

余靖也参与改变诗风。宋诗尚通达、讲意趣,余靖是这种审美风尚最早的倡导人和实践者。

仁宗朝前期,"西昆体"和"晚唐体"余绪尚存之际,汴京、东州、洛阳有三个年轻文人群体,他们用各自的方式寻求诗的新变。

在汴京的台阁之外,穆修和苏氏舜元、舜钦兄弟"作为古歌诗杂文,时人颇共非笑之,而子美不顾也"②。他们作的古歌诗主要是五言长篇,这与"西昆体"以近体为主不同。其中苏舜钦名高,其诗有豪气,时人将他与梅尧臣并称为"苏梅"。清人叶燮认为"开宋诗一代之面目者,始于梅尧臣、苏舜钦二人"③。

东州的几位年轻诗人也在寻求新变。《宋史·文苑四》④云:"山东人范讽、石延年、刘潜之徒,喜豪放剧饮,不循礼法,后生多慕之。"当时人颜太初作《东州逸党》诗描述他们的诗:"或作慨量歌,无非市井辞。或作薤露唱,发声令人悲。"⑤石延年(曼卿)是东州最重要的诗人。他48岁去世时,苏舜钦、欧阳修、梅尧臣等都分别写了哭悼曼卿的诗,可见其诗名重于当时。

汴京的苏舜钦和东州的石延年作诗都有"豪"名,都不同于西昆路数。他们共同的诗美追求是:用自然豪放的平民风格,抵制精雕细琢的贵族情调,用清新对抗陈腐,用古朴反拨时尚。欧阳修评

---

① 《宋景文笔记》,卷上。
② 欧阳修:《苏氏文集序》,《居士集》,卷四十一,四部丛刊本。
③ 《原诗·外篇》。
④ 中华书局校点本,第13087页。
⑤ 《全宋诗》,第2648页。

价石诗"时时出险语,意外研精粗。穷奇变云烟,搜怪蟠蛟鱼"(《哭曼卿》),这显然是说他不同时俗,有独特的审美追求。

天圣末至景祐初(1031～1034年),钱惟演留守西京洛阳,他的幕府中,聚集了二十多位文士。① 其中的梅尧臣被南宋刘克庄尊称为宋诗的"开山祖师"②。欧阳修此时向梅尧臣学诗,后来成为促进宋诗发育的最有力者。

梅尧臣作诗,主张恢复诗歌的风雅美刺传统,追求平淡风格。欧阳修《六一诗话》说"圣俞平生苦于吟咏,以闲远古淡为意"。梅尧臣还提出过两个著名的诗学命题,即"意新语工"和"状难写之景如在目前,含不尽之意见于言外"。③ 意新语工是指立意和造语两方面,包括"前人未道"、"以故为新,以俗为雅"等内涵。这对宋诗影响很大,又经苏、黄等人弘扬,乃成宋诗之时尚——以渊博的文化写自己的生活情趣。梅尧臣的开山意义,或许正在于此。

欧阳修是文化伟人,是一代杰出的文学宗主。他论诗爱李白尊韩愈,对同时人苏舜钦、梅尧臣予以有力的褒扬。苏、梅在当时和后世受人注重,与欧阳修的褒扬有很大关系。欧阳修作诗受李白、韩愈影响较大,这与他秉性直爽、天赋优越有关。李、韩之诗殊不易学,非大才不敢为,宋代诗人敢学李、韩者,欧、苏、陆等数人而已。欧阳修以大才而学李,以大儒而学韩,他的诗在当时人中实属上乘。虽然他谦虚地说自己曾学诗于梅尧臣,但仅以诗才而论,他也高于梅尧臣,比如大家都作悼念石曼卿的诗,欧作的才力明显高于苏、梅等人。然而欧阳修对当时及后世诗坛的影响,主要却不是他的诗歌,而是他的诗论。在他主盟文坛的二十余年间,他对时贤

---

① 王水照:《北宋洛阳文人集团的构成》,第138页,收入《王水照自选集》,上海教育出版社,2000年版。
② 《后村诗话·前集》,卷二。
③ 《六一诗话》。

和后进诗人的褒扬奖掖,对宋诗的发育产生了巨大而且深远的影响,宋诗有别于唐诗的风貌,在他主盟文坛时期初步形成了。

近世文学史家言及欧、苏、梅时期的文学时,常用"诗文革新运动"一词。考"运动"一词,虽古已有之,但以之指称社会事件,大约始于梁任公启超先生。"革新"本非一词,宋人偶有合成使用者,如苏辙《栾城集·后集》卷十三《颍滨遗老传》下:"自元祐初革新庶政。"宋人并无"诗文革新"之说,欧阳修时代诗文之变化,亦无今人所谓"运动"之声势规模。梅尧臣评价韩愈曾说"文章革浮浇,近世无如韩"①。"革"是革除之意。欧阳修使用的语汇是"复古"②。盖古人大凡欲改变现状,多以复古为名。欧阳修和梅尧臣以复兴"风雅"为名,进行了变革诗风的努力,使诗歌从宫廷娱乐转向社会民生,从书卷典故转向生活感受。诗歌的审美倾向从唐诗的雅俗共赏转向宋诗的文人意趣,或者说从表现人类共性转向表现文人个性,因而从诗歌的内容到表现手法,都更加个性化,更加崇尚创新。于是韩愈、孟郊、贾岛、李贺等人个性鲜明的诗常常成为他们仿效的范式。后人论宋诗时常说的散文化、议论化、学问化等"宋调"倾向,在他们的诗中初露端倪。

(三)荆公体

曾经受到欧阳修特别褒奖的王安石,于诗却不像欧阳修那样爱李尊韩。他曾编选杜甫、欧阳修、韩愈、李白《四家诗选》。这个排序很独特,反映出他对四位诗人的评价:尊杜敬欧轻韩抑李。他曾明言"予考古之诗,尤爱杜甫氏"③。论韩愈则云"力去陈言夸末

---

① 《梅尧臣集编年校注·依韵和王平甫见寄》,卷二十六。
② 四部丛刊本《欧阳文忠公集·居士集》,卷十三,《和武平学士岁晚禁直书怀五言二十韵》:"文章复古初。"
③ 《老杜诗后集序》。

俗,可怜无补费精神"①;论李白则批评"其识污下,诗词十句九句言妇人酒耳"②。欧阳修很赏识王安石的文才,作《赠王介甫》诗云:"翰林风月三千首,吏部文章二百年。老去自怜心尚在,后来谁与子争先?"明显有勉励王安石继李白、韩愈和自己之后,领袖诗坛之意。然而王安石答诗却说:"欲传道义心犹在,强学文章力已穷。他日若能窥孟子,终身安敢望韩公。"③声明自己的兴趣在"道义"而不在"文章",婉言谢绝了欧阳修的勉励。

王安石诗如其人,个性鲜明,风格独特,早期诗尚意气,少含蓄,关注朝政民瘼;中年诗雄直峭劲又壮丽超逸,视野更为广阔,咏史诗《明妃曲》二首特别著名;晚年诗深婉华妙,归心于山水和禅理,艺术更为精湛圆熟。④ 王安石中年时期曾"尽假唐人诗集,博观而约取"⑤,诗艺因而大进。晚年诗讲究技巧、法度、才学,诗律精严工巧,即承"唐音"又开"宋调",形成独具一格的荆公诗法。他晚年的诗,是他晚年艺术人生的诗化。苏轼、黄庭坚、陈师道等许多人都曾称道他的"晚年诗"。严羽《沧浪诗话·诗体》篇列有"荆公体",注文称"公绝句最高"。

王安石对当时一位才高而命短的诗人王令非常偏爱,称其"妙质不为平世得"⑥。《四库提要》称王令"才思奇轶,所为诗磅礴奥衍,大率以韩愈为宗,而出入于卢仝、李贺、孟郊之间"。近人钱钟书、程千帆皆特别推介过王令的诗,称其"诗歌风格雄伟,热情奔放,想象力丰富,带有浪漫主义色彩",有"奇思妙想"⑦。

---

① 《韩子》。
② 惠洪:《冷斋夜话》,卷五。
③ 《奉酬永叔见寄》。
④ 程千帆:《两宋文学史》,上海古籍出版社,1991年版。
⑤ 《石林诗话》,卷中。
⑥ 《思王逢原》。
⑦ 《两宋文学史》。

三、北宋中后期——苏、黄时代

(一)东坡体与苏门

苏轼的诗现存两千七百余首,以数量而言,北宋诗人无出其右者。其内容海涵地负,风格多姿多彩,代表宋诗的最高成就和主要特色。苏轼精研前代诗歌,融会贯通而自立规模。从《诗经》到杜甫的现实主义传统,从庄、屈到李白的浪漫主义风格,从孟子到韩愈的诡异奇险,以及韩愈以文为诗的做法,他都兼收并蓄。晚年又喜欢陶渊明的冲淡高逸、柳宗元的峻洁孤傲。他的天才和学养,使他作诗得心应手,纵横驰骋,变化无端,形成一种独具"宋调"特质的诗美范式。严羽《沧浪诗话》批评"近代诸公乃作奇特解会,遂以文字为诗,以才学为诗,以议论为诗"。苏轼当属于"诸公"之列。严羽称苏诗为"东坡体",称苏、黄诸公诗为"元祐体",认为宋诗"至东坡山谷始自出己意以为诗,唐人之风变矣"。元好问《论诗绝句三十首》云:"奇外无奇更出奇,一波才动万波随。只知诗到苏黄尽,沧海横流却是谁?"

苏轼是千古奇才,其诗一如其人,道大、思深、才高、语奇。举凡社会历史人生之一切,都是他的诗材,而他的诗意,往往比较深至、渊博,不仅代表着当时人类的智慧水平,而且对后人永远具有感染和启迪价值。比如对人生与生命的性状、形态、品质、价值等诸多问题的逐次叩问乃至终极思考,就是他诗中长存的话题。秦观在《答傅彬老简》中说:"苏氏之道,最深于性命自得之际。""自得"就是有自己的心得。苏诗中对人生的长与短、乐与悲、得与失、荣与辱、离与合、出与处、富贵与贫贱等诸多问题,都有深切的彻悟和表述,并进而在诗中展示他诗意的生存态度:进取、独立、随缘。这是儒、道、释家生命哲学之要义,是中国古典人文智慧之精华。苏轼的诗与人生,就在这样的哲学境界中"栖居"着,舒展着,美丽着,行走坐卧饮食男女中皆可品味出诗意。比如喝茶这样的日常生活,他就有《汲江煎茶》那样美丽的体会和描述。生活和诗,在苏轼这里都文人化、艺术化了。

在宋诗中,苏诗之风格最为丰富多彩,有雄健有婉转,有豪放有深微,有清新有秾丽,有平淡有奇幻,有自然有工巧,有庄重有诙谐,随心所欲、纵横挥洒而又法度精严。前人对苏诗称颂备至,然而每一种评论都不能概括其全部。他的诗各体兼擅,诸法皆能,"别开生面,成一代之大观"①。天才总是超常的,普通的生活在苏轼笔下就是艺术,就是趣味;普通的诗法在苏轼手中就显得精良高妙,别出心裁;普通的话语在苏轼诗中往往就是警句格言。苏诗是宋诗乃至古代文人诗的一种优秀范式。

在苏轼周围,有一个以"四学士"、"六君子"等人为骨干的文人群体,他们尊苏重道尚才好友,以文学活动为联谊的主要纽带而集于"苏门",互相学习和促进,形成为后人瞩目的元祐文坛繁荣的盛况。以诗而论,他们学苏而不囿于苏,风格各异。这与苏轼不求一律、尊重个性的宗风懿范有很大关系。比如秦观早期诗"清新婉丽"②,"似小词"③,后期诗则"严重高古"④,"亦豪而工矣"⑤。其中不无学苏痕迹。苏辙、张耒学苏之自然平易,晁补之学苏之高逸俊迈,而又各具风格。

(二)江西诗派

苏轼之后,两宋诗坛形成了声势最大、流行最久、影响最深远、最能代表宋诗风貌的江西诗派。黄庭坚被尊为江西诗派之宗主,

---

① 赵翼:《瓯北诗话》,卷五。
② 王安石:《回子瞻简》。
③ 《王直方诗话》。
④ 吕本中:《童蒙诗训》。
⑤ 严有翼:《艺苑雌黄》。

他的诗深得时人和后人称许,苏轼曾称黄庭坚诗为"庭坚体"①。陈师道《答秦觏书》说自己"一见黄豫章",就把多年所作"数以千计"的诗"尽焚"之,转而学黄。吕本中作《江西诗社宗派图》,所列二十五人以黄为首,并在序中说"诗至于豫章,始大出而力振之……江西宗派,其原流皆出豫章也";严羽《沧浪诗话》列"江西宗派体",又列"山谷体",认为宋诗自苏、黄始自立,"山谷用功尤为深刻,其后法席盛行,海内称为江西宗派";刘克庄说,"豫章稍后出,荟萃百家句律之长,穷极历代体制之变,搜猎奇书,穿穴异闻,作为古、律,自成一家,虽只字半句不轻出,遂为本朝诗家宗祖"②;宋末元初,承继江西诗派的方回提出,"古今诗人当以老杜、山谷、后山、简斋四家为一祖三宗"③。

黄庭坚诗名与苏轼并称。在苏轼之后,他的诗成为诗人们学习的主要范型。就内容而论,他的诗偏人文而少山水,轻教化而重性情,远凡尘而近道、释,鄙俗意而尚雅趣。他的诗学观念有崇古重学、尚雅反俗、求新好奇等倾向。其诗风独特,比如文学史家常常关注的"老健瘦劲、洗剥枯淡、深折透辟"④等。黄诗今存近两千首,其中律诗较多且多佳作,最能体现他的风格特色。他作诗很注重创作技巧,倡导"简易而大巧出焉,平淡而山高水深……无斧凿痕乃为佳"⑤。这是对老庄哲学的诗学阐释。他还提倡"无一字无来处……陶冶万物,虽取古人之陈言入于翰墨,如灵丹一粒,点铁成金也"⑥。还有"夺胎"、"换骨"之说。⑦ 他的这些主张以及资书

---

① 黄庭坚:《子瞻诗句妙一世,乃云效庭坚体……》。
② 《后村先生大全集》,卷九十五,《江西诗派·黄山谷》。
③ 《瀛奎律髓》,卷二十六。
④ 吕肖奂:《宋诗体派论》,第135页,四川民族出版社,2002年版。
⑤ 《与王观复书》,第2首。
⑥ 《答洪驹父书》,第2首。
⑦ 惠洪:《冷斋夜话》,卷一引述。

为诗的做法,在当时及其后都引起人们极大的关注,被视为江西诗法,学者众多,讥评亦多。

陈师道是彭城人,却被视为江西诗派"三宗"之一,其诗风确与黄诗有许多近似之处。他在《答秦觏书》中说:"仆之诗,豫章之诗也。"他主张学习杜甫诗,但认为学杜须从学黄入手。他创作态度严谨、苦心锤炼,所以黄庭坚有"闭门觅句陈无己"①之论。他的诗"个性鲜明,风骨磊落,意境新而雅,文字简而妙",但"往往因为用意过于曲折,造语过于生涩,而损害了艺术的完整性"②。

"江西诗派"是以风格成流派,并无组织体系和集体创作方式,诗人们的身份、地位、年辈、才华、成就各异,甚至并不都是江西人。吕本中判定"江西诗派"的两条重要依据,一是同情元祐旧党,仕途失意者;二是学习黄诗者。"江西诗派"这个概念不仅得到时人和后人赞同(也有不赞成者),而且追随者众多。所以这个流派的时间和地缘含义日渐淡化了。南渡前后,"江西诗派"成为诗坛主流,而在南宋时期,"江西诗派"成为许多诗人步入诗坛的门径。

另一方面,诗派毕竟不像宗教派别那样门禁森严,任何诗派都只具有某种创作风格和方法的启示意义,而没有严格的约束力。学习者自由学之,学而入门,出而自立,如同学习书法,必临摹而入门,必自立而成家。被后人视为"江西诗派"者,许多人都曾探索过自己的诗法。比如吕本中的"流动圆活"③、徐俯的"对景能赋"④、韩驹的"遍参"诸家而又"非坡非谷自一家"⑤、曾几的"清劲雅

---

① 《病起荆江亭即事》之八。
② 程千帆:《两宋文学史》。
③ 《瀛奎律髓》,卷一。
④ 曾季貍:《艇斋诗话》。
⑤ 王十朋:《陈郎中公说赠韩子苍集》。

洁"①、陈与义的"由简古发秾纤"②、"恢张悲壮"③等等。或许由于陈与义的诗更多独创性,成就较高,严羽称之为"简斋体"④。方回将他与黄庭坚、陈师道并称为"江西宗派"之"三宗"。而后世文学史家也多以陈与义为南渡之际最可称道的诗人。

四、南宋前期——中兴诸家

南宋前期诗坛有所谓"中兴"气象,当时最有名的诗人有尤袤、萧德藻、范成大、陆游、杨万里。此五人中,尤、萧之诗后世不显。这是宋诗又一次自成风貌的繁荣时期,与北宋梅、欧、王、苏、黄相继自立规模略异,陆、范、杨年龄相近,依次仅几岁之差。陆享年八十六岁,范六十八岁,杨八十岁。他们是同时成长而各具风格的。尤袤说:"温润有如范致能者乎?痛快有如杨廷秀者乎?高古如萧东夫,俊逸如陆务观,是皆自出机柚,亶有可观者,又奚以江西为?"⑤杨万里说:"余尝论近世之诗人,若范石湖之清新,尤梁豀之平淡,陆放翁之敷腴,萧千岩之工致,皆余之所畏者。"⑥名家并出而各具风格,正是一代诗歌繁荣的标志。

陆游诗今存九千三百多首,他自己说"六十年间万首诗"⑦。这数量前无古人。他六十年的创作因经历之变而分为三阶段:十八岁从曾几学诗,自然要学江西诗法,初学诗又不免雕琢藻饰,至四十多岁时已"妄取虚名"⑧;四十六岁入蜀,其后辗转仕途二十

---

① ③ 《瀛奎律髓》,卷一。
② 罗大经:《鹤林玉露》。
④ 《沧浪诗话·诗体》。
⑤ 姜夔:《白石道人诗集·自序》转述。
⑥ 《千岩摘稿序》。
⑦ 《小饮梅花下作》。
⑧ 自谦语,见《九月一日夜……走笔作歌》诗。

年,诗始自立,务求宏肆,军旅生涯及山川名胜充实了诗的内容;六十六岁退居,村野生活自然成为主要题材,诗风渐趋闲适淡泊。陆游《九月一日夜……走笔作歌》自述云:"我昔学诗未有得,残余未免从人乞。……四十从戎驻南郑……诗家三昧忽见前,屈贾在眼原历历。天机云锦自在我,剪裁妙处非刀尺。"他对自己早期诗和"江西诗派"基本持否定态度,晚年自编诗集时,把自己四十二岁以前的诗裁汰大部,仅留二十分之一以作纪念。

陆诗内容最引人注目的是其始终不渝的爱国情怀。他自编诗集时为了纪念其剑南军旅生涯而将诗集名为《剑南诗稿》。抗金复国、主战反和是他一生执著追求的理想和创作主题。梁启超有些夸张地说他"集中十九从军乐"①。此外,他的诗题材宽广,举凡山川名胜、城乡风情景象及日常生活,尽入诗中。他也是一位感情非常丰富的诗人,作诗始终充满激情。姚鼐说他"裁制既富,变境亦多"②。他是一位博学的诗人,遍参前人之诗,形成自己多样的风格。屈原、陶渊明、王维、李白、杜甫、王安石、苏轼、黄庭坚、陈师道、吕本中、曾几等诗人对他均有影响,当时就有人称他为"小李白"、"前身少陵"。他的诗众体兼备,七古和七律最好。清代《御选唐宋诗醇》认为"宋自南渡以后,必以陆游为冠"。陆游作诗贪多求快,因而其诗往往显得粗糙随意。

范成大诗今存一千九百余首,最可称道的是田园诗和山川纪行之作。他是田园诗的集大成者,既有陶渊明式的闲适恬淡之作,又有中唐乐府式的悯农情怀、怨刺精神。最足以代表他田园诗成就的是他晚年乡居石湖时的《四时田园杂兴》六十首,多方面表现农村生活、田家况味、风俗民情。与陶渊明、王维的田园诗不同的是,他不像陶、王那样只写文人乡居的隐逸情怀,而是用大量诗篇

---

① 《读陆放翁集》。
② 《今体诗钞·序目》。

表现农民的岁时劳作、苦乐悲欢。他虽然不是农民,但他不只是以乡间隐士的闲情逸致观赏农村的清新和农民的质朴,而是农村生活的体验者。他的田园诗不全是恬淡的赞美,也不全是深沉的同情和忧患的怨刺,而是农村生活的长卷。他的山川纪行诗中最著名的是七十二首使金纪行诗,这组七言绝句类似北行日录,从一些比较特殊的角度纪录了一些特殊的历史和特殊的情怀,表现出一种尚气节、重使命、忧国忧民的儒者情怀。他的诗总体成就略不及陆游和杨万里,风格多样而特点不明显,可称道者在题材胸次而不在风格技艺。

杨万里诗则风格特色比较鲜明。严羽《沧浪诗话·诗体》篇特列"诚斋体"。他是江西吉水人,青年时期受"江西诗派"影响最深,所作"大概江西体也"。三十六岁时尽焚少作,另谋新变。他的诗今存四千二百首左右,题材广泛,是他漫长人生丰富阅历的写照。姜夔说他"年年花月无闲日,处处山川怕见君"①。其实不止山川花月,诗作得自如,就无事不写了。况且国计民生也是这位重视气节操守的正统儒士所终生关注的。

他晚年自编诗集,厘为九集。方回说"杨诚斋诗一官一集,每一集必一变"②。变化的既是人生经历,也是艺术风格。杨万里自叙创作云:"予之诗始学江西诸君子,既又学后山五字律,既又学半山老人七字绝句,晚乃学绝句于唐人。"③据其自述,大约五十岁以后,乃自成一格。

"诚斋体"要在"活法"。时人和后人都看重他的"活法诗"。张鎡说他"造化精神无尽期,跳腾踔厉即时追。目前言句知多少,罕

---

① 《送〈朝天续集〉归诚斋,时在金陵》。
② 《瀛奎律髓》,卷一。
③ 《荆溪集·序》。

有先生活法诗"①。葛天民说他"死蛇解弄活泼泼"②。周必大称赞他"状物姿态,写人情意,则铺叙纤悉,曲尽其妙,遂谓天生辩才,得大自在"③。刘克庄说他的诗"圆转流美如弹丸"④。陈衍《石遗室诗话》卷十六云:"宋诗人工于七言绝句,而能不袭用唐人旧调者,以放翁、诚斋、后村为最。大抵浅意深一层说,直意曲一层说,正意反一层、侧一层说。诚斋又能俗语说得雅,粗语说得细,盖从少陵、香山、玉川、皮、陆诸家中一部脱化而出。"

诚斋活法的真谛是从书斋走向生活,走向山程水驿,走进自由心灵。杨万里《下横山滩头望金华山》四首之二云:"闭门觅句非诗法,只是征行自有诗。"这与陆游《题萧彦毓诗卷后》所谓"君诗妙处吾能识,正在山程水驿中"的体会类似。他们都是要让诗从书卷学问和规矩技艺中超越出来,使之更贴近心灵、性情和自然。当然,这其实也是以书卷学问、生活经验、诗歌技艺的深厚修养为前提的。陆、杨二诗翁,天假其寿,使他们享有超长的创作生命,使他们有足够的学而入、悟而出的时间,使他们拥有自立规模的文学资历。他们都是到了知天命之年才自立诗风的,他们的幸运在于悟得诗道之后,还有三十多年的创作时间,此时他们成熟了,成名了,渊博了,老练了,脱俗了,有能力也有资格从心所欲而不逾矩了。年轻时作诗若不得诗法和书资,会被人视为外行、浅薄;成名之后,就不必担心因而也不必拘泥了,往往灵机一动而成篇,就被人推崇备至。此时所作,当然会近自然而任性情,活灵活现。一方面,诚斋体之自然流畅、活泼幽默、巧思妙趣、机敏诙谐、新颖奇特、清新明快、通俗平易等诸种灵动鲜活之风格,都与他诗境渐老、诗名日

---

① 《携杨秘监诗一编登舟因成二绝》,见《南湖集》,卷七。
② 《寄杨诚斋》,载《葛无怀小集》。
③ 《跋杨廷秀石人峰长篇》,见《周益国文忠公集·平原续稿》,卷九。
④ 《江西诗派小序》。

盛有关。另一方面,他时常表现出油腔滑调、粗糙轻率、细碎无聊、插科打诨、过于口语化等缺陷,也与此有关。

人类的任何学与艺,都须经过从有法到无法、从死法到活法、从循法到随心的过程。许多人能学入而不能悟出,便不能自立;少数人既能深入,又能悟出,就可自成一家。如此看来,放翁诗法、诚斋活法与江西诗法虽非同路,但对陆、杨二诗翁而言,实乃创作历程之不同阶段而已。如果认为江西诗法曾误导诗人(近世文学史多有此意),则大谬矣。

五、南宋后期——四灵与江湖诗派

在南宋后期诗坛,江西诗风已至末势,除陆、杨等大诗翁弃江西而自立以外,比他们略晚一点的诗人们也纷纷弃宋调而学唐诗。宋初流行的晚唐体久经岑寂之后,再度兴盛起来。自称"四灵"的永嘉人徐灵晖、徐灵渊、赵灵秀、翁灵舒等针对江西诗派的"资书以为诗",倡导"捐书以为诗"。他们多以乡隐为生,诗歌也多写隐逸情怀,往往作得精致小巧,诸如"黄梅时节家家雨,青草池塘处处蛙。有约不来过夜半,闲敲棋子落灯花"①之类。中晚唐诗人姚合、贾岛的清苦诗风和苦吟诗法成为他们的榜样,"传来五字好,吟了半年余"②;"枯健犹如贾岛诗"③。他们以世外人自居,"有口不须谈世事,无机唯合卧山林"④。"但能饱吃梅花数斗,胸次玲珑,自能作诗。"⑤

---

① 赵师秀:《约客》。
② 翁卷:《寄葛天民》。
③ 徐玑:《梅》。
④ 翁卷:《行药作》。
⑤ [元]韦居安:《梅磵诗话》,卷中载赵师秀语。

四灵的诗名在当时主要是因永嘉学派的宗师叶适褒扬而"天下莫不闻"①的。叶适曾编《四灵诗选》五百首由陈起刊行,"而唐诗由此复行矣"②。明人徐象梅《赵师秀传》称四灵作诗"日锻月炼,一字不苟下……其诗清新圆美"。

　　当代文学史家凡论四灵,皆讥其境界狭小,总在山林寺庙中欣赏着斜阳寒水,自命清高。其实这也是生当王朝末世而隐居江湖的文人们洁身守志的寻常家数。四灵诗的主要价值在艺术而不在教化。他们精益求精的创作态度和创作成果,确能给人以艺术美感。当时学四灵诗的人很多,不仅永嘉地区流行"四灵体",而且许多江湖诗人也受四灵影响,二者有许多相似的品质,又有些前后相因的关系。严羽《沧浪诗话·诗辨》云:"近世赵师秀、翁灵舒辈独喜贾岛、姚合之诗,稍稍复就清苦之风,江湖诗人多效其体,一时自谓之唐音。"程千帆《两宋文学史》曾说"两者有时很难截然分开"。

　　所谓"江湖诗派",是个外延很宽泛而内涵比较复杂的概念。江湖主要是相对于朝廷而言。在两宋诗坛诸流派中,"江湖诗派"的体系最松散,分布最广,诗人最多,③却无宗风宗主。但其名称之由来却非常明确:杭州书商陈起刊刻丛书《江湖集》,并因此而引起了"江湖诗祸"文字狱。江湖诗人多是山林隐士、江湖游士,也有少数下层官吏。其中较为著名的诗人,早期如姜夔,后有刘克庄、戴复古等。他们中的一些人也曾学过江西诗派,但后来主要学中晚唐诗。他们在作品或往来书信中常常以"唐诗"、"唐体"、"唐人风致"、"晚唐体"、"晚唐诸子"为时尚。这些人还喜欢编选唐诗选集,或编写自己的《诗话》。这是一个唐诗盛行、诗学发达、诗人众多但欠天才而无大师的时期。江湖诗人远世俗而近风雅,尚清鄙

---

① 赵汝回:《薛师石〈瓜庐诗〉序》。
② 叶适:《徐文渊墓志铭》。
③ 张宏生:《江湖诗派研究》考证,有一百三十八人。

浊,疏仕宦而求自由,作诗讲究"韵度清雅"①。后人对"江湖诗派"普遍持严厉的批评态度,通常是说他们的诗气格卑弱,规模狭小,词语鄙陋,小巧细碎,缺乏盛世气象和大家风范等等。今人吕肖奂博士在其《宋诗体派论》②中主张改变审美标准,从平民化、俗文学的视角来看江湖诗派,也有许多长处。

"江湖诗派"之后,就是"亡国之音哀以思"了。易代之际,一些诗人吟唱着国破家亡的血泪悲歌,如文天祥的尚气守节、郑思肖的忠贞哀叹、汪元量的故国哀思等等,正所谓"国家不幸诗家幸,赋到沧桑句便工"③。沉重的时代成就了沉痛的歌吟,后人读这种血泪丰满的诗篇时,首先被其情怀所感动,通常情况下对艺术技巧的苛求,在这里往往就淡化了。在历朝历代的"亡国之音"中,赵宋悲歌最为醒目,可称道的名家名作最多。

六、宋代理学诗

两宋理学诗亦颇有特色。理学即道学,近人又有称新儒学者。理学诗的特点是以诗言理,注重诗教。宋初道学"三先生"已有此倾向,而濂洛诸子凡为诗者,专言性命道理。南宋理学大昌,理学诗也日渐兴盛。南宋金履祥编《濂洛风雅》集,《四库提要》云:"自履祥是编出,而道学之诗与诗人之诗,千秋楚越也。"诗人之诗以情韵意趣为主,道学诗以义理心性为尚。理学家视诗为道之载体,为教化之具,为明德之言。其诗中即便有山水花鸟等物象,也是理的表征。这有点像东晋时的玄言诗,但他们的理实乃儒、道、释杂糅之理。比如程颢《秋日偶成》二首之二云:

---

① 张端义:《耳集》卷上。
② 吕肖奂:《宋诗体派论》,四川民族出版社,2002年版。
③ 赵翼:《题元遗山集》。

> 闲来无事不从容,睡觉东窗日已红。
> 万物静观皆自得,四时佳兴与人同。
> 道通天地有形外,思入风云变态中。
> 富贵不淫贫贱乐,男儿到此是豪雄。

这是理学诗中较为可读之作。理学家作诗主张温柔敦厚,推崇"孔颜乐处"、"曾点意思"以及陶渊明的平淡风格。

宋代理学诗较出色者,当推邵雍、程颢和朱熹。无论诗的数量还是艺术水准,他们都是理学诗派之最可关注者。邵雍是理学诗的创始人,程颢的诗既有理学之质,又有文人之风,艺术水平与邵雍不相上下,个别优秀诗篇甚至高于邵雍。朱熹则是理学诗的集大成者和最优秀者。邵雍几乎将诗"变为恶道",朱熹却"不堕理障"①。邵雍的诗基本是将自己对义理性命的思考用押韵的方式说出来,倾向是"安乐",即安贫乐道;风格是直白随意。今存其诗一千余首,读来读去,只是觉得他反复思考权衡的主要是仕与隐的利弊得失问题,而且思考得并不高深,也不怎么超脱,甚至有未脱俗念之嫌,因而他的"安乐"之诗多少有点做作,甚至有些言不由衷。他写得比较好的一些诗也还可读,但比朱熹的诗相差甚远。朱熹不仅是了不起的大思想家,也是相当不错的诗人。他的诗颇有可读性,虽多言性理,但并不违背艺术规律,比如《春日》和《观书有感》等。他常常登山临水,吟风咏月,颇有诗人情致,比如武夷泛舟、衡山踏雪之作,皆富风情。后世诗论家往往讥评理学诗,固然有道理,但理学诗在宋代颇有影响,尤其南宋时期,"诗人篇什往往'以诗为道学',道学家则好以'语录讲义押韵'成诗。尧夫击壤,蔚成风会"②。

---

① 《雪桥诗话》载吴云语。
② 钱钟书:《谈艺录》,第545页,中华书局,1984年版。

附论二

盛宋诗的雅化倾向

唐诗之后,宋诗面临着两难选择:一是因袭式的继承,譬如宋初诗坛;二是求新求变。后者的困难来自三个方面:(1)唐诗众体皆备,并已取得了极高的成就,盛极难继,宋诗无论是"新酒"还是"旧酒",都只能用"旧瓶"来装。(2)传统的社会生活未发生质变,难以为文学创作提供质地全新的素材,是所谓"旧瓶"易得,"新酒"难求。(3)词、戏曲、小说先后繁荣,文学雅俗分化,社会审美需求多元化,正统诗文失去了审美注意中心的独尊地位,必须调整自身的审美特质以适应新的审美需求。

以梅尧臣、欧阳修、王安石、苏轼、黄庭坚为代表的盛宋诗人在诗史上的价值在于避陈俗而求新变。他们虽然无法改变面临的困难,但却较有成效地调整了自己的思维方式、价值观念、审美趣味,从而使宋诗的审美特质区别于唐诗,具有独立的审美价值。

唐诗具有雅俗共赏的审美特质。它面向广阔的自然、社会和人生,重视客观事物的具体形态,形成了以情景交融为主要艺术特征的审美风范。盛宋诗则避俗求雅。它从自然、社会的外在形态进而向人生的理念世界开掘,更注重文化人的生活情趣和理趣。在表现方式上,诗的学问气、书卷气加重,博奥典雅性增强,意蕴和趣味更加文人化，表达更加抽象化、技巧化，通俗晓畅性减少，形成与唐诗不同的发展趋向——雅化。雅化的主要标志有四：内容文人化；意象抽象化；以才学为诗；高度技巧化。下面分而述之。

一、内容文人化

传统的古、近体诗的内容历来有雅俗之别，如《诗经》"雅"、"颂"类与"风"诗，六朝玄言诗和山水田园诗，唐诗总的看可以说雅俗共赏，宋诗则避俗求雅。唐、宋诗内容的主要区别是：唐诗中山水田园诗、边塞诗、战争诗、羁旅行役诗、爱情诗占很大比重，写景、叙事、抒情构成唐诗内容的主体，这就很便于雅俗共赏；而在宋诗——尤其是盛宋诗中，属于文士情怀而较难为世俗民众理解和欣赏的成分增多了。

首先是言理的成分增加。宋诗的理，主要是诗人所认识的宇宙万物、社会人生的哲理，做人处世的伦理。这些理又由于诗人们大量借鉴禅悟的思维方式、思维结果而呈现出比前代诗歌更明显、更浓厚的禅意。理性增强而情景抒写淡化，这是宋诗内容雅化的主要标志。

其次，宋诗中专写文人士大夫的生活情状、情趣的内容大大增多，诸如闲居野处、送往迎来、谈禅论道、唱和赠答、品茶饮酒、题画题墨、评诗论艺等等。这可以通过下面的比较来说明。

在盛唐诗中，王维的诗高雅气味较浓；盛宋诗中，黄庭坚诗雅化倾向最重。两人的诗又都有较浓厚的禅意。稍加比较，就会看出二者雅的程度有较大差别。

王维现存四百多首诗中，山水田园诗一百多首；① 黄庭坚现存

---

① 赵殿成：《王右丞集笺注》，上海古籍出版社，1961年版。

一千八百多首诗①中,纯粹的山水田园诗极少,大约有一百首左右算是写景成分略多一些。王诗着力于客观景物的描摹,力求创造美的意境,大自然是其主要的表现对象;黄诗则着力于情、志、理的抒写,注重寓意,人是其表达的中心,即使涉及景物,也是为了抒情言志明理,比如黄诗《自巴陵略平江……作长句呈道纯》②云:

　　山行十日雨沾衣,幕阜峰前对落晖。
　　野水自添田水满,晴鸠却唤雨鸠归。
　　灵源大士人天眼,双塔老师诸佛机。
　　白发苍颜重到此,问君还是昔人非。

诗的前四句是写了自然景色,但全诗的用意却在于用自然之自在比照人生之漂泊,用自然之恒常比照人生之短暂与多变。黄庭坚为数不多的涉及自然景象的诗,通常都是这种半景物半情理的结构。有些甚至写景本身就是抒情或言理,如《同元明过洪福寺戏题》③云:

　　洪福僧园拂绀纱,旧题尘壁似昏鸦。
　　春残已是风和雨,更著游人撼落花。

诗虽涉景物,但全然是抒情写意,感叹人生。客观景物在黄诗中很难具有像在王诗中那样的重要地位。这种区别在他们的送别诗中也很明显。王维的送别诗习惯于先描绘场面、景物,渲染气氛,把情感寄寓在场景中;黄庭坚的送别诗则很少写场景,其基本模式是先赞誉对方的德、才、身世或政绩,再叙述送别双方的交往和友谊,方便时抒写点人生的情志或感慨,最后写几句劝勉的话和

---

① 翁方纲校:《黄诗全集》,十树经堂锓本,乾隆五十三年(1788年)。下引黄诗版本同。
② 《黄诗全集·内集》,卷十六。
③ 《黄诗全集·内集》,卷十。

希望再见的意思,如《送舅氏野夫之宣城二首》、《送范德孺知庆州》①等,惜别之情只是微露在诗中,似乎有意让它显得淡淡的。相比之下,王维送别诗的情感内涵更宽泛,情感色彩更浓重,表达也明白易懂,容易引起不同层次读者的共鸣,如《送元二使安西》、《送沈子福归江东》等。黄庭坚的送别诗有意避免表达的平易性,情感内涵也比较具体,只是针对那个具体的别者,不愿像王维那样尽力使情感泛化、概括化。黄庭坚送别诗的立意重在说理,是送别双方所能会心的具体的生活道理。因此他的送别诗更适合当事人品味,而不像王维的送别诗适合大众诵读。

这种区别同样存在于他们的唱和赠答类诗中。黄庭坚这类诗有千首左右,多是写文人士大夫日常生活的一时一事及内心世界,诸如友情、交际、宴饮游乐、仕宦生涯、隐逸情状、苦乐、忧戚或解脱等等,他追求亲切、具体、深奥典雅,是专门写给少数文人雅士读的。王维的交往诗和他别的诗一样,努力寻求更多的读者。这是唐诗总体的审美追求。

以佛道生涯为题材或谈论佛、道义理的诗,黄庭坚有一百五十余首,王维有二十多首;题画题墨诗黄有近百首,王维只有一首;以茶、酒、食物为题材的诗,黄有一百四十多首,王维很少写这些。这些诗纯以少数文人雅士为阅读对象,是不求雅俗共赏的。

由以上的比较,我们进而联想到盛宋诗这样一种趋向:从梅尧臣开始,宋诗人比唐诗人更习惯于把个人琐细平淡的日常生活写进诗中(但很少写爱情,爱情多用词来写),更注重从这些生活内容中格物穷理、阐幽发微,至少是感喟人生,这就形成了诗的日常生活化和哲理化。这种现象,一方面表明宋诗对表现领域的拓展和向人类心灵的纵深地带掘进;另一方面,这种看起来似乎更接近生活和人类主观世界的具体化、深入化倾向,实际上却局限在文人阶

---

① 二诗均见《黄诗全集·内集》,卷二。

层,从而导致诗对大众普遍情感和生活的日渐疏离。其主要目的在于写文人阶层对于宇宙、人生、历史、现实、万事万物的观照、领悟和理解。这种雅化倾向是从"西昆派"开始,梅尧臣倡导,经王安石、苏轼发展,到黄庭坚时形成的。

二、意象抽象化

中国诗有抒情、写景、叙事之别,而"总的来说是抒情的作品最多"①,"抒情诗始终是我国文学的正统的类型"②。就抒情诗而言,唐、宋抒情诗的意象特征有所不同:前者更多地表现出雅俗共赏的艺术具象特征;后者更多地带有艺术抽象特征。

这里所谓艺术具象,是指更接近于生活真实的形象,比较生动、具体,含义比较丰富、广泛;艺术抽象是指作为情感理念的表达符号的形象,含义比较抽象、单一,是本质化、概括化的形象。例如王维的《送元二使安西》,诗中的时间、地点、天气、景物及人物行为都是生动具体的:渭城的早晨,雨浥轻尘,柳色青青,送者在劝远行者进酒,这种种意象是具体、生动的。"西出阳关"的意象略有点抽象,但也是可感的,因此是艺术具象。苏轼《东坡》③诗则不同:

雨洗东坡月色清,市人行尽野人行。
莫嫌荦确坡头路,自爱铿然曳杖声。

苏轼的用意唯在抒写贬谪后的情怀。"野人"的意象毫无具体

---

① 松浦友久:《中国诗的性格》,蒋寅译,载于《古代文学理论研究》,第11辑,上海古籍出版社,1986年版。
② 《闻一多全集》,第10册,第17页,《文学的历史动向》,湖北人民出版社,1993年版。
③ 孔凡礼点校:《苏轼诗集》,第1182页,卷二十二,中华书局,1982年版。

刻画,只是一个类型化概念,诗人借此对自己被贬谪的身份进行揭示和自嘲;"坡头路"也不具体,诗人只是抽取它荦确不平的特点来象征人生道路的坎坷;"曳杖声"的特点是"铿然",它暗示诗人的人生态度。这首诗只有第一句的意象比较具象化,其余全是艺术抽象。这种抽取事物某一特征来象征性地表现情感意念的意象创造方式,就是艺术抽象方法。

艺术具象和艺术抽象在文学艺术作品中相辅相成。一方面,任何艺术具象都不是对具体事物的简单模拟,而是创作者对自己某种心理的符号化表达,是某种"心象"的"象喻",其中已经含有主体对客体的选择。另一方面,任何艺术抽象毕竟首先是"象"。具象和抽象的区别只在于"具"和"抽"孰多孰少。文学的意象总是以具象为形,以抽象为神。仔细比较唐、宋诗的抒情意象,可以明显地看出盛宋诗人更多地运用了艺术抽象的方法。这种趋势是由艺术的辩证发展规律决定的。中国古典诗歌意象的发展经历了由原始不自觉抽象到自觉具象,又到自觉抽象的过程。

黑格尔说:"最原始最古老的艺术作品在各门艺术里都只表达出一种本身极其抽象的内容。"[①]比如原始绘画,通常只用一些极简单而又抽象的线条、符号来表现人类的意念。这是绘画艺术的不自觉抽象阶段。随着人类思维能力和表现艺术的提高,绘画艺术步入自觉具象阶段,比如中国宋代的工笔花鸟画。然而就在宋代宫廷工笔画盛行之时,抽象意味较浓的文人写意画也同时并存。这说明人类用艺术方式表现生活、表现情感意念的手段更丰富了,运用艺术具象和艺术抽象的意识更自觉、能力更强了。同理,以文字为载体的诗,也经历了意象由简单到丰富,由不自觉抽象到自觉抽象,而抽象与具象相辅相成的历程。

---

① 朱光潜译:《美学》,上册,第6页,卷三,商务印书馆,1979年版。以下引文同。

唐诗以情韵胜,以意象生动优美丰富取胜,是诗歌意象具象化高度成熟的阶段,也是抒情诗的意象进一步向自觉抽象发展阶段。盛宋抒情诗抽象意味增强,许多作为物象的意象是作者随意虚拟出来,用以比喻、象征、比照、暗示情感理念的艺术抽象。试比较张若虚《春江花月夜》和苏轼《中秋月寄子由三首》中月的意象,便可窥知唐、宋诗意象变化之一斑。两诗中的月意象都有抽象意味,表达出诗人对宇宙无穷、人生短暂,宇宙恒常、人事不定的感悟。但若细加比较则可见同中有异。张诗,"海上明月共潮生"是明月初升的景象;"滟滟随波千万里,何处春江无月明"是明月高升、光照春江的景象;以下月照花林、月照汀沙、月照江天,"皎皎空中孤月轮",都是具体的、形象的、生动优美的。尽管接下去诗人运用月的永恒来表达"更复绝的宇宙意识"①,但对月的绘形绘色的描写足以使此"月"成为一个艺术具象了。苏轼《中秋月寄子由三首》②,月的意象贯于始终,诗人未对它做具象描绘,只是抽取其永恒和无常的特征来比照人生的盛衰离合。诗人在不同境况中对月有不同的感觉:因为"中秋有月凡六年矣,惟去岁与子由会于此",所以觉得去年的月是"殷勤"的,它"懂得"为兄弟团聚而圆;但今岁兄弟离别,始悟"月岂知我病"!原来它并不懂得人的感情啊!人有情而月无情,这是一层比照。"余年知几何,佳月岂屡逢?"人生短促而"佳月"长存,这是进一层比照。"六年逢此月,五年照离别",年年月明月圆而浮生万变、悲欢离合不定,月有常而人事无常,这是又进一层的比照。三首诗中只有第二首的"镕银百顷湖,挂镜千寻阙"一句"用体物语"。苏轼基本上是把月作为一个比照人生的抽象化意象使用的,它"使我们看到的是人的灵魂最深沉和最多样化

---

① 《闻一多全集·唐诗杂论,宫体诗的自赎》。
② 孔凡礼点校:《苏轼诗集》,卷十七。

的运动"①,而不是一轮具象的月。诗人所以能这样重意而轻象,是因为月的种种抽象的比照人生的含义已经经过许多时代的许多诗人反复使用凝定化了。这种情况可以称之为传统凝定型意象的抽象化使用,与抒情诗的特质正相符合:"抒情诗采取主体自我表现作为它的唯一形式、终极目的。"②"诗人通常只是象征性地使用文字。"③诗人为了表情达意的方便、简洁和深刻,常常从文化遗产中选取一些有约定俗成意味的传统意象,抽象地使用特定含义而不再做具象描绘。传统凝定型意象形成和使用的两个规律:一是文学历史越长,遗产越丰富,则凝定型意象越多;二是凝定型意象使用频率越高、时间越久,则其自然质越单纯、抽象的含义越一致。从这样的意义说,盛宋诗的意象比唐诗更多一些艺术抽象特征,是艺术规律使然,也是文化积淀使然。

盛宋诗意象抽象化的另一种方式是随意抽象。诗人越来越不注重意象的客观形态描述,也不在乎各个意象之间是否具有自然的联系,而是随意地将一些在自然质方面互不相干的意象从某种抽象的意义上联结在同一条情感或理念的线索上,正如黑格尔所说:"东方人在运用意象比譬方面特别大胆,他们常把彼此各自独立的事物结合成为错综复杂的意象。"④例如黄庭坚《次韵子瞻送李豸》诗(李很有才华,受到苏轼、黄庭坚的器重,但考试却名落孙山,苏、黄都写诗为他送行,自然要宽慰、劝勉一番)最后四句:

---

① 〔德〕恩斯特·卡西尔著,甘阳译:《人论》,第189页,上海译文出版社,1985年版。
② 黑格尔:《美学》,第100页,卷三下。
③ 〔美〕韦勒克、沃伦著,刘象愚等译:《文学原理》,第85页,生活·读书·新知三联书店,1984年版。
④ 黑格尔:《美学》,第134页,卷二。

> 君看巨浸朝百川，此岂有意潢潦前？
> 愿为雾豹怀文隐，莫爱风蝉蜕骨仙。

意思是说大海可纳百川，不屑与潢潦（洼地的积水）相比；豹子欲养成身上的文采，可以忍受雾雨和饥饿，绝不追求像蝉那样速成速化。诗人创造这些意象时并不考虑它们各自之间是否具有可以构成"物境"的必然联系，他只是"怀着自由自在的心情去环顾四周，要在他所认识和喜爱的事物中去替占领他全副心神的那个对象找一个足以比譬的意象"①。诗人只需要这个意象的某种特征而无须其他。客观描写淡化，主观随意性加强，抽象意味加重。这不仅是黄诗的特征之一，也是盛宋抒情诗的总体特征之一。

意象抽象化倾向与宋诗的学问化、议论化、理趣特征相辅相成，增加了诗的创作难度和理解难度。理解能力较低的读者，不容易一下子就引起共鸣，感发出欣赏的激情。所以说：意象的抽象化加重了宋诗的雅化倾向。

三、"以才学为诗"

严羽这句话被公认为宋诗的一大特征，其含义是从文化遗产中寻取材料、典故，"资书以为诗"。这反映出本民族一个重要的心理特征和思维习惯——崇古尚学、宗经征圣。它是使宋诗雅化的重要因素之一。

"以才学为诗"的现象在宋以前也有，但没有宋诗这么普遍。南北朝文学历来被认为用典之风较甚，但也只是作赋很讲究用典，作诗用典还不多，唐代杜甫、韩愈、李商隐用典较多，但也比不上"近代诸公"。盛宋诗人以才学为诗已发展为有理论、有实践的普遍创作倾向。这有两种情况：一是因袭模仿式地堆砌成语典故而

---

① 黑格尔：《美学》，第137页，卷二。

难出新意,有文字游戏之嫌;另一种是创造性地运用书本知识来丰富自己的创作,为表达自己的思想感情服务,增加作品的表现力和典雅性。盛宋以王安石、苏轼、黄庭坚为代表的优秀诗人属后一种情况。

王、苏、黄的诗集都是他们本朝人就开始作注解的,这是诗史上前所未有的现象,他们的诗即便在同时代有文化的人看来,也需加注解了。注者的工作之一是搜求、写明成语典故的出处,有时难免牵强附会,罗列前人语句,比如黄庭坚《和答钱穆父咏猩猩毛笔》①确实用了几个典故,而任渊注时竟罗列了《通典》、《华阳国志》、《水经注》、《唐文粹》、《晋书》、《庄子》、《列仙传》、《文选》、《周书》、《唐书》、《礼记》、《孟子》、《列子》等十三种典籍来说明六个典故的出处,这又说明了注者、读者崇学尚典的审美心理。作者和读者共同酿造着宋诗避俗求雅的时尚,促成了宋诗的雅化。

宋诗人受杜甫、韩愈、李商隐影响最大,"以才学为诗"与他们自有承传关系。宋初"西昆体"诗人力效李商隐,"历览余编,研味前作,挹其芳润,发于希慕,更迭唱和"②,唱出了宋诗雅化的第一支协奏曲。欧阳修、梅尧臣领导诗文革新,虽然"以平淡天然为诗歌美的极致"③,从许多方面改革了"耸动天下"近半个世纪的"西昆"诗风,但对其"以学问为诗"的做法却是肯定的。到王、苏、黄时代,崇学尚典的诗歌审美意识更普遍、更明确、更强烈了。苏轼说:"凡读书可为诗材者,但置一册录之,亦诗家一助。"④张文潜认为:

---

① 《黄诗全集·内集》,卷三。
② 杨亿:《西昆酬唱集·序》。
③ 李泽厚、刘纲纪主编:《中国美学史》,第 44 页,卷一,中国社会科学出版社,1984 年版。
④ 《竹庄诗话》,转引自常振国、降云编:《历代诗话论作家》上编,第 733 页,1984 年版。

"但把秦汉以前文字熟读,自然滔滔地流也。"①黄庭坚崇尚杜甫作诗"无一字无来处",主张"取古人之陈言入于翰墨,如灵丹一粒,点铁成金"②。

王、苏、黄等"近代诸公"出色地实践了自己的主张,把渊博的书本知识当做写诗的素材库,把"资书"当做写诗的重要途径,追求资书用典的种种境界。有时用典用得平易自然,"不使人觉,若胸臆语",如王安石《书湖阴先生壁》③、苏轼《和沈立之留别二首》其一,④用典和谐自然,读者即便不知其典,也不妨雅俗共赏。不过盛宋诗人所追求的,主要还是另一种博奥典雅的境界。他们运用成语典故,主要是为了在有限的篇章中尽可能多地容纳更丰富、更深刻的意思,诗的作者自然也就显得博学强记、高深莫测。这样的诗的确只有学者型的诗人才有可能写好,同时也要求欣赏者有较高的文化艺术修养,如王安石《游土山示蔡天启秘校》⑤,从《晋书·谢安传》取事很多,又广采成语典故,以古比今,寄寓自己的情怀心曲,因而读者必须熟悉谢安和王安石的生平事迹,了解成语典故的含义才能体会到此诗的深沉博大之美。又如苏轼《刘贡父见余歌词数首,以诗见戏,聊次其韵》⑥:

> 十载飘然未可期,那堪重作看花诗。
> 门前恶语谁传去,醉后狂歌自不知。
> 刺舌君公犹未戒,炙眉吾亦更何辞?
> 相从痛饮无余事,正是春容最好时。

---

① 《童蒙诗训》,第570页,转引同上。
② 《答洪驹父书》。
③ 宋李壁:《王荆文公诗笺注》,第574页,中华书局,1985年版。
④⑥ 《苏轼诗集》,第379页,第649页。
⑤ 《王荆文公诗笺注》,第24~26页,并参朱自清:《宋五家诗钞》,第63~71页,上海古籍出版社,1981年版。

诗中几乎句句用典、皆见功力。尤其五、六两句,更耐人寻味:苏轼在杭州常与刘贡父议论新法之弊,两人都直言敢议,苏轼很清楚这是容易惹祸的性格,但又认为这种性格很可贵。他既想褒扬这种性格,又不得不提醒他小心谨慎些,以免惹祸。为了把这些复杂的意思简明准确地表达出来,他用《隋书·贺若弼传》中"父敦临刑呼弼,谓曰:'吾以舌死,汝不可不思。'因引锥刺弼舌出血,诫以谨口"的典故,《晋书·郭舒传》中郭舒因仗义抗暴而被"掐鼻"、"炙眉"的典故,写成第五、六两句,颂扬和告诫之意自明。读者只有知道典故的含义,了解苏、刘的交往,明白诗人的心境,才能体会诗作曲折复杂而又深刻的意思,进而体会到诗人用心良苦和诗作的博奥典雅之美。这种创作倾向在黄庭坚诗中更加突出。黄诗少有不用典的,他推崇杜甫作诗"无一字无来处",其实他最精于此道。他的诗上品不少,但浅俗易懂的不多。"曲高和寡",正可以说明黄诗的审美特质。

"以才学为诗"加重了宋诗的雅化倾向,对诗的发展是利弊参半的。一方面,为处在难以创新之困境中的宋诗开了一条重要的发展途径,扩大了素材、题材的来源,丰富了语汇,加大了诗的涵容量和表现力,增强了诗的典雅丰厚之美;另一方面,也使宋诗减少了唐诗那种雅俗共赏的审美特质,增加了书卷气,成了文人雅士的文学甚至学者的文学。这是宋诗虽然发展了诗的艺术,却失去了许多欣赏者的一个重要原因。

四、高度技巧化

在宋诗人——尤其是盛宋诗人中,不论是天才还是苦吟者,都十分讲究写诗技巧。"西昆派"首开此风,梅尧臣继而倡导"意新语工",王、苏、黄则技巧更圆熟,手法更老成,形成了盛宋诗高度技巧化倾向。这是宋诗雅化的又一标志。

附论二 盛宋诗的雅化倾向

所谓高度技巧化是指宋诗人在"仍旧恪守唐人格律"①的基础上,进一步在构思、立意、章法结构、修辞技巧、意象创造和典故运用等方面避易求难,追求"工、新、奇"的审美效果,以显示学问功底和作诗的才能、修养。如黄庭坚《湖口人李正臣蓄异石……石既不可复见,东坡亦下世矣,感叹不足因次前韵》:

有人夜半持山去,顿觉浮岚暖翠空。
试问安排华屋处,何如零落乱云中。
能回赵璧人安在?已入南柯梦不通。
赖有霜钟难席卷,袖椎来听响玲珑。

这是怀念苏轼的诗,技巧很讲究。其一是立意新奇:因石怀人,句句明写石而隐喻苏轼。首联说异石被好事者取去,即有隐喻"东坡已下世"之意。颔联说石头放在华屋中还不如在湖边山上好,隐喻苏轼假如没死仍回朝廷做官,未必比他死在江湖好。颈联感叹异石已失,隐喻天才仙逝。尾联写恋石情怀,隐喻对苏轼的怀念。其二是典故用得巧妙自如,信手拈来而深见功力:第一句用《庄子》典故;三、四句点化曹植"生存华屋处,零落归山丘"诗句;五、六两句各用一个常见的典故;七、八两句暗含苏轼游石钟山并作《石钟山记》的事。其三是修辞巧妙:律诗的对仗常见工对或宽对,这首诗用了两个流水对,在看似随意中避常轨而就奇巧。比喻也不俗,整首诗都是隐喻,却毫不平板,句句生新出奇。其四是表达方式曲折含蓄:苏、黄情深,而在这首诗中,诗人并不把深长的哀思沉痛地表现出来,他似乎有意淡化感情色彩以显示达观者对死亡的超脱,使诗看起来平平淡淡,但真正读懂的人却能在平淡中体会其山高水深。颔联、尾联还故意把意思反转着说,故作轻松实则举重若轻,深藏不露。这样作诗的确是新奇工巧,难度很大!

陈师道曾就盛宋"三巨头"的诗做了这样的概括:"王介甫以

---

① 王力:《汉语诗律学》,第 98 页,上海教育出版社,1979 年版。

工,苏子瞻以新,黄鲁直以奇。"①这只是为了突出他们各自诗的主要特色而分别言之,其实"工、新、奇"的意义远不止此,它标示了盛宋诗人的总体审美追求和审美价值观念。"工、新、奇"不是单纯对形式的要求,它是对诗的艺术技巧的高级的综合要求,其中首要的是对意的要求。

立意求新奇,出人意料,不落俗套,"意"不惊人死不休!面对历史和现实,他们善于写出惊世骇俗的诗,如王安石的《乌江亭》、《明妃曲二首》,黄庭坚《有怀半山老人再次韵二首》、《次韵王荆公题西太一宫壁》等。面对自然景观,他们善于展开丰富奇特的想像,如苏轼《游金山寺》、《登州海市》。尤其难能可贵的是,盛宋诗人善于从普普通通、平平淡淡、琐琐细细的日常生活中生发奇思异想,写出惊心动魄、令人拍案叫绝的章句来,如苏轼《汲江煎茶》:

活水还须活火烹,自临钓石取深清。
大瓢贮月归春瓮,小杓分江入夜瓶。
雪乳已翻煎处脚,松风忽作泻时声。
枯肠未易禁三碗,坐听荒城长短更。

汲江水煎茶饮本是极平淡的生活琐事,一般诗人绝难写出什么新奇的意思来,但苏轼却想像得新鲜奇特,写得妙趣横生。当我们看到诗人用"大瓢贮月归春瓮,小杓分江入夜瓶"这样新奇工巧的绝唱般的句子把平淡无奇的生活高度艺术化、形象化、趣味化、审美化地描绘出来时,我们无论如何也不能不为诗人的奇思异想和高超技巧所折服!又如黄庭坚《咏猩猩毛笔》,从那样屑小的题材中竟也能发掘出"平生几两屐,身后五车书"这样警策动人的诗句来。

立意新奇决定了取象设喻的新奇。如黄庭坚《次韵宋楙宗三

---

① 《后山诗话》。

月十四日到西池都人盛观翰林公出邀》①：

  金狨系马晓莺边,不比春江上水船。
  人语车声喧法曲,花光楼影倒映天。
  人间化鹤三千岁,海上看羊十九年。
  还做遨头惊俗眼,风流文物属苏仙。

  誉人之诗很容易落俗套,但这首诗却惊世骇俗,优美奇特。首句赞美苏轼风流儒雅,意象就很美,很新。次句赞扬苏轼才思敏捷,是反向设喻,"春江上水船"意象很奇诡,而以"不比"加以否定,从而肯定苏轼的才思顺畅。尤其动人的是颈联化用《神仙传》中苏耽成仙后化鹤回郡楼的故事以及《汉书·苏轼传》的故事,比喻苏轼像神仙中人,又是经历过苦难磨练的人。这比喻贴切而且不俗!不仅想出来难,读起来也不容易。这就和唐诗不同。唐诗的佳作都易读易懂,宋诗的上品却有许多是不易读懂的,文人看懂了会拍案叫绝,一般人看来却像"天书"。

  有了新奇的立意,也就容易有新奇工巧、不平不俗的章法结构。盛宋诗人虽然依旧采用传统古近体诗已成的体例,但却善于在凝定的形式中追求内在逻辑的变化,显示出高超的艺术技巧。黄庭坚的诗在这方面很有代表性,他是个优秀的"功夫型"诗人,比如他的《次韵裴仲谋同年》：

  故人昔有凌云赋,何意陆沉黄绶间。
  头白眼花行作吏,儿婚女嫁望还山。
  心犹未死杯中物,春不能朱镜里颜。
  寄与诸公肯湔袚,割鸡令得近乡关。

  这是替朋友求职的诗。先说他有才华而且曾有清高的志向,无意功名;然后转折,说他现在老了,仍然沉埋下僚;又一转折,说他的儿女大了,盼望他回去。再转折,说他虽然老了,但壮心犹存;

---

① 《黄诗全集·内集》,卷九。

虽然有壮心,但的确老了。最后才请诸公关照一下,让他在离家近点的地方干点小事情吧!全诗意脉贯通,结构却起伏跌宕,意思盘旋顿挫。这是黄诗一大特点。又如《次韵裴仲谋同年》①:

交盖春风汝水边,客床相对卧僧毡。
舞阳去叶才百里,贱子与公俱少年。
白发齐生如有种,青山好去坐无钱。
烟沙篁竹江南岸,输与鸬鹚取次眠。

前四句追忆自己年轻时做叶县尉,裴做舞阳县尉,二人亲密交往。后四句忽然转折说现在都老了,想回归乡园,却没钱买田养家,还比不上竹林中的鸬鹚自由自在。前后对比,形成转折顿宕。这就与唐诗不同。唐诗一般都气势顺畅,起承转合如流水般通达,尤其注意情与景融合、形式与内容和谐。黄诗却是执著于意的追求,为了使意的表达有力度,就有意去追求拗峭的体势、曲折顿宕的结构、瘦硬的章法,不管场景是否完整、事件是否连贯、意象的自然形态是否一致、词语是否紧密衔接,只要内在意思一致,就可以随意取象谋篇。他的诗所以难懂,与此很有关系。但是读者一旦读懂了,便觉得韵味十足,越读越感到老辣、沉着、拗峭挺拔。

在平仄、用韵、对仗、炼字等技巧方面,盛宋诗人更是避易求难,苦心经营,力求"工、新、奇"。一般说来,宋诗缺少盛唐诗那种大气磅礴、自然浑成的审美特质,但具体的手段技巧无疑是更讲究、更精巧、更老成了。这正体现了艺术从天然到人工,从法疏到法密,从自由到严谨的发展轨迹,如同一个人从幼年、青年到老年的行程中,真纯与理性、质朴与修饰的必然损益一样。

宋人对诗的艺术技巧的苦苦追求也反映在理论上。宋代诗话兴起,显示了诗人对诗歌艺术进行理论探讨的普遍兴趣。他们对传统诗艺揣摸领悟,探索和总结一些具体的表现技巧。他们的诗

---

① 《黄诗全集·外集》,卷一。

话主要是谈立意、炼字、造语、用典、对仗、比譬等问题。从《六一诗话》、《后山诗话》、《白石诗说》这三部与盛宋诗同时或者稍后的诗话中,便可看出当时诗的审美创造和审美评价怎样地注重形式技巧,注重诗的"工艺"水平。

中国古、近体诗的艺术技巧在盛宋优秀诗人手中达到登峰造极的境界,"随心所欲不逾矩",出奇制胜,巧夺天工。他们把诗写得新奇工巧,风趣高雅,有别于唐代雅俗共赏的风人之诗,成为文人之诗、匠人之诗、雅人之诗。

附论三

苏轼对白居易的文化受容和诗学批评

提要: 苏轼对白居易其人其诗的态度,是个内涵非常丰富的文化承传和诗学批评问题,历来为文学史家和注释家所关注。北宋人王直方即有"东坡慕乐天"之说,历代注苏诗者,也频繁引白注苏。但苏轼又有"白俗"之论和"乐天长短三千首,却爱韦郎五字诗"之说。自南宋以来,人们对这些问题递相转述却未尝深究,且时有误解。本文在梳理大量文献资料的基础上,论证了苏对白的文化受容和诗学批评,并澄清了一些长期模糊或误解的问题。

白居易其人其诗,对宋人影响颇大。苏轼即多次自称"颇似乐天"。宋人屡有"东坡慕乐天"之论。苏轼诗词文章中,引用乐天典故颇多,为历代注释家关注。清乾隆间冯应榴辑前人注东坡诗之成果,合为《苏文忠公诗合注》①。笔者据此检索,诸家注引白居易八百余次。又薛瑞生笺注苏词,广参自宋代傅干至近世朱祖谋、龙

---

① 近由黄任轲、朱怀春校点,上海古籍出版社,2001年版。下引苏轼诗皆据此书,简称《合注》,随文注页次。

榆生等诸家成果,新成《东坡词编年笺证》①。笔者据此检索,注家引白居易八十余次。可知苏与白之文化传承,前人早已关注。然而注释之学,通常着眼于字词语句;而"东坡慕乐天"之论,转述者虽多,却无人深究详论,甚或舛误相传。是以本文具体检讨苏轼对白居易的文化受容②和诗学批评,期望得到一些既翔实又深至的看法。

一、"出处老少颇似乐天"

在前宋文化史上,陶渊明、王维、白居易是三位具有特殊的生命哲学意味的人。陶弃仕归隐于山林,王亦官亦隐于京华,白亦官亦隐于外任。这三种类型都偏向个体生命之自由,而三人所奉之生命哲学有异:陶由儒而道,终执著于自然;王由儒而佛,终执著于自性;白亦儒亦道亦佛,终执著于闲散逍遥。苏轼深谙此三人之道艺,取其自由精神而不取其执著。具体说来,爱陶而不必弃仕,爱王而不必远尘俗,爱白而不必疏君择任,一切但随缘而已,"鸿飞哪复计东西"。虽无必须之执著,却又有"雪泥鸿爪"之实迹。从儒、道、释兼融的生命哲学意义上说,苏轼与白居易更相近,他多次自称"似乐天"(下详),其后宋人亦屡有"东坡慕乐天"之说。

关于苏轼之后他人称"东坡慕乐天"之说,古、今人常引洪迈(1123～1202 年)《容斋随笔·三笔》卷五《东坡慕乐天》条,其实洪

---

① 三秦出版社,1998 年版,下引苏词皆据此书,简称薛《笺》,随文注页次。

② "受容"一词,借自日语。笔者曾译日本宇野直人《柳永における宋玉の意味》一文,据其全文意旨,似乎只有译为《柳永对宋玉的受容》(译文刊于《中国韵文学刊》1977 年第 1 期)才最合适。盖"受容"一词,原出于汉语,故至今在日语中仍保持汉字之形态和"容纳、接受"之词义。

迈并非首倡此论者,北宋《王直方诗话》和南宋周必大《二老堂诗话》已有此说。

北宋元祐年间与苏轼交往密切的王直方(1069~1109年)在其《归叟诗话》①中说:

> 东坡平生最慕乐天之为人,故有诗云:"我甚似乐天,但无素与蛮。"又云:"我似乐天君记取,华颠赏遍洛阳春。"又云:"他时要指集贤人,知是香山老居士。"又云:"定似香山老居士,世缘终浅道根深。"又云:"渊明形神似我,乐天心相似我。"②东坡在杭,又与乐天所留岁月略相似,其诗云"在郡依前六百日"者是也。

王直方其人其诗话,屡见于宋人记载,可信。③

周必大(1126~1204年)《二老堂诗话》上《东坡立名》④曰:

> 白乐天为忠州刺史,有《东坡种花》二诗,又有《步东坡》诗云:"朝上东坡步,夕上东坡步。东坡何所爱?爱此新成树。"本朝苏文忠公不轻许可,独敬爱乐天,屡形诗篇……谪居黄州,始号东坡,其原必起于乐天忠州之作也。

周必大与洪迈虽是同时人,但周论此事当在洪前。洪迈《容斋三笔》自序云:

> 予亦从会稽解组还里,于今六年。……而年龄之运,逾七望八……于是《容斋三笔》成累月矣……庆元二年六

---

① 散佚,今人郭绍虞:《宋诗话辑佚》辑为《王直方诗话》。此见郭辑本第一百一十八条。
② 苏轼:《刘景文家藏乐天〈身心问答三首〉戏书一绝其后》:"渊明形神自我,乐天身心相物。而今月下三人,他日当成几佛。"见《合注》,第1728页。
③ 郭绍虞:《宋诗话考》,第128~131页。
④ 文渊阁:《四库全书》所收《文忠集》,卷一百七十七,《二老堂诗话》及诗文评类所收《二老堂诗话》。

月晦日序。

作者明言《容斋三笔》成于庆元二年(1196年)六月,那么其写作始于何时呢?按《容斋随笔》成于淳熙七年(1180年),《容斋续笔》成于绍熙三年(1192年)三月,则《三笔》之陆续写作,当在《续笔》之后四年间,即绍熙三年三月至庆元二年六月之间(1192年3月至1196年6月)。又《容斋三笔》卷五《东坡慕乐天》之前一条《郎官员数》载:"绍熙四年冬,客从东都来……"则《东坡慕乐天》条的写作时间亦当去绍熙四年(1193年)冬不远。

周必大比洪迈小三岁,晚卒二年。何以断定周语先于洪语呢?另一位当时人施元之《注东坡先生诗》可解。施元之于《东坡八首》并序之下注引"周益公《杂志》"云云,即《二老堂诗话·东坡立名》一段。① 施《注东坡先生诗》的成书时间,据施宿序可推知"约在淳熙四年(1177年)左右"②。据此乃知在洪《容斋三笔》成书至少十六年以前,周已有专论《东坡立名》。

详察王、周、洪关于苏与白之论,可知洪迈当是读过王直方和周必大的两段文字之后,进一步论述之。但因《容斋随笔》影响远大于王、周诗话,以致后人误以为"东坡慕乐天"之论始于洪迈。

那么苏轼专慕白乐天什么呢?王认为"东坡平生最慕乐天之为人",周认为"盖其文章皆主辞达,而厚③好施,刚直尽言,与人有情,于物无着,大略相似"④。洪迈于引述之外未加评论。

苏轼最早言及"东坡",是元丰四年(46岁)所作《东坡八首》,序云:"余至黄州二年,日以困匮。故人马正卿哀余乏食,为于郡中

---

① 《合注》,第1039页。
② 王水照:《评久佚重见的施宿〈东坡先生年谱〉》,第354页,载《苏轼研究》,河北教育出版社,1999年版。
③ 《合注》,第1040页,作"忠厚"。
④ 同上《二老堂诗话》,《东坡立名》。

请故营地数十亩,使得躬耕其中……"施元之即在此序文之后注引:"周益公《杂志》云……"苏诗第七首有云:"从我于东坡,劳饷同一飧。"①此"东坡"尚属地名。

苏辙《亡兄子瞻端明墓志铭》②云:

> 以黄州团练副使安置……筑室于东坡,自号"东坡居士"。

王宗稷编《苏文忠公年谱》载元丰五年壬午:

> 先生年四十七,在黄州,寓居临皋亭,就东坡筑雪堂,自号东坡居士。③

施宿《东坡先生年谱》载元丰四年辛酉:

> 先生在黄州,始营东坡,自号东坡居士。盖先生初寓定惠院,未几迁临皋亭。后复营东坡雪堂,而处其孥于临皋。④

检索文渊阁《四库全书》所收苏轼全部著述,苏轼自称"东坡居士"共五十七例(重复不计),皆在黄州以后。而苏轼明确地自比白乐天共四例,最早是元祐二年五十二岁时所作《轼以去岁春夏侍立迩英而秋冬之交子由相继入侍次韵绝句四首各述所怀》诗其四云:

> 微生偶脱风波地,晚岁犹存铁石心。
> 定似香山老居士,世缘终浅道根深。

苏轼自注云:

> 乐天自江州司马除忠州刺史,旋以主客郎中知制诰,遂拜中书舍人。某虽不敢自比,然谪居黄州,起知文登,

---

① 《合注》,第1039页。
② 《栾城后集》,卷二十二,见陈宏天、高秀芳校点:《苏辙集》,第1120页,中华书局,1990年版。下引此书不注版次。
③ 《合注》附录,第2542页。
④ 王水照:《苏轼选集》附录,第451页,上海古籍出版社,1984年版。

召为仪曹,遂忝侍从。出处老少大略相似,庶几复享此翁晚节闲适之乐焉。①

元祐五年(五十五岁)守杭州作《赠善相程杰》云:

> 我似乐天君记取,华颠赏遍洛阳春。②

同年《次京师韵表弟程懿叔赴夔州运判》云:

> 我甚似乐天,但无素与蛮。③

元祐六年(五十六岁)《予去杭十六年而复来留二年而去平生自觉出处老少粗似乐天虽才名相远而安分寡求亦庶几焉……三绝句》诗其二云:

> 出处依稀似乐天,敢将衰朽较前贤。

王注次公曰:

> 白乐天……迁中书舍人。以言不听乞外迁,为杭州刺史……而先生……为翰林学士,以不见容乞外任,为杭州守二年,以翰林承旨召。此白公未致仕之前出处盖相似也。④

以上苏轼四次自称"似乐天",在五十二岁至五十六岁之间。这期间,苏轼何以频频自比乐天呢?

表面看来,苏轼是从际遇变迁的角度说这些话的。白四十四岁贬江州,四十八岁任忠州刺史,四十九岁至五十岁还朝,官至中书舍人。五十一岁自请外任,任杭州刺史,五十四岁除苏州刺史,五十五岁以眼病归洛阳,五十六岁至五十七岁复入朝至刑部侍郎。五十八岁以太子宾客分司东都,七十五岁去世。⑤ 苏四十四岁谪黄,五十岁起知登州,旋入朝任礼部郎中,五十一岁累迁起居舍人、中书舍人、翰林学士、知制诰,五十三岁兼侍读,权知礼部贡举。五

---

① ② ③ ④ 《合注》,第1425页,第1604页,第1621页,第1675页。

⑤ 顾学颉编:《白居易年谱简编》附录,《白居易集》,第1589~1632页,中华书局,1979年版。

十四岁自请出知杭州,五十六岁知颍州。仕履波折的确相似。那么苏轼在关注自己与白公出处粗似时,产生了哪些文化认同和受容之意呢?

二、苏轼对白居易的文化受容

据对白、苏著述的阅读,我认为主要有如下数端。

一是忠君勤政之意。白诗《酬王十八见寄》云:"未报皇恩归未得,惭君为寄北山文。"①苏轼多次用白诗此意。熙宁四年(三十六岁)因与执政不合通判杭州,《初到杭州寄子由二绝》其一云:"眼看时事力难胜,贪恋君恩退未能。"②元祐四年(五十四岁)又因与执政不合出守杭州,次年在杭《寄题梅宣义园亭》诗云:"羡君欲归去,奈此未报恩。"③元祐五年守杭,效白勤政惠民之举,上《杭州乞度牒开西湖状》,举白修西湖事为例。次年春作《与叶淳老……次韵二首》云:"我凿西湖还旧观,一眼已尽西南碧。"施注:"杭之西湖水涸草生,渐成葑田。公取葑积之湖中为长堤。以通南北。杭人名之苏公堤。"④元祐八年在定州,整饬军务,次年(五十九岁)二月《子由生日……为寿一首》云:"我亦旗鼓严中军,国恩未报敢不勤。"⑤在二十多年的仕宦生涯中,苏轼屡用白诗语意表示忠君勤政之心。

二是道德人格认同。《书乐天香山寺诗》云:

> 白乐天为王涯所谮,谪江州司马。甘露之祸,乐天在洛,适游香山寺,有诗云:"当君白首同归日,是我青山独往时。"不知者以乐天为幸之。乐天岂幸人之祸哉!盖悲

---

① 四库本《白香山诗集》,卷十四,下引白诗皆依此本核对,不一一注出。
②③④⑤ 《合注》,第285页,第1640页,第1662页,第1911页。

"甘露之变"在大和九年,王涯遭灭族之祸。时白居易六十四岁,以太子少傅分司东都。苏轼认为白居易不仅绝非幸灾乐祸之人,而且还会为因反对宦官弄权而惨死的王涯悲伤。这正是纯儒君子之论,可见苏轼对乐天道德人格之深信。又《白乐天不欲伐淮蔡》云:

> 吴元济以蔡叛,犯许、汝以惊东都。此不可不讨者也。当时议者欲置之,固为非策,然不得武、裴二杰士,事亦未易办也。白乐天岂庸人哉?然其议论,亦似欲置之者。其诗有《海图屏风》者,可见其意。且注云:"时方讨淮、蔡叛。"吾以是知仁人君子之于兵,盖不忍轻用如此。淮、蔡且欲以德怀,况欲弊所恃以勤无用乎?悲夫!此未易与俗士谈也。②

此言白乐天非庸人俗士,而是有德有识的仁人君子。又《记乐天西掖通东省诗》云:

> 元祐元年,予为中书舍人。时执政患本省多漏泄,欲以舍人厅后作露篱,禁同省往来。予白执政,应须简要清通,何必树篱插棘。诸公笑而止。明年竟作之。暇日,偶读乐天集,有云:"西省北院,新构小亭,种竹开窗,东通骑省,与李常侍隔窗小饮,作诗。"乃知唐时得西掖作窗以通东省,而今日本省不得往来,可叹也。③

此条表明苏轼视白为同道,主张执政须简要清通,为人应亲切坦诚。又为韩琦作《醉白堂记》,代韩申言羡白之意,并赞白、韩云:

> 忠言嘉谋,效于当时,而文采表于后世,死生穷达,不

---

①②③《苏轼文集》,第2110页,第2037页,第2151页,中华书局,1986年版。下引此书不再注版次。

易其操,而道德高于古人。此公与乐天之所同也。①

于此可见苏对白氏之忠、谋、文采、操守、道德之深许。

三是倦仕思归之感。人在仕途,常有身不由己、荣辱无常、忧患是非、疲惫思归等种种感受。苏轼在表达这些感受时,常常援引白诗语意。如嘉祐八年(二十八岁)在凤翔任,作《将往终南和子由见寄》云:"下视官爵如泥淤。"王注引白诗《效陶潜体诗十六首》其十二云:"人间荣与利,摆落如泥塗。"②熙宁六年(三十八岁)在杭州作《李颀秀才善画……次韵答之》云:"云泉劝我蚤抽身。"查注引白诗《自题写真》"宜当早罢去,收取云泉身"。又苏诗"年来白发惊秋速",王注次公曰:"白乐天有《白发感秋》诗。"③熙宁七年(三十九岁)由杭州赴密州与杨元素同行至京口,作《醉落魄·席上呈杨元素》词"同是天涯伤沦落"句,用白诗《琵琶行》"同是天涯沦落人"句意。④ 熙宁九年(四十一岁)在密州《和赵郎中捕蝗见寄次韵》有"慎勿及世事,向空书咄咄"之叹,施注引白诗《重题》"宦游自此心常别,世事从今口不言"⑤。元丰元年(四十三岁)在徐州《和孙莘老次韵》云:"功名正自妨行乐,迎送才堪博早朝。"查注引白诗《晓寝》"鸡鸣犹独睡,不博早朝人"⑥。苏轼此处当属反用典故。元祐六年春(五十六岁)离杭作留别诗《予去杭十六年而复来留二年而去平生自觉出处老少粗似乐天虽才名相远而安分寡求亦庶几焉……三绝句》,其二云:"出处依稀似乐天,敢将衰朽较前贤。便从洛社休官去,犹有闲居二十年。"王注缜曰:"白乐天休官于洛,所居履道里,疏沼种树,构石楼于香山,凿八节滩,自号醉吟先生。晚与僧如满结香火社,文酒娱乐二十年。"施注引白《老病》诗:"如今老病须知分,不负春来二十年。"又引白《游悟真寺》诗:"我今四十余,

---

① 《苏轼文集》,第345页。
②③⑤⑥ 《合注》,第166页,第504页,第657页,第791页。
④ 薛《笺》,第127页。

从此终身闲。若以七十期，犹得三十年。"①此时的苏轼，在仕途已屡遭挫折，如惊弓之鸟，因而对白晚年的闲居之乐心向神往。

四是疏狂自由的人生态度。白居易在谪居或外任岁月中，纵情于山水、诗酒、声色以自愉，他将这种心态和行为称为"狂"。这与孔子所说的"狂者进取"不同，与阮籍的"佯狂"也不同。这是疏离仕宦之后的自由放纵。白在诗中多次自写其狂，比如居洛时期自称"狂夫"、"狂歌客"、"醉舞诗狂"、"狂宾客"、"狂叟"、"狂翁"、"狂客"等。②

苏轼在谪居或外任时期也像白那样自称"狂"，不过他往往多了个"疏"字。③ 疏是一种远离的状态和心态。疏远什么呢？当然是君王、朝政、功名富贵、荣辱穷达、勾心斗角等仕宦之事。狂就是放纵性情。在疏远了上述一切的前提下，人就有了自由放纵的时空和兴致，就可以比较随心惬意地享受自由。

苏轼为韩琦作《醉白堂记》，言白过人之处：

  乞身于强健之时，退居十有五年，日与其朋友赋诗饮酒，尽山水园地之乐，府有余帛，廪有余粟，而家有声伎之奉。④

这几句话概括了白居易的后半生：乐天知命、激流勇退之超脱与旷达；朋友、诗酒、山水、声色之风雅、风流、自由、快乐。苏轼用的是赞美和艳羡的口吻。这是没有时空界限的人性化的、人类化

---

① 《合注》，第1675页。
② 二宫俊博：《洛阳时代の白居易》，载日本《中国文学论集》，第10集，1981年。
③ 拙作《苏轼处任或谪居时期的疏狂心态》，载《中国文化研究》2002年夏之卷；横山伊势雄：《诗人にぉける"狂"について》，载日本《汉文学会报》第34号，1975年；保佳昭：《苏东坡の词に见られる"狂"について》，载日本《汉学研究》第27号，1989年。
④ 《苏轼文集》，第345页。

的生命态度。苏轼曾屡屡化用白诗,多层次、多方位地表述对白后半生生活方式、生活品质、生活内涵、生命哲学的认同。

就出处方式而言,苏轼赞赏白的"中隐"。英宗治平二年(1065年),而立之年的苏轼初做朝官,得直史馆,《夜直秘阁呈王敏甫》诗云:

> 蓬瀛宫阙隔埃氛,帝乐天香似许闻。
> 瓦弄寒晖鸳卧月,楼生晴霭凤盘云。
> 共谁交臂论今古,只有闲心对此君。
> 大隐本来无境界,北山猿鹤漫移文。

宫廷静谧的夜晚,初尝朝官值夜滋味的思想者,从容地面对杯酒("此君")斟酌人生:古今高士何须归隐山林呢?他不太赞成王康琚关于"小隐"与"大隐"的分别,于是一连三用白诗语意:《效陶》"乃知阴与晴,安可无此君";《中隐》"大隐住朝市,小隐入丘樊。丘樊太冷落,朝市太嚣喧。不如作中隐,隐在留司官";《酬王十八见寄》"为报皇恩归未得,惭君为寄《北山文》"①。他似乎比较赞成白的"中隐",但此时说得还不甚明确。熙宁五年(三十七岁)在杭州《六月二十七日望湖楼醉书五绝》其五,就说得很明白了:"未成小隐聊中隐,可得长闲胜暂闲。"②此时的苏轼完全认同了白的"中隐"哲学。他不止一次赞赏白的苏杭经历:熙宁间通判杭州作《诉衷情》词云:"钱塘风景古来奇,太守例能诗。"宋傅干注:"白乐天为杭州太守,以诗名。初,乐天为苏州守,刘禹锡以诗寄乐天云:'苏州太守例能诗,西掖吟来替左司'。"③同时期又作《孤山二咏》诗,序云:"孤山有……柏堂,堂与白公居易竹阁相连属,余作二诗以纪之。"《竹阁》八句诗中,前六句三用白诗语意,结句云:"欲把新诗问遗像,病维摩诘更无言。"面对竹阁中白公遗像,苏轼深怀钦敬地思

---

① ② 《合注》,第212页,第319页。
③ 薛《笺》,第76页。

索着白公"晚坐松檐下,宵眠竹阁间"①的道心禅境。② 元祐六年(五十六岁)离杭《次韵答黄安中兼简林子中》(此二人时任苏、杭太守)云:

老去心灰不复燃,一麾江海意方坚。
那堪黄散付子度,空美苏杭养乐天。

王注:

白乐天《吴郡诗石记》:"贞元初,韦应物为苏州牧,房孺复为杭州牧,韦嗜诗,房嗜酒,吴中目为诗酒仙。余始年十四五,旅二郡,以当时心言异日苏、杭,苟获一郡足矣。今自中书舍人间领二州,去年脱杭印,今年佩苏印,既醉于彼,又吟于此,则苏、杭之风景,韦、房之诗酒,兼有之矣。"③

上述材料表明,苏对白的"中隐"特别心仪。白所谓"中隐",是"隐在留司官"。苏推而广之,认为无论守苏守杭还是分司东都,都是疏君远朝而外任的"中隐"。

在这样的"中隐"生涯中,生命存在的性状是闲散的。这是苏轼对白、对自己"外放"生涯的真切体验。只是其中不完全是惬意,还有无奈。熙宁三年,苏轼兄弟在朝渐受冷遇,八月,子由外放河南府判官。苏轼有《次韵子由初到陈州》诗云:"懒惰便樗散,疏狂托圣明。"④用《庄子·逍遥游》无用之木典和白居易《寄微之》诗"疏狂属年少,闲散为官卑"诗意。此时的苏轼(三十五岁)觉得自己像一株无用之木,疏狂不合时宜,托君王圣明,才保住一个闲散的小官职。不久,苏轼也外任杭州通判,他开始切实地体会到白式"中隐"的清闲了。《病中独游……次韵答之》云:"自知乐事年年减,难得高人日日闲。"施注引白《晚归早出》"筋力年年减,风光日

---

① 白诗《宿竹阁》。
②③④ 《合注》,第450页,第1674页,第223页。

日新"和《长安闲居》"无人不怪长安住,何独朝朝暮暮闲"①。如果说这时的闲散多半是无奈,那么随着仕宦蹉跎,他就渐渐习惯而且学会以闲散为乐了。初到黄州《送孙著作赴考城……》云:"使君闲如云,欲出谁相伴? 清风独无事,一啸亦可唤。"施注引白《和裴侍郎》"静将鹤为伴,闲与云相似"和《朝归》"无人闲相伴"②。

同为闲官,苏轼十分赞赏白居易的儒雅风流并有意"粗似"之。粗似者,诗、歌、酒、风花雪月、女人等等。

诗与歌是古代文人生命中最基本的品质和内涵。苏轼熙宁四年赴杭途中,作《自金山放船至焦山》诗云:"清晨无风浪自涌,中流歌啸倚半酣。"施注引白《琴酒》"心地忘机酒半酣"③。又《次韵杨褒早春》诗:"不辞瘦马骑冲雪,来听佳人唱踏歌……良辰乐事古难并,白发青衫我亦歌。"施注引白《答张籍因以代书》"怜君马瘦衣裘薄"、《日高卧》"如何冲雪趁朝人"、《春去》"白发更添今日鬓,青衫犹是去年身"④。青衫瘦马冲雪应官,虽属卑微闲散之职事,但倚流而啸歌、半酣而忘机,则属文人化的审美情境,是自由轻松的精神形态。苏轼引白诗以自况的,主要是后者。元丰七年苏轼结束谪黄岁月途经泗州时,想起白《渡淮》诗:"淮水东南阔,无风渡亦难。涛流宜映月,今夜重吟看。"不免感慨白公风流:"乐天自爱吟淮月。"⑤在风花雪月中休闲,对酒当歌,白"共君一醉一陶然"⑥;苏则"不醉亦陶然"⑦。

山水诗酒之外,文人的儒雅风流还须有女性点缀。苏轼说"我

---

① ② ③ ④ 《合注》,第444页,第940页,第277页,第284页。
⑤ 《合注》,第1195页,《次韵致远》。
⑥ 《与梦得沽酒闲饮且约后期》。
⑦ 绍圣元年在惠州《和陶岁暮作和张常侍并引》,见《合注》,第2088页。

甚似乐天,但无素与蛮"①。他对白的风流韵事艳羡不已,多次提及。元丰元年在徐州《次韵王定国马上见寄》云:"疏狂似我人谁顾,坎坷怜君志未移。但恨不携桃叶女,尚能来趁菊花时。"王注引白诗《杨柳枝二十韵》"小妓携桃叶,新歌踏柳枝"②。元祐二年,苏轼在翰林、知制诰。某日与苏门诸子及旧雨新知共十六人"集于王诜西园",家姬书童侍候于侧,古琴、古玩、古籍、书画,参与者或诗、或书、或画、或歌,一时人物风流,济济一园。李公麟(伯时)作《西园雅集图》,米芾作《西园雅集图记》云:

> 李伯时效唐小李将军为著色,泉石云物、草木花竹皆绝妙动人,而人物秀发,各效其形,自有林下风味,无一点尘埃气,不为凡笔也。其乌帽黄道服捉笔而书者为东坡先生……凡十有六人,以文章议论博学辨识,英辞妙墨,好古多闻,雄豪绝俗之资,高僧羽流之杰,卓然高致名动四夷。③

关于此《图》与《记》,今人虽有真伪之争,但作为北宋文士风流的写真,其内容是有史料价值的。④ 当时苏轼作《满庭芳》、《蝶恋花》⑤二词,铺排前代文士风流典故。其中苏词"一颗樱桃樊素口",用白诗"樱桃樊素口"⑥。绍圣元年到惠州作《朝云诗》并引⑦云:

> 世谓乐天有"鬻骆马放杨柳枝"词,嘉其主老病不忍去也。……乐天亦云"病与乐天相伴住,春随樊子一时

---

① ② ⑦ 《合注》,第1621页,第836页,第1972页。
③ 贺复征编:《四库全书·文章辨体汇选》,卷五百八十四收此文。
④ 王水照:《苏轼研究》自序,《走近苏海》,第4~6页,河北教育出版社,1999年版。
⑤ 薛瑞生推测:《蝶恋花》词咏西园事,似与上阕《满庭芳》作于西园雅集时。见薛瑞生:《笺》,第502页。
⑥ 《四库全书》所收《白香山诗集》附《年谱旧本》。

归",则是樊素竟去也。予家有数妾,四五年相继辞去,独朝云者随予南迁。因读乐天集,戏作此诗。

可知苏轼后半生多以白乐天风流韵事自比。黄庭坚《子瞻去岁春夏侍立延英……次韵四首》其四云:

乐天名位聊相似,却是初无富贵心。
只欠小蛮樊素在,我知造物爱公深。①

黄诗乃用苏诗意,对苏轼自比乐天完全认同。南宋人王明清《挥麈录》载:

姚舜明庭辉知杭州,有老姥自言故娼也,及事东坡先生。云公春时每遇休暇,必约客湖上,早食于山水佳处。饭毕,每客一舟,令队长一人,各领数妓任其所适。晡后鸣锣以集,复会望湖楼,或竹阁之类,极欢而罢。至一二鼓夜市犹未散,列烛以归。城中士女云集,夹道以观千骑之还,实一时之胜事也。②

近人王书奴《中国娼妓史》云:"元、白二人做外吏时候,不是游山水赋诗,即是饮酒狎妓,有时候四件事一齐做。泛舟太湖至于'五日夜',流连忘返。唐代官吏冶游,元、白可算浪漫到极处了。"又载东坡在杭一些风流韵事,且云"东坡不独在杭如是,其在扬、黄、惠、儋时,所至日事游宴,纵情湖山花卉之间"③。

其实这些事在古代文士风流中实属一般。林语堂理解得就深一些,他说苏东坡"不会弃绝青山绿水,也不会弃绝美人、诗歌和酒肉。但是他有深度"④。什么深度呢?

我以为最根本的是苏与白从哲理层次上对生命的关怀。这种

---

① 四库本《山谷集》,卷九。
② 四库本《挥麈录·后录》,卷六。
③ 上海三联书店"近代名籍重刊",第90、129页,1988年版。
④ 宋碧云译:《苏东坡传》,第109页,海南出版社,1992年版。

关怀表现为对生命之社会功用的确认,则是忠君勤政爱民;表现为对生命自由维度的追寻,则是疏君远朝,"中隐"(外任)以适意,在山水诗酒女人之间快乐怡情;表现为对生命之历史文化价值的执著,则是无论出处行藏,都始终不渝地进行思想文化创造。而白与苏又都是道释兼容的思想者,他们的生命关怀中,还潜涵着一层颇含宗教精神的人文智慧——那就是对梦幻与现实、短暂与永恒、贵贱穷达之反差的敏感和彻悟。这是智慧人类特有的深刻。白《渭上》诗:"浮生同过客。"苏《九日湖上寻周李二君……》:"人生如朝露,要作百年客。"①白《自咏》诗:"百年随手过,万事转头空。"苏《西江月》词:"休言万事转头空,未转头时皆梦。"②又《次韵晁无咎学士相迎》:"路旁小儿笑相逢,齐歌万事转头空。"③白《寄王质夫》诗:"旧游疑是梦,往事思如昨。"苏《寄吕穆仲寺丞》:"回首西湖真一梦。"④白《别微之》诗:"往事渺茫都似梦。"苏《余去金山五年而复至……》:"旧事真成一梦过。"⑤白《花非花》:"来如春梦几多时,去似朝云无觅处。"苏《正月二十日与潘郭二生出郊寻春……》:"人似秋鸿来有信,事如春梦了无痕。"⑥白《梦裴相公》诗:"万缘一成空。"苏《安国寺浴》:"心困万缘空。"⑦以上这种梦幻人生观主要来自释家。以下"齐物"、"坐忘"的解脱之道则属道家:白《浩歌行》:"贤愚贵贱同归尽。"苏《任师中挽词》:"贵贱贤愚同尽耳。"⑧白《渭村退居寄礼部……一百韵》:"可怜身与世,从此两相忘。"苏《过大庾岭》:"今日岭上行,身世永相忘。"⑨

生命既如此短暂甚至虚幻,那么何处是归宿呢?这是人类对生命的终极叩问。白《答李浙东》诗:"海山不是吾归处,归即应归

---

① ③ ④ ⑤ ⑥ ⑦ ⑧ ⑨　《合注》,第 484 页,第 1790 页,第 613 页,第 911 页,第 1074 页,第 1000 页,第 1126 页,第 1946 页。

②　薛瑞生:《笺》,第 229 页。

兜率天。"苏则怀疑："海山兜率两茫然。"①人类常有回归自然之念，白《游悟真寺》："我本山中人，误为时网牵。"苏《云龙山观烧得云字》："我本山中人。"②更多的时候，他们连"山中"这个归处也超脱了：白《吾土》诗："身心安处是吾土，岂限长安与洛阳。"又《出城留别》诗："我生本无乡，心安是归处"；又《重题》诗："心泰身宁是归处"；又《种桃杏》诗："无论海角与天涯，大抵心安即是家。"苏《定风波》词："试问岭南应不好。却道此心安处是吾乡。"③又《吾谪海南子由雷州……》："平生学道真实意，岂与穷达俱存亡……他年谁作舆地志，海南万里真吾乡。"④

上述这些人类智慧，未必是白、苏首创，但他们确曾在同样的深度上有过类似的思考和体验，不论苏轼是有意认同还是无意巧合，都是对高级人类智慧的承传。

苏轼慕乐天与宋世士风亦有关。宋人慕乐天之风屡见史籍：徐铉曾于太平兴国八年或雍熙元年（983～984 年）间作《洪州新建尚书白公祠堂之记》⑤，对白居易及其文学大加赞扬。这是宋初最早推崇白居易的言论。柳永投赠当时苏州太守吕溱之《木兰花慢》（古繁华茂苑）云："继梦得文章，乐天惠爱，布政优优。"借赞美曾任苏州刺史的刘禹锡、白居易，来恭维现任太守。⑥ 欧阳修号"醉翁"⑦，韩琦建"醉白堂"，司马光号"迂叟"⑧，郭祥正号"醉吟先生"⑨等，或皆与白有关。

---

① 《合注》，第 452 页，《竹阁》。
②④ 《合注》，第 872，2104 页。
③ 薛《笺》，第 488 页。
⑤ 《全宋文》，卷二十三，第 423 页，巴蜀书社，1988 年版。
⑥ 唐圭璋编：《全宋词》，第 48 页，中华书局，1965 年版。
⑦ 白《别柳枝》"两枝杨柳小楼中，嫋嫋多年伴醉翁"。
⑧ 白《迂叟》诗"初时被目为迂叟"。
⑨ 白自作《醉吟先生传》。

三、苏轼对白居易诗的批评

苏轼《祭柳子玉文》①文有"元轻白俗"之论,首开以"俗"论白诗之例,后人遂常引用并发挥此语,自宋至今,批评"白俗"者代不乏人。② 由于首言"白俗"者是苏轼,所以有论者认为苏轼虽"慕乐天其人","但对白诗却少见推重"。③

然仔细检点苏轼对白诗的评价,却发现屡有推重之意。而有些称引苏轼贬白之语,其实有误。以下先辨其误。

有两则别人转述的"苏子瞻云"。第一则是文渊阁《四库全书》本《后山诗话》第十一条云:

> 苏子瞻云:子美之诗,退之之文,鲁公之书,皆集大成者也。学诗当以子美为师,有规矩故可学。退之于诗,本无解处,以才高而好尔。渊明不为诗,写其胸中之妙尔。学杜不成,不失为工。无韩之才与陶之妙而学其诗,终为乐天尔。

据此,则似苏轼贬抑白诗。然《后山诗话》之编,疑点殊多,自胡苕溪、陆放翁以下,质疑者代不乏人。近人冒广生《后山诗注补笺》、《彭城陈先生集记》笺④、郭绍虞《宋诗话考》⑤,已一一序列

---

① 《苏轼文集》,第 1938 页。
② 陈友琴:《白居易诗评述汇编》,科学出版社,1958 年版;常振国、降云编:《历代诗话论作家》,湖南人民出版社,1984 年版;胡建次:《中国古典诗学批评中的白居易论》,载《衡阳师范学院学报》2001 年,第 22 卷。
③ 王文龙:《东坡诗话全编笺评》,第 49 页,西南师范大学出版社,1996 年版。
④ 中华书局,1995 年版。
⑤ 中华书局,1979 年版。

之。郭云:"是书真赝相杂,瑕瑜互见,贵读者具眼识别之。"具体到上面这段话,清何文焕《历代诗话》所收《后山诗话》,便于"集大成者也"之下,另起段落,视为后山诗语。以别于"苏子瞻云"。细察苏轼时代诗坛流行的尊杜之风,以及后山诗学之尊杜贬白倾向,可见何氏之分辨不谬。

首先,苏轼确有推尊杜诗"集大成"之语,《书吴道子画后》云:

诗至于杜子美,文至于韩退之,

书至于颜鲁公,画至于吴道子,

而古今之变、天下之能事毕矣。①

杜诗集大成之说始于元稹,其《唐故检校工部员外郎杜君墓系铭并序》称杜诗"尽得古人之体势,而兼今人之独专矣"②。宋祁《新唐书·杜甫传》采元稹之说云:"至甫,浑涵汪茫,千汇万状,兼古今而有之。"苏轼承元、宋之意而尊杜诗,影响及于苏门弟子。秦观作《韩愈论》极赞杜甫"集诗之大成"③。《后山诗话》除上引第十一条"苏子瞻云"之外,第四十二条亦载:"子瞻谓杜诗、韩文、颜书、左史,皆集大成者也。"

其次,"学诗当以子美为师"至"终为乐天尔"一段话,更像是后山或后山门人的话。考《后山诗话》多尊杜甫诗法,如第二十四条尊杜诗"奇常、工易、新陈莫不好也";第三十一条赞杜诗"遇物而奇",第三十三条赞杜诗"才用一句,语益工",第八十条赞杜诗"语简而益工",第八十一条赞"杜诗无不有也"。而于白居易诗,则无一赞同之语。上引第十二条以白诗为杜、韩、陶诗之下的次等。第七条指白诗"笙歌归院落,灯火下楼台"等句"非富贵语,看人富贵

---

① 《苏轼文集》,第 2210 页。
② 《元稹集》,第 600 页,卷五十六,中华书局,1982 年版。
③ 徐培均:《淮海集笺注》,第 750 页,卷二十二,上海古籍出版社,1994年版。

者也"。而这两句诗,正是极重"富贵"的晏殊特别推重,而"人皆以为知言"的"善言富贵者也"①。连晏殊都喜欢的诗句,后山竟不以为然,可知其鄙薄白诗之甚。第五十七条,后山提倡写诗"宁僻勿俗",亦与"白俗"恰成对照。据此看来,何文焕将此一段视为后山诗论,不无道理。

第二则是明胡震亨《唐音癸签》卷七载"东坡"语:

乐天善长篇,但格致不高,局于浅切,又不能变风操,故读而易厌。②

《唐音癸签》引用前代书籍时有舛错,周本淳《唐音癸签·前言》已辨之。此条就是胡震亨的一个错误。此语见于宋人著述两次,初见于北宋中期魏泰《临汉隐居丛话》③:

白居易亦善作长韵叙事,但格致不高,局于浅切,又不能更风操,虽百篇之意,只如一篇,故使人读而多厌也。

此乃魏泰语。胡仔《苕溪渔隐丛话·前集》卷三十二收录《隐居诗话》,其中有此语,只是在"不能更风操"之下改为:"虽众篇之意,只如一篇,故使人读而易厌也。"则此非东坡语无疑。魏泰讥白诗"格致不高,局于浅切",大约是指格调、情致不够典雅渊博,流于平庸浅俗;"不能更风操"则是指缺少变化和创意,诗的情蕴风味陈陈相因。蔡絛《西清诗话》中一段类似的话可助理解"不能更风操"之意:

薛许昌《答书生赠诗》:"百首如一首,卷初如卷终。"讥其不能变态也。大抵屑屑较量属句平匀,不免气骨寒

---

① 《苕溪渔隐丛话·前集》,第176页,卷二十六,引《归田录》,人民文学出版社,1962年版。但查《欧阳修全集》所收《归田录》及《六一诗话》均无此语。

② 第69页,上海古籍出版社,1981年版。

③ 四库本。

局,殊不知诗家要当有情致……①

《唐音癸签》卷七引"东坡"语之下,又引苏辙语解释"不能更风操"之意:

> 子由尝举《大雅·绵》之八、九章事文不相属而脉络自一者最得为文高致。乐天拙于纪事,寸步不遗,犹恐失之,由不得诗人遗法,附离不以凿枘也。此正大苏"不能变风操"之意。

苏辙之说见《诗病五事》其二,②原文首先称赞《大雅》第九、第八章之叙事"附离不以凿枘,此最为文之高致也";继而称赞杜甫《哀江头》诗"词气如百金战马,注坡蓦涧如履平地,得诗人之遗法"。然后说:"乐天诗词甚工,然拙于纪事,寸步不遗犹恐失之。此所以望老杜之藩垣而不及也。"苏辙原意只是说白居易"拙于纪事"。胡氏则云"此正大苏'不能变风操'之意"。这与魏泰和胡仔说的"不能变风操"有出入。魏、胡指的是百篇如一,缺少变化;胡震亨则认为是指纪事过于凿实有序。

这些批评或许太严厉了。白诗确有通俗浅易不含蓄的特点,但这是否就是缺陷呢?后人对此有不同的看法。王若虚《滹南诗话》卷一云:"乐天之诗,情致曲尽,入人肝脾,随物赋形,所在充满,殆与元气相侔。……而世或以浅易轻之,盖不足与言矣。"赵翼《瓯北诗话》卷四说白诗"看似平易,其实精纯"。刘熙载《艺概·诗概》云:"香山用常得奇,此境良非易到。"

胡震亨误以魏泰语作东坡语或别有所本,且苏轼对白诗未必没有讥笑之论。其实在北宋中后期诗坛,鄙薄白诗已成风气。盖自宋初"白体"流行数十年,宋太祖君臣学白诗之平易浅切,③其末

---

① 《全宋诗话》,第2490页。
② 《苏辙集》,第1228页。
③ 参考本书第1章第1节,论"白体"部分。

流不免流于浅俗。故自"西昆体"诸公之后,批评白诗平俗浅切,已成诗界较为普遍的倾向。欧阳修《六一诗话》已载时人薄白之意:

  仁宗朝,有数达官,以诗知名。常慕"白乐天体",故其语多得于容易。尝有一联云:"有禄肥妻子,无恩及吏民。"有戏之者云:"昨日通衢遇一辎軿车,载极重,而羸牛甚苦,岂非足下'肥妻子'乎?"闻者传以为笑。

文中所引"肥妻子"句之全诗,查《四库全书》所收宋集未见何人所作。据其句意,当是学白居易"讽喻诗"的,用意严肃,并不滑稽可笑,但却遭到当时人(包括欧阳修)的戏弄嘲笑。可见自仁宗朝"西昆体"流行以后,诗坛崇尚渊博典雅,而鄙薄"白体"之浅易平俗已成风气。如惠洪《冷斋夜话》卷四载:

  米芾元章豪放戏谑有味……尝大字书曰:"吾有瀑布诗,古今赛不得。最好是'一条界破青山色'。"人固以怪之,其后题云:"苏子瞻曰此是白乐天奴子诗。"见者莫不大笑。

其实这句受到众人嘲笑的"瀑布诗"的作者不是白居易,而是徐凝,但白居易大概称赏过这句诗。魏泰《临汉隐居诗话》①于此有云:

  白居易殊不善评诗,其称徐凝《瀑布诗》云:"千古长如白练飞,一条界破青山色。"……此皆常语也。

《冷斋夜话》卷二又有尊杜抑白之论,惠洪列举"老杜刘禹锡白居易诗言妃子死"之诗,比较一番之后,认为白居易写"妃子死"的态度是:"去老杜,何啻九牛毛耶!"②《临汉隐居诗话》第二十五条亦有类似批评。

---

① 《历代诗话》,第 32 条,中华书局,1981 年版。
② 吴文治主编:《全宋诗话》,第 2433 页,第 3 册,江苏古籍出版社,1998 年版。

苏辙批评白诗之语除《诗病五事》那条之外,还有《书白乐天集后二首》其一云:"乐天每闲冷衰病,发于咏叹,辄以公卿投荒、僇死不获其终者自解。予亦鄙之。至其闻文饶谪朱崖三绝句,刻覈尤甚。乐天虽陋,盖不至此也。"①苏辙曾以此二篇读书札记"寄子瞻兄"。"鄙、陋"二语,可见贬意。

苏轼"白俗"之论当与这种风气有关。苏轼作《祭柳子玉文》以追悼亡友。该文是四言韵文,共三十二韵六十四句。主旨是赞美柳子玉"甚敏而文"、"才高绝俗",于是举出四位唐代诗人作陪衬:"元轻白俗,郊寒岛瘦。嘐然一吟,众作卑陋。"苏轼在这里对元白郊岛诗的轻俗寒瘦予以批评,视为"卑陋";相比之下,柳子玉的"嘐然一吟",则是"南国之秀",是"绝俗"的"清阆",可以"炳蔚文囿"。其实苏轼对白居易其人其诗是很敬重的,只是比不上对李白、杜甫的崇敬。苏轼对李、杜从无如此严重的批评。

苏轼虽批评"白俗",但对作为诗人的白居易及其诗的赞赏和偏爱远多于批评。以下是苏轼赞赏白诗的几则材料:

《刘景文家藏乐天〈身心问答三首〉戏书一绝其后》云:"渊明形神自我,乐天身心相物。而今月下三人,他日当成几佛。"②

此将乐天与渊明并论,皆苏轼所爱重者。陶有《形影神》(《形赠影》、《影答形》、《神释》)诗并序云:"贵贱贤愚,莫不营营以惜生,斯甚惑焉。故极陈形影之苦言,神辨自然以释之。好事君子,共取其心焉。"③白有《自戏三绝句》(《心问身》、《身报心》、《心重答身》)并序云:"闲卧独吟,无人酬和,聊假身心相戏,往复偶成三章。"④陶三诗写超脱物累,委运纵浪,不喜不惧之意,陈寅恪概括为"新自

---

① 《苏辙集》,第1115页。
② 《合注》,第1728页。
③ 龚斌:《陶渊明集校笺》,第59页,上海古籍出版社,1996年版。
④ 《白居易集》,第805页,中华书局,1979年版。下引此书不注版次。

然说"①;白诗写疏仕远君之自由闲适之感。苏轼虽爱陶,却不取其弃仕归隐之执著。"渊明之为人实外儒而内道,舍释迦而宗天师者也"②;苏轼则儒、道、释兼融,取释氏随缘随遇之理念,因而对白居易疏仕远君,适性自由之生存观念,特具心仪神会。此诗兼赞陶、白二士。其所谓"形神自我",或即强调个体生命之独立自在;而"身心相物",则可能是强调个体生命之闲适快乐。这都是苏轼深以为然的生命态度。苏轼从生命关怀的层面上理解和认同陶、白之诗,深悟深许之际,进而想到"他日"生命之归宿,乃以此诗述论之。

苏轼《观静观堂效韦苏州诗》云:"弱羽巢林在一枝,幽人蜗舍两相宜。乐天长短三千首,却爱韦郎五字诗。"③

"效韦苏州诗",当是仿效韦应物写隐居生活的诗。前两句写韦应物晚年隐居永定精舍,过着自得其乐的幽静生活。后两句说拥有"长短三千首"诗的大诗人白乐天,竟然也喜欢韦应物的五言诗。韦应物的五言诗颇受时人和后人推重。白居易《与元九书》云:

> 近岁韦苏州歌行,才丽之外,颇近兴讽;其五言诗又高雅闲淡,自成一家之体。今之秉笔者,谁能及之? 然当苏州在时,人亦未甚爱重,必待身后,然人贵之。④

又《吴郡诗石记》云:

> 贞元初,韦应物为苏州牧,房孺复为杭州牧,皆豪人也。韦嗜诗,房嗜酒,每与宾友一醉一咏,其风流雅韵,多播于吴中。或目韦、房为诗、酒仙。……韦在此州歌诗甚

---

① ② 《陶渊明之思想与清谈之关系》,见《金明馆丛稿初编》,第 221 页,第 229 页,生活·读书·新知三联书店,2001 年版。
③ 《合注》,第 729 页。
④ 《白居易集》,第 965 页。

多。有《郡宴》诗云:"兵卫森画戟,宴寝凝清香"最为警策。①

苏轼也"爱韦郎五字诗",《书黄子思诗集后》云:

> 李、杜之后,诗人继作,虽间有远韵,而才不逮意。独韦应物、柳宗元,发纤秾于简古,寄至味于淡泊,非余子所及也。②

细审苏轼"乐天长短三千首,却爱韦郎五字诗"之意,除赞赏韦诗外,又有赞同白氏所爱之意。而特举"乐天长短三千首",是强调爱韦诗之人具备足够的资格,不仅是数量的资格,更是质量的资格。爱者和被爱者的资格至少是足以对等的。参照苏轼对韦诗的偏爱,亦可见"乐天长短三千首"在其心目中的地位。

《答刘沔都曹书》云:

> 李太白、韩退之、白乐天诗文,皆为庸俗所乱,可为太息。③

《书诸集伪谬》云:

> 如白乐天赠徐凝、退之赠贾岛之类,皆世俗无知者所托,尤不足多怪。④

以上两则谈庸俗者误以"村俗气"之作收入名家集,将白乐天与自己素所敬重的李、韩并称,可见苏轼对白诗的综合评价并不低。苏轼评白还有"天才逸发"之语,见于《王平甫梦灵芝宫》:

> 昔有人至海上蓬莱,见楼台中有待乐天之室,乐天自为诗以识其事,与平甫之梦实相似。盖二人者,皆天才逸发,则其精神所寓,必有异者,物理皆有之,而不可穷也。⑤

苏轼还常书写或引用白诗。前人注苏诗苏词征引白居易近九

---

① 《白居易集》,第 1430 页。
②③④⑤ 《苏轼文集》,第 2124 页,第 1430 页,第 2098 页,第 2311 页。

百次,虽未必皆是,但显而易见者过半。如《书乐天诗》(一山门作两山门……)云:

> 唐韬光禅师自钱塘天竺来住此山。乐天守苏日,以此诗寄之。庆历中,先君游此山,犹见乐天真迹。后四十七年,轼南迁过虔,复经此寺,徒见石刻而已。绍圣元年八月十七日。①

苏轼文学的总体风格与白居易不同,且有"白俗"之论,但这并不意味着他对白居易的文学无所推重和借鉴。本文所论之外,关于苏轼诗词借用白居易语意,笔者将另文论述。

---

① 《苏轼文集》,第 2113 页。

参 考 文 献

征引《文渊阁四库全书》之文献

1　李昉等. 太平御览
2　李昉等. 文苑英华
3　王钦若,杨亿等. 册府元龟
4　贺复征编. 文章辨体汇选
5　刘勰. 文心雕龙
6　钟嵘. 诗品
7　陶渊明集
8　李太白集注
9　九家集注杜诗
10　元稹. 元氏长庆集
11　白居易. 白氏长庆集
12　五百家注昌黎文集
13　李义山诗集
14　杜牧. 樊川文集
15　徐铉. 骑省集
16　柳开. 河东集

17　田锡. 咸平集
18　潘阆. 逍遥集
19　寇准. 寇忠愍公诗集
20　王禹偁. 小畜集, 小畜外集
21　赵湘. 南阳集
22　杨亿. 武夷新集
23　林逋. 和靖诗集
24　魏野. 东观集
25　宋祁. 宋景文集, 宋景文笔记
26　宋庠. 元宪集
27　宋绶. 隆平集
28　余靖. 武溪集
29　范仲淹. 文正集
30　石介. 徂徕集
31　蔡襄. 蔡忠惠集
32　苏舜钦. 苏学士集
33　司马光. 传家集
34　刘攽. 彭城集
35　文同. 丹渊集
36　邵雍. 击壤集, 皇极经世书
37　周敦颐. 周元公集
38　程颢, 程颐. 二程文集, 二程集·二程外书
39　张载集
40　欧阳修. 文忠集
41　王安石. 临川集
42　李壁. 王荆公诗注
43　王令. 广陵集
44　张方平. 乐全集

45　苏轼. 东坡全集

46　王十朋集注. 东坡诗集注

47　施元之注. 施注苏诗

48　查慎行. 补注东坡编年诗

49　苏辙. 栾城集

50　黄庭坚. 山谷内集、外集、别集

51　任渊, 史容, 史季温注. 山谷内集注、外集注、别集注

52　陈师道. 后山集

53　米芾. 宝晋英光集

54　李之仪. 姑溪居士后集

55　惠洪. 石门文字禅, 冷斋夜话

56　李纲. 梁谿集

57　杨万里. 诚斋集

58　魏了翁. 鹤山全集

59　徐照. 芳兰轩集

60　赵师秀. 清苑斋集

61　戴复古. 石屏诗集

62　刘克庄. 后村集

63　元好问. 遗山集

64　方回. 桐江续集, 瀛奎律髓

65　苏轼. 仇池笔记, 东坡志林

66　王应麟. 玉海

67　江少虞. 宋朝事实类苑

68　蔡絛. 铁围山丛谈

69　魏泰. 东轩笔录

70　胡仔. 渔隐丛话

71　邵博. 邵氏闻见后录

72　吴曾. 能改斋漫录

73　马总. 意林
74　曾慥. 类说
75　曾敏行. 独醒杂志
76　陈善. 扪虱新话
77　张端义. 贵耳集
78　王明清. 挥麈录
79　许顗. 彦周诗话
80　吴聿. 观林诗话
81　蔡正孙. 诗林广记
82　严羽. 沧浪诗话
83　冯惟讷. 古诗纪
84　王溥. 唐会要
85　马令. 南唐书
86　李焘. 续资治通鉴长编
87　陈邦瞻. 宋史纪事本末
88　郑樵. 通志
89　马端临. 文献通考
90　王尧臣等. 崇文总目
91　晁公武. 郡斋读书志
92　尤袤. 遂初堂书目
93　陈振孙. 直斋书录解题
94　永瑢等. 四库全书总目

其他版本之文献

1　龚斌. 陶渊明集校笺. 上海：上海古籍出版社，1996
2　赵殿成. 王右丞集笺注. 上海：上海古籍出版社，1961

3　钱仲联. 韩昌黎诗系年集释. 上海：上海古籍出版社，1984
4　白居易集. 北京：中华书局，1979
5　陈友琴编. 白居易诗评述汇编. 北京：科学出版社，1958
6　九僧诗集. 上海：上海医学书局，1936
7　周敦颐. 周子通书. 北京：中华书局，2000
8　程颢，程颐. 二程集. 北京：中华书局，1981
9　张载集. 北京：中华书局，1978
10　欧阳修全集. 世界书局，1936
11　石介. 徂徕石先生文集. 北京：中华书局，1984
12　傅平骧、胡问陶校注. 苏舜钦集编年校注. 成都：巴蜀书社，1991
13　朱东润. 梅尧臣集编年校注. 上海：上海古籍出版社，1980
14　临川先生文集. 北京：中华书局，1959
15　王荆文公诗文沈氏注. 香港：中华书局香港分局，1977
16　王荆文公诗李璧注. 上海：上海古籍出版社，1993
17　李璧注，李之亮补笺. 王荆文公诗注补笺. 成都：巴蜀书社，2002
18　吴熊和，沈松勤. 张先集编年校注. 杭州：浙江古籍出版社，1996
19　孔凡礼点校. 苏轼诗集. 北京：中华书局，1982
20　孔凡礼点校. 苏轼文集. 北京：中华书局，1986
21　苏东坡全集. 世界书局，1936
22　苏辙集. 北京：中华书局，1990
23　冯应榴辑，黄任轲、朱怀春校点. 苏文忠公诗合注. 上海：上海古籍出版社，2001
24　薛瑞生笺注. 东坡词编年笺证. 西安：三秦出版社，1998

25　林语堂著，宋碧云译. 苏东坡传. 海南出版社,1992
26　黄庭坚著，翁方纲校. 黄诗全集. 乾隆五十三年十树经堂锓本(吉林大学图书馆藏)
27　徐培均笺注. 淮海集笺注. 上海:上海古籍出版社,1994
28　张耒集. 北京:中华书局,1990
29　陆游集. 北京:中华书局,1976
30　瓜庐集. 南宋郡贤小集本
31　王若虚. 滹南遗老集. 四部丛刊本
32　闻一多全集. 武汉:湖北人民出版社,1993
33　萧子显. 南齐书. 北京:中华书局,1972
34　姚思廉等. 梁书. 北京:中华书局,1973
35　刘昫等. 旧唐书. 北京:中华书局,1975
36　欧阳修,宋祁. 新唐书. 北京:中华书局,1975
37　宋史. 北京:中华书局,1977
38　徐松. 宋会要辑稿. 北京:中华书局影印本,1957
39　龚延明编. 宋代官制词典. 北京:中华书局,1997
40　陶敏,李一飞. 隋唐五代文学史料学. 北京:中华书局,2001
41　傅璇琮主编. 唐才子传校笺. 北京:中华书局,1987
42　陶宗仪等编. 说郛三种. 上海:上海古籍出版社,1988
43　全唐诗. 北京:中华书局,1960
44　胡震亨. 唐音癸签. 上海:上海古籍出版社,1981
45　曾枣庄、刘琳主编. 全宋文. 成都:巴蜀书社,1988
46　琬琰集删存. 上海:上海古籍出版社,1990
47　傅璇琮等主编. 全宋诗. 北京:北京大学出版社,1991
48　唐圭璋编. 全宋词. 北京:中华书局,1965
49　朱自清编选. 宋五家诗钞. 上海:上海古籍出版社,1981
50　钱钟书. 宋诗选注. 北京:人民文学出版社,1979

51 何文焕. 历代诗话. 北京:中华书局,1981

52 丁福保. 历代诗话续编. 北京:中华书局,1983

53 计有功. 唐诗纪事. 上海:上海古籍出版社,1965

54 隋唐嘉话·大唐新语. 古典文学出版社,1957

55 王利器校注. 文镜秘府论校注. 北京:中国社会科学出版社,1983

56 李壮鹰校注. 诗式校注. 济南:齐鲁书社,1986 又,北京:人民文学出版社,2003

57 郭绍虞. 宋诗话辑佚. 北京:中华书局,1980

58 郭绍虞. 宋诗话考. 北京:中华书局,1979

59 吴文治主编. 宋诗话全编. 南京:江苏古籍出版社,1998

60 程毅中主编. 宋人诗话外编. 国际文化出版公司,1996

61 胡仔. 苕溪渔隐丛话. 北京:人民文学出版社,1962

62 周本淳校点. 诗话总龟. 北京:人民文学出版社,1987

63 魏庆之著,王仲闻校. 诗人玉屑. 上海:上海古籍出版社,1978

64 张伯伟整理. 稀见本宋人诗话四种. 南京:江苏古籍出版社,2002

65 胡应麟. 诗薮. 上海:中华书局上海编辑所,1958

66 清诗话续编. 上海:上海古籍出版社,1983

67 常振国,降云编. 历代诗话论作家. 长沙:湖南人民出版社,1984

68 张伯伟. 唐五代诗格丛考. 西安:陕西人民教育出版社,1996

69 欧阳修著. 六一诗话. 北京:人民文学出版社,1983

70 李裕民辑校. 杨文公谈苑. 上海:上海古籍出版社,1993

71 王文龙. 东坡诗话全编笺评. 西南师范大学出版社,1996

72 韦居安. 梅磵诗话, 历代诗话续编本. 北京:中华书局, 1983

73 赵翼. 瓯北诗话. 北京:人民文学出版社,1981

74 文史通义. 百部丛书集成. 据清咸丰伍崇曜校刊本影印

75 陈寅恪. 元白诗笺证稿. 上海:上海古籍出版社,1978

76 陈寅恪. 金明馆丛稿初编. 北京:生活·读书·新知三联书店,2001

77 黑格尔著,朱光潜译. 美学. 北京:商务印书馆,1979

78 恩斯特·卡西尔著,甘阳译. 人论. 上海:上海译文出版社,1985

79 韦勒克、沃伦著,刘象愚等译. 文学原理. 北京:生活·读书·新知三联书店,1984

80 钱钟书. 谈艺录. 北京:中华书局,1984

81 钱钟书. 管锥编. 北京:中华书局,1979

82 王力. 汉语诗律学. 上海:上海教育出版社,1979

83 齐治平. 唐宋诗之争概述. 长沙:岳麓书社,1983

84 缪钺. 诗词散论. 上海:上海古籍出版社,1982

85 罗根泽. 中国文学批评史. 上海:上海古籍出版社,1984

86 程千帆. 两宋文学史. 上海:上海古籍出版社,1991

87 徐公持. 魏晋文学史. 北京:人民文学出版社,1999

88 王水照自选集. 上海:上海教育出版社,2000

89 王水照. 苏轼研究. 石家庄:河北教育出版社,1999

90 张宏生. 江湖诗派研究. 北京:中华书局,1995

91 吕肖奂. 宋诗体派论. 成都:四川民族出版社,2002

92 张海鸥. 宋代文化与文学研究. 北京:中国社会科学出版社,2002

93 李泽厚、刘纲纪主编. 中国美学史. 北京:中国社会科学出版社,1984

94 中国文学论集. 第十集. 日本:1981
95 汉文学学会报. 第三十四号. 日本:1975
96 汉学研究. 第二十七号. 日本:1989
97 任继愈总主编. 佛教史. 北京:中国社会科学出版社,1991
98 中国佛教. 知识出版社,1980

后　记

　　五月湘南，山川皆绿，只有窗口的富士山头还有一抹白雪，默默地忖度着天地间的沧桑与荣枯。或许只有她自己才知道已经伫立了多少岁月，心中的熔岩蕴蓄了多久，喷发了多少次，而下一次，竟不知又在何时！

　　弘法大师在会馆旁边的山上默默地坐着，一千多年了，每天看日出东海，日落桑榆，为善男信女们祈福祛灾，指点迷津。他对这宇宙运行、世事变迁、生命轮回，该没有什么困惑了吧？

　　我来东海大学五个月了，很喜欢这里的环境。东大在神奈川县，校本部在湘南平塚市，我居住的会馆在秦野市郊。会馆周围有弘法山、权现山等，稍远是丹泽大山，西边更远处是富士山，要能见度好时才看得见。每天起床后第一件事是到窗口看山，从隆冬看到初夏，拍摄了许多富士山的照片，怀疑自己变成了高山崇拜族。也曾骑自行车去过秦野二宫和平塚的海边，那里是真正的太平洋，海水湛蓝，一望无际，令人心宽气爽，觉宇宙之无穷，叹人生之须臾。

　　尤其喜欢到弘法山散步，白雪皑皑的清晨，樱花烂漫的黄昏，跨过清溪小桥，在密密的山林中穿来绕去，朝雾或暮霭中，轻轻撞响山顶的大钟，祈祷、祝福，然后给弘法大师深深地行个合掌礼。偶尔也会想：当年弘法大师到大唐西安，和我现在到日本湘南，过程和结果有何异同呢？

湘南的夜晚真安静，晴朗的夜空，银河很近，使我回想起少年时躺在山坡上数星星的感觉。在如此安静的异国他乡，思亲念友的感觉很容易诱发诗情："醉倚清风寻客影，醒随明月觅乡思"；"深宵独饮天涯外，默对繁星数故知"。思念是诗的温床，我的每一次远行独处，都是收获诗意的时节。妻子屈指算来，在我们二十多年的生活中，有三分之一是在离别中度过的，较长的离别已有五次，而我仍在漂泊——"漂泊是一首歌，从岁月的枝头流过；漂泊是一杯酒，斟酌在黄昏风雨后"。

　　离开冗杂的教学工作，每天看书写作，这感觉巨好无比！世界上似乎只有我和我想做的事业，课题每天都有新进展，偶尔写点诗词，想想家，也算是"诗意地栖居"吧！三四月间是樱花时节，但我在二月就"误把梅花认作樱"，写了八百多字的樱花行，最喜欢的一句是："樱花月影映苍苔，倦客天涯久徘徊。"不是厌倦，而是快乐的疲倦，在疲倦中徘徊并快乐着。

　　我徘徊在人生的旅途上，徘徊在历史的长廊里，越来越喜欢先哲们留下的人生智慧和文学情趣。业师王水照先生很善于阐释其中的人文关怀和审美意味，他在这里徘徊半个多世纪了，不仅了无倦意，而且愈加投入。他对我影响很深，并且日益加深。我发现历史与现实、古人和今人，在哲学与美的层面上原来是如此通透无间。当年孔夫子徘徊于川上，屈大夫徘徊于泽畔，苏东坡徘徊于月下庭园，和我现在的徘徊，面对的都是共同的人类课题——存在与美、行走与持存、永恒与无常、生命与诗等等。李商隐因为年轻的韩冬郎写出"连宵侍坐徘徊久"这样的诗句而感动不已，大概也是出于同样的生存关注吧！"那么我的关注与徘徊，我的轻盈与沉重，我天地苍茫的苦与乐，我一杯一箸的悲欢与离合，连同我心海的扁舟"，在这天涯之外的樱花月影之中，雪泥苍苔之上，能留下一鸿半爪的印迹吗？我不敢期待历史确认我如今的存在与徘徊，但我十二分心甘情愿地徘徊在我的研究中，不能自拔也不想自拔。

尝与陶文鹏、吴承学、赵维江、岳珍诸教授清夜饮茶于二沙岛,论及文章千古之事。其实每个人都不知道自己能否走进历史,人之所能,惟徘徊于此在而已。

湘南的初夏,早樱已落,偶有一树粉红的八重樱点缀在绿色中,团团簇簇,格外惹眼。玉人从广州飞来,刚好分享我完成这部书稿的喜悦,她是第一个有资格分享的。蓝天白云之下,潮涨潮落之间,她和我斜倚在镰仓海边的礁石上,看太平洋鸢飞鱼跃,帆影匆匆。重重的海涛前赴后继,不知疲倦地涌向崖边,撞起纷纷扬扬的雪浪花,又悻悻地退却,再翻卷着、奔突着、呼啸而来,令我想到"韩潮苏海"、"博大精深"、"澹荡容与"、"锲而不舍"等等。宋诗和宋代诗学,一如这渊深的太平洋,可知而难以尽知。我的这本小书,倘能掠得其中些许意思,就颇感欣慰了。

孙克强学长肯定也会略感欣慰,因为这是他负责的国家哲学社会科学课题"宋代文艺思想研究"中的一个子课题。六年前蒙他信任,委托我作,至今才交上这份文稿,真不好意思!我知道这远远不能令他满意,因为只是《北宋诗学》,打了一半折扣,况且"浅陋不成邦"!想到这里,心中忐忑不安!克强兄或能见谅:人之治学,未必求其全,但求新意耳。

水照师俯允赐序,令我特别开心,但不知"夫子哂之"是何情形,亦觉惶恐。

自1984年从王士博教授研治宋代文学,至今整整二十年了,其间又投拜水照师门下攻博。两位王师于宋诗均有精研,且于学问,皆主张"凭材料说话"。多年来,我不断聆听他们的教诲,阅读他们的著作,揣摩他们的治学,近年始觉稍有悟得。本书之撰述历时六年,固然主要是因为难以静心专力于此,同时也因为每作一章一节,都要尽可能全面阅读和勘比材料,《全宋文》、《全宋诗》、《宋诗话全编》等总集以及相关别集,逐一阅读,自然不乏心得。尤其是使用《四库全书》电子文本进行检索,大大提高了材料的丰富性和准确性,在此基础上,常常发现旧说之不妥或前人之未见,这是我写作过程中的兴奋点,唯不知方家认可否? 同时,又常常深觉自己的浅陋和仓促,不要说六年磨一书,就是一生磨一书,倘若真能留下一点真知灼见,也是完全值得并且十分应该的。

  中山大学与东海大学的校际交流,为我提供了宝贵的研究时间,东海大学又特辟一间研究室给我使用,小林义广教授、浅井纪教授、东大图书馆、早稻田大学内山精也教授、中山大学吴承学教授等,对我完成此书给予了各种帮助,在此深致谢忱!

  四月到福建参加学术会议,陈庆元教授请我在福建师大做学术讲座,汤江浩教授在主持讲座时,引述我《樱花行》中两句诗:"素面仙风清到骨,无尘无隐自高情。"此吾之所羡也,江浩兄识之,幸甚!《樱花行》最后一段是我因樱花而悟入悟出者:

  樱花开复落,无苦亦无乐。
  荣枯皆随分,来日还同昨。
  长伴富士千秋雪,惯看林下闲庭鹤。
  风暖欣然生,雨打怡然落。
  不恋枝头势,不染市廛浊。
  倏忽来去俱无言,不争华庭与沟壑。
  来如蓝天一片云,去似夜空一灼烁。
  任尔天真烂漫女,采于芳枝弃于陌。
  纵得千秋一知己,不负人间寻常约。
  樱怀自古无怨艾,樱色从容唯淡泊。
  临岐寄语爱樱人,随意花间年年酌。

  邓红梅教授说这一段"得天地心,有澹荡意"。素心人,善解也!

燕云张海鸥 2004 年初夏夜记于
日本国东海大学湘南会馆